KeyShot
Rendering

KeyShot
Rendering

KeyShot
Rendering

초판 인쇄일 2016년 2월 24일
초판 발행일 2016년 3월 2일

지은이 서민관, 서홍석
발행인 박정모
등록번호 제9-295호
발행처 도서출판 혜지원
주소 (10881) 경기도 파주시 회동길 445-4(문발동 638) 302호
전화 031)955-9221~5 **팩스** 031)955-9220
홈페이지 www.hyejiwon.co.kr

기획 · 진행 엄진영
디자인 김보라
영업마케팅 김남권, 황대일, 서지영
ISBN 978-89-8379-884-8
정가 25,000원

Copyright © 2016 by 서민관, 서홍석 All rights reserved.
No Part of this book may be reproduced or transmitted in any form,
by any means without the prior written permission on the publisher.
이 책은 저작권법에 의해 보호를 받는 저작물이므로 어떠한 형태의 무단 전재나 복제도 금합니다.
본문 중에 인용한 제품명은 각 개발사의 등록상표이며, 특허법과 저작권법 등에 의해 보호를 받고 있습니다.

이 도서의 국립중앙도서관 출판예정도서목록(CIP)은 서지정보유통지원시스템 홈페이지(http://seoji.nl.go.kr)와
국가자료공동목록시스템(http://www.nl.go.kr/kolisnet)에서 이용하실 수 있습니다.(CIP제어번호: CIP2016002653)

퀄리티에 욕심 많은 디자이너를 위한
KeyShot 활용 지침서

KeyShot Rendering

혜지원

Prologue

몇 해 전 우리보다 더 나은 사람들과 만나고 싶고, 소통하고 싶어 'PDF-제품디자이너 모임'이라는 카페를 개설하였습니다. 그때 우리는 구체적인 계획도 없이 '우리와 비슷한 생각을 하는 사람들이 모여 열심히 꾸려 나가다 보면, 더 나은 선배들과 만나게 되고, 계속해서 우리보다 더 나은 사람들이 함께 모이게 될 것이며, 많은 사람들이 모여 만나고 소통하다보면 더 나은 일을 할 수 있지 않을까?'라는 생각을 하였습니다.

몇 해 동안 이러한 생각과 신념을 잃지 않고 커뮤니티를 유지, 운영하다 보니 더 나은 사람들이 모여가고, 흐릿하기만 했던 '더 나은 일'이 무엇인지 조금씩 그려지는 듯합니다. 그리고 '더 나은 일' 중 하나가 이 책을 쓰게 된 '일'이자 기회가 아닐까 생각합니다.

우리가 이 책을 쓰게 된 계기는 우리의 필요에 의해 정보 제공을 하다 주어진 '기회'였습니다. 벌집을 더 크고, 단단하게 짓기 위해선 많은 벌들이 필요하고 많은 벌들이 유지되려면 꿀이 필요한 것처럼 우리에게도 많은 사람들이 PDF에 관심을 갖고, 모여 그 커뮤니티가 유지되려면 '꿀'이 필요했습니다.

그 '꿀'을 만들기 위한 노력 중 하나가 페이스북을 통한 〈KeyShot 꿀팁〉 공유였습니다. 우리는 조금만 더 관심을 가지면 알 수 있는 KeyShot의 기능을 소개하고, 응용할 수 있는 부분을 제안했습니다. 이러한 정보 제공을 통해 KeyShot이 공부가 필요할 것이란 생각조차 못했던 많은 사람들에게 KeyShot 공부의 필요성을 전달할 수 있었고, 더 나은 정보 제공을 위해 KeyShot을 더 공부하게 되었으며 그 노력이 이런 책을 쓸 수 있는 기회를 만들어 주었습니다.

우리는 이 책이 KeyShot의 모든 기능을 나열하여 알려주는 것보다 다양한 예시를 통해 최대한 쉽고 빠르게 KeyShot을 이해하고 응용할 수 있도록 집필하였습니다. 예시 하나하나를 준비하며 제품과 CMF에 대한 이해도를 높일 수 있도록 신중을 기했으며 다양한 분야의 아이템으로 구성하였습니다. 책을 집필하는 중에도 새로운 버전의 Keyshot이 지속적으로 출시되었기 때문에 이 책은 KeyShot 5.0을 기준으로 쓰여졌지만 이후 버전을 사용하는데 어려움이 없도록 책을 구성하였습니다. KeyShot의 기본기가 담긴 이 책이 재질 표현에 어려움을 느끼는 많은 독자들에게 작은 도움이 되었으면 하며, 언제든 꺼내두고 활용할 수 있는 책이 되었으면 합니다.

마지막으로 이 책이 출판될 수 있도록 도움주신 출판사와 유창국 교수님, 항상 든든한 우리 PDF 스텝들 그리고 언제나 힘이 되어주는 사람들에게 진심으로 감사의 말씀드립니다.

서민관, 서홍석

이 책의 5가지 특징

1. 여러 예제와 다양한 응용을 통해 KeyShot을 익힌다.

KeyShot이라는 프로그램 특성상 프로그램을 익히는 난이도보다 응용하는 방식을 알려주는 것이 중요하다 판단하였습니다. KeyShot은 설명서 방식보다는 예제 속에 여러 설명을 첨가하여 응용이 가능하도록 책을 구성하였습니다. 때문에 KeyShot의 버전에 많은 영향을 받지 않습니다.

2. 누구나 따라하기 쉽다(기본 재질과 환경 맵을 최대한 이용한다).

까다롭고 어려운 빛 설정, 재질편집으로 더 좋은 퀄리티를 얻어낼 수 있지만 독자의 니즈이자 KeyShot의 장점인 '쉽고 빠른 렌더'를 위해 어렵지 않지만 효과적인 방법으로 제품을 표현하는 방식을 사용하였습니다.

3. CMF에 대한 이해도를 높일 수 있도록 구성

아는 만큼 보이고 아는 만큼 표현이 가능합니다. 때문에 제품디자인에서 자주 사용하는 CMF(Color, Material, Finishing/색상, 재질, 마감)와 그의 특성을 어렵지 않게 설명해줌으로써 예제와 다른 제품에서도 다양하게 활용할 수 있도록 하였습니다.

4. 단순히 KeyShot을 배우는 책이 아닌 제품디자인에 대한 이해도를 높이는 책

이 책은 앞서 얘기한바와 같이 KeyShot 설명서가 아닙니다. KeyShot이라는 프로그램을 통해 제품디자인의 전반에 대해 쉽게 이해할 수 있도록 초반에 제품디자인에 대한 설명이나 디자인 개발 프로세스에 대한 설명을 추가하였으며, 예제 중간중간 제품디자인과 관련된 여러 설명을 첨부하였습니다.

5. PDF 제품디자이너 모임 커뮤니티를 통해 지속적인 피드백이 가능토록 하였다.

현재 필자는 PDF 제품디자이너 모임이라는 디자이너들의 모임을 이끌어 나가고 있습니다. 이 모임에는 진로 때문에 고민 많은 학생들부터 갓 회사에 입사한 신입사원, 현직에 종사하시는 여러 디자이너, 에이전시 운영 중인 대표, 해외 진출 디자이너, 디자인학과 교수 등 다양한 사람들이 정기적인 모임을 갖고 정보를 교류하고 있습니다.

이 커뮤니티를 통해 저자와 독자의 1차원적인 지식전달 관계를 넘어, 다양한 사람들과의 소통과 지속적인 피드백이 이어질 수 있도록 노력하겠습니다.

Contents

Prologue   004
이 책의 5가지 특징   005

PART 1 제품디자인과 KeyShot

1. 제품디자인이란?   010
2. 제품디자인 프로세스   017
3. KeyShot(키샷)이란?   027
4. 제품디자인과 KeyShot   029
5. KeyShot에 정답은 없다!   031

PART 2 KeyShot 사용하기

1. KeyShot 설치하기   034
2. KeyShot의 인터페이스   035

PART 3 예제를 통한 KeyShot 이해하기

00. 전동드릴 MOTOR DRILL   050

PART **4** **KeyShot 실무 예제 그대로 따라하기**

01. 블루투스 스피커 Bluetooth Speaker   078
02. 이어폰 Earphone   110
03. 스툴 Stool   140
04. 프로젝터 Projector   172
05. 전기 포트 Electric Pot   216
06. 펭귄 조명 Penguin Light   248
07. 향수병 Perfume Bottle   272
08. 전구 Electric Bulb   298
09. 패키지 Cosmetic Package   322

PART **5** **꿀팁 모아보기**

1. 넙스 모드   356
2. 라벨 이용 그라데이션   357
3. Toon   359
4. 지오메트리 추가   361
5. Ray Bounce 수치에 따른 변화   363
6. 패턴 이용   365
7. 패스 렌더   366
8. 큐   368
9. 섀도우 품질   370
10. 간단 후보정(포토샵으로 겹쳐서)   371
11. 블룸   373

PART **6** **판넬 모아보기**   374

Part 1

제품디자인과
KeyShot

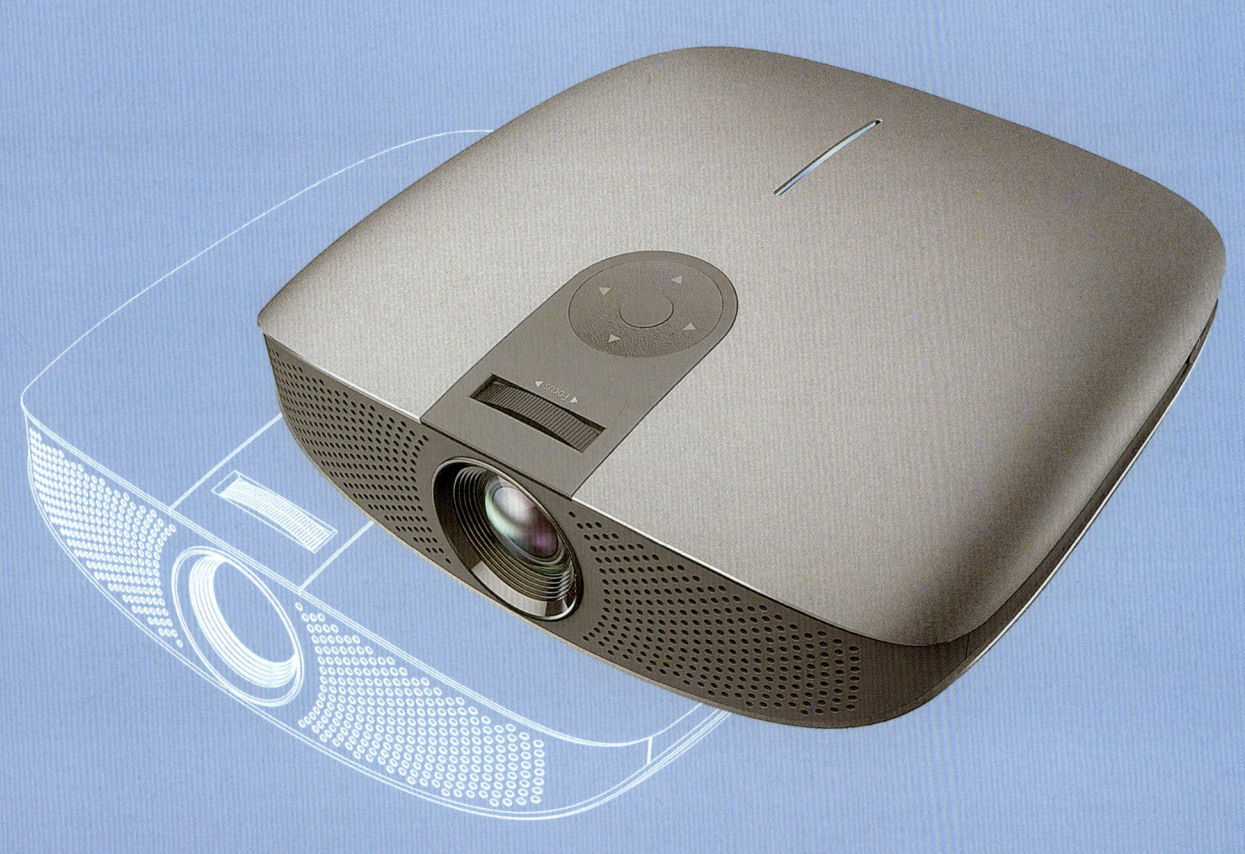

1. 제품디자인이란? | **2.** 제품디자인 프로세스 | **3.** KeyShot이란?
4. 제품디자인과 KeyShot | **5.** KeyShot에 정답은 없다!

1. 제품디자인(Industrial/Product Design)이란?

제품디자인에 대해 설명하기에 앞서 정확한 명칭과 의미를 설명하기 위해 사전에서 제품디자인과 관련된 용어의 설명을 발췌하여 이야기를 시작하겠습니다.

■ 제품디자인(산업,공업디자인) 사전적 의미

공업제품디자인

공업제품디자인이란 대량생산을 하기 위해서 제품을 분석·개발·창조하는 실천을 말한다. 공업 디자인의 목표는 타당한 가격과 폭넓게 공급할 수 있는 가격으로 생산될 수 있어야 하며, 대량으로 투자하여 생산하기 전에 반드시 보장할 만한 형태로 형성되어야 한다. 이러한 의미의 공업 디자인이 하나의 직업으로 전문화된 시기는 1920년대 후반으로, 미국에서 N.B.게디스(1893~1958)를 비롯한 여러 디자이너들이 처음으로 공업 디자인 사무실을 개설하고 디자인을 기업화시켰을 때였다. 초기 산업시대에서 디자인의 개념은 아주 피상적인 것이어서, 대부분의 경우 장식으로 제품의 겉모양을 꾸미거나 기계제품에 미술적인 요소를 응용하는 것에 지나지 않았다. 그러나 오늘날에는 이보다 훨씬 더 제품 그 자체에 밀착되어, 디자인에 의하여 제품 그 자체의 존재가치가 결정되며, 인간의 생활 그 자체를 결정하는 하나의 중요하고 심각한 과제가 되고 있다.
[출처:두산백과]

산업디자인

산업디자인(영어: industrial design)은 산업 생산에 의한 제품 및 서비스를 발전, 창조를 위한 가치, 기능, 외관, 설계를 만들어 내어 사회, 문화, 기업 그리고 사용자의 상호 이익을 최적화하는 디자인을 만들어 내는 전문적인 일이다. 관련 분야에는 시각 디자인, 제품 디자인 등이 있다.
[출처:위키백과]

제품디자인

제품 디자인(product design)은 대량 생산에 의한 제품 및 기능성과 심미성을 발전하는 공업디자인을 만들어 내는 전문적인 일이다.
[출처:위키백과]

사전적 의미를 살펴보면 다소 어렵게 느껴질 수 있지만, 쉽고 간략하게 풀어본다면 대량으로 생산하는 제품을 고객에게 '**좀 더 매력적으로 다가가기 위한 일련의 과정**'을 말합니다.

'매력적으로 다가가기 위한 일련의 과정' 이 말은 단순한 심미성을 떠나 1)제품이 가진 기능을 **강조**하고, 2)제품의 **컨셉**을 결정하며 3)외관형태를 **아름답게** 하며 4)사용자의 **사용성**을 검토 및 개선하여 편리성을 증대하고 5)**생산**하기에 합당하도록 하는 일련의 과정을 말합니다.

1.1 기능의 강조

제품이 가진 기능 혹은 여타 장점을 소비자로 하여금 더욱 효과적으로 인식하고 제품에 대한 신뢰도를 높이기 위한 과정으로 제품디자인의 주 목적에 해당합니다.
기업의 입장에서 제품을 판매할 때 제품이 가진 기능을 소비자가 인지하고 신뢰하도록 만드는 것이 굉장히 중요하기 때문입니다.

다이슨 청소기
다이슨 청소기는 청소기의 흡입과 관련된 실린더의 형태를 그대로 노출함으로써 소비자가 사용하기 이전, 구매하기 위해 살펴보는 시점부터 '이 제품은 강력한 흡입력을 가진 제품일 것이다'라는 느낌을 외관의 형태에서부터 느낄 수 있도록 디자인하였습니다.

1.2 컨셉 설정

많은 기능을 내포한 복잡한 제품이거나 소비자에게 생소한 제품일 경우 처음 접한 소비자에게 어렵고 낯설게 느껴질 수 있어, 제품의 판매량에 큰 영향을 미칠 수 있습니다. 이때 적절한 컨셉을 통해 소비자들에게 제품을 좀 더 쉽고 빠르게 인지시키게 되면 소비자는 보다 쉽게 상품을 이해하고 오래 기억할 수 있습니다.
때문에 제품의 컨셉은 제품디자인과 마케팅의 중요한 요소입니다.

삼성 갤럭시 노트

삼성은 스마트 폰에 스타일러스 펜을 접목하면서 이 기능의 장점을 소비자들에게 자연스럽게 노출하고 싶었습니다. 이전까지의 스타일러스 펜은 전문가를 위한 도구였으나 삼성은 스마트폰에 접목하여 사용하기에 편리하고, 다양한 분야에 사용되기를 희망하였습니다.

때문에 노트/다이어리라는 컨셉을 이용하고 재질이나 디자인을 이에 맞춰 가죽느낌의 다이어리와 같은 느낌을 연출하였습니다. 이러한 컨셉을 통하여 사용자들로부터 제품에 대한 이해도와 인지도를 높이는데 중요한 역할을 하였습니다.

1.3 심미성

제품의 색상, 형태 등 외관의 아름다움에 대한 고민으로 디자인에서 가장 기본이지만 가장 난제이기도 한 부분으로 고객의 요구와 디자이너의 특성 그리고 제품이 가진 구조와 성격 등에 많은 영향을 받는 요소입니다.

심미적 요소 중 하나인 컬러는 단순한 제품의 색상을 넘어 타겟팅에 근거한 전략이 될 수 있습니다.
iphone 5S의 골드와 6S의 로즈골드 출시가 그 예입니다. 애플사는 iphone 5S를 출시하면서 스마트폰이 급속도로 보급되고 있던 중국을 타겟으로 삼고 중국에서 가장 사랑받는 컬러 중 골드컬러를 적용하였습니다. 그 결과 5S의 골드컬러는 중국인들의 마음은 물론 전 세계 소비자들의 구매욕을 상승시켰습니다. 이후 6S에서는 '로즈골드' 타입이 추가되면서 남자들에 비해 신제품의 성능이나 스펙에 관심이 덜 한 여성들에게 엄청난 구매욕을 불러일으켰습니다. 5S와 6S처럼 이전의 버전에 비해 눈에 띄게 큰 변화가 없는 상황에서 소비자를 유혹할 만한 컬러를 적용하는 전략으로 엄청난 판매 증진에 성공하였습니다.

1.4 사용성 개선

사용성이란 제품을 사용하는 사용자가 좀 더 편안하게 혹은 편리하도록 그리고 별도의 교육을 받지 않아도 제품을 사용하는 데 큰 무리가 없도록 고안되어야하는 필수적인 요소입니다.

제품의 외관이 수려한 아름다움을 가졌다 하여도 사용하기에 어려운 제품은 소비자에게 외면받을 수 밖에 없습니다. 이 같은 이유로 디자인은 물론이고 사용자가 사용하기에 편리하도록 하는 것이 제품디자인의 중요한 요소입니다.

Ipad Smart Cover
애플은 단순한 형태에 아름다움과 편의성을 담기 위해 노력하고 있습니다.
ipad 액세서리인 Smart Cover 역시 단순한 형태를 이용하여 사용자가 별도의 학습 없이 케이스를 다양하고 편리하게 활용할 수 있도록 디자인하였습니다.

1.5 합리적인 생산

앞서 제시한 제품의 기능성, 컨셉, 심미성 그리고 사용성까지 모두 만족시켰다 하더라도 제품을 생산하는데 큰 어려움이 있다면 좋은 디자인이라 할 수 없습니다.

제품디자인의 특성상 양산을 목적으로 진행되기 때문에 해당 제품에는 클라이언트나 시장 상황에 맞춰 원가, 제조 공정, 보유기술 등이 정해져있습니다. 제품디자이너는 한정된 생산방식과 재질, 원가 안에서도 최상의 퀄리티를 낼 수 있도록 해야합니다.

Apple Watch Sports
한정된 대상을 위한 커스텀 제품이 아닌 많은 소비자를 위한 양산 제품의 경우 한정된 원가로 인하여 제한된 범위 안에서 최상의 퀄리티와 소비자의 만족을 충족시켜야하는 어려움이 있습니다.

특별한 대상을 위한 다이아몬드가 박힌 애플워치 커스텀 제품(Brikk 사)
제품의 고급스러움과 아름다운 디자인을 위해 일반적인 양산 제품에서 다이아몬드와 금 등 값비싼 보석류를 사용하는 일은 극히 드물 것입니다.

최근에는 이러한 한계를 넘어서고 다양한 소비자의 니즈(Needs)를 충족시키고자 일부 파트를 다양한 소재나 컬러를 이용하여 품목을 다양화시키려고 노력을 하고 있습니다. 애플워치 역시 소비자가를 고려하여 밴드를 가장 저렴한 스포츠타입부터 가죽 밴드, 스테인레스, 사파이어까지 다양한 가격대와 디자인타입으로 출시하였습니다.

2. 제품디자인 개발 프로세스(Product Development Process)

2.1 제품디자인 개발 프로세스란?

명칭 그대로 제품 디자인 개발을 위한 일련의 과정을 뜻합니다. 해당 프로세스는 제품의 성격과 회사에 따라 약간의 방식 차이가 존재하지만 기본적인 틀은 유사하므로 큰 틀을 중심으로 아래 예시를 통해 설명하겠습니다.

2.2 제품 디자인 개발 프로세스가 중요한 이유

디자인 프로세스가 중요한 이유는 수많은 프로젝트와 단계에서 발생하는 문제들을 놓고 서로 다른 견해와 관점을 가진 사람들이 모여 해당 프로젝트에 대한 문제와 과정을 공유하고 보다 쉽게 해결할 수 있기 때문입니다. 이러한 일련의 과정을 통해 얻어진 다양한 견해와 정보 그리고 노하우를 통해 디자인 개발시 부딪힐 한계를 극복하고 문제 해결 방법을 제시할 수 있습니다.

2.3 제품디자인 개발 프로세스의 예

마우스 디자인을 예시로 제품디자인 개발 프로세스를 간단히 설명하도록 하겠습니다.
해당 디자인 프로세스는 Logitech M100r 마우스를 필자가 재구성하여 독자들의 이해를 돕고자 연출하였습니다.

아이템 분석(Item Analysis)
아이템 분석 단계에서는 진행할 아이템의 구조와 특징을 파악하고, 시장 및 경쟁사, 소비자 등 개발에 필요한 다양한 분석을 진행하는 과정입니다. 이 과정을 통해 해당 제품이 나아가야 할 방향과 컨셉을 결정하기 때문에 여러 과정 중 가장 중요한 과정이라 볼 수 있습니다.

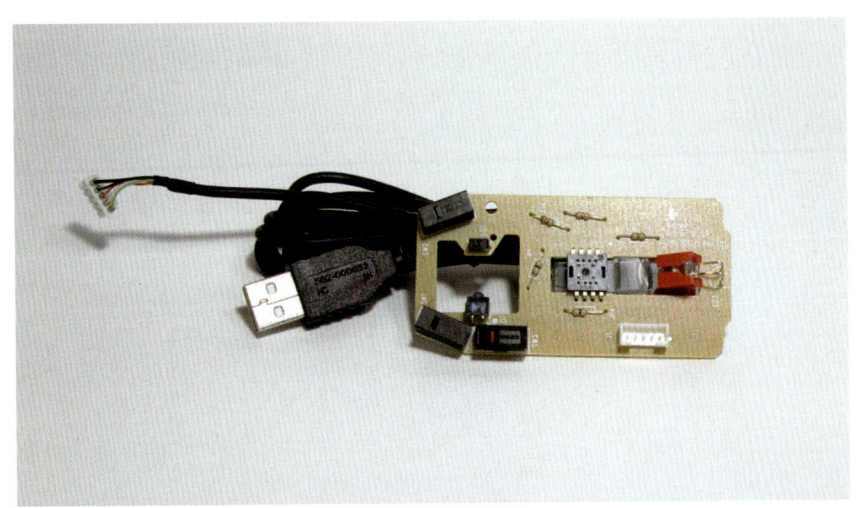

마우스 구조분석
내부 부품이 이미 완료된 상태라면 해당 부품에 대해 꼼꼼히 검토하고 그에 적합한 스펙을 지닌 하우징을 기획해야 합니다.

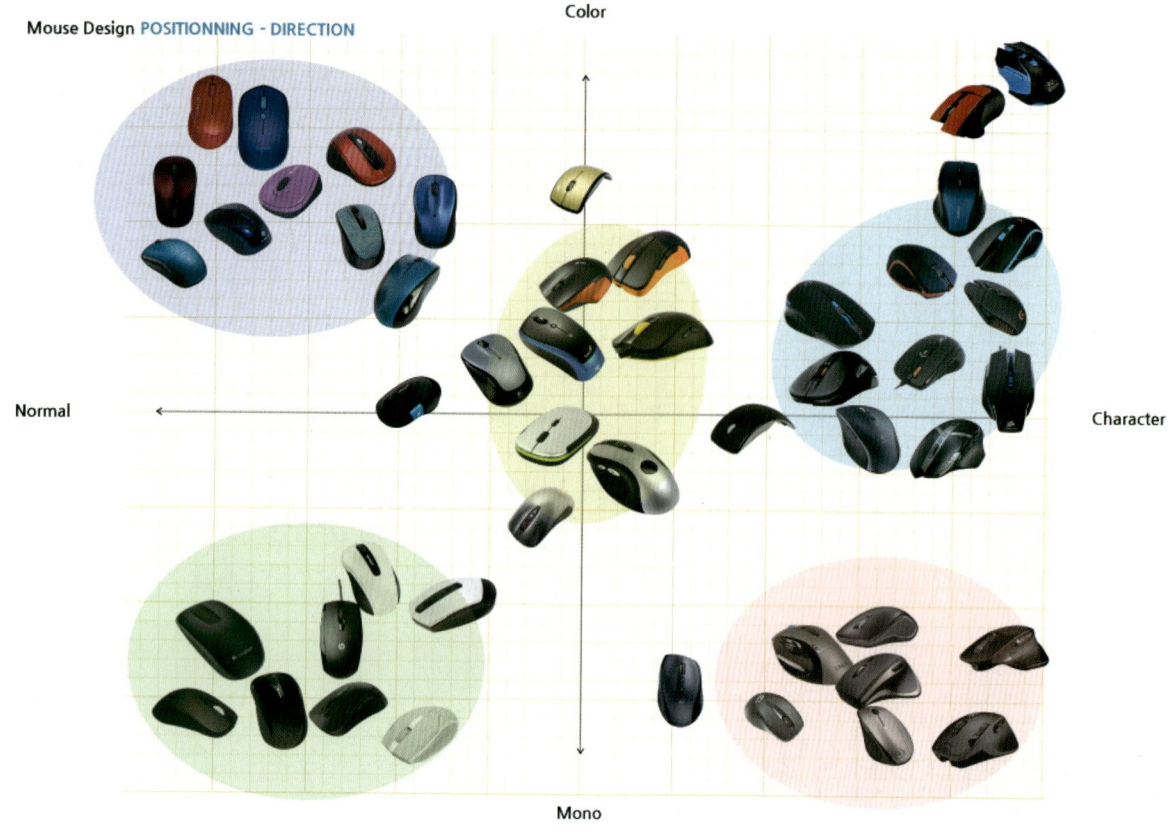

이미지 매핑
철저한 분석을 거치지 않으면 제품디자인 개발 이후에 기술특허, 유사제품 존재 등 처음부터 디자인개발을 다시 진행해야 하는 불상사가 발생할 수 있습니다.

디자인 개발 방향 설정(Design Concept/Direction)
'아이템 분석' 단계를 거쳐 도출된 자료를 바탕으로 많은 회의를 통해 디자인의 방향성을 설정하는 단계입니다.

이 단계에서는 주로 사용자, 사용 환경, 컬러, 소재 등과 같은 일정 기준을 바탕으로 Keyword를 도출해 내고 해당 Keyword를 바탕으로 앞으로 진행할 디자인 개발 방향을 설정합니다.

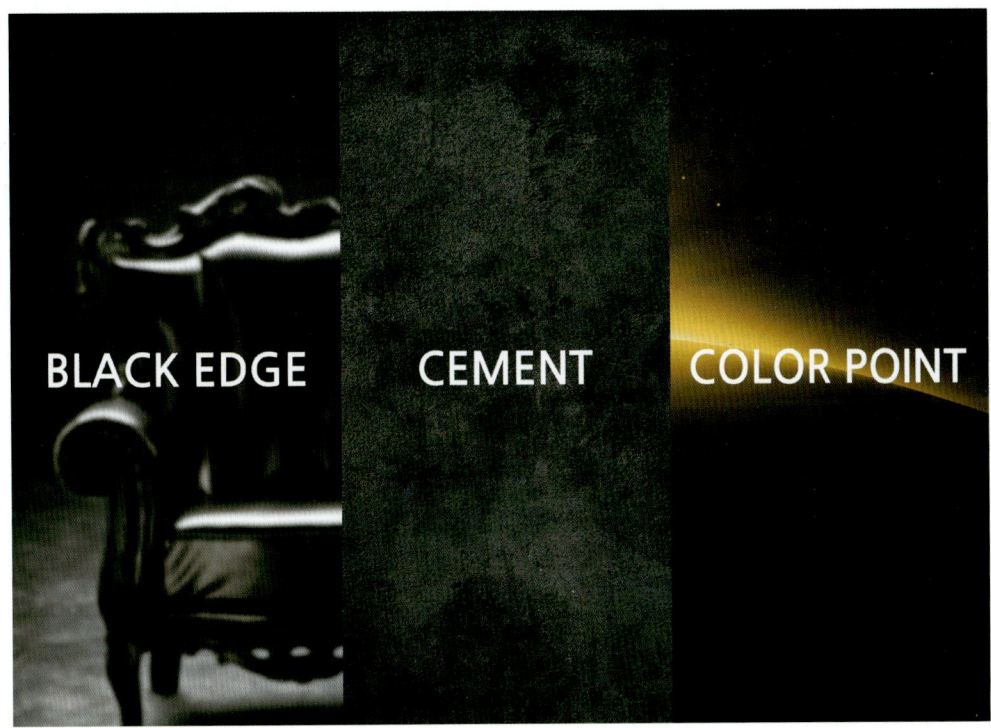

Design Direction의 예

아이디어 스케치(Idea Sketch)

'디자인개발 방향 설정' 과정에서 나온 디자인 방향을 근거로 하여 제품의 외관 및 아이디어에 대한 스케치를 진행하는 과정입니다. 최근에는 디자이너의 필력을 자랑하는 듯한 화려하고 멋진 스케치보다 제품의 특징이 잘 표현될 수 있는 스케치를 진행하는 추세입니다.

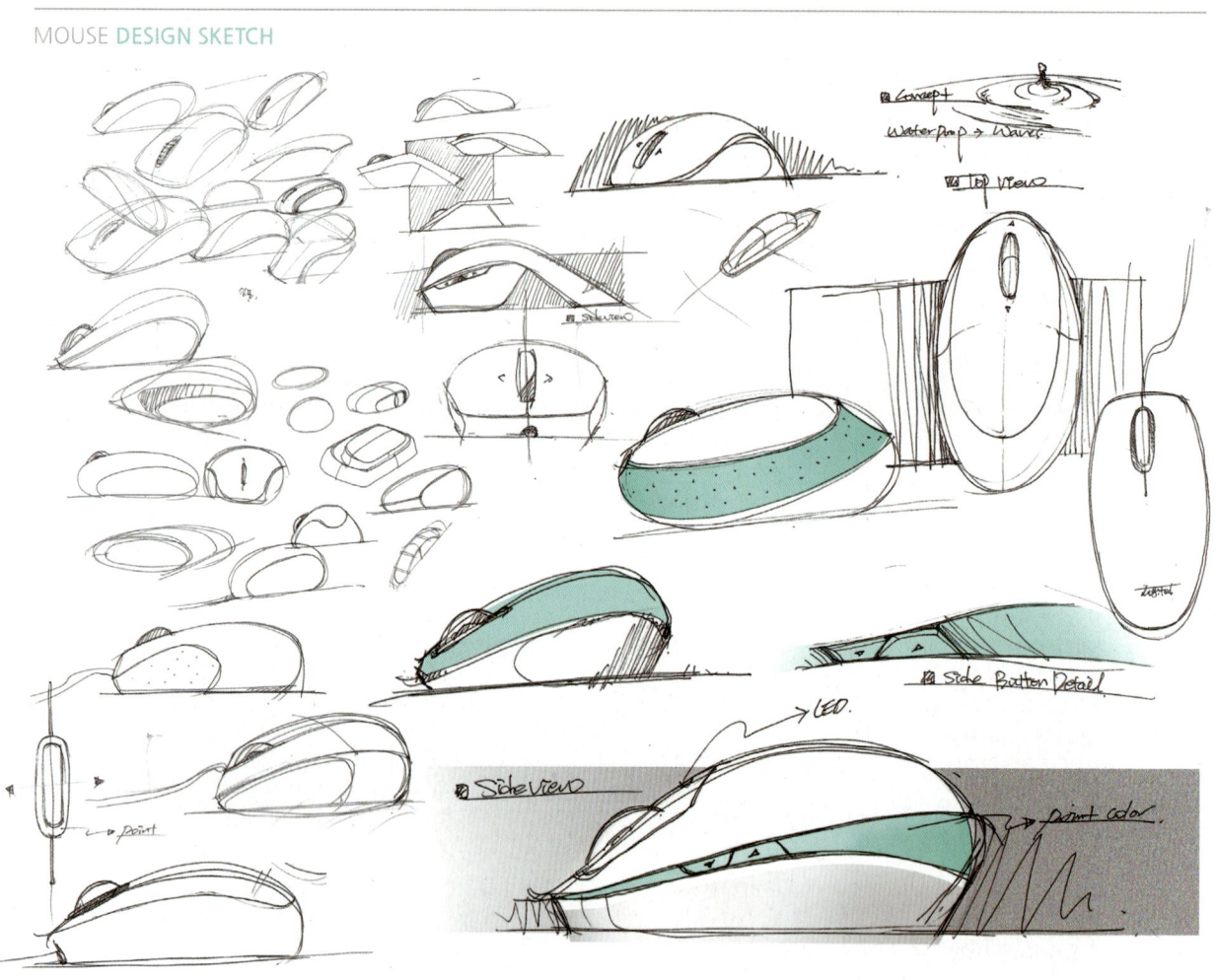

Thumbnail / Idea Sketch 예

상황에 따라 포토샵이나 일러스트 등의 프로그램으로 쉽고 빠르게 2d Retouching을 진행하여 제품을 더 쉽게 이해할 수 있도록 연출합니다.

2D Retouching Sketch 예

3D 모델링 (3D Modeling)

스케치(Sketch)를 통해 계획한 디자인을 3D로 구체화시키는 과정입니다.
이전에는 도면을 이용해 제품설계가 이루어졌지만 최근에는 이러한 3D 데이터를 기반으로 설계가 이루어지고 있기 때문에 이 과정에서 기초적인 설계가 고려된 3D 형상으로 데이터를 제작합니다.

이 과정에서 필요에 따라 Soft Mock up 과정을 거치게 됩니다.
Soft Mockup이란 3D로 형상을 설계하기 전 사용성과 스펙을 1차 검토하는 것으로 손으로 가공하기 쉬운 재료(스티로폼, 골드폼 등)를 재단하고 사포질하여 모형을 제작하는 과정입니다.

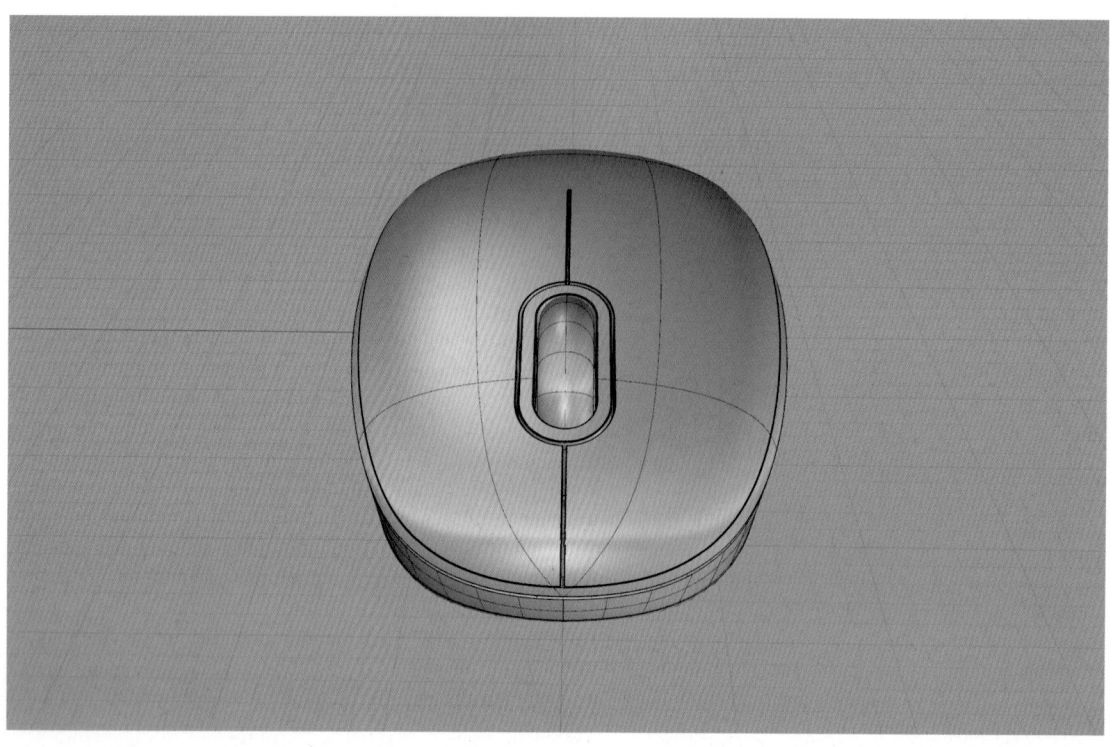

모든 계획이 수립되었다면 계획한 형태와 치수에 맞춰 3D 모델링을 진행합니다.
이때 많이 사용되는 3D 툴은 Rhino, Pro-E, UG, Alias 등입니다.

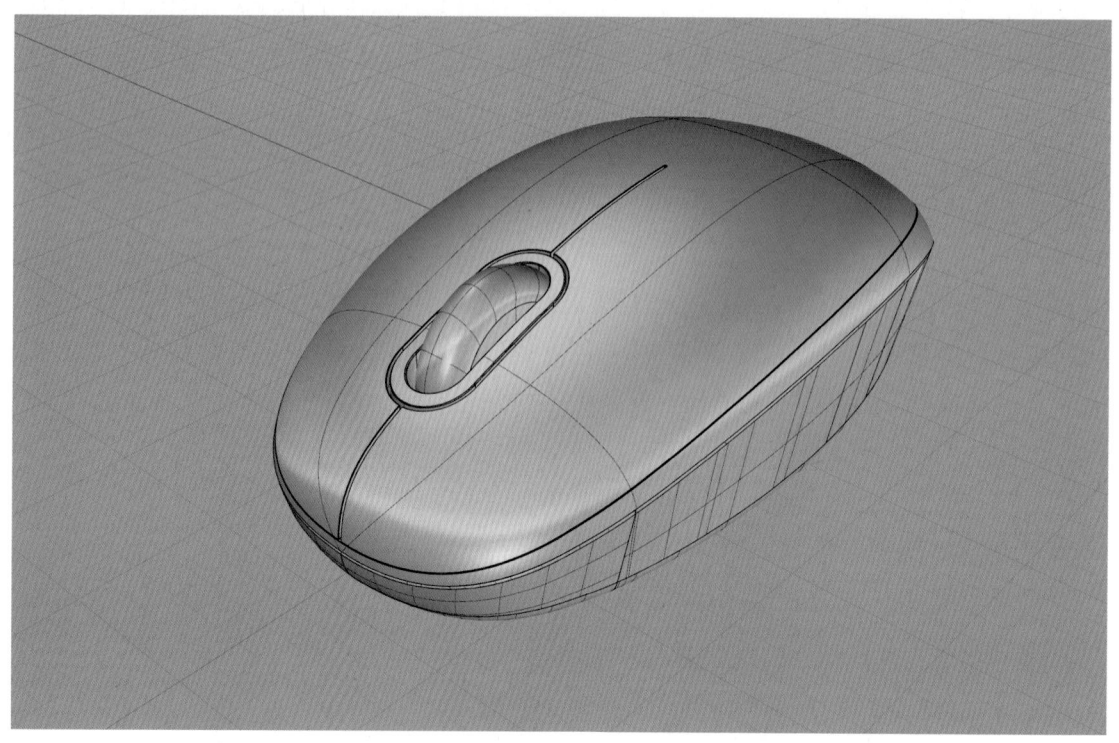

Rhino 3D를 이용한 모델링 형상 예

렌더링(Rendering)

3D 모델링으로 표현된 형태에 색상과 재질, 환경 등을 적용하여 이미지화 시키는 작업을 말합니다. 이 책에서 소개하는 KeyShot은 쉽고 빠르게 렌더링 작업이 가능하여 디자이너들 사이에서 많이 사용되고 있는 렌더링 툴입니다.

제품 연출(Panel)

제품 연출 과정은 완료된 디자인 시안을 클라이언트 미팅 및 품평회를 위해 제품의 특징(아이덴티티, 아이디어, 컨셉 등)이 잘 표현될 수 있도록 연출하는 과정을 말합니다. 이러한 과정을 통해 나온 결과물은 단순한 렌더링 이미지보다 제품을 이해하고 컨셉이나 특징에 공감하는데 많은 역할을 합니다.

프로토 타입/하드 목업 제작(prototyping/Hard Mock up)

프로토타입/목업은 완료된 디자인을 양산하기 전 최종 검토하는 과정으로 3D 상에서 제작된 데이터를 NC 가공, 3D 프린팅 등 다양한 방법으로 실물 제작하는 과정을 말합니다.

이 과정은 크게 두 가지로 나뉘는데 제품의 크기와 디자인 등 외관을 살펴보기 위한 디자인 목업과 실제 구현이 가능하도록 내부 설계까지 마무리된 데이터로 진행하는 워킹 목업(Working Mock up)이 있습니다.

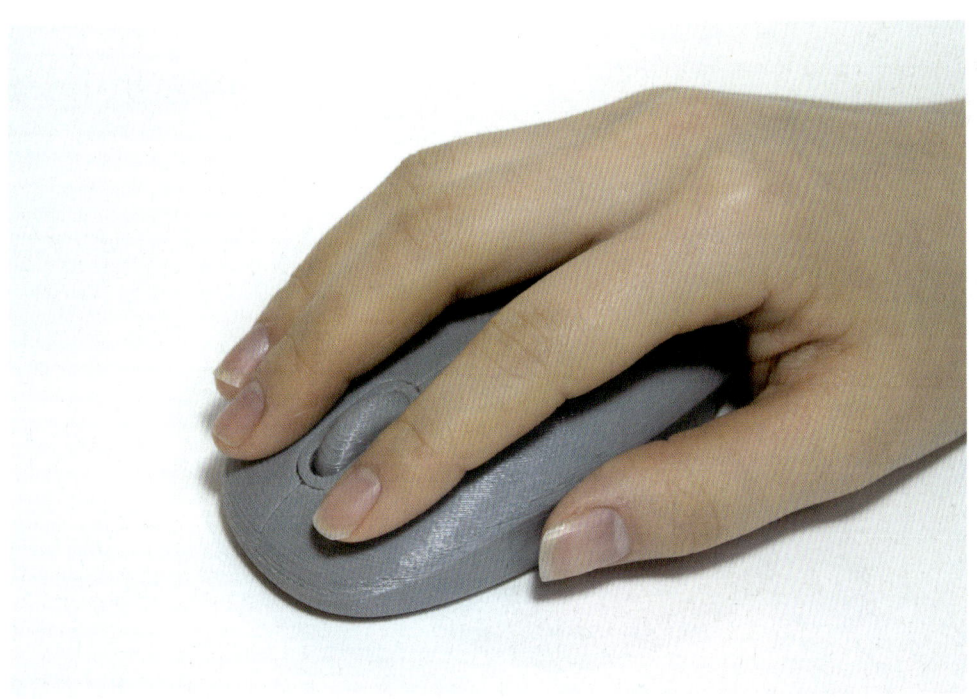

3D 프린터를 통한 프로토 타이핑(디자인 목업) 제작 예시

워킹목업은 다음 [양산감리] 파트의 실제 양산된 이미지와 유사합니다.
이러한 프로토타이핑 제작을 통해 제품의 스펙, 디자인 및 사용성을 검토합니다.

양산 감리(Manufacturing)

목업 과정까지 마친 데이터를 양산 데이터로 설계하는 과정에서 나오는 문제를 해결하는 과정으로 가장 어렵고 지루하지만 중요한 과정입니다.

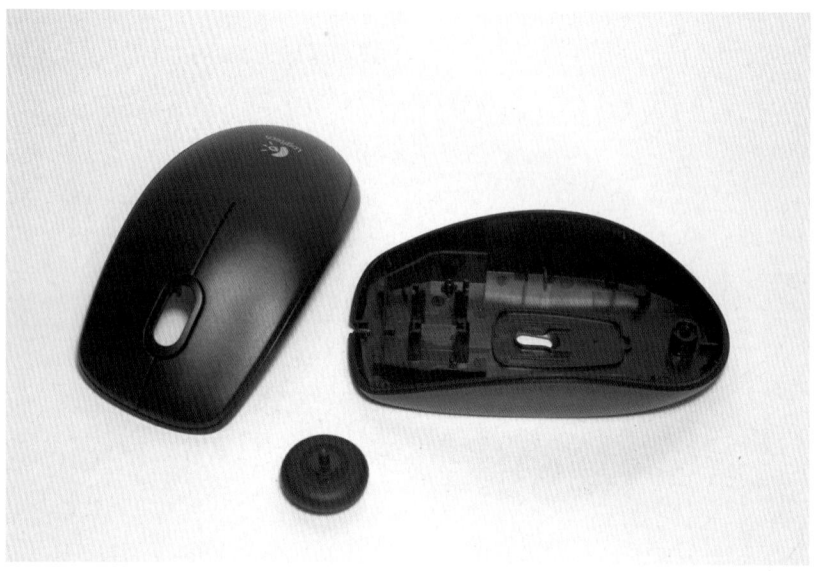

완료된 디자인을 실제 양산화하기 위해 엔지니어로부터 스펙이나 사용성에 따른 추가 수정사항에 대해 적극적으로 대처하고 감리하지 않을 경우 출시된 제품이 디자이너의 의도와 많은 차이가 발생합니다.

때문에 이러한 양산 개발 감리를 진행할 때 제품의 형태는 물론 마감과 컬러까지 세심하게 살펴보아야 디자이너의 의도가 설계에 제대로 반영되어 완성도 높은 제품을 출시할 수 있습니다.

3. KeyShot(키샷)이란?

3.1 KeyShot Rendering(키샷 렌더링)

제품을 디자인하는데 있어 3D 상으로 형상을 만들어내는 것을 모델링(Modeling), 그 형상을 현실감 있게 표현해 내는 것을 렌더링(Rendering)이라 합니다.

KeyShot은 렌더링(Rendering) 프로그램 중 하나로써 디자이너의 계획을 3D 모델링으로 표현한 이후 그 결과물에 재질, 컬러, 환경, 등의 물리적 설정 값을 연산하여 실제와 유사한 이미지로 표현하는 프로그램을 말합니다.

3.2 KeyShot의 장점

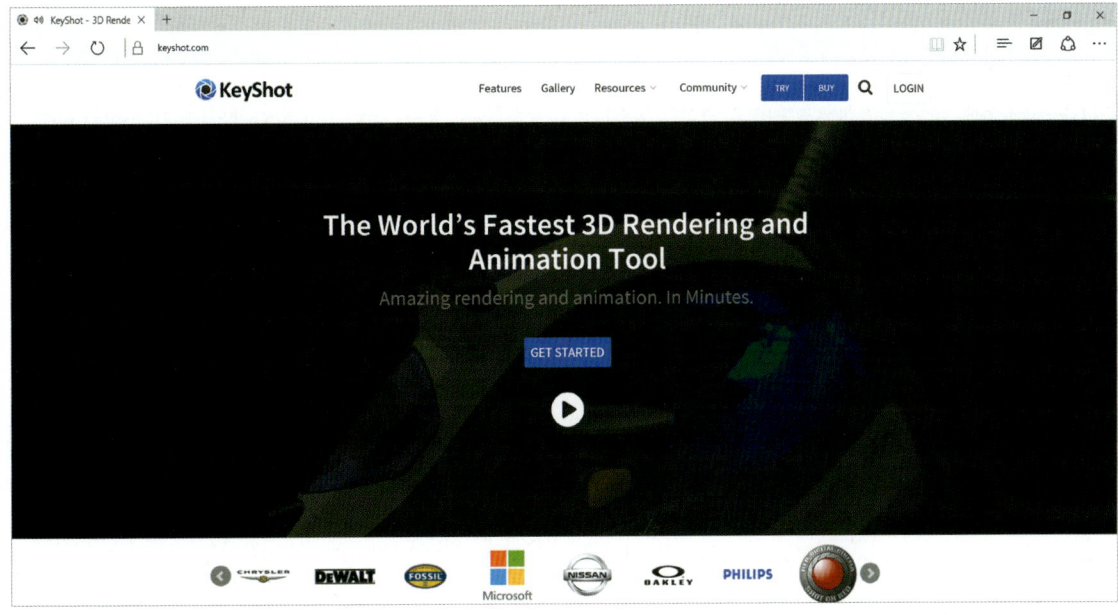

KeyShot의 공식 홈페이지(www.keyshot.com) 첫 화면에서 "The world's fastest 3D rendering and animation tool" 즉 "세계에서 제일 빠른 3D 렌더링과 애니메이션 툴"이라는 단 한마디로 KeyShot을 소개하고 있습니다.

디테일한 부분은 사이트 내에 KeyShot의 장점에 대해 소개된 부분을 발췌하여 간단히 소개하겠습니다.

Easy
You don't have to be a rendering expert to create photorealistic images of your 3D model. Simply import your data into KeyShot, assign materials by dragging and dropping them onto the model, adjust the lighting, and move the camera. Done.

Fast
Everything inside KeyShot happens in realtime. KeyShot uses unique rendering technology which makes it possible to see all changes to materials, lighting, and cameras instantly.

Accurate
KeyShot is the most accurate rendering solution for your 3D data. KeyShot is built on Luxion's internally developed, physically correct render engine based on research in the areas of scientifically accurate material representation and global illumination.

CPU-Powered
KeyShot is 100% CPU-Powered. You won't need any special hardware or graphics card. KeyShot takes full advantage of all cores and threads inside a computer. As your computer gets more powerful, KeyShot becomes faster. The performance scales linearly with the number of cores and threads in your system.

Tight Integration
KeyShot is tightly integrated with your 3D data. When you import 3D geometry, KeyShot maintains the entire model structure including part and assembly names. Changes made to your model in 3D can import back into KeyShot without having to reassign materials or lighting.

Large Data Handling
Since KeyShot is CPU-based, any imported data is stored in RAM – not the video card. This allows KeyShot to handle extremely large data sets. There are no restrictions on the size of the data set as long as the computer has enough memory available.

- **Easy** : 드래그앤드롭을 통한 재질과 환경 적용을 통하여 전문적인 기술이 없어도 '누구나 쉽게' 키샷을 통해 렌더링을 할 수 있습니다.
- **Fast** : KeyShot은 '실시간 렌더'를 기반으로 하기 때문에 재질이나 환경, 조명, 카메라 등의 변경사항을 바로바로 확인할 수 있습니다.
- **Accurate** : 과학적이고 물리적인 데이터를 기반으로 정확한 자료의 표현과 글로벌 일루미네이션 분야의 연구를 기반으로 렌더링 엔진을 개발하고 있습니다.
- **CPU-Powered** : 키샷은 100% CPU의 성능을 기반으로 진행하기 때문에 좋은 그래픽카드나 기타 하드웨어가 필요하지 않습니다.
- **Tight Integration** : KeyShot은 3D 데이터와 밀접하게 연결되어 있습니다. 3D 모델을 가져올 때 KeyShot은 모델링상의 부품과 어셈블리 이름을 포함한 전체 모델의 구조를 유지하고 있기 때문에 3D 모델의 재질과 조명을 다시 설정하지 않고 KeyShot으로 다시 가져올 수 있습니다.
- **Large Data Handling** : 키샷은 CPU 기반이기 때문에 반입된 데이터는 그래픽카드의 VRAM이 아닌 RAM에 저장됩니다. 메모리가 충분하다면 '큰 용량의 데이터를 처리'하는데 무리가 없습니다.

이처럼 KeyShot은 타 렌더링 프로그램과 비교해서 쉬운 인터페이스를 기반으로 가장 빠르고 쉽게 렌더링을 진행할 수 있는 프로그램입니다. 때문에 제품디자인, 패키지디자인, VR, 쥬얼리 디자인 등 다양한 범위에서 활용되고 있습니다.

4. 제품디자인과 KeyShot

4.1 기술 발달에 따른 렌더링(Rendering) 방식의 변화

Analog : 초기 제품디자인에서는 형상을 제도, 스케치와 같은 아날로그 방식으로 표현하였습니다.
제품의 형상을 아날로그 방식(제도)으로 표현한 이후 마카, 수채화, 색연필 등 다양한 아날로그 방식의 렌더링 기법으로 디자인 시안을 표현했기 때문에 디자이너의 드로잉, 마카 등의 스킬이 시안의 렌더링 퀄리티에 많은 영향을 끼쳤습니다.

2D Rendering : 2D CAD 작업과 초기 3D 프로그램의 등장으로 시안의 형상을 디지털 작업으로 진행하게 되었기 때문에 렌더링 표현 역시 2D 프로그램인 포토샵, 일러스트 등으로 렌더링 시안을 표현하였습니다. 초기 3D 렌더링 프로그램이 존재하였지만 소요시간이 너무 길다는 단점 때문에 최종 작업에서 주로 사용되었으며 중간 단계의 경우 포토샵을 통한 2D 렌더링이 주를 이루었습니다. 이때부터는 디자이너의 드로잉 실력보단 재질에 대한 이해와 편집의 능숙함이 시안의 렌더링 퀄리티에 많은 영향을 주었습니다.

3D Rendering : 최근 다양한 3D 프로그램의 등장으로 쉽고 빠르게 3D로 작업이 가능해지면서 렌더링 역시 3D 모델링에 재질과 컬러, 환경 등을 적용하여 이전보다 더 빠르고 손쉽게 실제와 같은 시안을 제공할 수 있게 되었습니다.
3D 렌더링 프로그램의 장점은 최소한의 설정만으로도 이전의 2D 렌더링 작업에 비해 현실적인 느낌을 담을 수 있다는 것입니다.

때문에 3D 렌더링 프로그램을 주로 사용하고 부가적으로 표현이 모호하거나 극대화시킬 때 '포토샵'을 통한 후보정 작업을 진행하고 있습니다.

4.2 제품디자인과 KeyShot

3D 렌더링(Rendering) 프로그램을 사용함으로써 시안을 더 사실처럼 표현할 수 있게 됨에 따라 디자이너의 의도를 명확하게 전달할 수 있게 되었습니다. 제품을 렌더링할 때 가장 중요한 점은 '쉽고 빠르게 자신이 연출하고자 하는 느낌을 효과적으로 표현하는 것'이라 할 수 있습니다.

현재 제품디자이너들 사이에서 가장 많이 사용되고 있는 프로그램은 'V-ray'와 'KeyShot' 두 프로그램입니다.
두 프로그램을 간단하게 비교하자면 V-ray는 처음 사용하는 유저에게는 이것저것 배워야할 내용이 많아 난이도가 높고 숙달하는데 소요시간이 비교적 길지만 숙달자에겐 최상의 퀄리티를 뽑아낼 수 있는 장점을 가진 프로그램입니다.

KeyShot은 이와 반대로 접하기 쉬우며 단순한 인터페이스로 인해 전문적인 지식을 갖지 않고도 어느 정도의 퀄리티를 뽑아낼 수 있어 쉽게 접근이 가능합니다. 이러한 이유로 디자이너뿐 아니라 엔지니어, 3D 프린터 유저 등 디자인 분야 외적에서도 많이 활용되고 있습니다.

4.3 KeyShot을 공부해야 하는 이유

이처럼 쉽고 빠르게 누구나 렌더링 작업을 진행할 수 있다는 장점 때문에 오히려 많은 유저들이 KeyShot을 깊이 있게 공부하지 않고 사용하고 있습니다.

KeyShot이라는 프로그램을 다년간 사용해 본 입장에서 KeyShot은 '배우기 쉽고 빠르다'는 장점을 가졌지만 제품과 프로그램에 대한 이해도가 낮은 사람들에겐 퀄리티의 한계가 있다고 생각됩니다. KeyShot을 사용하는 초보 유저들은 상세 설정 등 KeyShot에서 제공하는 많은 기능들을 알지 못한 채 기본으로 제공하는 재질과 환경을 사용하기 때문에 퀄리티 있는 렌더링이 불가능한 것입니다. 퀄리티 높은 렌더링을 진행하기 위해 이 책에서 제공하는 여러 예제를 통해 KeyShot의 많은 기능을 경험하고 응용함으로써 제품에 대한 이해도를 높이고 퀄리티 있는 렌더링이 가능하도록 KeyShot을 공부할 필요가 있습니다.

KeyShot을 본격적으로 공부하기 전에 필자가 꼭 전하고 싶은 말은 "결과물의 퀄리티를 높이기 위해서는 제품과 재질에 대한 지식도 중요하지만 가장 기본적으로 모델링의 퀄리티가 높아야 한다"입니다. 렌더링이란 3D 모델링에 재질을 입히는 과정일 뿐이기 때문에 모델링이 명확하지 않은 상태에서 렌더링으로 '제품의 퀄리티'를 높이려는 노력을 하기보단 먼저 모델링의 퀄리티를 높인 뒤 렌더링의 퀄리티를 높이는 노력을 하는 것이 가장 바람직하다고 생각합니다.

렌더링은 3D 모델링에 재질, 컬러, 환경을 입히는 과정일 뿐입니다.

5. KeyShot에 정답은 없다.

모든 프로그램들이 그렇듯 좀 더 나은 방법은 있지만 정해진 방법은 없습니다.
우리가 이 책에서 제안하는 방식은 좀 더 퀄리티를 위한 방법이지 "꼭 우리가 제시하는 방식으로 해야만 한다"는 것은 아닙니다.

KeyShot을 통한 렌더링 작업은 원하는 재질과 느낌을 이미지로 표현하는 작업이지 이 데이터 그대로 제품화시키는 작업이 아니므로 원하는 느낌을 낼 수 있다면 진행하려는 재질과 다른 재질을 사용하여도 무관합니다(컬러와 재질에 대해서는 이후 '작업 지시서'를 통해 클라이언트에게 재질과 컬러 등의 정보를 전달합니다).

예를 들어 투명 플라스틱이 사용될 파트에 유리 재질을 이용하여 렌더링을 진행한다고 해서 실제로 해당 파트가 유리로 나오는 것이 아니기 때문에 연출하고자 하는 느낌에 따라 유리 재질을 사용해도 무관하다는 것입니다.

플라스틱 재질 사용   유리 재질 사용

이처럼 재질 표현에는 정답이 없기 때문에 우리는 다양한 예제와 해결 방법을 제시하고 독자가 쉽게 따라함으로써 KeyShot의 노하우를 터득해 나갈 수 있도록 설명하고자 합니다.

Part 2

KeyShot 사용하기

1. KeyShot 설치하기 | **2.** KeyShot의 인터페이스

1. KeyShot 설치

KeyShot을 처음 접하는 사용자들은 KeyShot 공식 홈페이지에서(http://keyshot.com) Try 버전을 다운받아 KeyShot을 구매하기 전 체험판으로 사용해 볼 수 있습니다.
해당 컴퓨터의 버전에 맞는 파일을 다운로드받아 설치를 진행하면 됩니다.

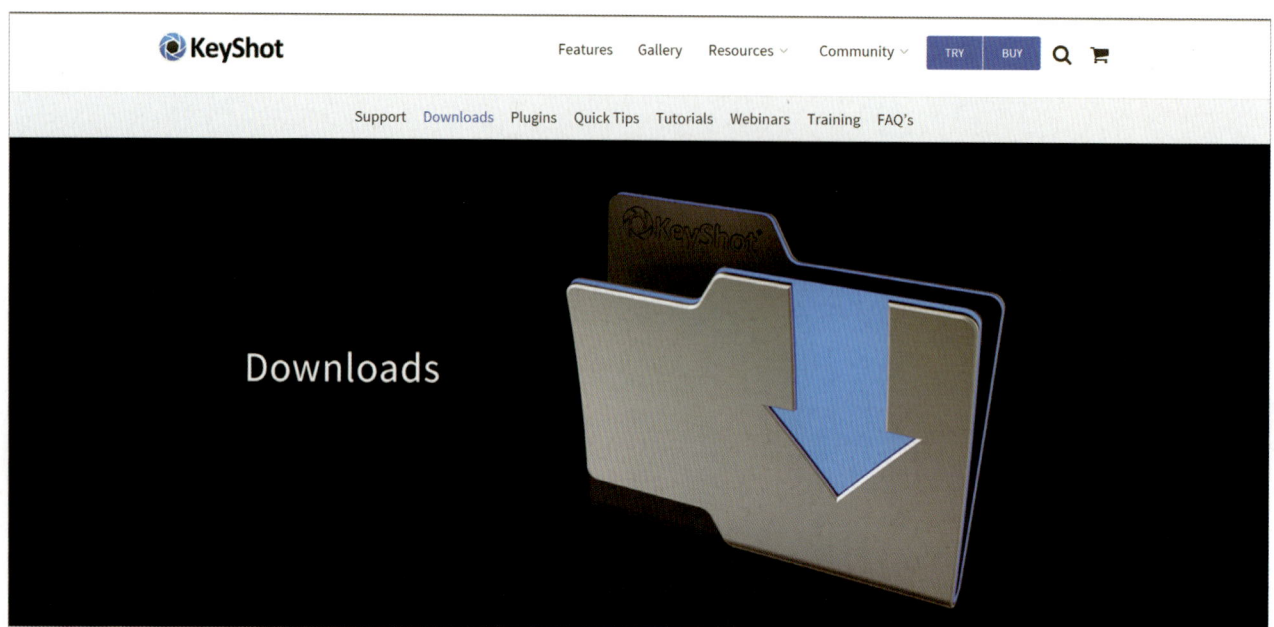

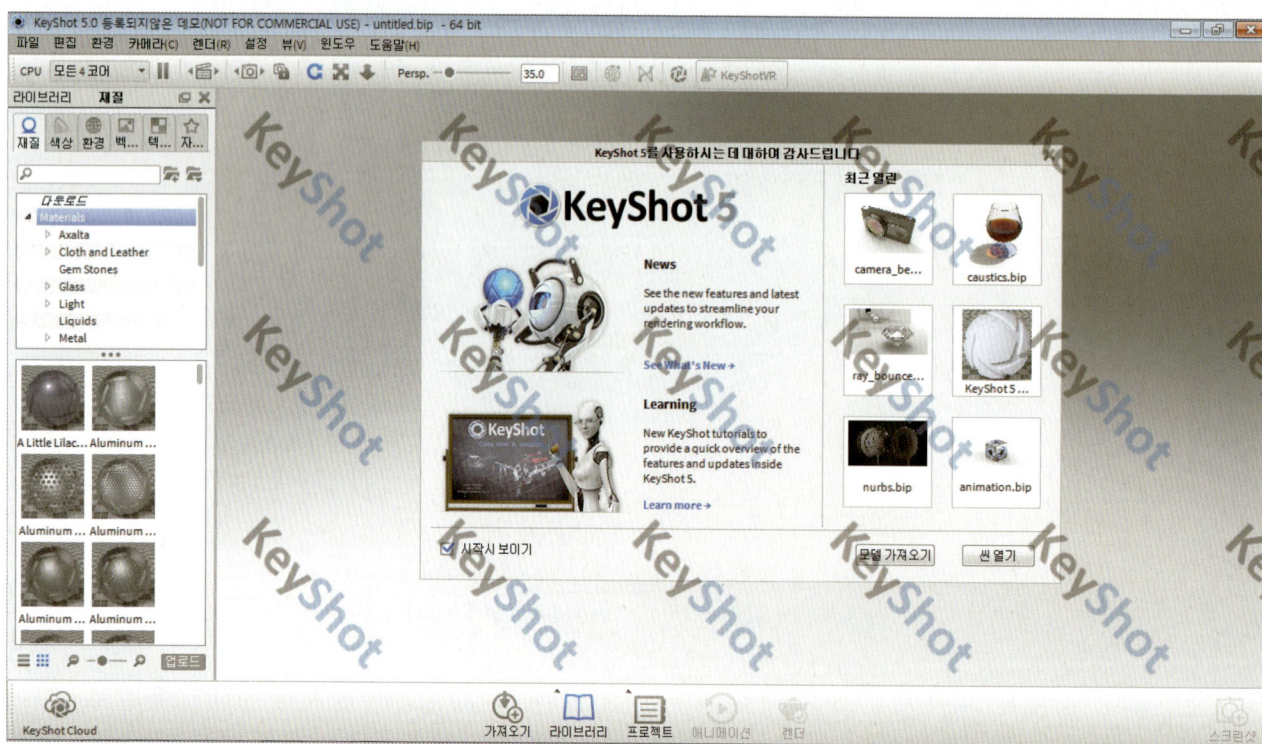

Try 버전으로 설치한 이미지입니다.

KeyShot Try 버전의 경우 워터마크가 새겨져있어 정상적인 사용은 불가하나 KeyShot의 인터페이스를 살펴보거나 14일 체험판을 통해 렌더링을 체험해 볼 수 있습니다.

2. KeyShot의 인터페이스

2.1 언어

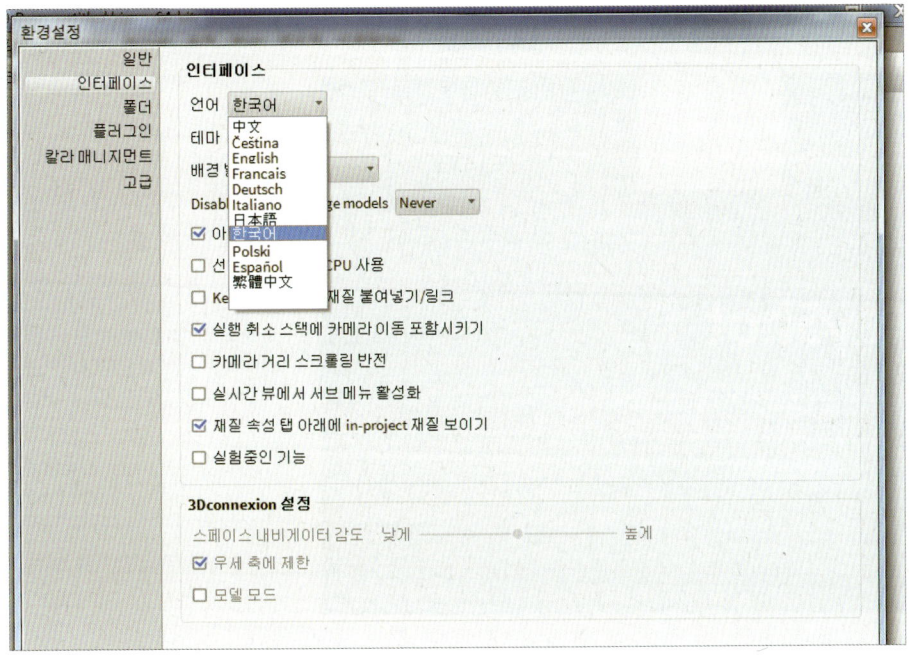

KeyShot은 다른 프로그램과 마찬가지로 다양한 언어의 버전을 지원합니다.
처음 툴을 배울 때 영어로 배우는 이유는 관련 서적이나 메뉴얼 등이 대부분 영어로 설명하고 있기 때문이라고 생각합니다. 하지만 수년간 KeyShot을 사용하면서 "굳이 이 프로그램을 영어로 사용할 필요가 있을까?"라는 생각을 해왔습니다.

필자는 많은 고민 끝에 이 책을 쓸 때 한글 버전으로 집필하려고 합니다.
한글 버전을 권장하고 책을 한글 버전으로 제작하는 이유는 전혀 숙지하지 못하고 있던 부분에 대해 도전해 보기 쉽다는 장점 때문입니다. 이 책은 KeyShot 5.0을 기반으로 설명하고 있으며 모든 경우와 예시를 전부 담을 수 없습니다. 이후 버전 업을 통해 인터페이스가 변경되거나 새로운 기능이 추가되었을 때 이런 저런 기능들을 다뤄보며 새로운 기능에 대한 정보를 습득해야 합니다.

이 때 한글 버전을 사용하면 모르는 기능에 대한 접근이 쉬우며 우연한 계기를 통해 놓치고 있던 부가기능을 발견할 수 있는 기회를 가질 수 있습니다.

2.2 플러그인 사용

KeyShot 공식사이트(http://keyshot.com)에서 KeyShot 플러그인(Plug in)을 무료로 제공하고 있습니다. 플러그인을 사용하면 모델링 툴과 KeyShot의 호환성이 높아지며 모델링 프로그램 상에서 수정한 내용을 바로 업데이트할 수 있습니다.

http://www.keyshot.com → Resources → Downloads

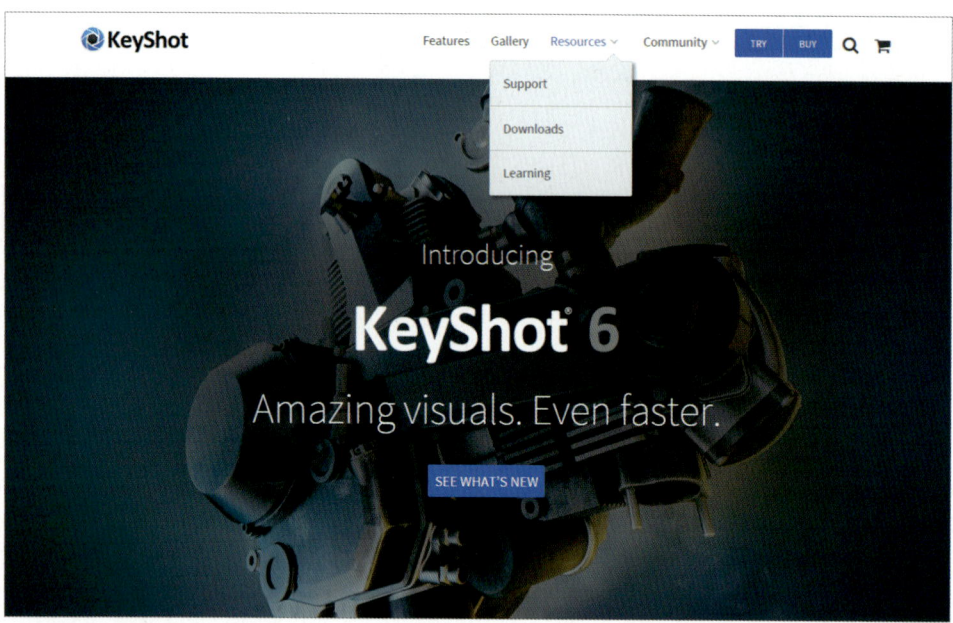

Plugins 선택

사용하는 모델링 프로그램을 선택 후 설치합니다.

설치를 완료하면 해당 모델링 파일 상단 메뉴에 KeyShot5 혹은 6라고 쓰여진 메뉴가 생성됩니다.

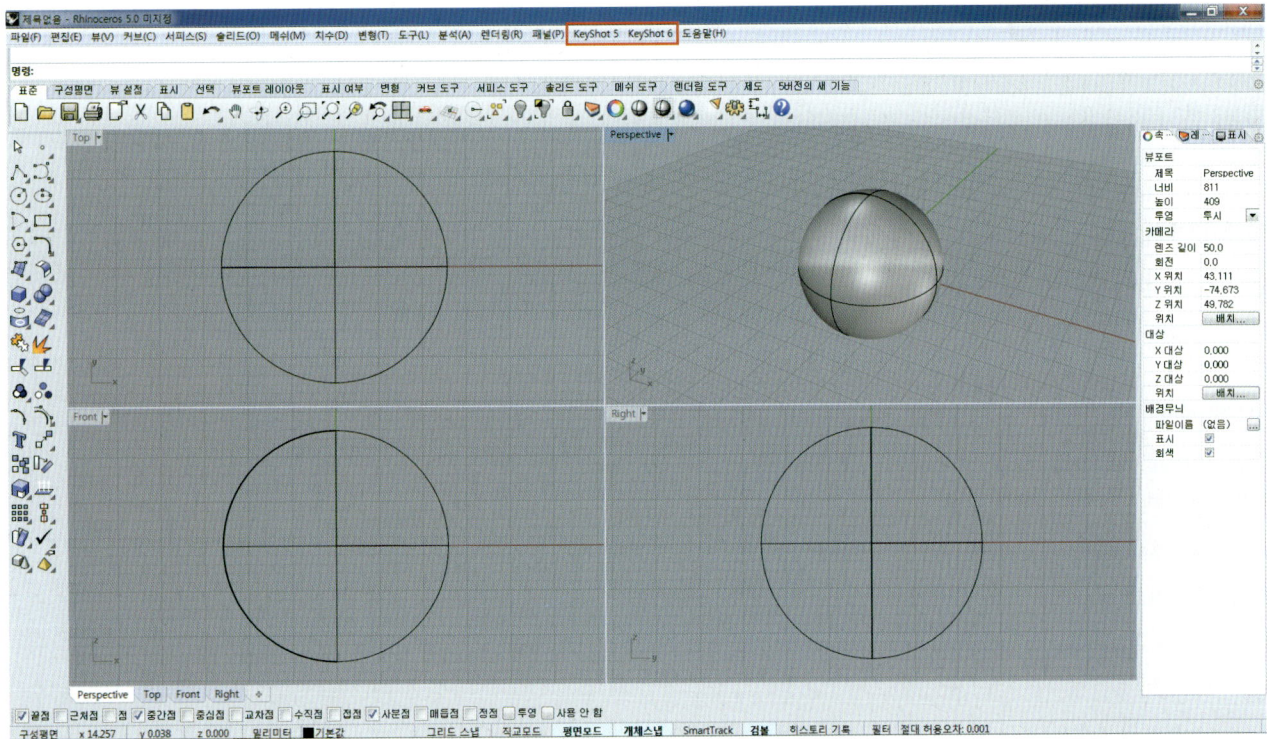

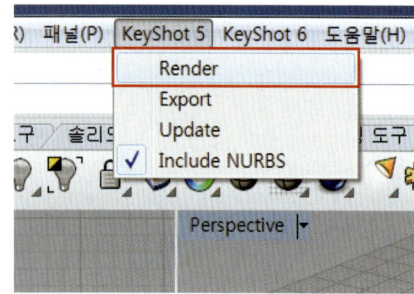

- **Render :** 완성된 모델링을 KeyShot으로 넘겨주는 기능으로 모델링상에서 지정한 색상과 재질, 레이어 등을 KeyShot에서 그대로 반영합니다.
  Maintain color and texture assignments
  Maintain layer structure
  Hidden objects on layers stay hidden

- **Export :** 해당 모델링 파일을 KeyShot의 파일 형식(.bip)으로 내보내기
  Export to bip without KeyShot installed

- **Update :** KeyShot으로 넘긴 데이터를 모델링 상에서 수정한 뒤 수정 내용을 KeyShot에 반영시키는 기능
  LiveLinking – update model inside KeyShot

2.3 인터페이스

KeyShot의 초기 화면을 구성하고 있는 각각의 요소를 살펴보겠습니다.

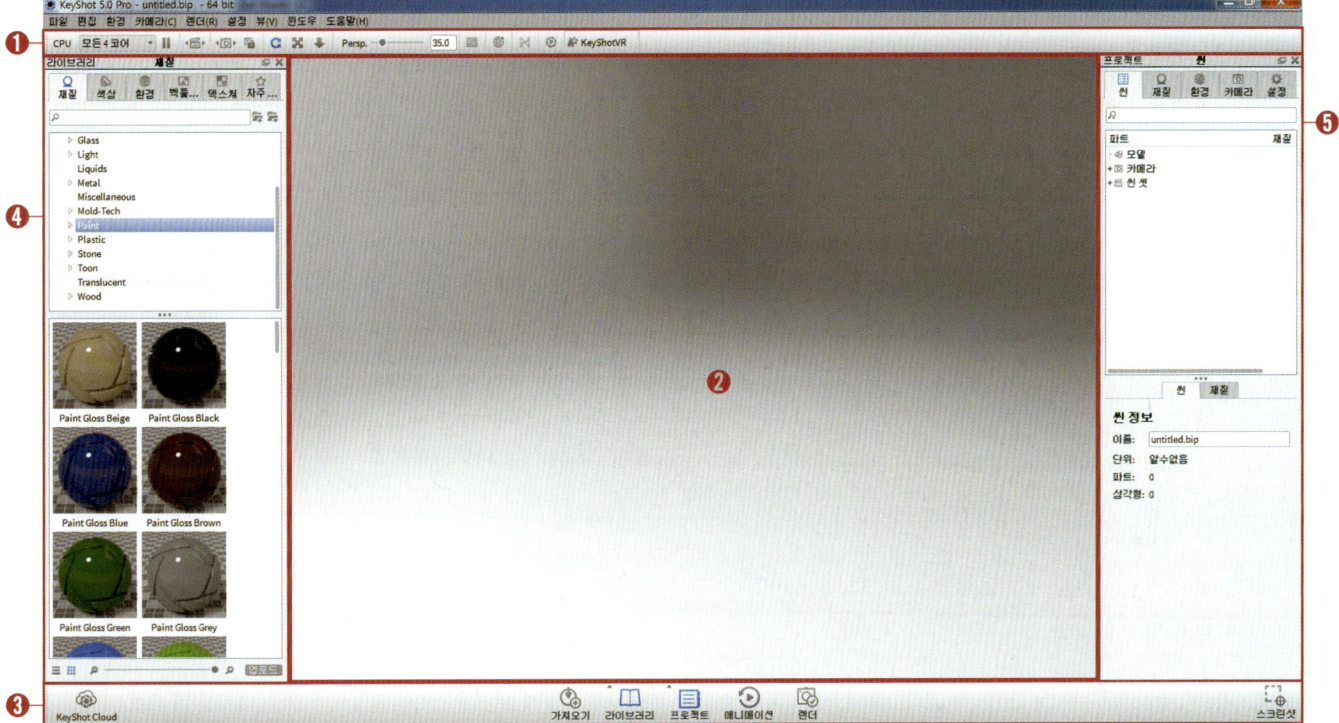

키샷 기본 구성

❶ **상단 메뉴 바(Menu Bar)** : KeyShot의 기본적인 명령들을 텍스트 메뉴로 제공합니다.

❷ **실시간 창(Realtime Window)** : KeyShot의 장점인 실시간 렌더를 나타내는 창으로 적용시킨 설정값을 바로바로 나타내주는 화면입니다.

❸ **메인 툴 바(Main Tool Bar)** : 메인 툴바는 하단에 위치하며 상단 메뉴 중 가장 자주 사용하는 기능을 기본적인 렌더링 순서에 따라 배열 해놓은 바입니다. 하단바를 마우스 오른쪽 버튼 클릭 시 크기 조절이 가능합니다.

❹ **라이브러리(Library)** : 라이브러리에서는 KeyShot에서 제공하는 기본적인 재질, 색상, 환경, 백플레이트, 텍스처의 사용이 가능합니다.

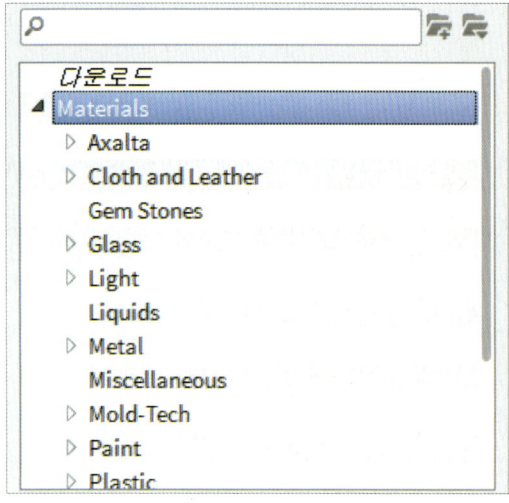
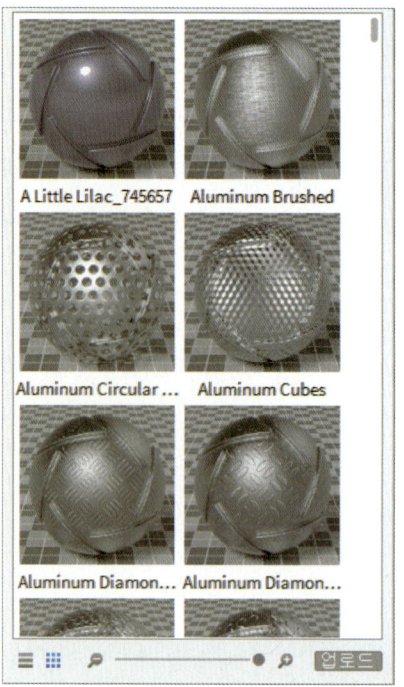

해당 파트는 KeyShot에서 제공하는 기본 재질을 폴더 구조로 나타내는 창으로 많은 재질들 중 원하는 재질을 쉽게 찾을 수 있도록 도와줍니다.

• 드래그앤드롭

원하는 컨텐츠에 따라 상단의 탭을 선택하여 드래그앤드롭의 형태로 사용이 가능합니다.

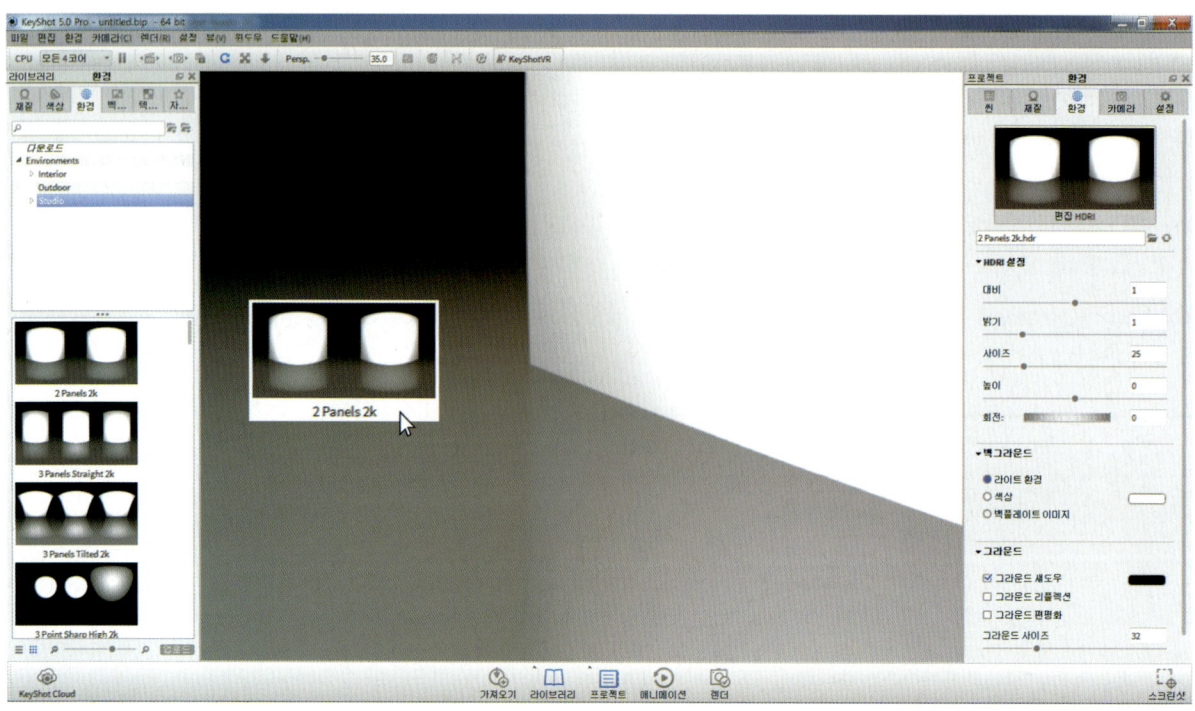

2. KeyShot의 인터페이스

❺ **프로젝트(Project)** : 프로젝트 탭은 라이브러리에서 적용한 재질, 색상, 환경 등의 설정값을 변경하기 위한 창입니다.

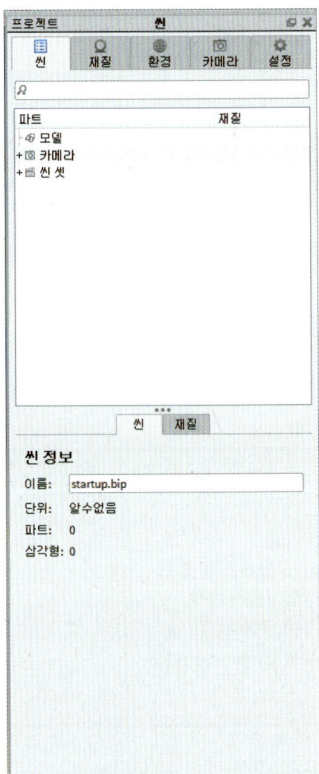

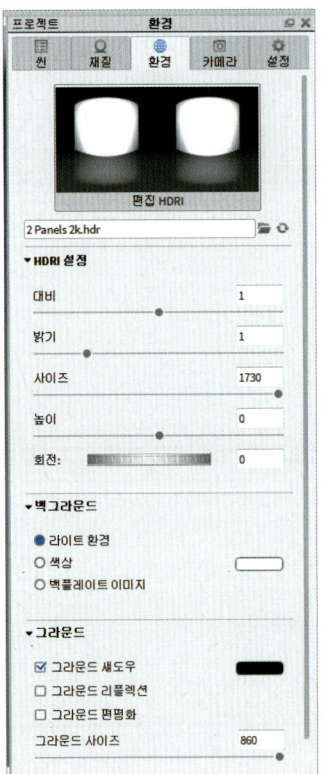
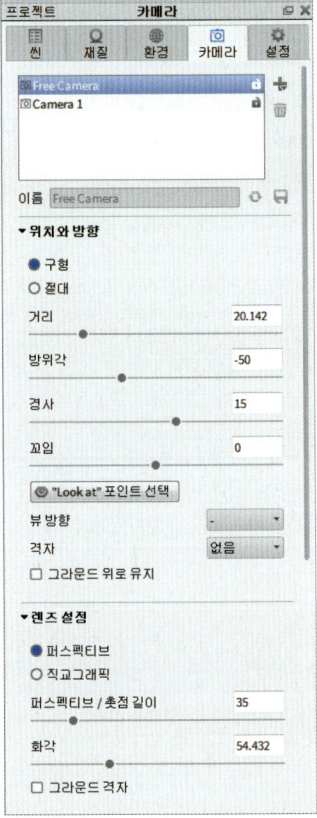
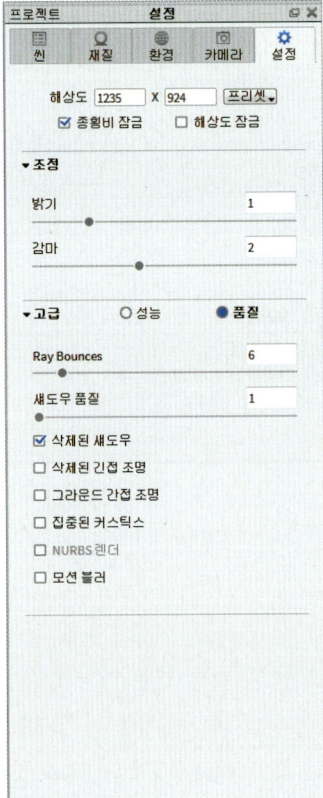

041

- **씬** : 적용된 모델의 위치, 스케일, 방향, 복제, 숨기기 등의 설정 변경이 가능합니다.
- **재질** : 각 파트별로 적용된 재질의 특성에 따른 설정 값 변경이 가능합니다.
- **환경** : 라이브러리를 통해 적용된 환경의 대비, 밝기, 높이 등의 조절이 가능하며 그라운드 섀도우와 그라운드 리플렉션 설정이 가능합니다.
- **카메라** : 실시간 창에서 나타나고 있는 모델의 형상을 촬영하는 카메라의 설정값을 변경하는 탭이다. 카메라의 렌즈설정을 변경하면 실시간 창에 바로 적용됩니다.
- **설정** : 해상도나 밝기 감마값 등을 설정할 수 있으나 자주 사용하지 않습니다.

2.4 단축키

KeyShot에서도 타 프로그램처럼 단축키(Hot Key)를 제공합니다.

카메라
Tumble	LMB 드래그
이동	MMB 드래그
Dolly	Alt + RMB
촛점 길이 줌	Alt + 마우스 휠
퍼스펙티브	Shift + Alt + RMB Drag
"Look at" 포인트 선택	Alt + Ctrl + RMB
기울기	Alt + Ctrl + 마우스 휠
다음 카메라	Shift + N

환경
밝기 대량변화	위 아래 화살표
밝기 소량변화	좌 우 화살표
환경 회전	Ctrl + LMB 드래그
환경 포지션 리셋	Ctrl + R
배경 모드:환경	E
배경 모드:색상	C
배경 모드:백 플레이트 이미지	B
그라운드 편평화	G
라이트 소스 보이기	L

파일
새 프로젝트	Ctrl + N
프로젝트 저장	Ctrl + S
프로젝트를 다른 이름으로 저장	Ctrl + Alt + S
프로젝트 열기	Ctrl + O
어플리케이션 종료	Ctrl + Q

일반
실행 취소	Ctrl + Z
모델 가져오기	Ctrl + I
환경 열기	Ctrl + E
백프레이트 열기	Ctrl + B
스크린샷	P
렌더	Ctrl + P
큐에 추가	Ctrl + U

인터페이스
프로젝트 메뉴 전환	스페이스 바
라이브러리 전환	M
토글 툴바	T
리본 전환	R
KeyShotVR	V
단축기 리스트 전환	K
헤드-업 디스플레이 전환	H
전체화면으로 전환	F
전환 프레젠테이션 모드	Shift + F
다음 모델 세트 보이기	Shift + M
Marque 선택	Shift + LMB 드래그
좌표 범례 보이기	Z

재질
재질 편집	LMB 더블 클릭
재질 선택	Shift + LMB
선택된 재질 적용	Shift + RMB
재질 복사본 적용	Shift + Ctrl + RMB

실시간
성능 모드	Alt + P
Pause 전환	Shift + P
상세 섀도우 전환	S
상세한 간접광 조명 전환	I
아웃라인 선택	Alt + S
NURBS 전환	N

애니메이션
플레이백 전환	Shift + 스페이스 바
타임라인 선환	A

2.5 Resources 폴더

KeyShot5를 설치하면 '문서'에 KeyShot5라는 폴더가 형성됩니다.
해당 폴더 내에는 Backplate부터 Texture까지 KeyShot에서 기본적으로 제공하는 재질, 색상, 범프 환경 등이 포함되어 있으며 KeyShot을 통해 생성된 Animation, Rendering 결과물이 해당 폴더에 저장됩니다.

KeyShot을 통해 렌더링 작업이 마무리되면 해당 이미지는 라이브러리 → 문서 → KeyShot5 → Renderings에 저장됩니다.

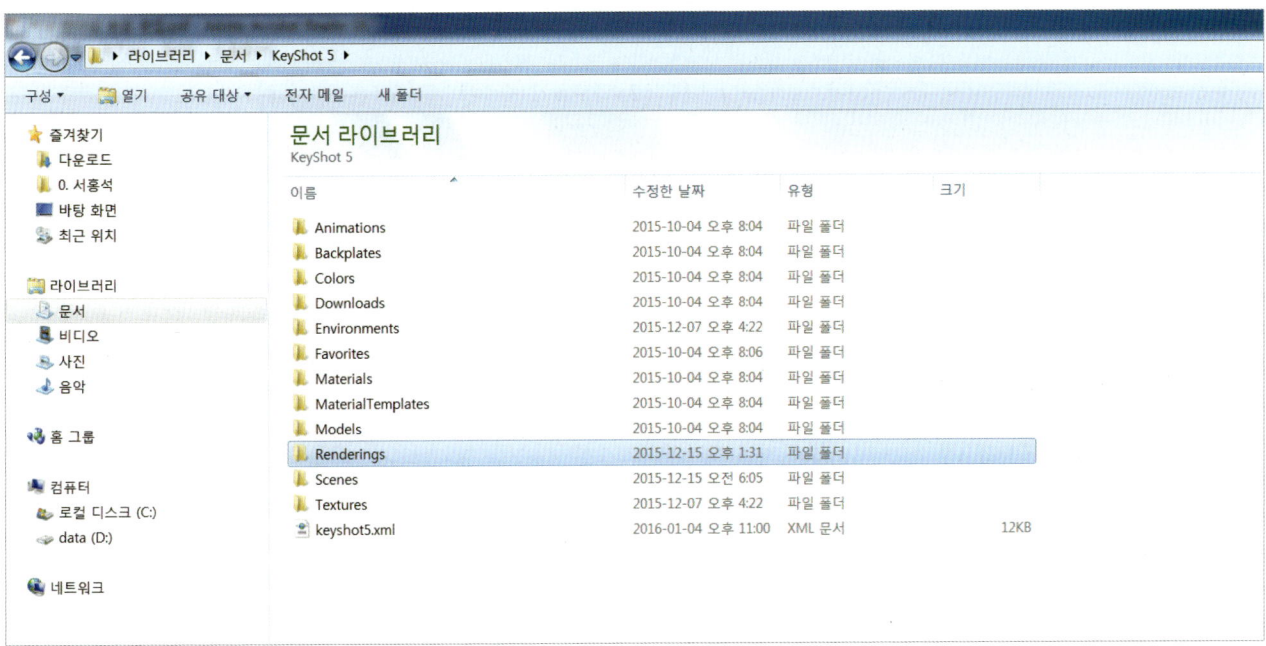

2.6 KeyShot 렌더링 진행 과정

KeyShot을 처음 사용하는 사용자를 위해 위에서 설명한 KeyShot의 기능을 어떻게 사용하는지 사용 과정을 간략히 설명하도록 하겠습니다.
자세한 설명은 Part3에서 예시를 통해 설명하도록 하겠습니다.

1) 열기

우선 KeyShot을 실행하면 기본 화면이 나타납니다. 어떠한 모델도 가져오지 않은 상태이기 때문에 빈 스튜디오 같은 느낌을 받을 수 있습니다. 하단의 메인 메뉴바의 '가져오기'를 통해 모델을 불러올 수 있습니다.

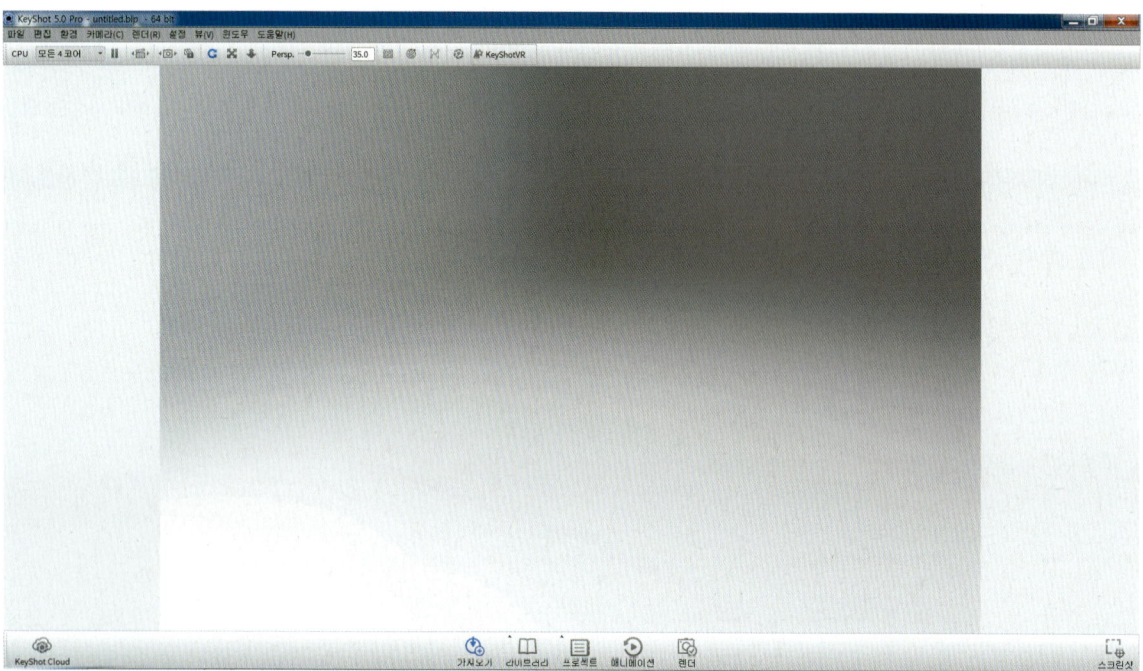

2) 가져오기

렌더링 작업을 진행할 모델링을 가져옵니다. 모델링 상에서 구분된 레이어에 따라 색상과 파트가 KeyShot에서도 똑같이 생성됩니다.

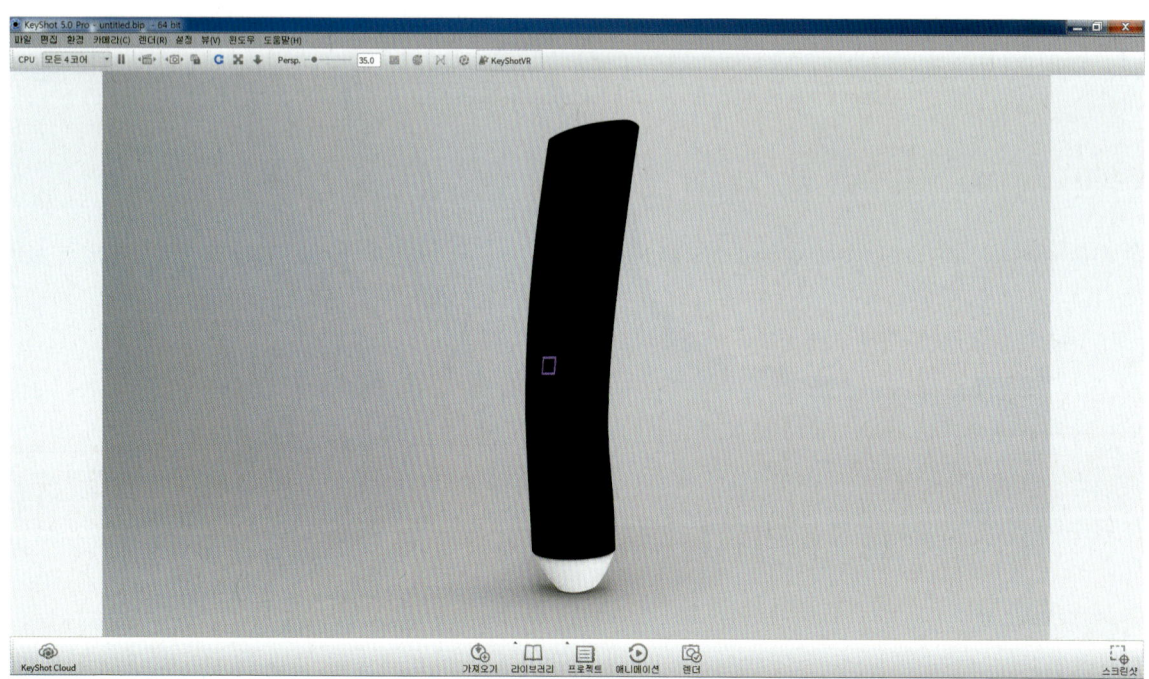

3) 기초 재질 적용

하단 메인 메뉴바의 '라이브러리'를 통해 KeyShot에서 제공하는 기본재질과 환경, 색상 등을 적용시킬 수 있습니다. 원하는 재질(Materials)의 카테고리를 선택하면 하단의 재질 예시 이미지가 카테고리에 따라 변경됩니다. 해당 재질을 원하는 파트에 드래그앤드롭을 통해 적용시킬 수 있습니다.

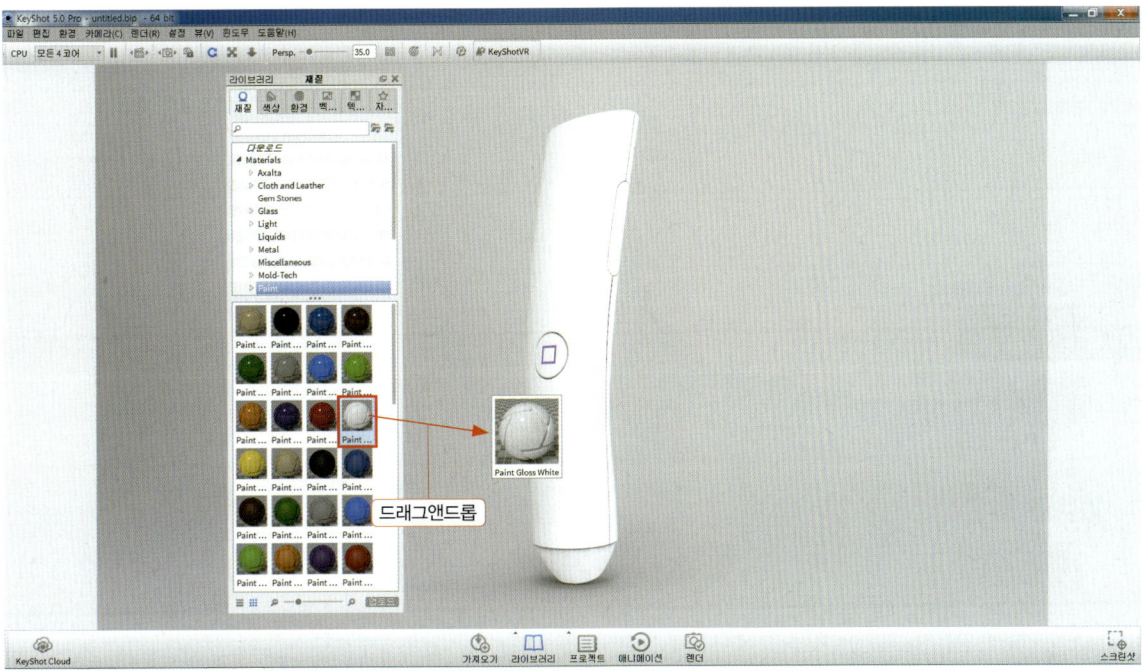

4) 환경설정

기본 재질을 원하는 파트에 적용시킨 후 제품의 형태와 재질감이 원하는 느낌으로 표현되는 환경을 적용시킵니다. 노하우가 생기기 전까지는 여러 환경을 적용해보며 느낌을 찾도록 합니다.

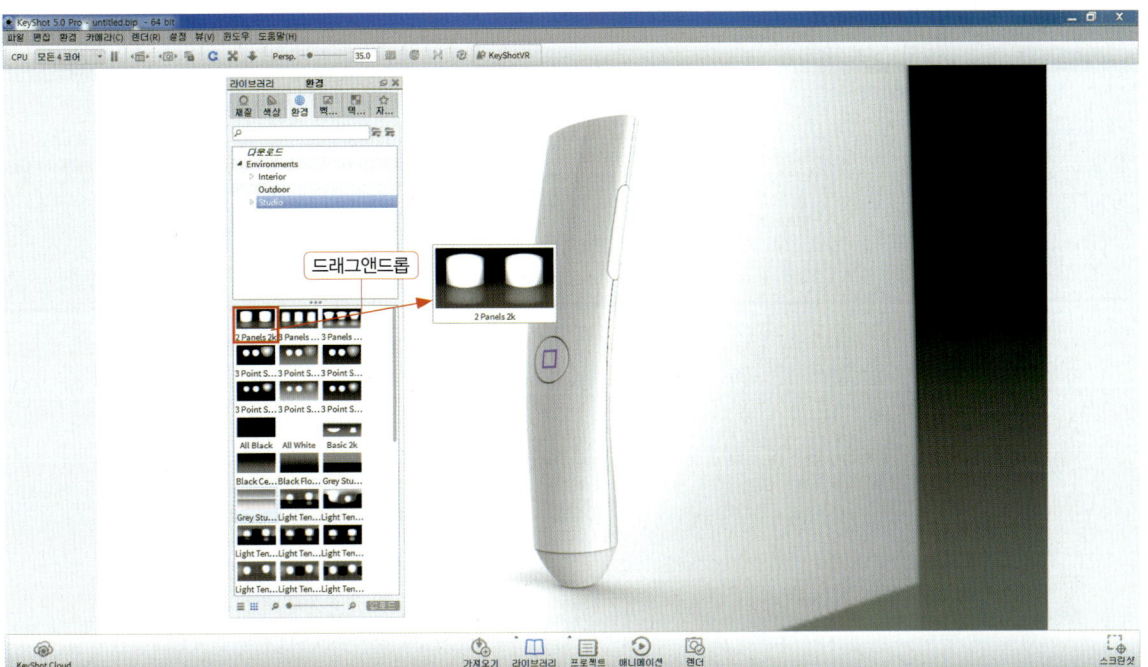

5) 재질 및 환경 상세 설정

재질감이 환경에 따라 확연히 다르게 연출되므로 환경 적용이 끝난 후 재질의 상세 설정값을 변경합니다. 상세 설정을 위해서는 하단 메인 툴바의 '프로젝트'를 선택하여 원하는 재질이나 환경의 상세 설정값을 변경합니다. 자세한 설명은 이후 과정에서 설명하겠습니다.

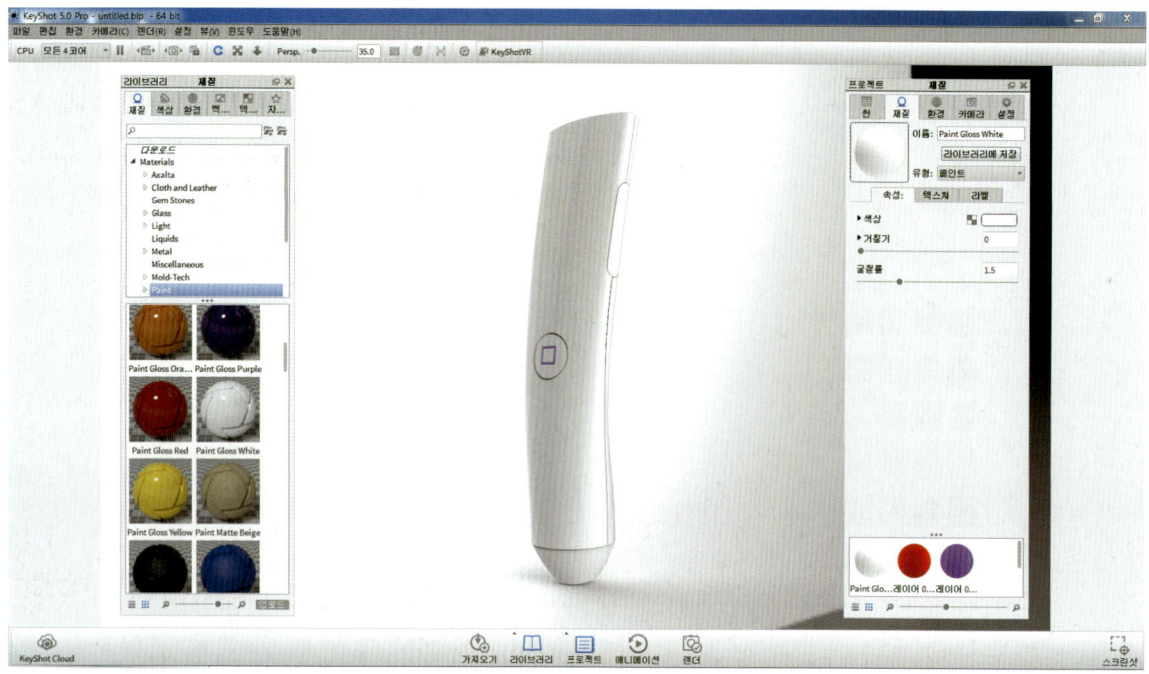

6) 렌더

모든 설정이 끝나면 렌더링 데이터를 이미지화시키는 과정인 '렌더'를 진행합니다. 이 과정은 3D 모델링에 KeyShot을 통해 재질을 입힌 뒤 이미지화 시키는 과정으로 이후 판넬 연출을 위해 주로 TIFF나 PNG 포맷으로 설정한 뒤 '렌더' 버튼을 눌러 작업을 진행합니다.

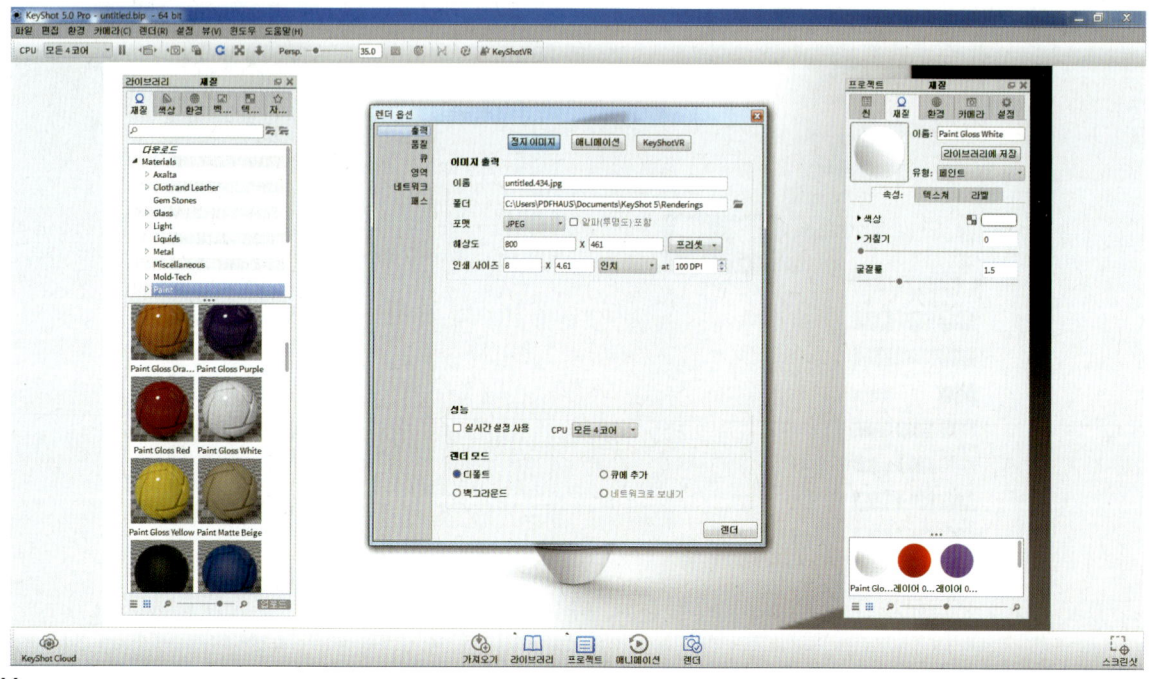

'렌더' 과정은 이미지의 크기와 품질에 따라 소요 시간이 많이 차이납니다. 진행이 완료된 이미지는 KeyShot Resources 폴더의 Renderings에 저장됩니다.

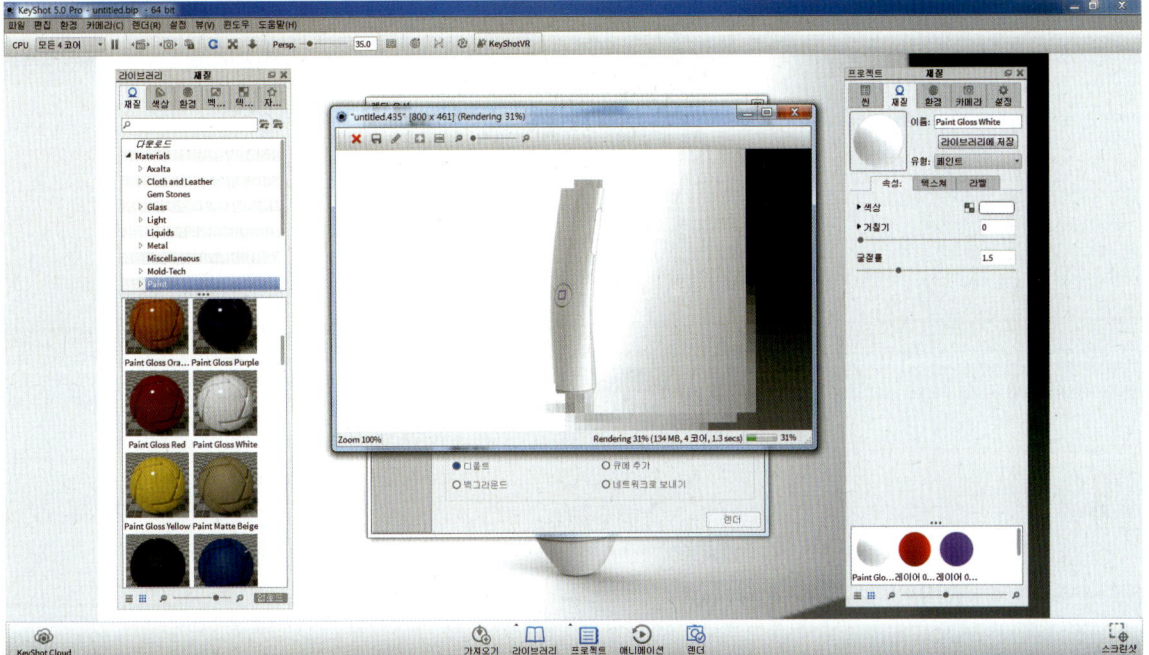

Part 3

예제를 통한
KeyShot 이해하기

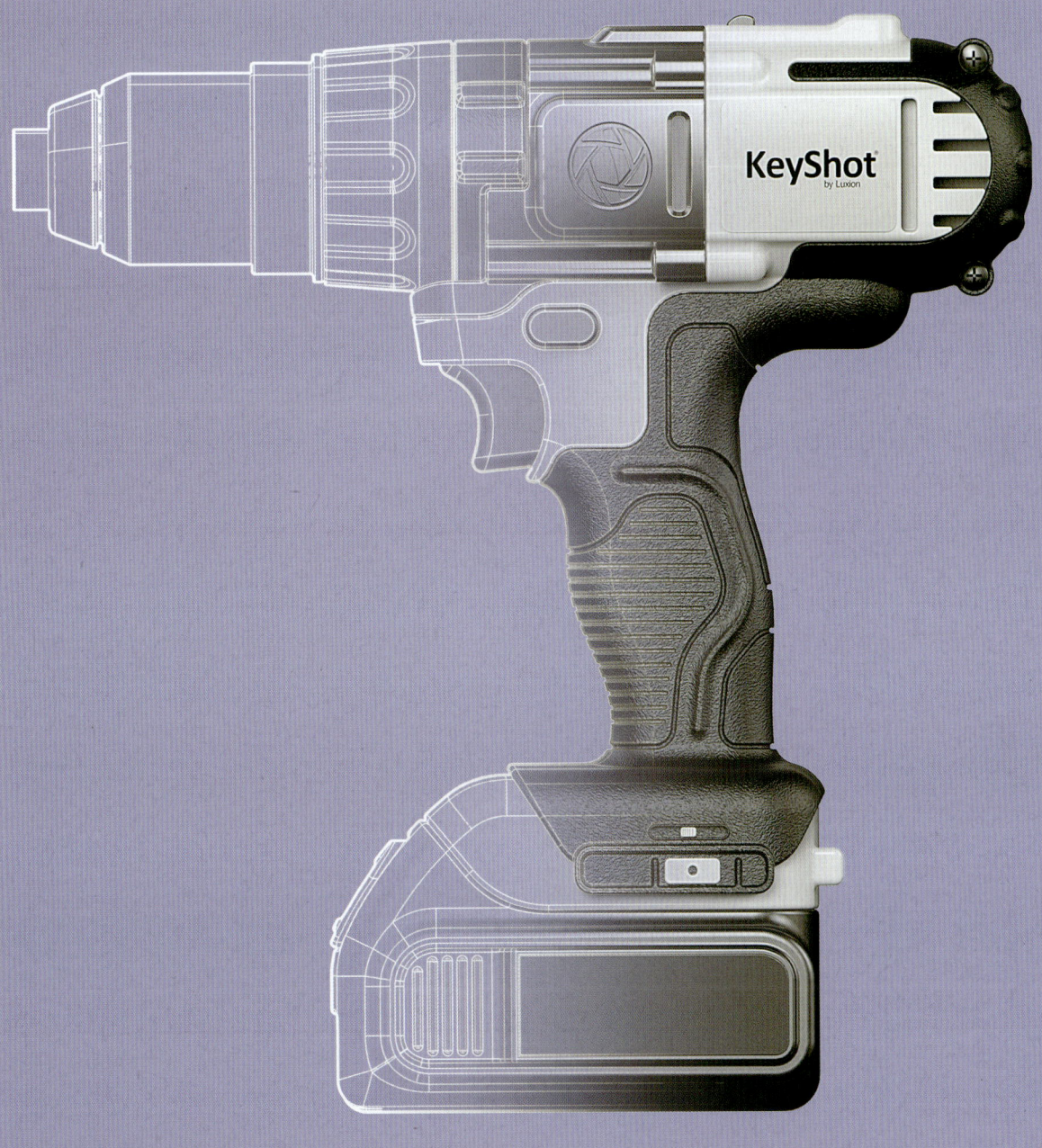

00. 전동드릴 MOTOR DRILL

KeyShot Sample_Motor **Drill Render**

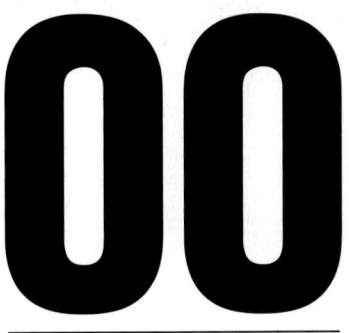

전동 드릴

이 책은 KeyShot을 처음 접하거나 미숙한 사용자들에게 기본 사용 인터페이스에 대해 하나하나 설명하여 익히는 방식보다는 쉬운 예제를 따라함으로서 KeyShot의 기본 인터페이스를 이해하고 터득하도록 구성하였습니다. 예제를 통한 KeyShot 이해하기 처음 예제인 [00. Motor Drill]을 따라하면 복잡해 보일 수 있는 렌더링 작업물이지만 보고 따라하는 것만으로 KeyShot의 인터페이스를 손쉽게 이해하고 적용하는 것을 느낄 수 있을 겁니다.

01_예제 파일 실행 1

[00. Motor Drill] 예제 파일을 실행해보겠습니다. KeyShot을 이용하여 렌더링을 진행하기 위해 모델링 파일을 가져옵니다.

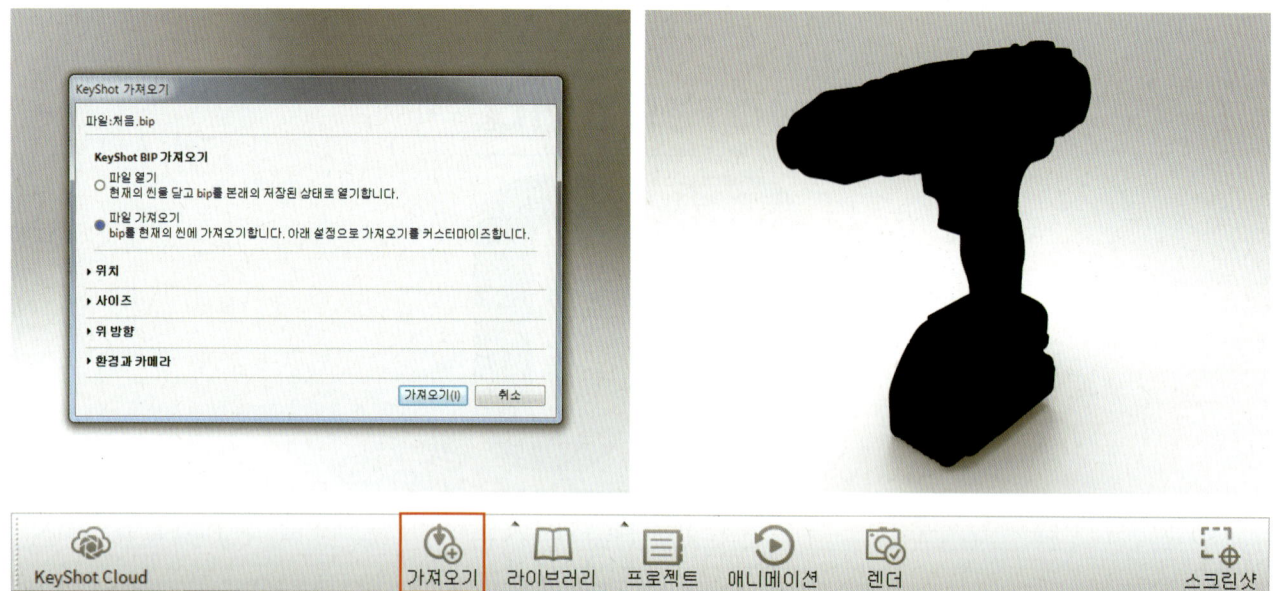

02_예제 파일 실행 2

KeyShot에서 제공하는 플러그인을 이용하여 모델링 파일을 쉽게 KcyShot으로 Export힐 수도 있습니다. 모델링 프로그램 (예 Rhinoceros)에서 상단바 우측에 위치한 KeyShot 플러그인에 Render를 클릭합니다.

03_KeyShot 시작하기_기본화면

모델링상에서 레이어 구분없이 KeyShot으로 불러온 초기 화면입니다. 파트가 많고 복잡한 모델링의 경우 레이어를 모델링 프로그램에서 미리 나누어 사용하면 편리하나, 그렇지 않은 경우 레이어를 나누지 않고 KeyShot으로 넘어와도 원하는 파트에 원하는 재질을 넣을 수 있습니다.

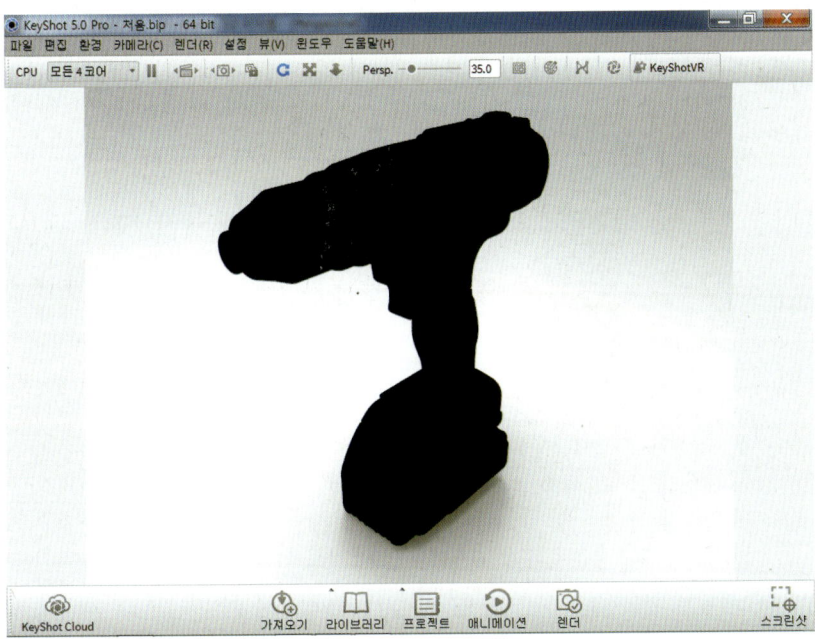

04_KeyShot 시작하기_라이브러리

재질 및 환경 선택을 위해 화면 하단에 라이브러리를 클릭합니다. 그리고 라이브러리 창을 왼쪽 편으로 드래그하여 창을 고정시킵니다.

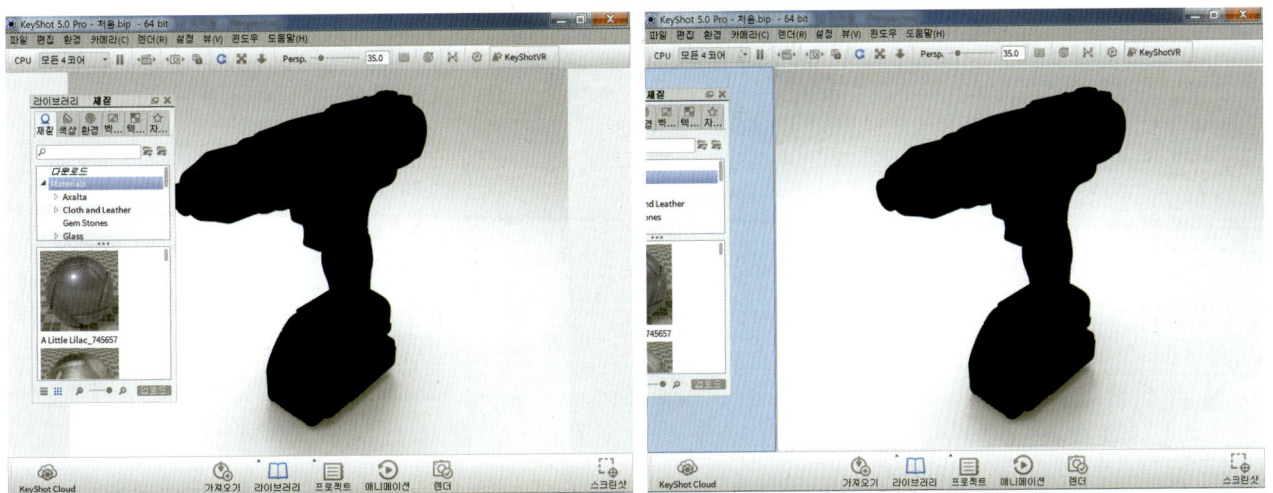

05_KeyShot 시작하기_프로젝트

렌더링 모델의 세부설정을 위해 화면 하단에 프로젝트를 클릭합니다. 그리고 프로젝트 창을 오른쪽 편으로 드래그하여 창을 고정시킵니다.

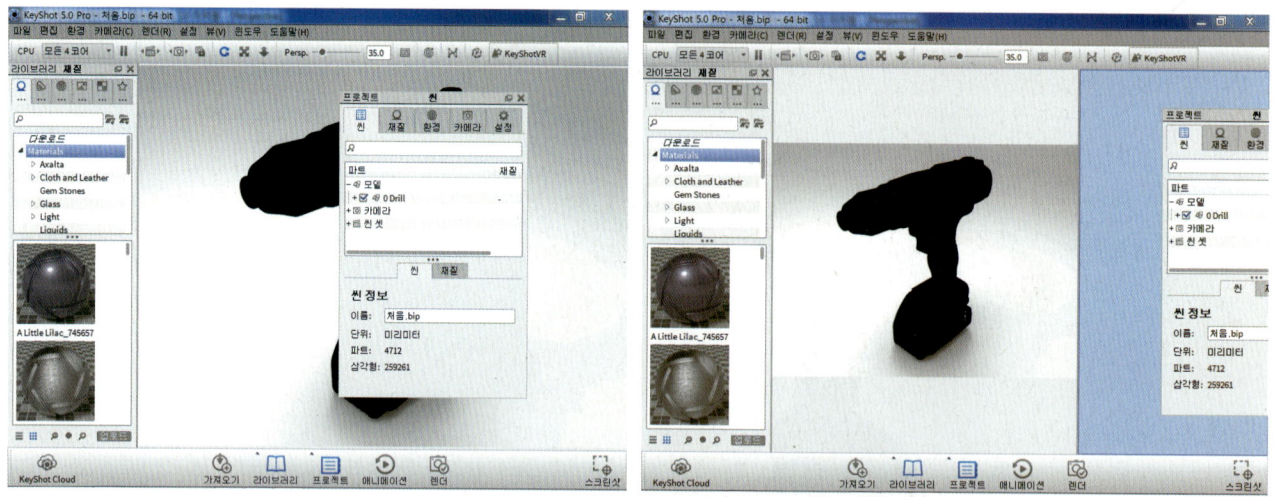

06_라이브러리_재질 탭 사용 1

KeyShot에서 기본적으로 제공하고 있는 여러 재질을 사용하여 제품의 특성에 맞는 재질을 골라 사용할 수 있습니다. 아래 이미지의 경우 사용자가 제품을 안정적으로 잡을 수 있도록 Rubber 재질을 사용하도록 합니다(드래그앤드롭).

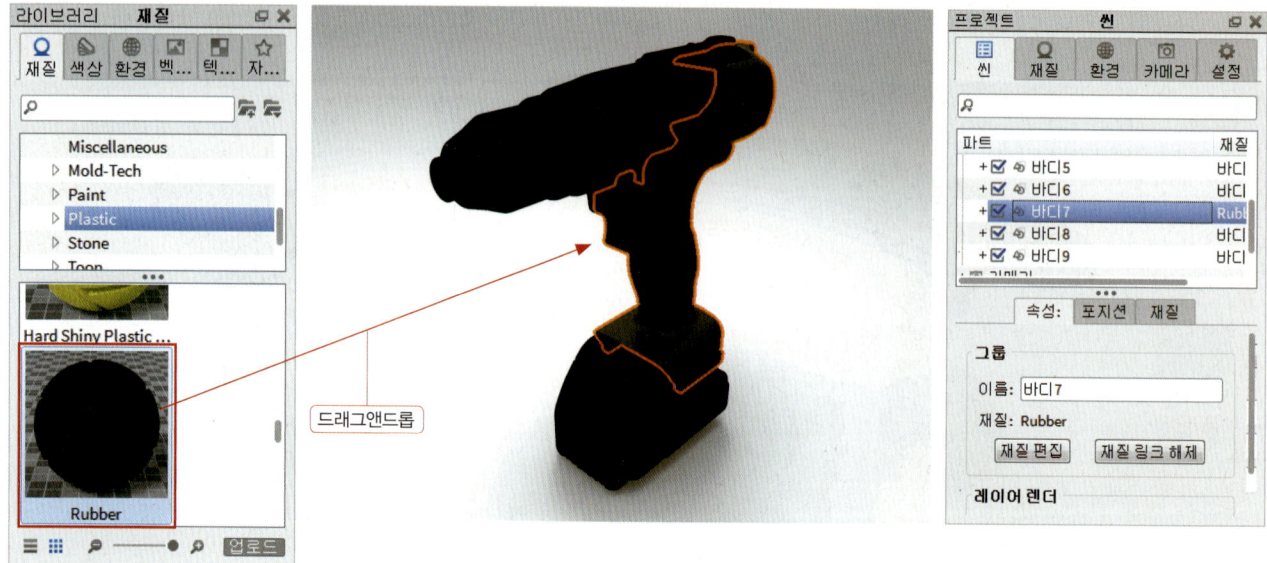

07_라이브러리_재질 탭 사용 2

포인트 색상을 적용하기 위해 라이브러리 탭_재질 탭_Paint 카테고리 중 Paint Gloss Beige 재질을 바디5 파트에 드래그앤드롭합니다.

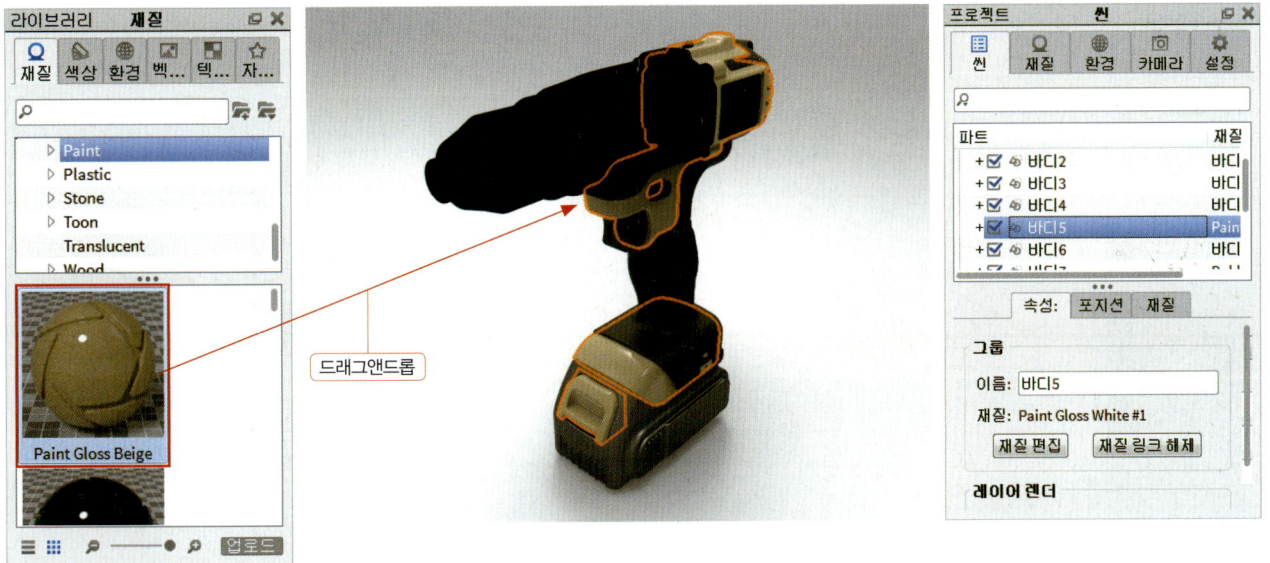

08_라이브러리_재질 탭 사용 3

바디1, 2, 8, 9 파트에 라이브러리 탭_재질 탭_Paint 카테고리 중 Paint Metallic Jet Black 재질을 드래그앤드롭합니다.

09_라이브러리_재질 탭 사용 4

바디3, 4, 6, 10 파트에 라이브러리 탭_재질 탭_Paint 카테고리 중 Paint Metallic Grey 재질을 드래그앤드롭합니다.

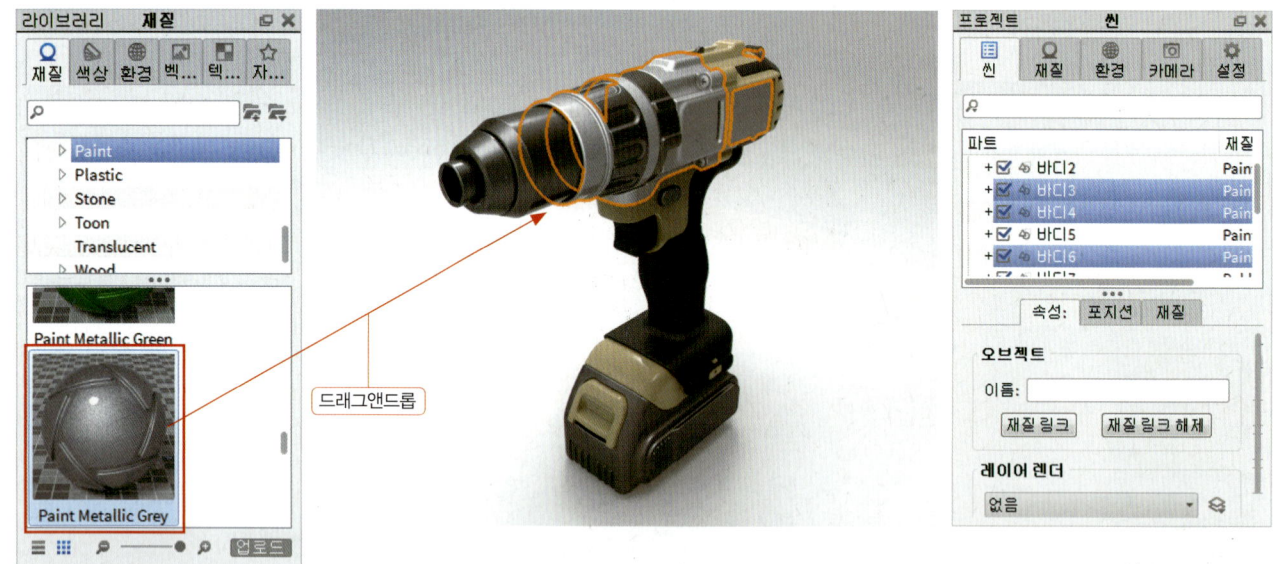

10_재질 링크 해제 사용

재질 링크 해제는 같은 재질로 그룹화되어 있던 파트를 해제해주는 기능으로 한 재질로 묶여있던 다른 파트에 다른 재질 혹은 다른 세부설정 값을 변경할 수 있습니다. 넣고자 하는 파트인 바디1 앞쪽 파트를 실시간 창에서 마우스 오른쪽 버튼 클릭 후 재질 링크 해제를 선택합니다.

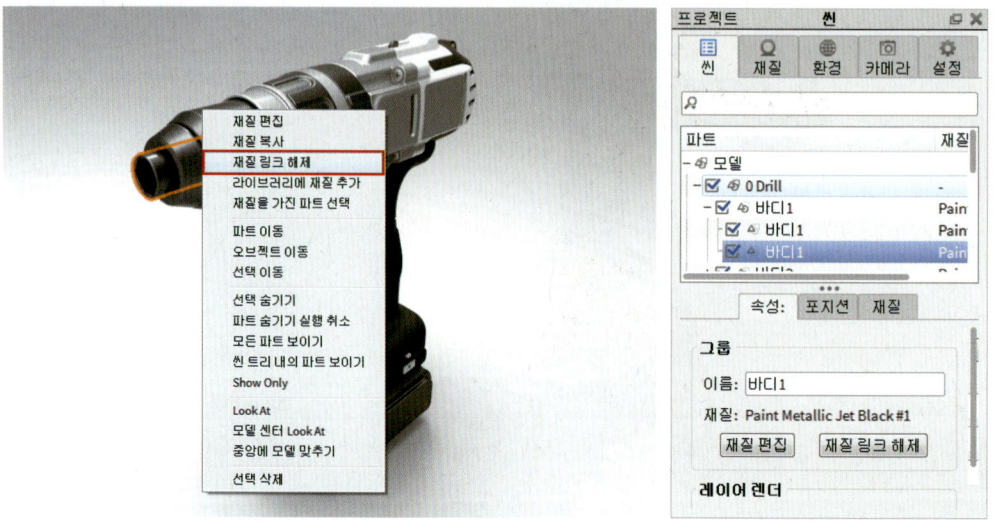

NOTE 재질 링크란 서로 다른 파트를 임의로 같은 재질을 쓰도록 묶는 것으로 레이어를 따로 나누지 않고 KeyShot으로 가져올 경우, 모든 파트는 한 재질로 묶여 있습니다. 이것을 재질 링크라고 합니다.

11_라이브러리_재질 복사, 붙여넣기

재질을 적용한 같은 재질을 다른 파트에도 적용하고자 한다면 사용할 수 있는 방법으로 재질 링크 해제한 바디1 파트에 바디 10 파트의 재질을 복사, 붙여넣기를 해보겠습니다. 바디10 파트를 마우스 오른쪽 버튼 클릭 후 '재질 복사'를 클릭합니다. 그리고 적용할 바디1 파트를 마우스 오른쪽 버튼 클릭 후 '재질 붙여넣기'를 합니다.

NOTE Shift + 좌클릭(재질 복사) → Shift + 마우스 오른쪽 버튼 클릭(재질 붙여넣기)

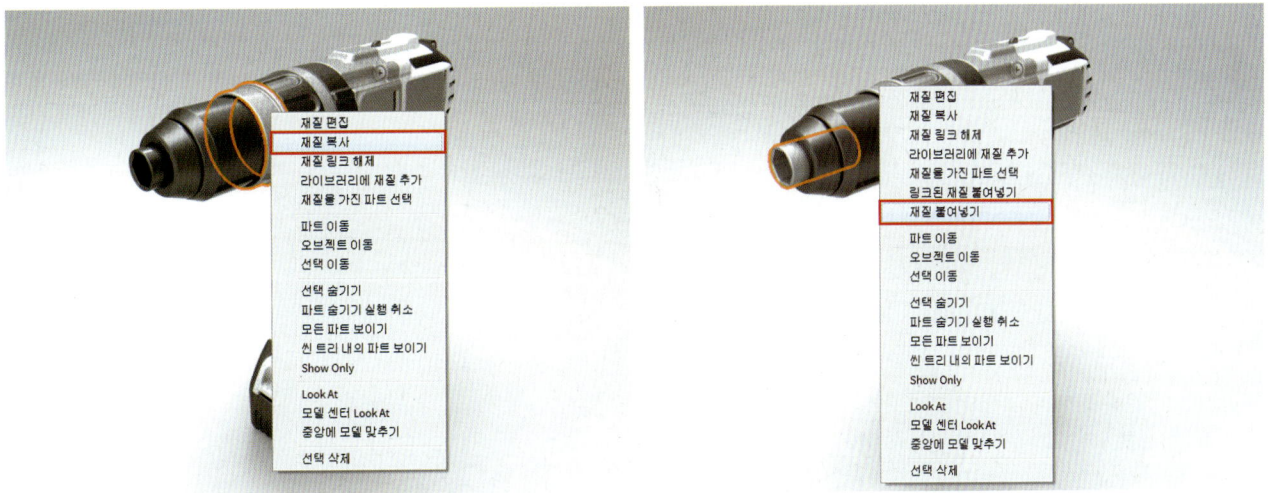

12_Camera View 움직이기_회전

마우스 왼쪽 버튼을 누른 채로 움직이면 Camera View의 각도를 자유자재로 움직일 수 있습니다. 단 좌표가 변하는 것이 아니기 때문에 원하는 각도와 그림자가 차이가 있을 수 있습니다.

13_Camera View 움직이기_이동

휠을 누른 채로 움직이면 각도는 변하지 않은 채로 제품이 움직입니다. 모델링 툴 및 포토샵에서 쓰이는 이동 툴과 같은 사용법이라 보면 됩니다(제품의 좌표가 변하는 것은 아님).

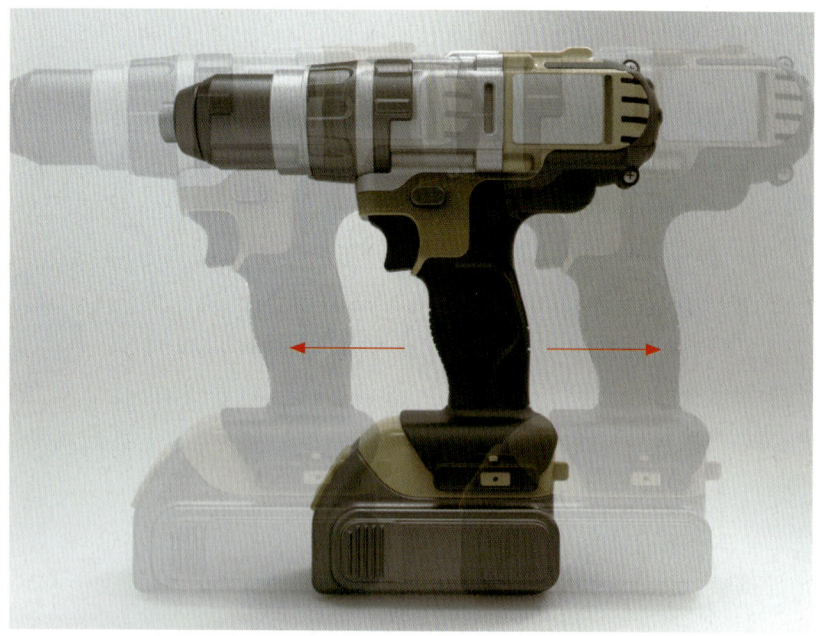

14_Camera View 움직이기_확대/축소

휠을 상하로 돌리면 제품이 확대/축소가 됩니다. 카메라 자체가 줌인/ 아웃이 되는 것이기 때문에 스케일 자체가 작거나 커지는 것은 아닙니다.

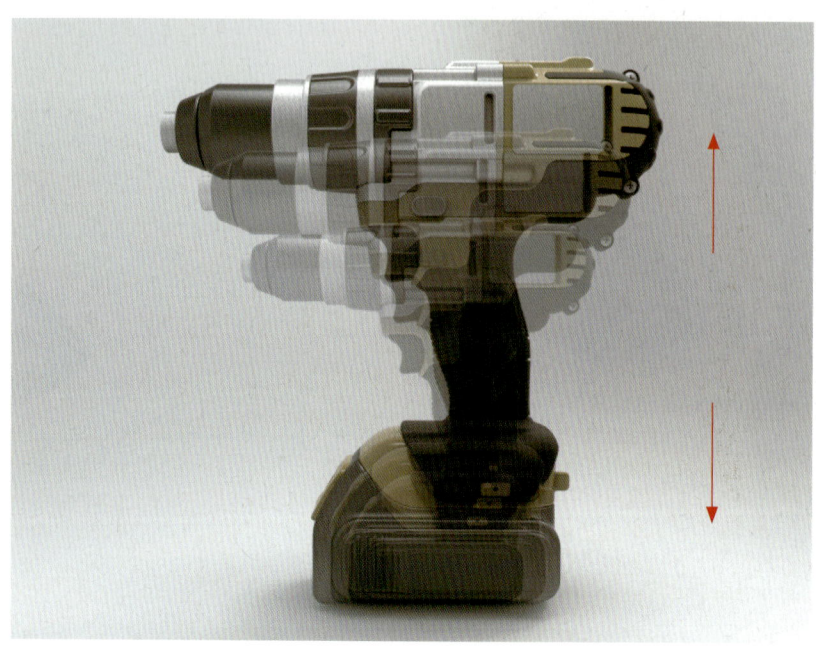

15_Camera View 움직이기_색상 탭의 사용

원하는 재질에 원하는 색상이 없을 때 사용하는 탭으로 재질 편집에 있는 팔렛트를 사용할 수도 있지만 라이브러리 색상 탭에 있는 여러 컬러차트의 색상을 드래그앤드롭을 통해 재질의 속성은 변하지 않은 채 색상만 변경할 수 있습니다.

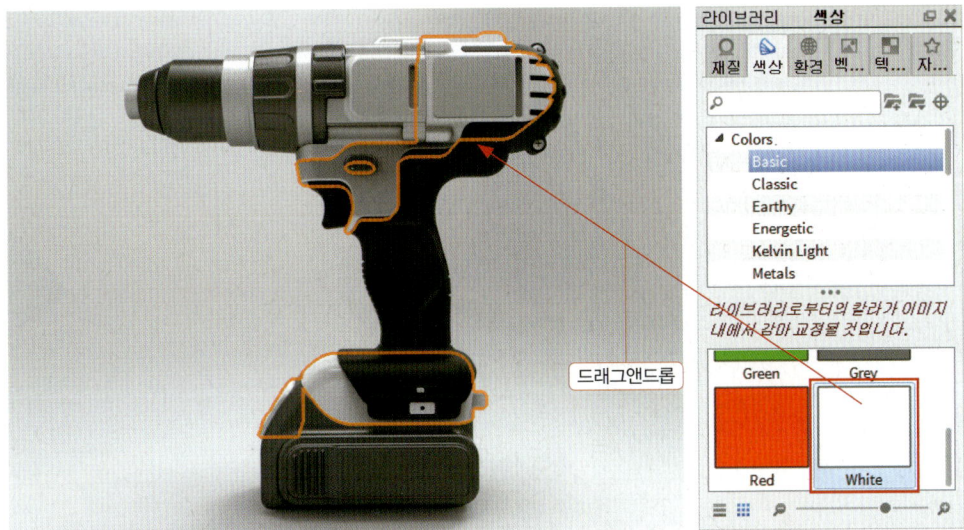

16_라이브러리_환경 탭 Interior

KeyShot에서 제공하는 여러 기본 환경을 이용하여 제품에 맞는 빛과 환경을 사용할 수 있습니다. 제품의 표면에 실내 환경 이미지와 빛을 반사시켜 제품이 실내에 있는 것처럼 연출이 필요할 때 사용합니다. 아래 환경은 라이브러리 탭_환경 탭_Interior 중 Conference_Room_3k로 적용하였습니다.

17_라이브러리_환경 탭 Outdoor

제품의 표면에 실외 환경 이미지와 빛을 반사시켜 제품이 실외에 있는 것처럼 연출이 필요할 때 사용합니다. 아래 환경은 라이브러리 탭_환경 탭_Outdoor 중 hdri-locations _forestroad_4k로 적용하였습니다.

18_라이브러리_환경 탭 Studio

제품을 Studio에서 촬영한 듯한 효과를 주는 환경맵입니다. 주변 환경과 합성이 필요가 없을 경우 주로 많이 사용되고 있습니다. 가장 많이 사용되기 때문에 KeyShot에서 가장 많은 종류의 맵을 제공합니다. 아래 환경은 라이브러리 탭_환경 탭_Studio 중 2 Panel 2k를 적용하였습니다.

NOTE 다양한 종류의 환경맵을 적용해보고 맵에 따른 차이를 인지하여 원하는 표현에 따라 적절한 환경맵을 사용할 수 있도록 합니다.

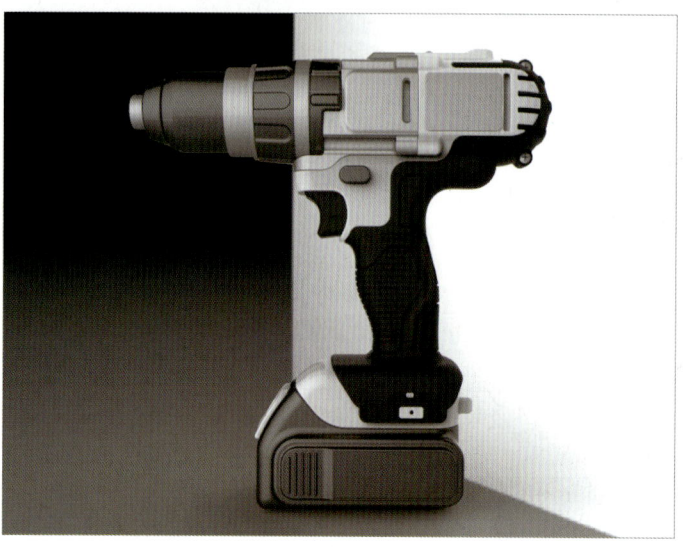
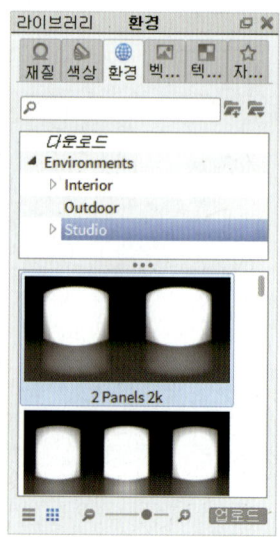

19_환경 회전하기

제품 View에 어울리는 빛과 환경을 적용하기 위해 프로젝트 탭_환경 탭_HDRI 설정 중 회전 아이콘을 마우스 왼쪽 버튼으로 드래그를 하면 환경이 좌우로 회전합니다. 입문자의 경우 여러 기본 환경을 적용하여 비교해보고 제품에 특성에 맞게 회전을 사용하면 됩니다.

NOTE 실시간 창에서 Ctrl을 누른 상태로 마우스 왼쪽 버튼으로 드래그하면 환경이 회전됩니다. 프로젝트 탭을 사용하는 방법보다 쉬운 단축키이니 꼭 알아두기 바랍니다.

20_1차 저장

어느 정도 원하는 환경과 재질을 적용시켰다면 1차 저장을 합니다.

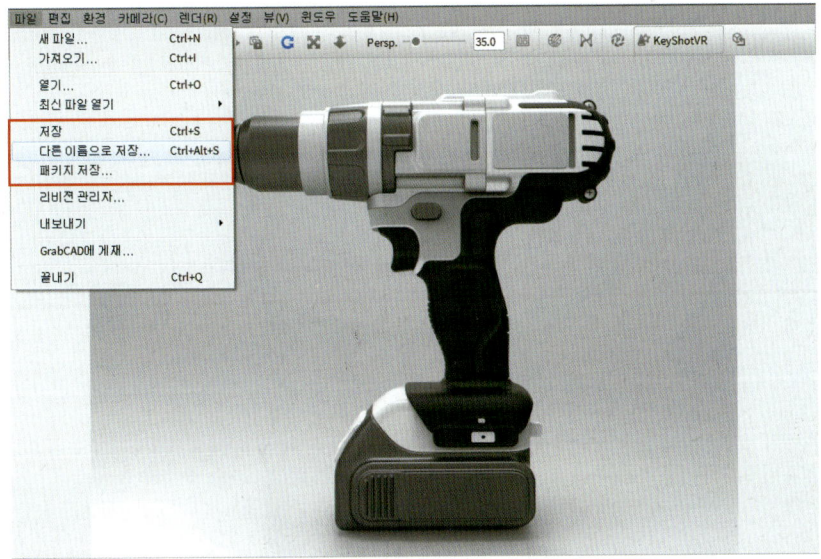

21_기본 환경과 재질만으로 진행한 렌더링

기본 설정이 끝났다면 지금부터는 중급자를 위한 세부 설정 단계에 돌입합니다. 쉬운 인터페이스로 인하여 누구나 쉽게 사용은 가능하지만 KeyShot의 세부 설정 값을 조절하는 사람과 사용하지 못하는 사람의 차이인 작은 디테일의 차이가 모여 전체 퀄리티의 큰 차이를 줍니다. 드릴 예제를 통해 기초적인 세부 설정에 대해 알아보겠습니다.

22_환경 삽입

라이브러리 탭_환경 탭_Studio 중 3 Point Sharp Medium 2k를 적용합니다.

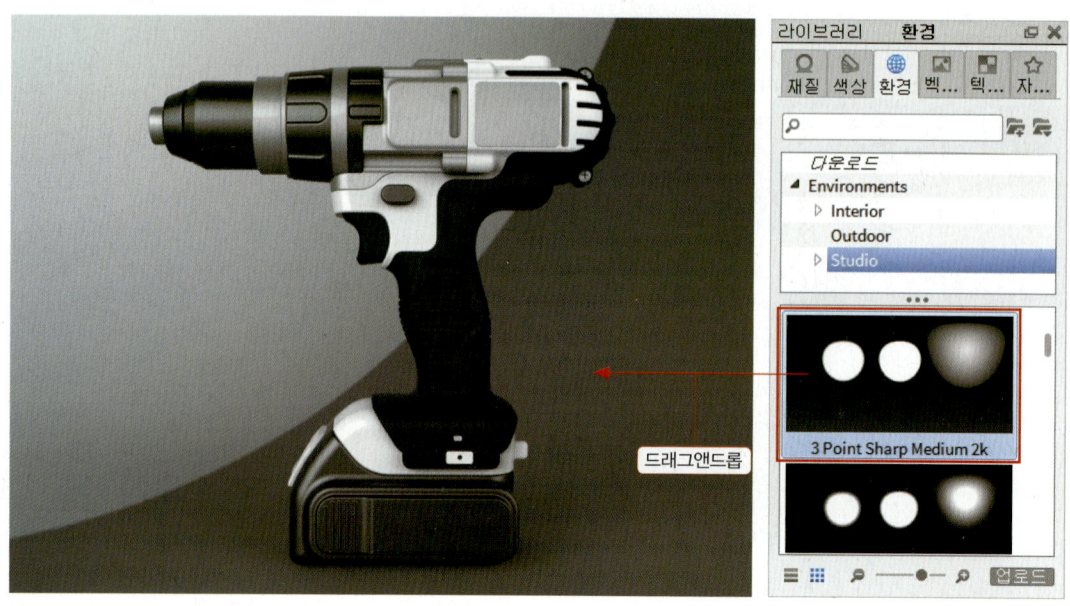

상세 설정에 따른 재질의 차이를 쉽게 구별할 수 있도록 백그라운드 색상을 설정하겠습니다. 프로젝트 탭_환경 탭_백그라운드 색상을 C : 0% M : 0% Y : 0% K : 80%으로 적용합니다.

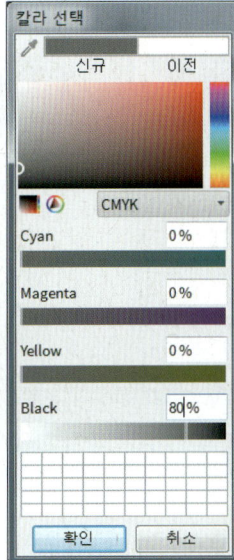
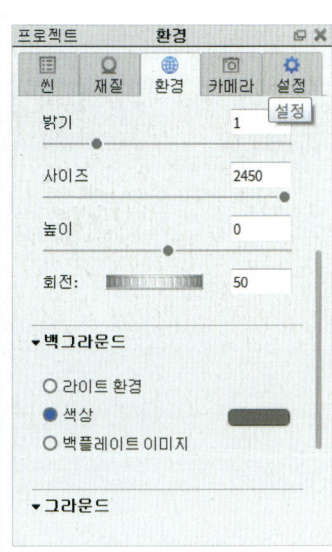

23_프로젝트_재질 탭_금속성 페인트 사용

일반 페인트 재질과 비교하여 금속조각이 있음으로써 명암 효과가 강하고 설정에 따라 제품의 펄감이 느껴져 견고하고 고급스러운 느낌을 주고 싶을 때 자주 사용하는 재질입니다.

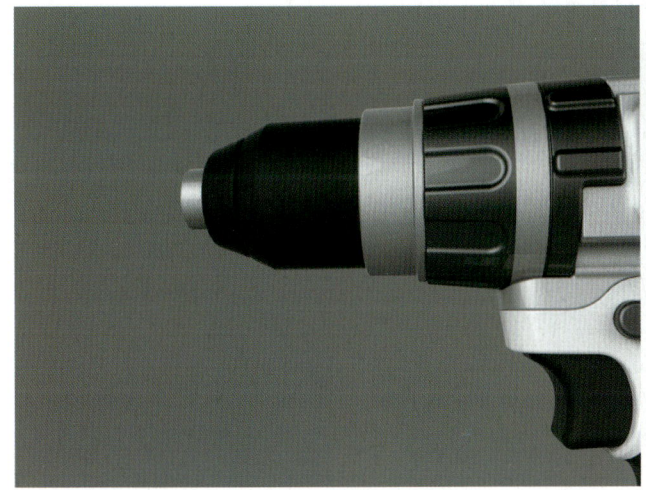
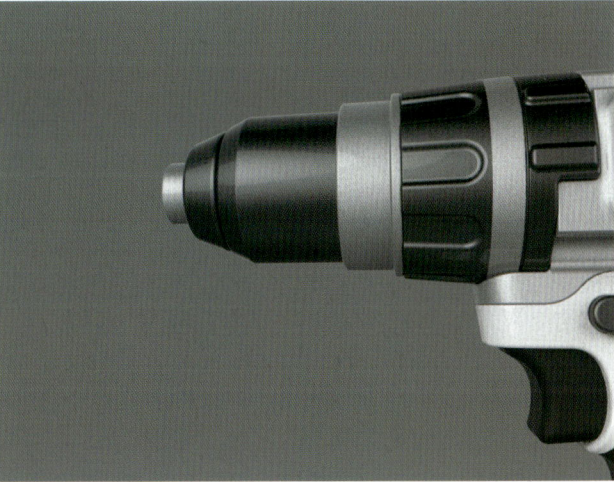

페인트 적용시   금속성 페인트 적용시

24_프로젝트_재질 탭_금속성 페인트 사용_세부 설정_굴절률

굴절률이란 제품 표면에 환경의 빛과 이미지를 담는 정도를 나타내는 것으로 수치가 클수록 주변 환경의 빛과 이미지가 제품 표면에 더 자세히 강하게 표현됩니다.

투명 코팅 굴절률 1.5

투명 코팅 굴절률 2.5

25_프로젝트_재질 탭_금속성 페인트 사용_세부 설정_금속 조각

금속성 페인트란 일반 도료와 달리 미세한 금속 조각이 포함된 페인트를 뜻합니다. 기조색의 경우 페인트의 바탕색이라 볼 수 있으며 금속 색상은 금속 입자의 색상이라고 볼 수 있습니다. 때문에 금속 조각의 크기가 커질수록 금속 색상이 더 많이 표현됩니다.

 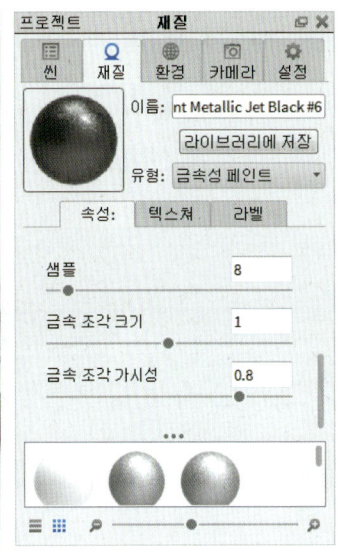

금속 조각 크기 1

 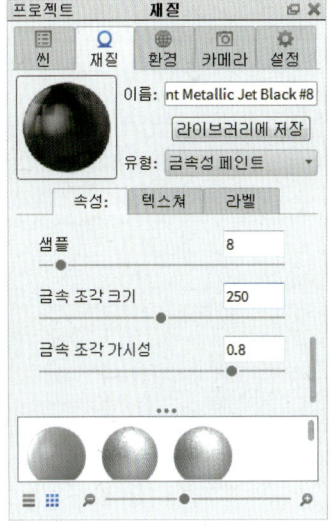

금속 조각 크기 250

26_프로젝트_재질 탭_범프 사용 1

범프를 적용하기 전 바디7 파트 색상이 어두워 덩어리가 보이지 않아 약간 톤을 조절하겠습니다. 프로젝트 탭_재질 탭_색상을 C : 0% M : 0% Y : 0% K : 90%로 적용합니다.

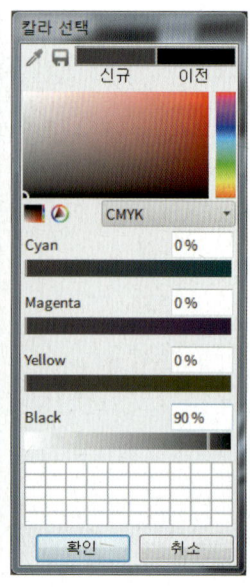
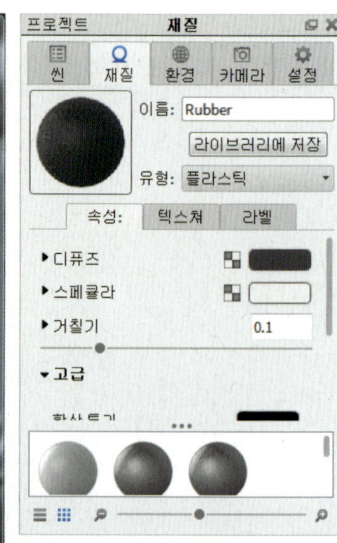

27_프로젝트_재질 탭_범프 사용 2

제품의 손잡이 부분에 거친 부식을 표현하기 위해 재질_텍스처에 범프를 더블클릭하여 문서 C:₩Users₩windows₩내문서₩KeyShot5₩Textures₩Bump Maps₩Normal Maps에 들어가 asphalt_norm.jpg 이미지를 적용합니다.

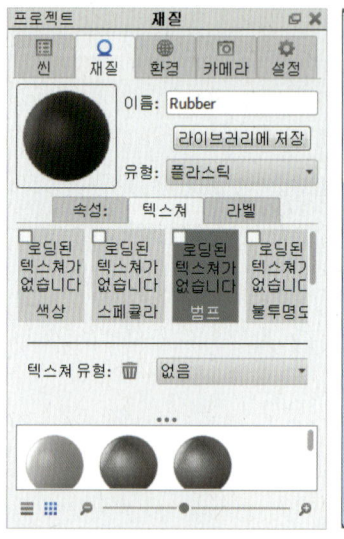
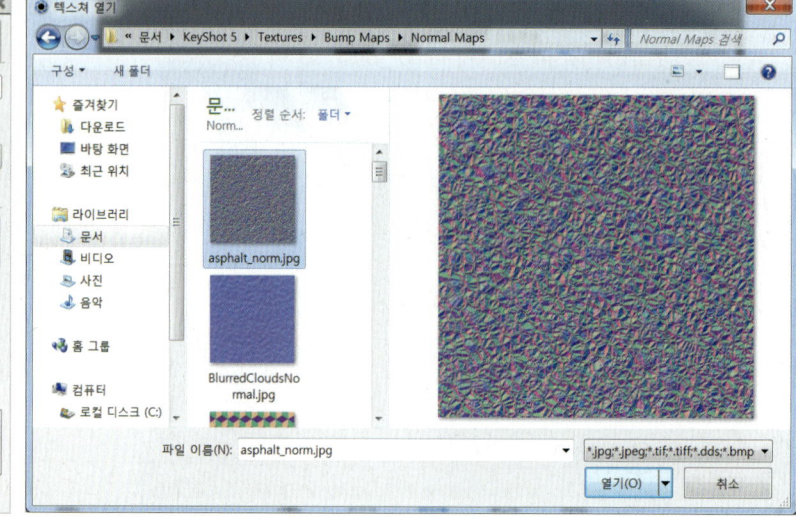

28_프로젝트_재질 탭_범프 사용 3

실시간 창의 범프가 적용된 것을 확인한 후 유형을 UV 좌표로 전환합니다. 범프의 크기가 너무 클 경우 스케일을 확인하면서 알맞게 조절합니다. 필자는 스케일을 0.1로 적용하였습니다.

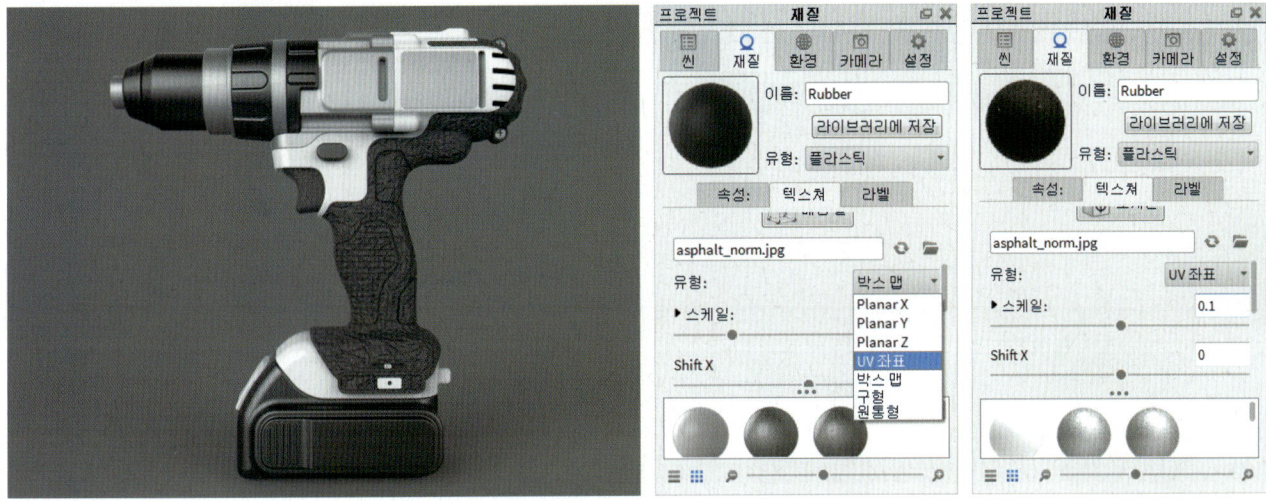

29_프로젝트_재질 탭_범프 사용 4

바디4 파트에 음각 로고를 적용시키겠습니다. 그 전에 재질의 색상 변경을 위해 실시간 창에서 바디4 파트를 더블클릭합니다.

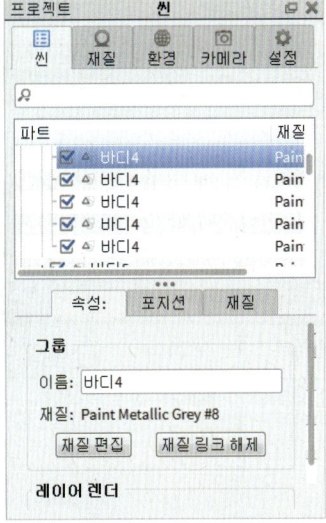

30_프로젝트_재질 탭_범프 사용 5

프로젝트 탭_재질 탭_기조색을 C : 0% M : 0% Y : 0% K : 80%로 적용하고 금속 거칠기를 0.05로 적용합니다.

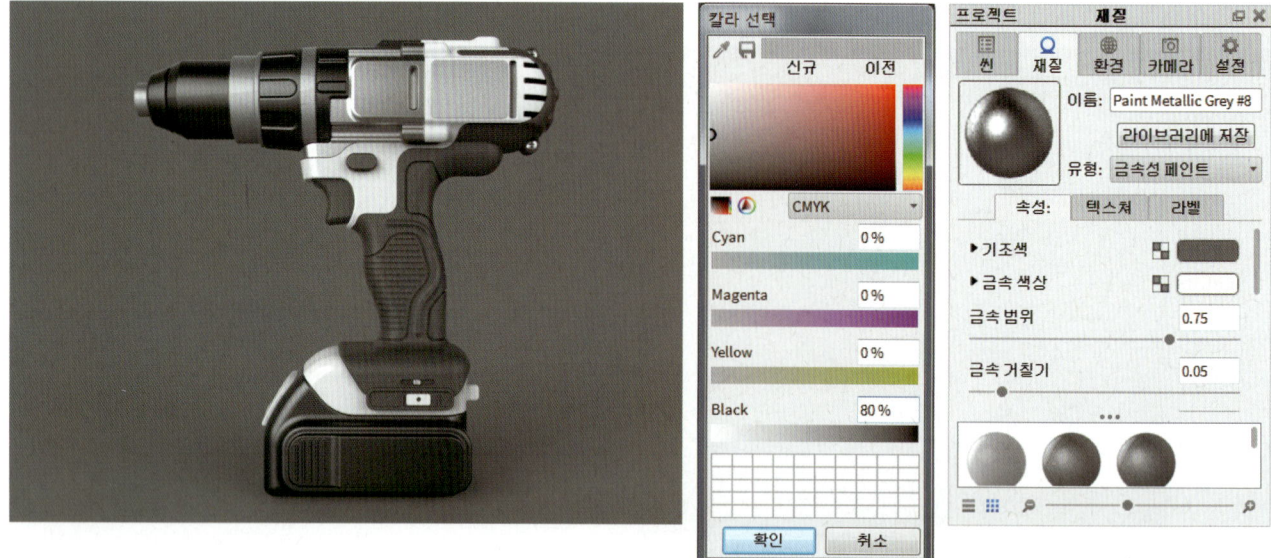

31_프로젝트_재질 탭_범프 사용 6

프로젝트 탭_재질 탭_범프를 더블클릭하여 문서 C:\Users\windows\내문서\KeyShot5\Textures\Labels에 들어가 ks_icon 이미지를 적용합니다.

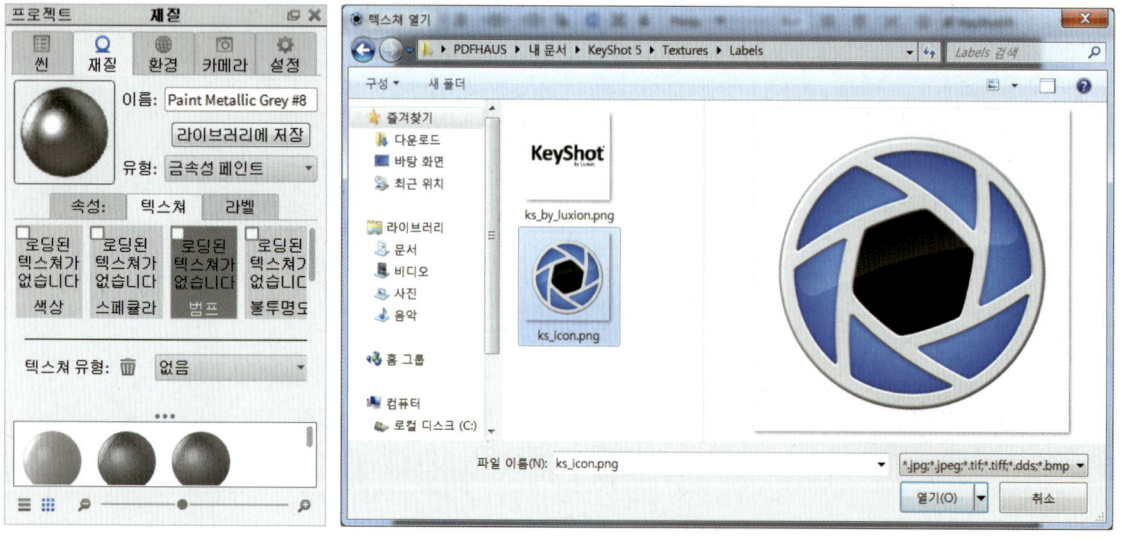

32_프로젝트_재질 탭_범프 사용 7

유형을 UV 좌표로 적용하고 스케일을 0.12로 적용합니다. 보통 텍스쳐 탭에 이미지를 첨부하면 기본 값으로 반복이 체크되어 있기 때문에 반복체크를 해제합니다.

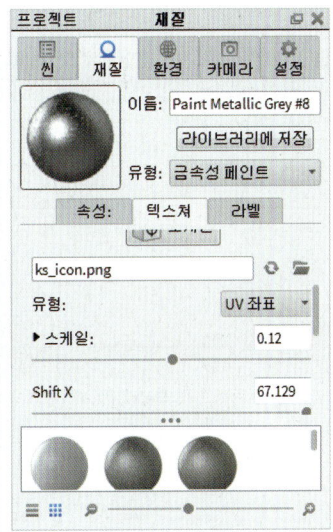

33_프로젝트_재질 탭_범프 사용 8

반복을 체크 해제하고 범프 높이는 -1로 적용하여 반복적인 범프가 아닌 음각로고가 들어간 느낌을 표현하겠습니다. 설정이 완료되었다면 실시간 창 하단의 완료 버튼을 클릭합니다.

NOTE 범프의 높낮이가 +로 갈수록 양각으로 튀어나오고 -로 갈수록 음각으로 들어갑니다. 이를 제품에 알맞게 설정합니다.

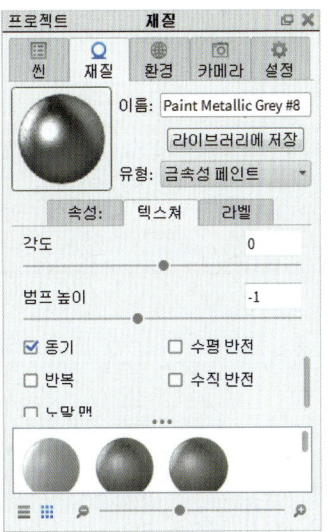

34_프로젝트_재질 탭_라벨 사용 1

KeyShot의 라벨 기능은 보통 포토샵으로 많이 대체하지만 제품의 다양한 컷이 필요할 경우 라벨을 사용하는 것이 시간 활용에 훨씬 유리합니다. 그 전에 파트의 톤을 맞추기 위해 바디6 파트를 더블 클릭하고 재질 탭_색상을 C : 0% M : 0% Y : 0% K : 0%으로 적용합니다.

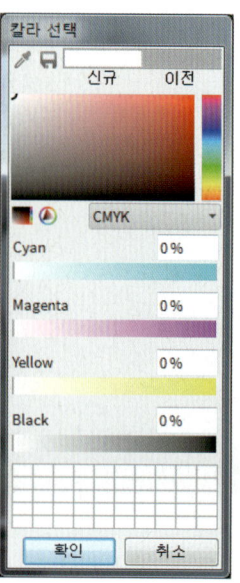
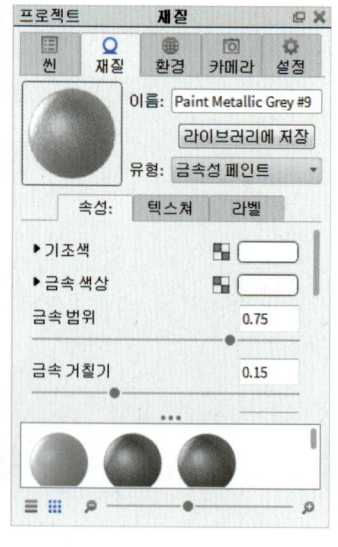

35_프로젝트_재질 탭_라벨 사용 2

프로젝트 탭_재질 탭에 라벨 버튼을 더블클릭합니다. 문서 C:₩Users₩windows₩내문서₩KeyShot5₩Textures₩Labels 에 들어가 ks_icon 이미지를 적용합니다. 그리고 범프와 같은 방법으로 스케일, 포지션을 조절하면 원하는 위치에 원하는 크기로 라벨을 적용할 수 있습니다.

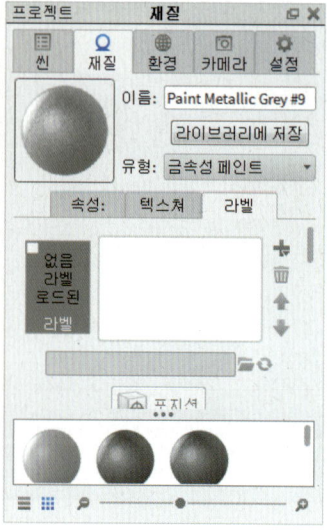

36_렌더 설정_출력 탭 1
모든 세부 설정이 끝난 후 출력 탭에서 파일명과 포맷 그리고 해상도를 설정합니다. JPEG, TIFF, PNG를 주로 사용하며 후보정이 필요한 경우 TIFF 혹은 PNG로 설정 후 알파 투명도 포함 체크로 출력합니다.

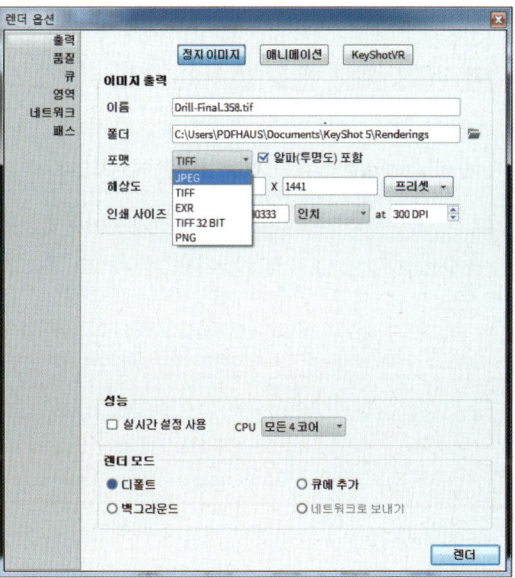

37_렌더 설정_출력 탭 2

TIFF 혹은 PNG로 설정 후 알파 투명도 포함 체크로 출력하면 포토샵에서 아래 이미지와 같이 배경은 사라지고 그림자만 포함하여 출력됩니다.

38_렌더 설정_품질 탭

적용된 재질을 이미지로 최종적으로 출력 시 적용되는 옵션값으로 결과물에 많은 영향을 미칠 수 있으므로 아래의 설명을 참고하여 수치값에 따른 변화를 직접 느껴보길 바랍니다.

Samples(샘플)	각 픽셀들의 정보처리 능력을 설정하는 창으로 주로 기본 설정값인 16을 사용하지만 숫자가 높아지면 그만큼 더 부드럽고 깨끗한 이미지를 얻을 수 있습니다. 렌더 소요시간 증가 대비 효과 미비.	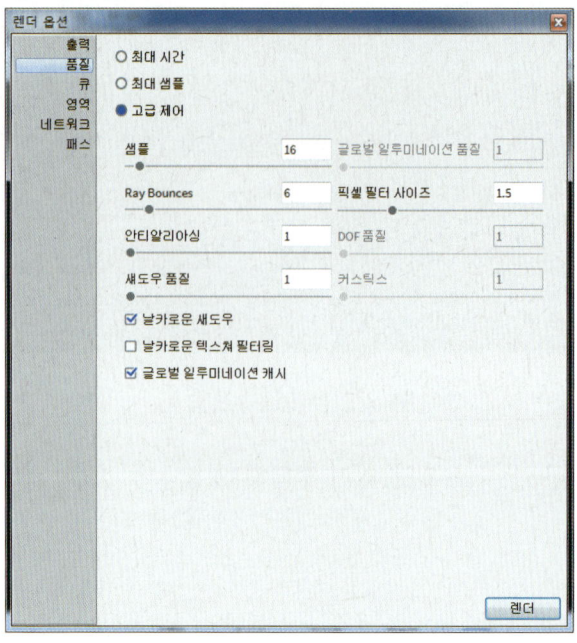
Ray bounces (빛 반사)	빛의 반사 처리 횟수를 설정하는 값으로 주로 유리 혹은 투명 재질을 사용할 때 수치를 조절합니다. 정확한 수치는 모델링 형상에 맞춰 수치를 조절합니다.	
Anti aliasing (안티알리아싱)	비트맵 타입의 출력물 특성상 네모 형상의 픽셀로 이루어지는 출력물의 가장자리를 매끄럽게 해주는 정도를 조절할 수 있는 항목입니다. 렌더 소요시간 증가. 별도로 조절할 필요성이 낮음.	
Shadow Quality (섀도우 품질)	제품의 굴곡과 빛에 의해 발생되는 그림자의 품질을 조절하는 항목입니다. 보통 2 정도를 추천하나 발생하는 그림자의 양에 따라 다름.	

39_렌더 설정_큐 탭

여러 장의 렌더 출력을 해야 하는 경우 하나의 렌더가 다 끝난 상태에서만 다음 렌더를 출력할 수가 있는 번거로움이 있습니다. 렌더 설정_큐 탭에서는 사용자가 원하는 형태의 렌더를 작업 추가 버튼만으로 연속적으로 렌더 출력이 가능한 기능입니다.

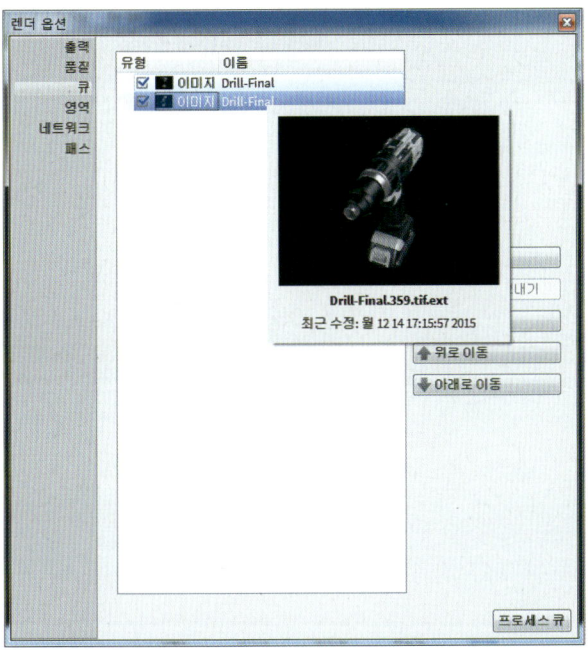

40_렌더 설정_영역 탭

영역 탭에서 영역 렌더 활성화 버튼을 클릭하면 실시간 창에 영역이 표시됩니다. 이 영역을 조절하여 필요한 부분만 렌더 출력이 가능하여 디테일 뷰나 기타 일정 부위가 필요한 경우 시간 단축을 위해 사용합니다.

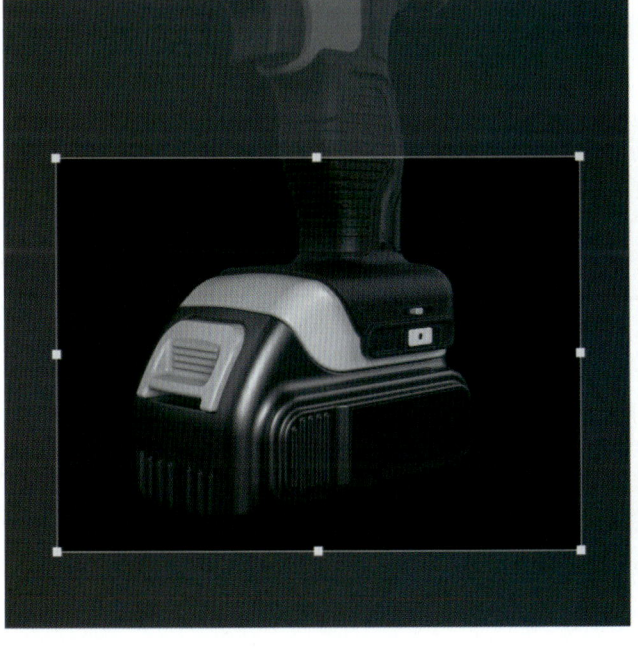
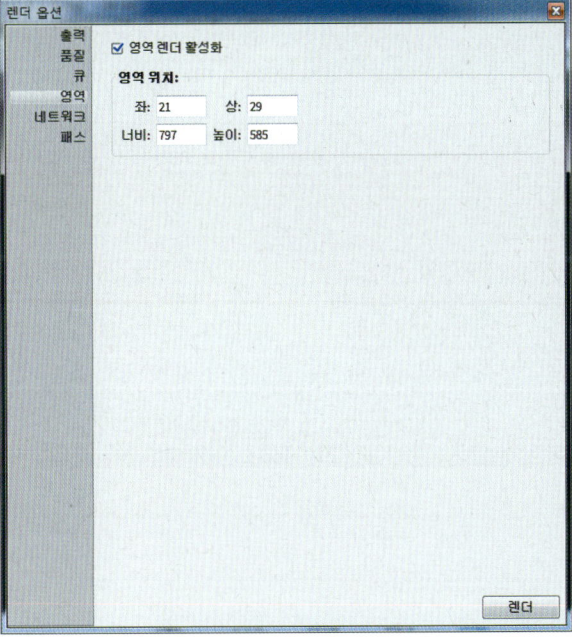

41_렌더 설정_패스 탭

패스 탭 중 Clown 렌더는 렌더 재질을 기준으로 다른 파트를 서로 다른 색상으로 표현하여 본래 출력물과 색상으로 영역이 구분된 출력물 2장이 출력됩니다.

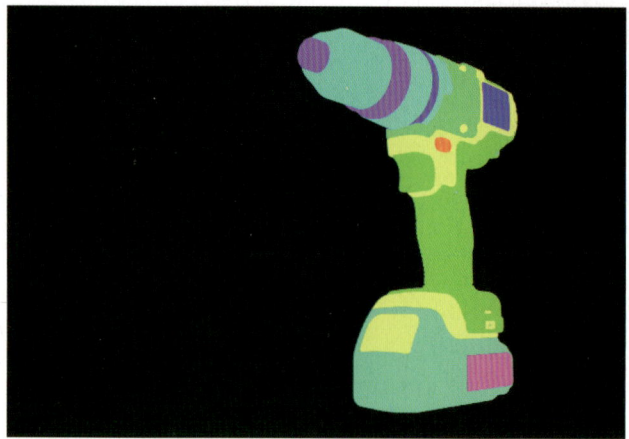 

42_렌더 설정_패스 탭 사용

출력된 2장의 이미지를 포토샵에서 정확하게 맞추고 마법사 툴을 사용하면 힘들여 패스를 따지 않고도 각 파트를 선택하여 후보정 작업을 하기에 용이합니다.

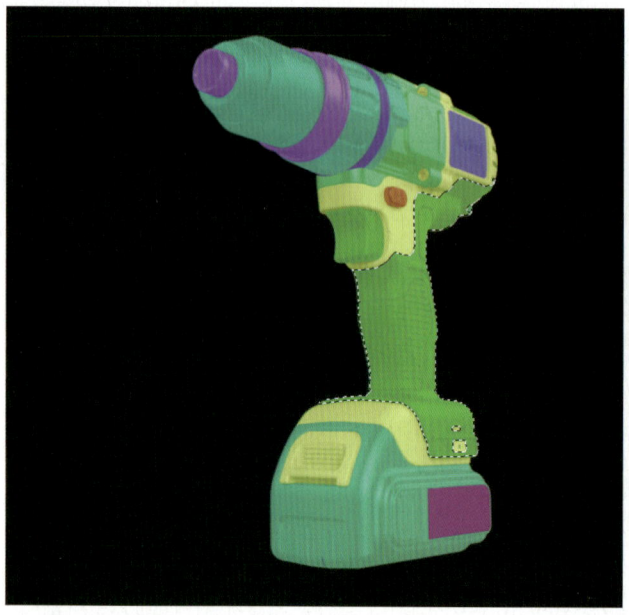 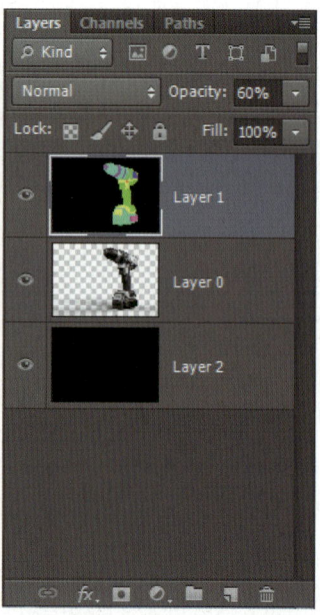

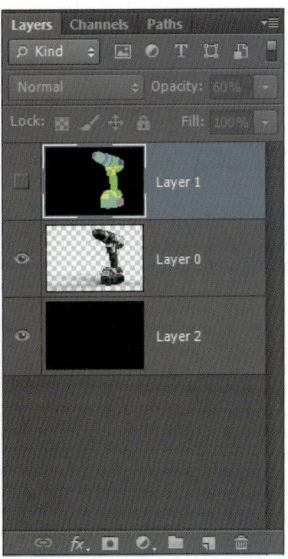

지금까지 독자 여러분들은 예제를 통해 KeyShot의 기본 기능에 대해 살펴보았습니다.
처음 사용하거나 이러한 상세 설정이 익숙치 않은 분들은 다소 복잡하게 느껴질 수 있겠지만 다양한 설정에 익숙해 질 수 있도록 이후 예제들에서 반복적으로 사용하여 숙달할 수 있도록 구성하였습니다.

43_제품이미지 연출
디테일한 렌더링은 약간의 후보정과 합성만으로도 쉽고 효과적으로 제품이미지 연출이 가능합니다.

RENDER SAMPLE | DRILL

Part 4

KeyShot 실무 예제
그대로 따라하기

01. 블루투스 스피커 **BLUETOOTH SPEAKER** | 02. 이어폰 **EARPHONE**
03. 스툴 **STOOL** | 04. 프로젝터 **PROJECTOR** | 05. 전기 포트 **ELECTRIC POT**
06. 펭귄 조명 **PENGUIN LIGHT** | 07. 향수병 **PERFUME BOTTLE**
08. 전구 **ELECTRIC BULB** | 09. 패키지 **COSMETIC PACKAGE**

KeyShot Sample_Bluetooth Speaker Render

BLUETOOTH SPEAKER

INTRO

블루투스 스피커

블루투스 스피커는 소형 음향가전의 제품군으로 별도의 연결 케이블 없이 스피커를 이용할 수 있는 장점을 갖고 있습니다. 때문에 우리는 블루투스 스피커를 디자인할 때 휴대의 편리성과 스마트한 느낌 그리고 소비자에게 어필할 감성을 잘 연출해 주어야합니다.

[01. Bluetooth Speaker] 예제에서는 재질유형의 불 투명도를 활용하여 철망의 Vent를 표현하고, 범프맵을 이용하여 가죽표면의 느낌을 연출하는 방법을 익히려합니다. 블루투스 스피커 예제를 이해하면 Vent가 자주 쓰이는 음향가전, 헤어드라이어 등 비슷한 제품군을 렌더링할 때 응용해 볼 수 있으며, 가죽의 느낌은 가방, 지갑, 신발 등의 가죽 맵핑이 쓰이는 곳에도 활용이 가능합니다.

#플라스틱, #Vent Hole, #Light, #가죽, #Cloth Weave

01_예제 파일 실행

[01. Bluetooth Speaker] 예제 파일을 실행해보겠습니다.

02_환경 삽입

메인 툴바의 '가져오기'로 실시간 창에 제품이 나타나면 메인 툴바의 '라이브러리 탭'으로 들어가 환경맵 중 〈 Light Tent Screen Front 2k 〉 Hdr을 선택하여 아래 화면처럼 실시간 창으로 드래그앤드롭하여 환경을 적용합니다.

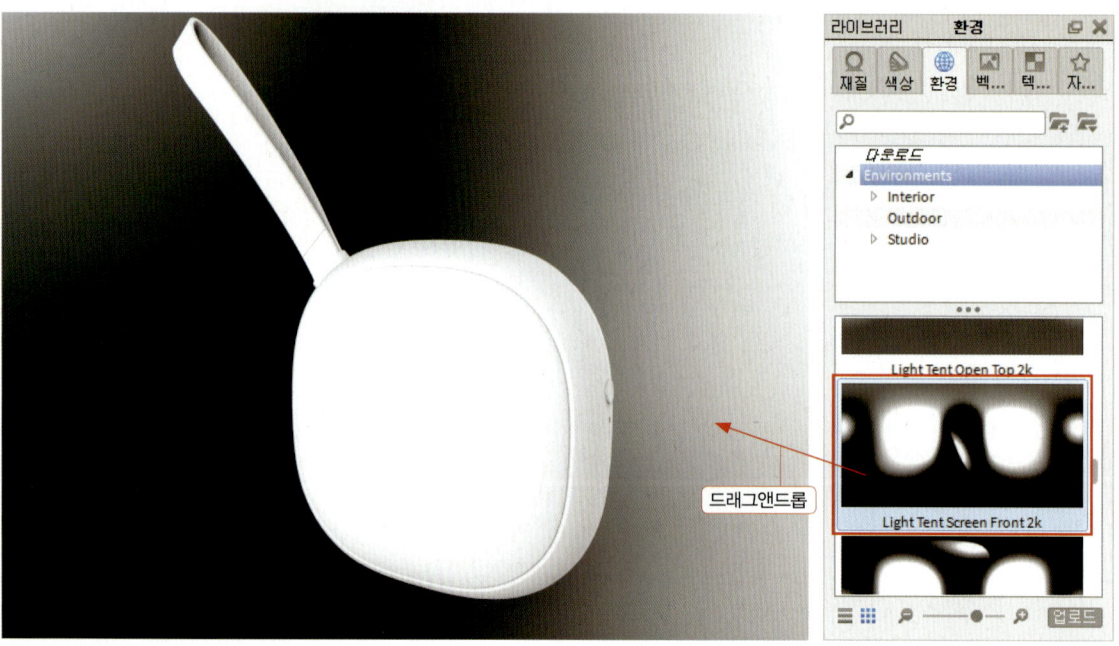

03_백그라운드 색상 설정

백그라운드 색상을 지정해보겠습니다. 메인 툴 바_프로젝트 탭_환경_ 백그라운드 옵션에서 색상을 C : 0% M : 0% Y : 0% K : 20%로 지정한 후 확인 버튼을 누릅니다(제품을 화이트컬러로 연출하기 위해 색상을 화이트보다 조금 어두운 컬러로 변경하였습니다).

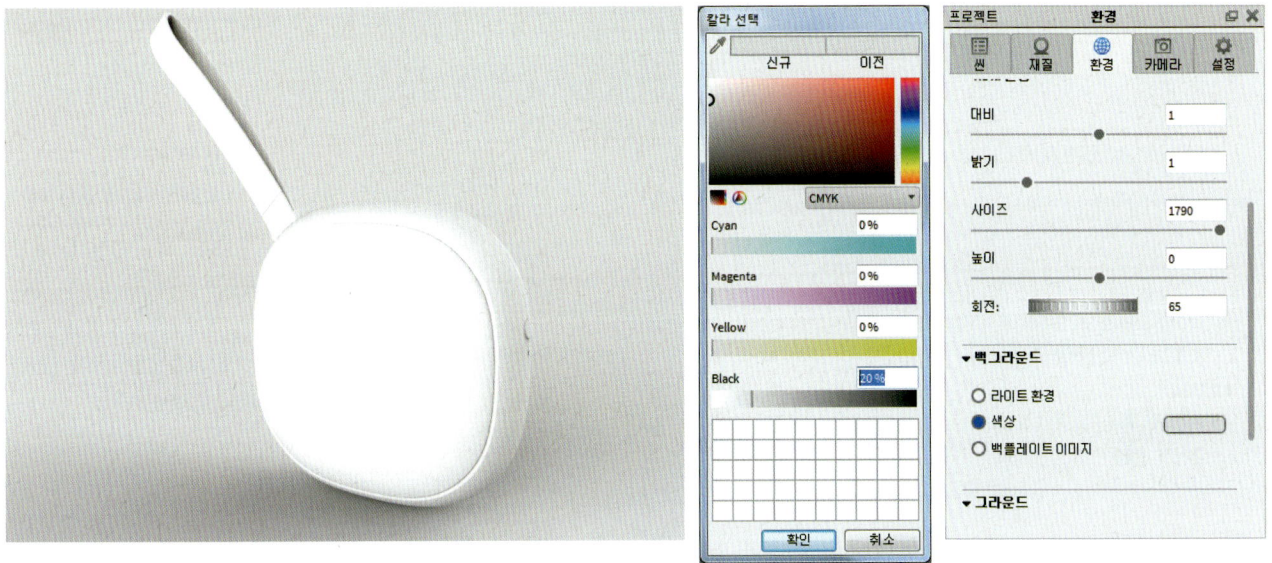

04_환경 회전

라이브러리 탭 환경 탭에서 회전 다이얼을 마우스 왼쪽 버튼 클릭 후 좌우로 드래그하면 환경이 회전합니다(예제에서는 회전 값을 253도로 맞추겠습니다).

NOTE 환경 회전은 많이 쓰는 옵션으로 단축키를 알아두면 편하게 사용이 가능합니다.
Ctrl을 누른 상태로 마우스 왼쪽 버튼으로 드래그하면 환경이 좌우로 회전합니다.

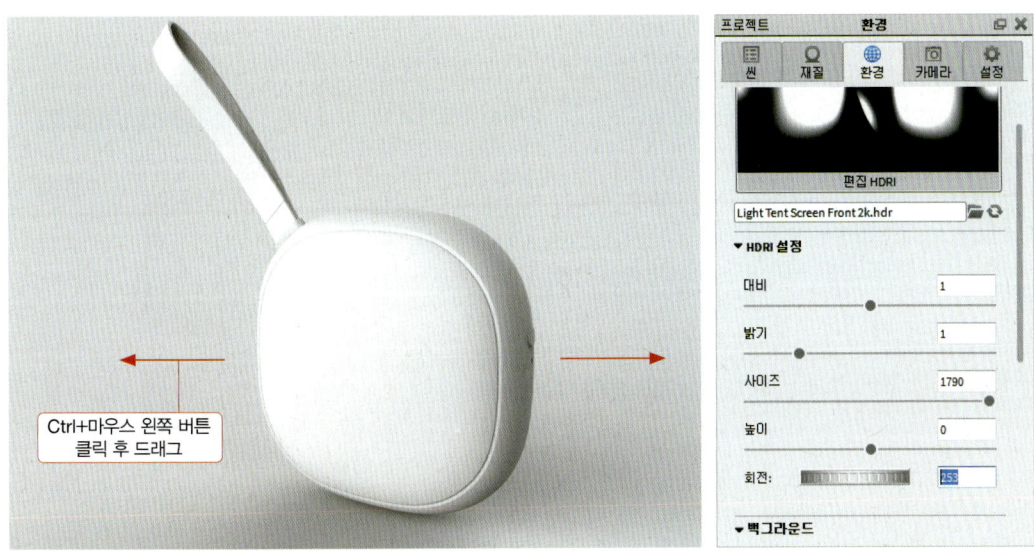

05_재질 삽입하기 1

바디_벤트 파트에 라이브러리 탭_Paint 카테고리 중 Paint Metallic White 재질을 드래그앤드롭합니다.

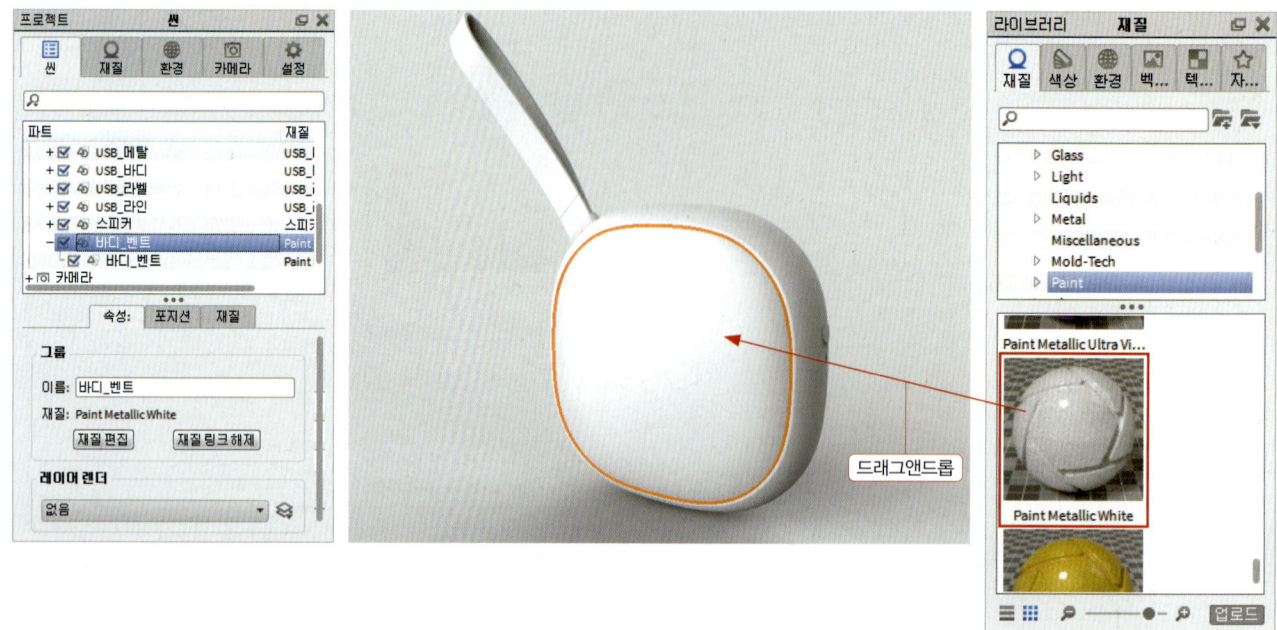

06_재질 삽입하기 2

바디_메인 파트에 라이브러리 탭_Plastic 카테고리 중 Hard Rough Plastic White 재질을 드래그앤드롭합니다.

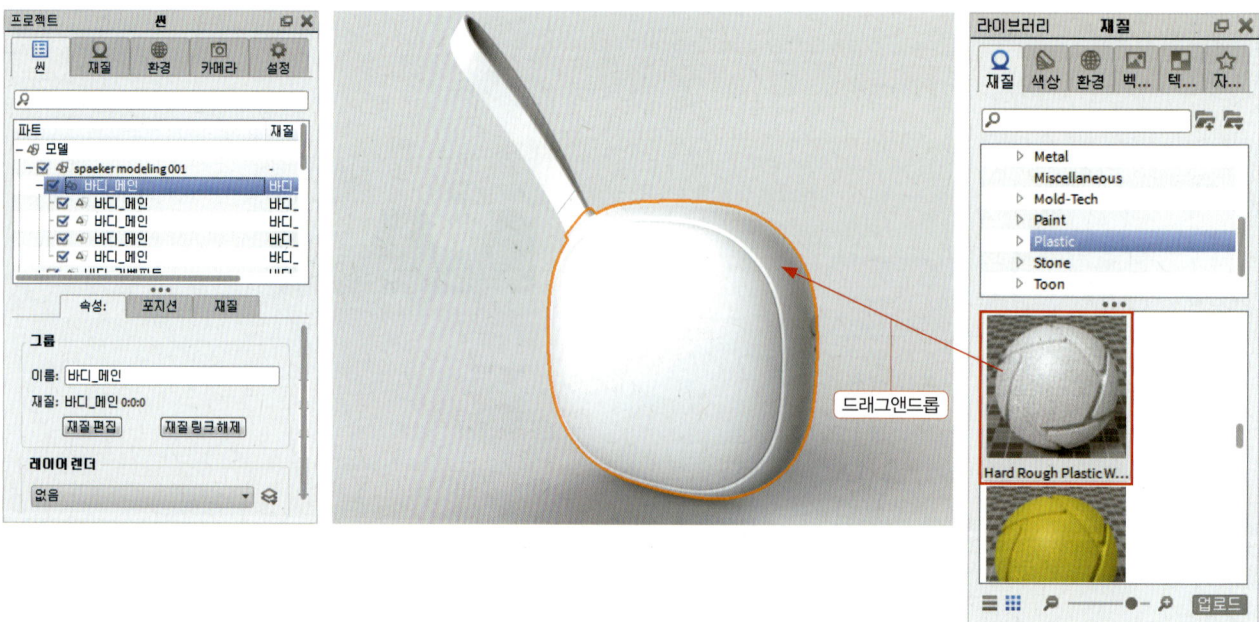

07_재질 삽입하기 3

바디_버튼 파트에 라이브러리 탭_Metal 카테고리 중 Aluminum polished 재질을 드래그앤드롭합니다.

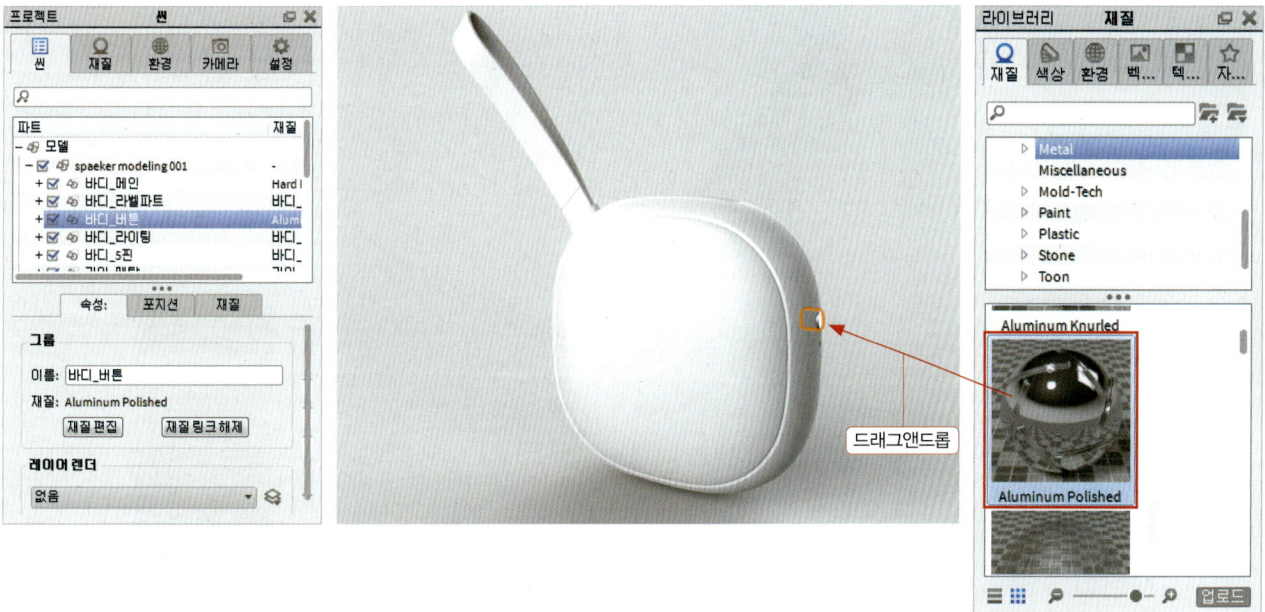

08_재질 삽입하기 4

바디_라이팅 파트에 라이브러리 탭_Light 카테고리 중 Emissive Radial Sharp 재질을 드래그앤드롭합니다.

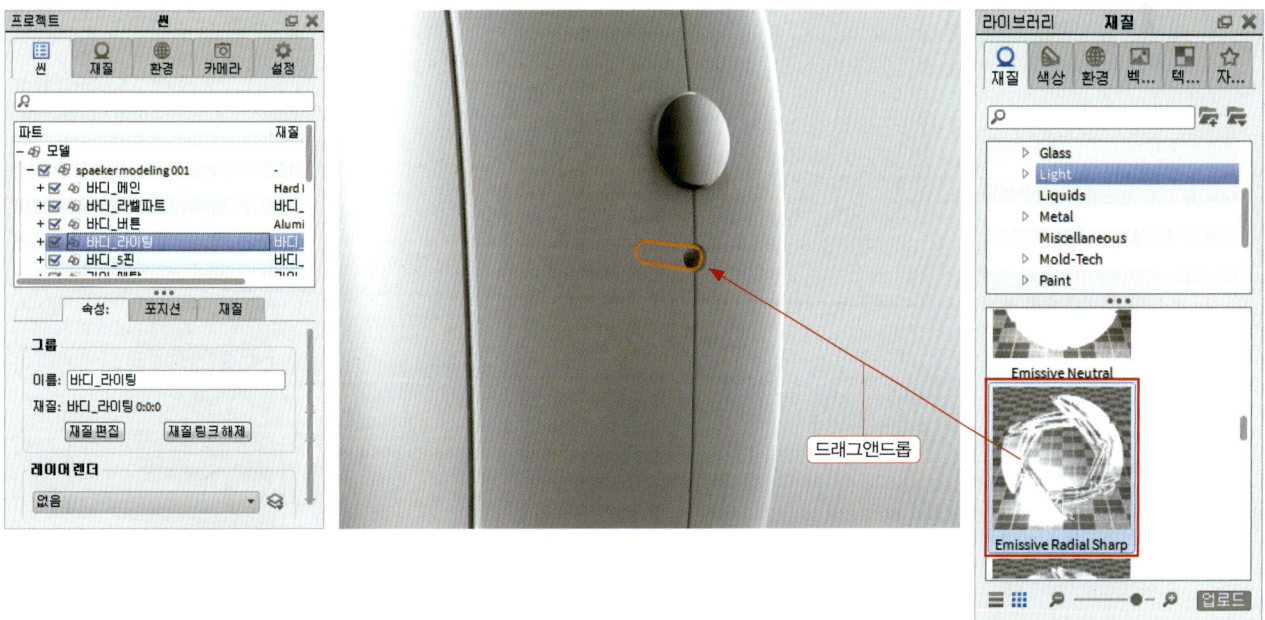

09_재질 삽입하기 5

라인_가죽 파트에 라이브러리 탭_Paint 카테고리 중 Paint Gloss Orange 재질을 드래그앤드롭합니다.

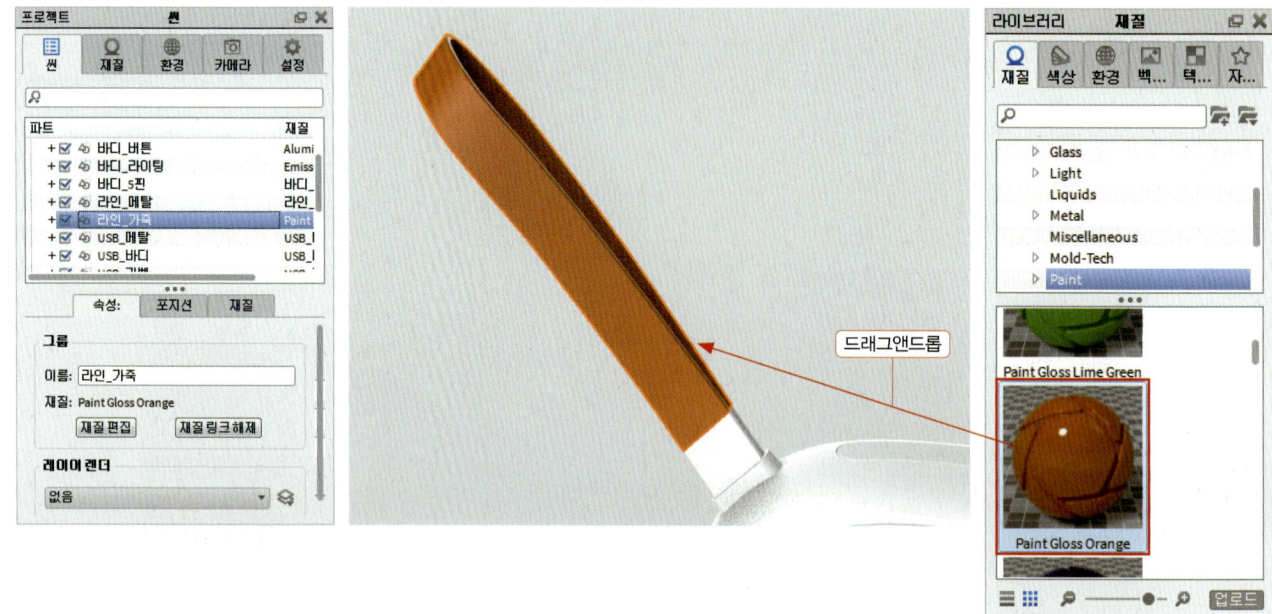

10_재질 삽입하기 6

라인_메탈 파트에 라이브러리 탭_Metal 카테고리 중 Aluminum polished 재질을 드래그앤드롭합니다.

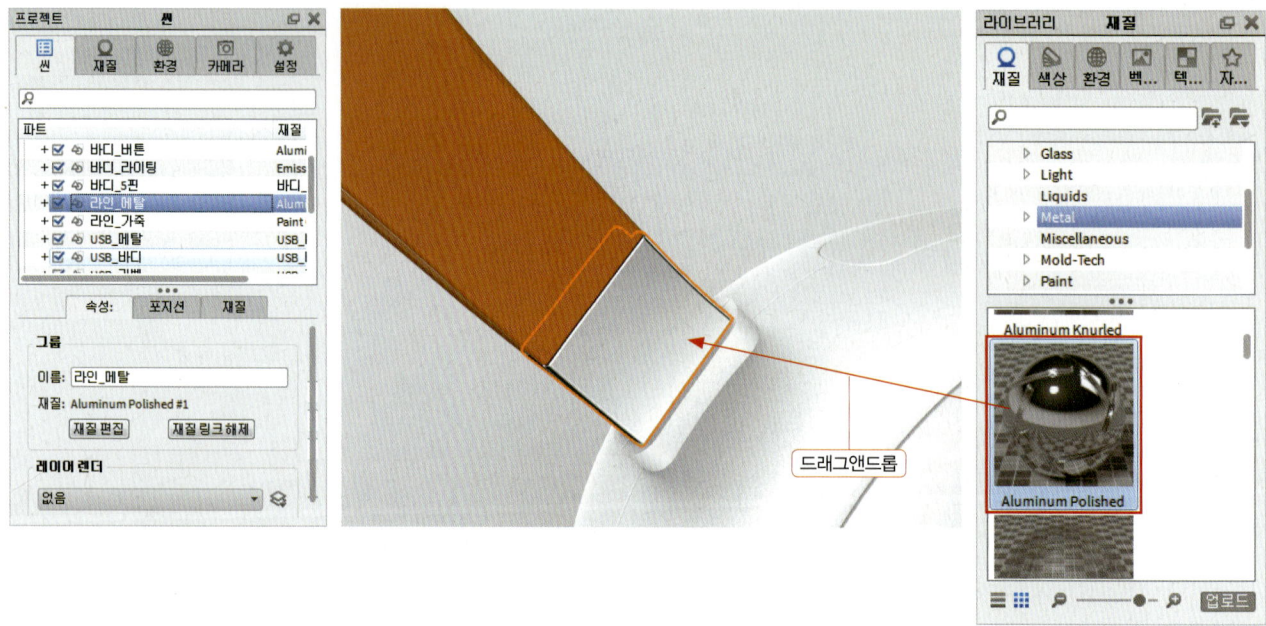

11_재질 삽입하기 7

USB_메탈 파트에 라이브러리 탭_Metal 카테고리 중 Aluminum Rough 재질을 드래그앤드롭합니다.

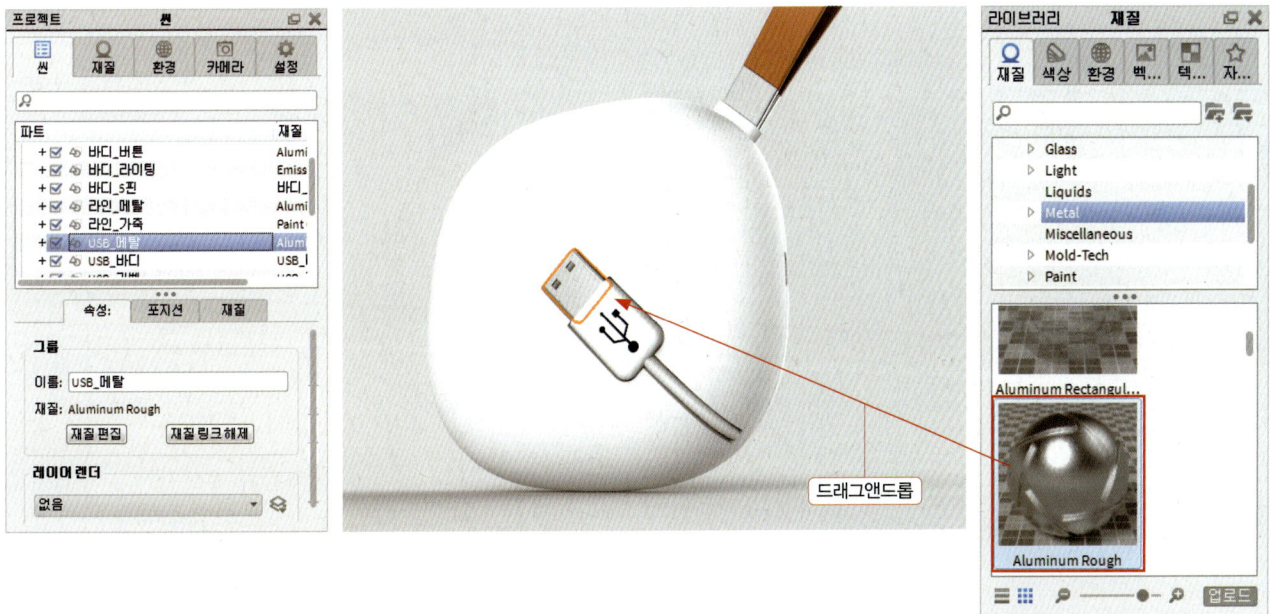

12_재질 상세 편집하기

지금까지 재질의 설정 값을 변경하지 않고 KeyShot에서 제공하는 기본 재질만을 사용하여 재질을 표현해 보았습니다. 이제부터는 제품의 디테일을 살릴 수 있도록 세부 설정 값을 조정하며 재질을 표현하도록 하겠습니다.

독자 여러분들은 필자의 설정 값 이외에 다양한 설정값을 변경하며 응용해 보길 바랍니다.

13_재질 편집하기 1

스피커의 가장 핵심인 Vent 망 파트의 재질을 편집하겠습니다. 편집할 재질을 마우스 오른쪽 버튼 클릭 후 '재질 편집'을 클릭합니다. 스피커의 Vent 부분으로 자주 사용하는 재질은 보통 작은 구멍이 반복적인 패턴으로 뚫려 있는 철망을 밴딩하여 사용합니다.

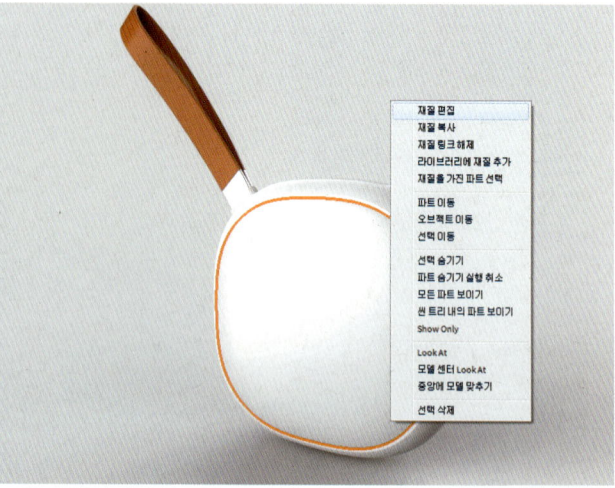

14_재질 편집하기 2

프로젝트 탭_ 재질 탭에서 금속 범위를 0.4로 적용합니다.

NOTE Metal이 아닌 Paint Metal 재질을 사용하는 이유는 Metal 재질에는 세부옵션을 조절할 수 있는 항목이 무척 적기 때문입니다. 때문에 원하는 느낌을 표현하기에 어려움이 있습니다.
Paint Metallic은 세부적인 옵션이 많아 자신이 원하는 Metal을 나타나기에 적절합니다.

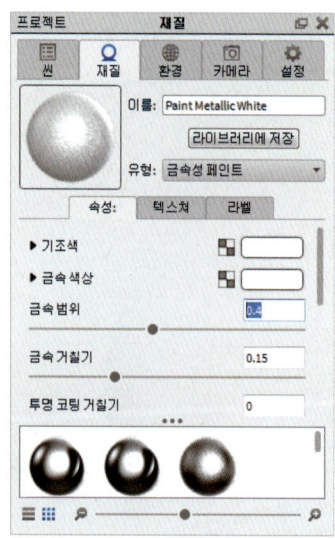

15_재질 편집하기 3

프로젝트 탭에 재질 탭을 클릭하여 불투명도를 더블 클릭합니다.

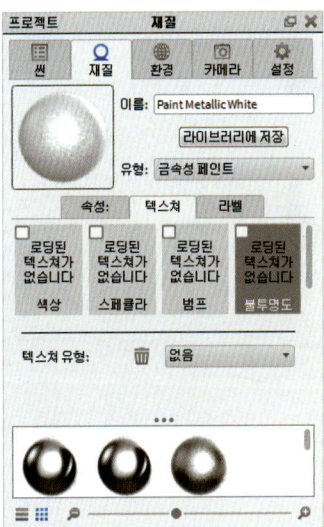

16_재질 편집하기 4

C:₩Users₩windows₩내문서₩KeyShot5₩Textures₩Opacity Maps에 들어가 mesh_circular_alpha 이미지를 적용합니다.

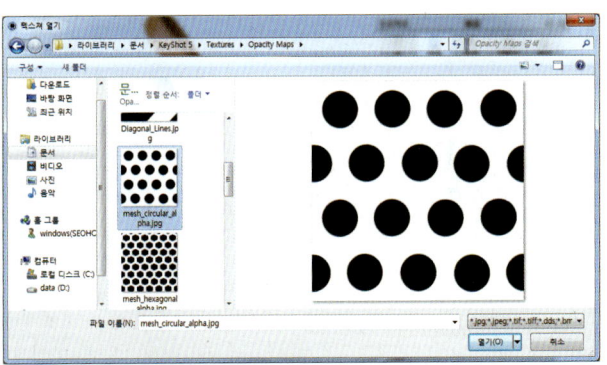
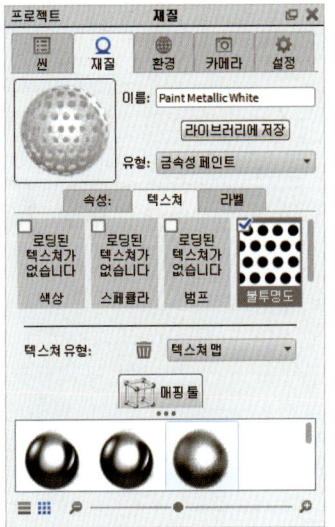

NOTE 불투명도 맵에 원하는 형상이 없다면 일러스트나 포토샵을 이용하여 일정 패턴을 제작해 사용할 수 있습니다.

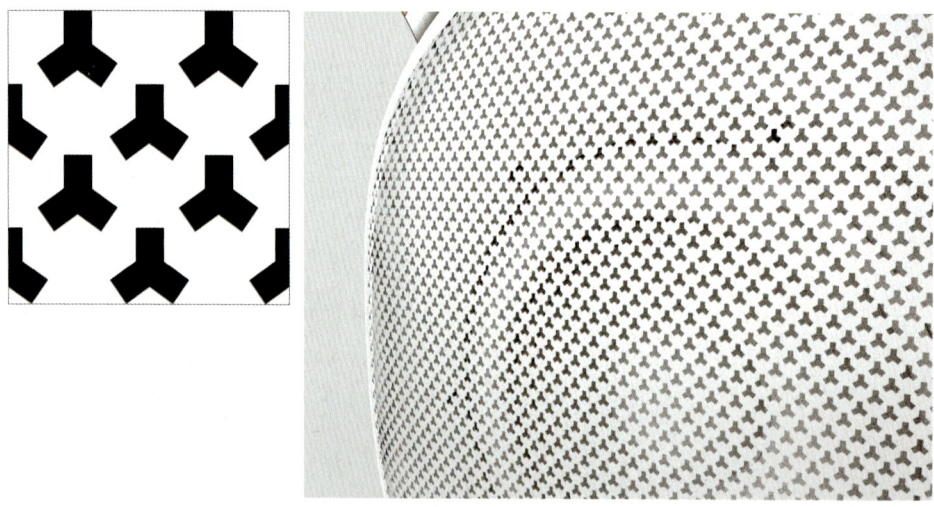

17_재질 편집하기 5

불투명도 스케일을 통해 연출하고자하는 이미지에 맞도록 스케일을 조절할 수 있습니다 스케일을 4로 조정합니다.

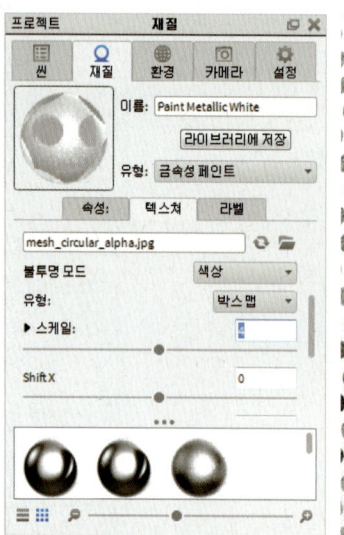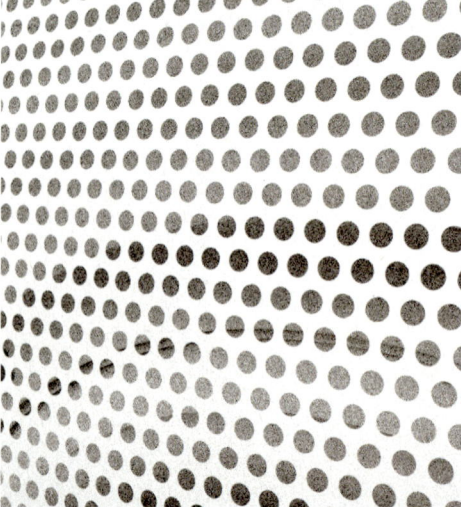

18_재질 편집하기 6

버튼 부분에 디테일을 살려주기 위해 해당 재질을 편집하겠습니다. 연출하고자 하는 느낌은 Spin Hair로 메탈 재질의 원형 파트에 자주 사용하는 후가공 기법입니다.

스핀헤어 느낌의 라벨을 적용하여 연출하도록 하겠습니다.

19_재질 편집하기 7

해당 파일은 정확한 라벨을 표현하기 위해 모델링 상에서 헤어라인 라벨이 들어갈 파트를 결합하지 않고 따로 떼어준 채 KeyShot으로 Export하였습니다.

NOTE 결합이 된 서페이스는 KeyShot에서 필요 부분만 따로 재질 링크 해제할 수 없으니 참고바랍니다.

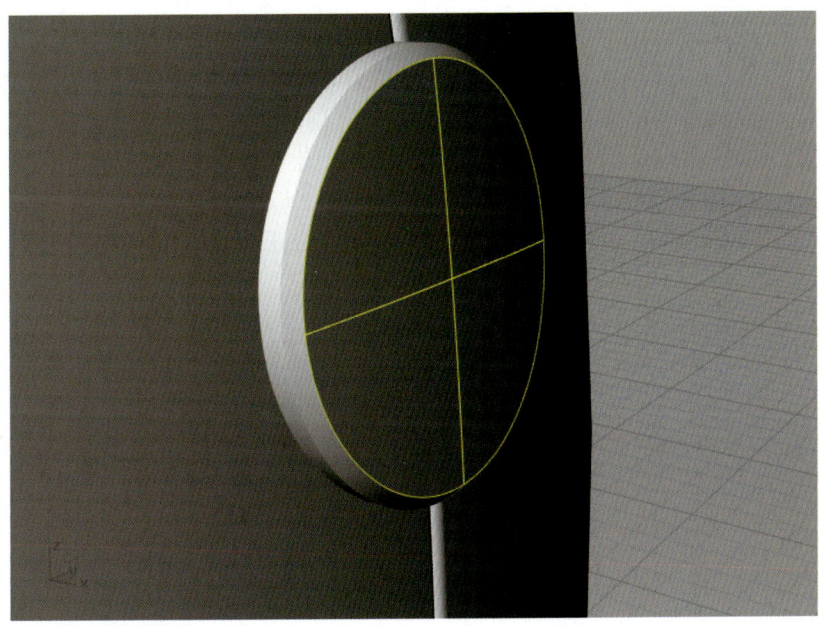

Rhino 예시 이미지

20_재질 편집하기 8

바디_버튼 파트에서 편집할 파트를 마우스 오른쪽 버튼 클릭 후 재질 링크 해제를 클릭합니다.

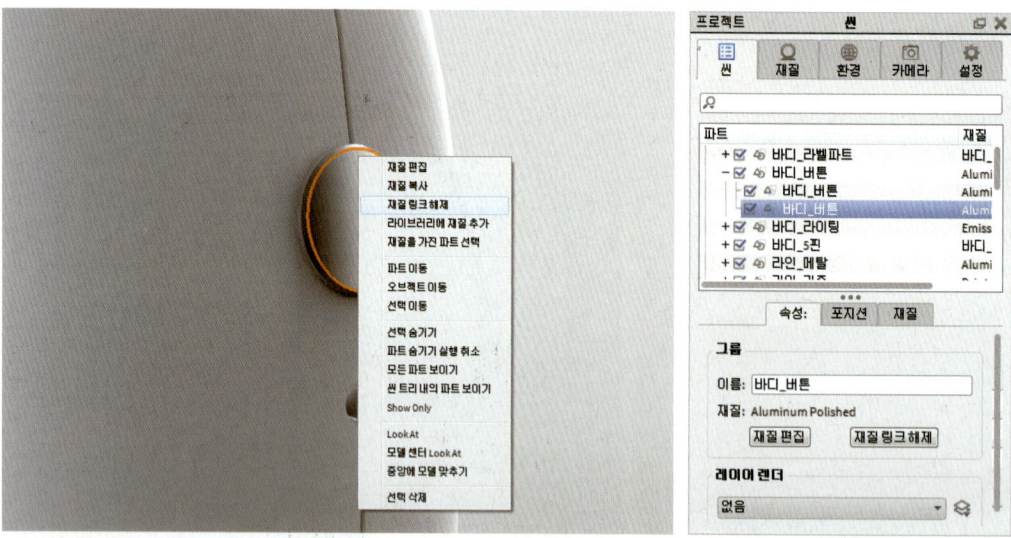

21_재질 편집하기 9

이제 헤어라인을 넣을 파트만 분리했다면 해당 파트를 마우스 오른쪽 버튼 클릭 후 재질 편집을 진행합니다.

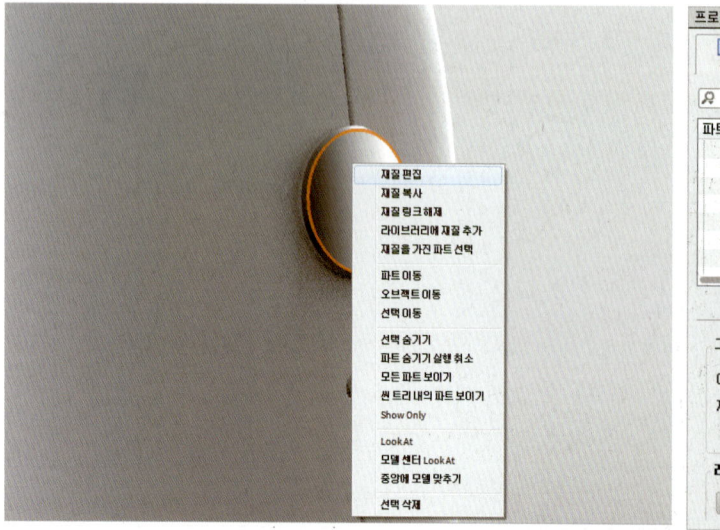

22_재질 편집하기 10

이번 예제에서는 제공하는 Spin Hair.JPG 이미지 파일을 라벨로 적용해보겠습니다. 프로젝트 탭_재질 탭_라벨 탭으로 들어갑니다. 라벨 탭에서 더하기 마크 혹은 좌측에 '로드 된 라벨 없음'을 더블 클릭을 합니다.

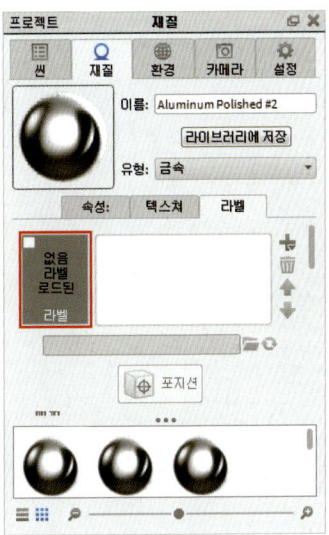

23_재질 편집하기 11

예제 Spin Hair.JPG 이미지 파일을 열기합니다.

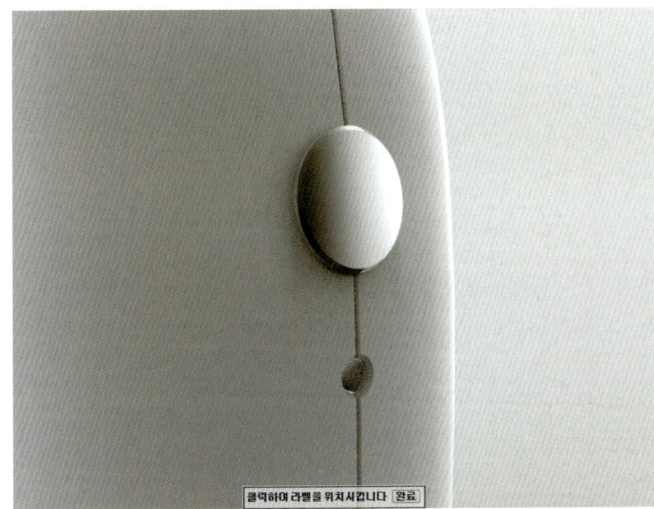
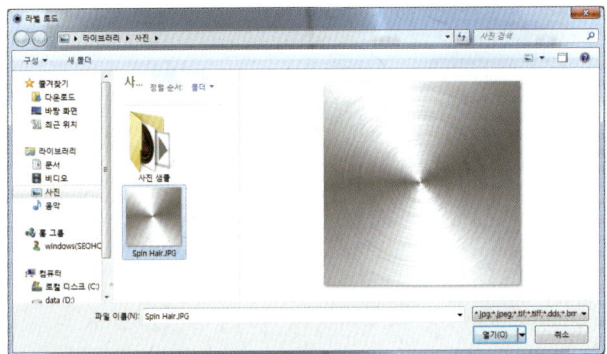
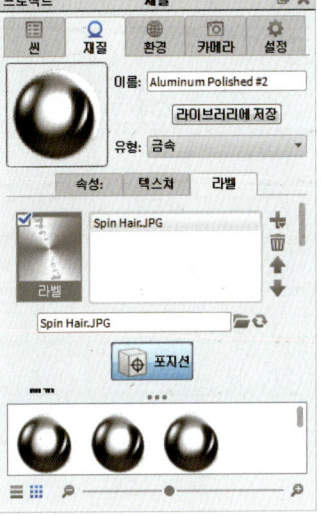

24_재질 편집하기 12

매핑의 유형을 UV 좌표로 적용하고 Shift X,Y의 값을 0으로 적용합니다.

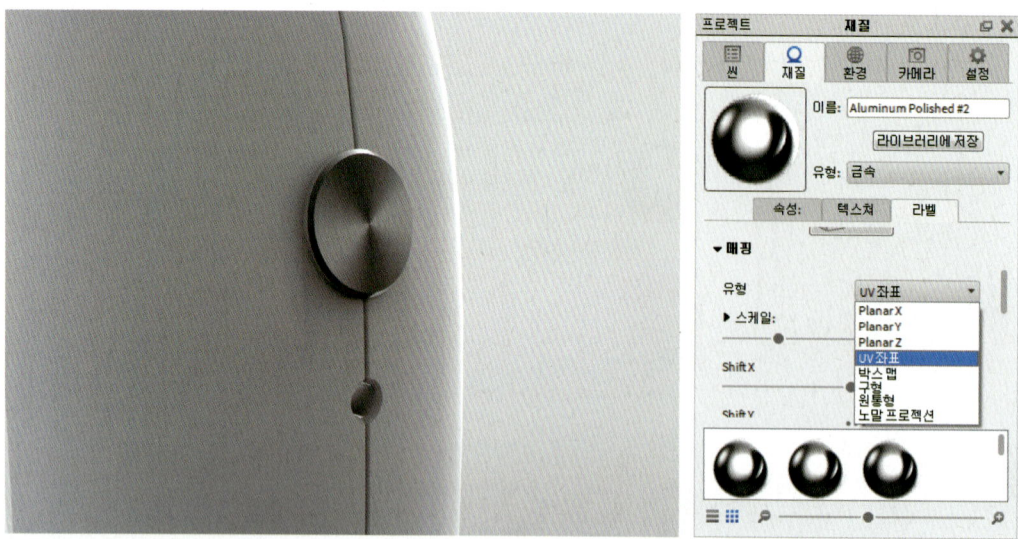

NOTE 맵핑 유형 – UV 좌표
라벨 혹은 범프를 적용할 때 맵핑 유형에 대한 이해도가 낮으면 의도하는 대로 연출하지 못하는 경우가 발생합니다.

맵핑 유형 중 UV 좌표란? 3D 모델링 상의 모든 면에는 방향과 흐름을 갖고 있습니다.
이러한 흐름을 나타내는 커브를 아이소라인, 아이소커브라고 부르며 이 커브를 따라 라벨 혹은 범프가 적용되는 것을 UV 좌표라 부릅니다.

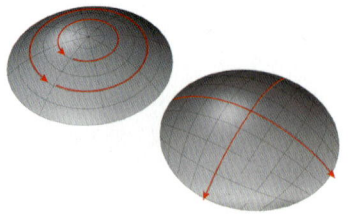

위 그림은 같은 형상을 갖고 있지만 면(서피스)의 흐름이 다른 두 모델링입니다. 좌측은 중심점으로부터 퍼져나가는 아이소커브를 가졌으며 우측은 XY축을 기준으로 아이소커브가 형성되어 있습니다. 두 모델링에 아래의 라벨을 적용시켜보면 아이소커브 흐름에 따른 라벨 적용의 차이를 이해할 수 있습니다.

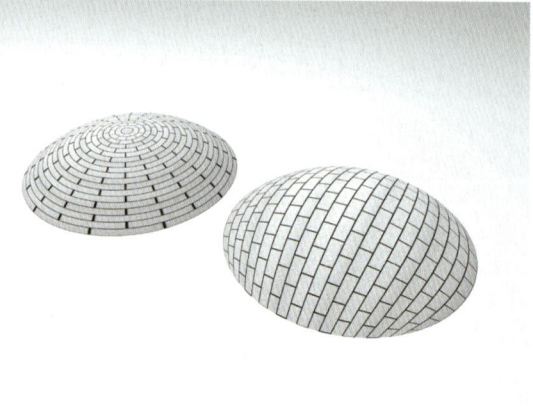

25_재질 편집하기 13

블루투스 스피커의 LED 표시 부에 아래 이미지와 같이 제품의 상태를 나타내 줄 LED를 표현하고자 합니다.

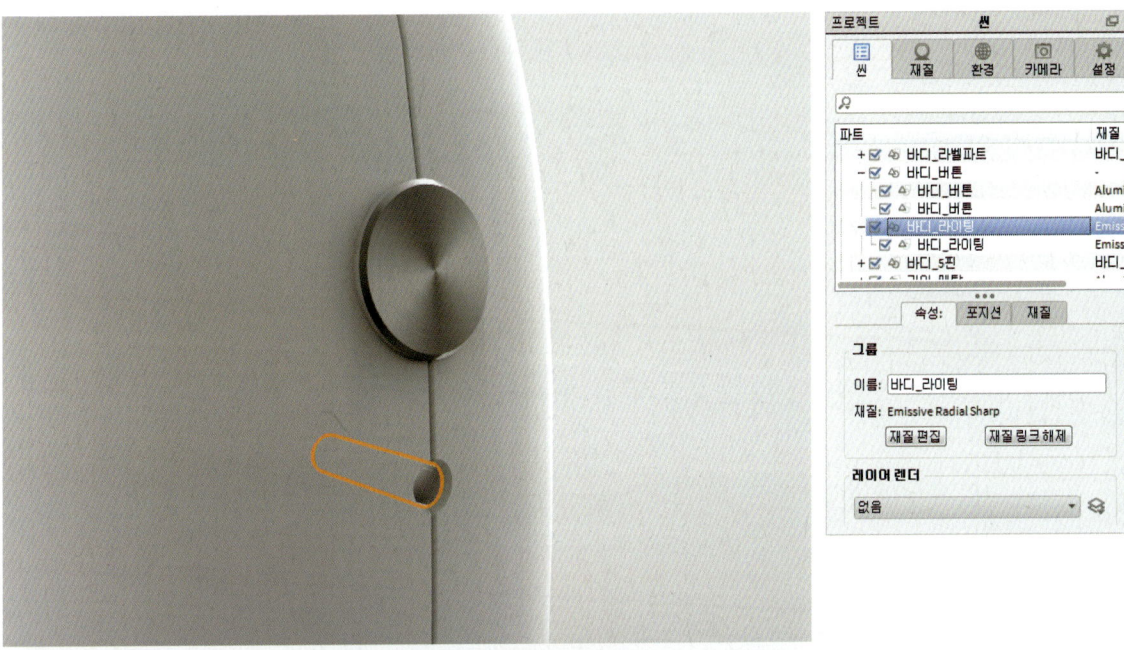

NOTE 제품의 상태를 나타내는데 자주 사용하는 방법으로 LED Lighting이 있습니다. LED를 사용할 경우 디스플레이 대비 저렴한 단가로 제품의 ON/OFF, Mode, Pairing 등을 색상이 바뀌거나 깜빡임, 켜고, 꺼짐에 따라 제품의 상태를 나타내는데 활용합니다.

26_재질 삽입하기 1

라이브러리 탭_색상 탭 중 Tangerine 색상을 적용할 파트에 드래그앤드롭합니다.

색상을 접목하며 라이팅 파트의 빛이 변화한걸 볼 수 있습니다. 현재 라이팅은 연출하고자 하는 느낌과 차이가 있으므로 포지션을 이용하여 원하는 빛의 이미지를 연출하겠습니다.

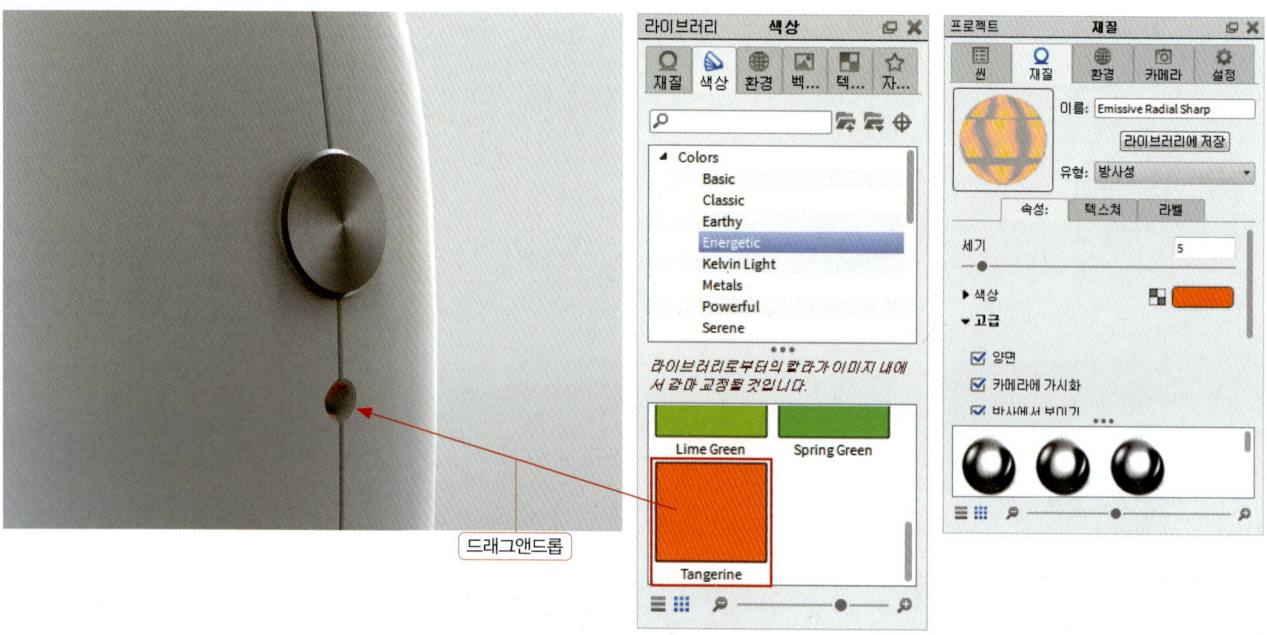

27_재질 삽입하기 2

프로젝트_재질_포지션을 누르고 실시간 창에 Lighting 파트 부분을 클릭하면 불투명도의 포지션을 이동하게 되어 위치에 따라 빛의 효과를 원하는 형태에 따라 다르게 연출할 수 있습니다. 실시간창 하단의 완료 혹은 포지션 버튼을 클릭합니다.

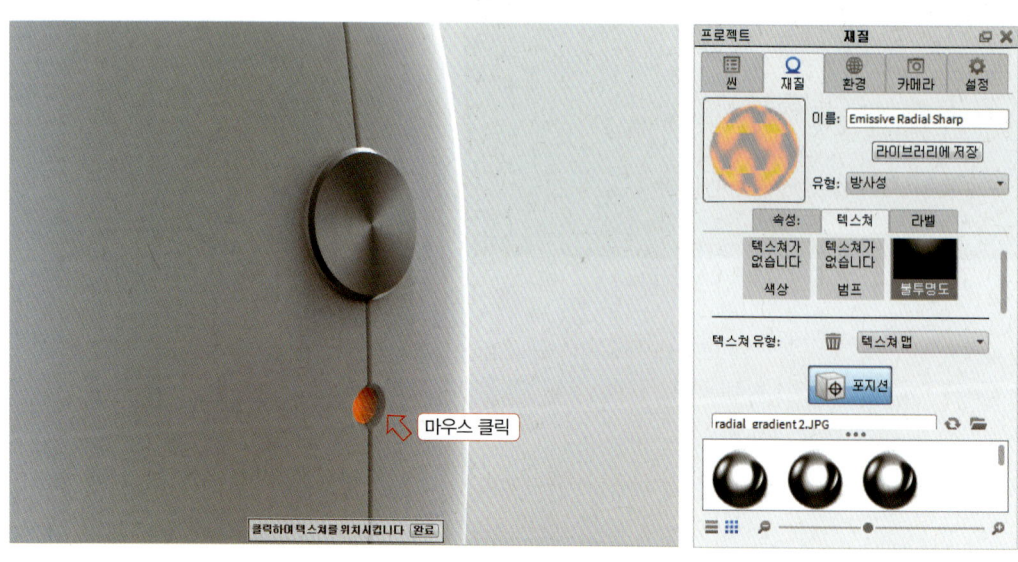

28_재질 편집하기

조금 더 강한 LED 라이팅 효과를 내기위해 세기를 20으로 적용합니다. 세기를 조절하면 LED의 색상이 조금 더 현실적으로 느껴집니다.

NOTE 해당 예제에서는 라이팅 파트가 작아 큰 효과를 주지 못하지만 이 방법을 익혀두면 다양한 작업에서 활용하실 수 있습니다

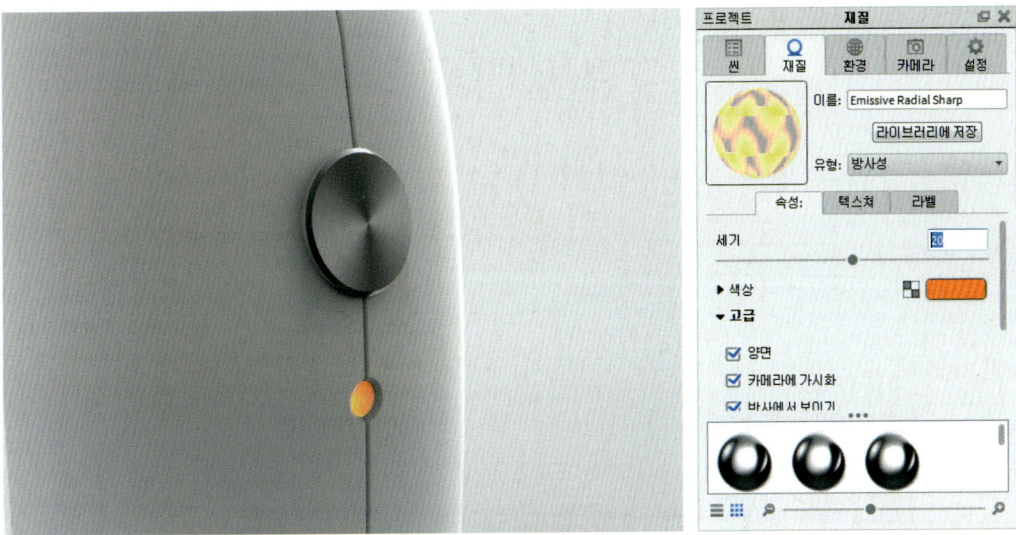

29_라벨 삽입하기 1

더 효과적이고 현실적인 렌더이미지를 연출하기 위해 제품에 적용될 실크까지 표현하도록 하겠습니다.

예제에서 제공하는 Speaker_1.png 이미지 파일을 제품 상단에 라벨로 적용해보겠습니다. 위치를 보다 정확히 맞추기 위해 프로젝트 탭_카메라 탭_렌즈 설정을 퍼스펙티브에서 직교그래픽으로 전환하겠습니다.

30_라벨 삽입하기 2

프로젝트_카메라_뷰 방향을 상으로 적용합니다.

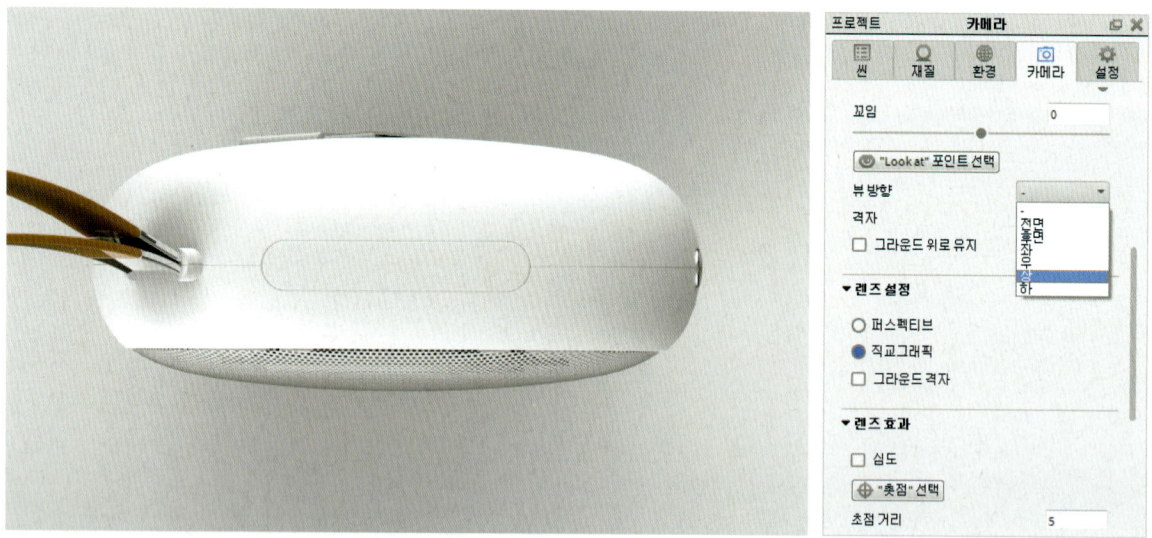

31_라벨 삽입하기 3

격자를 사등분으로 적용한 후 휠을 활용하여 실시간 창에 그리드에 라벨을 적용하기 좋게 위치합니다(이때 휠을 이용하여 크기를 조절하고 휠을 클릭한 후 드래그하여 격자 위치에 정확히 맞춰줍니다).

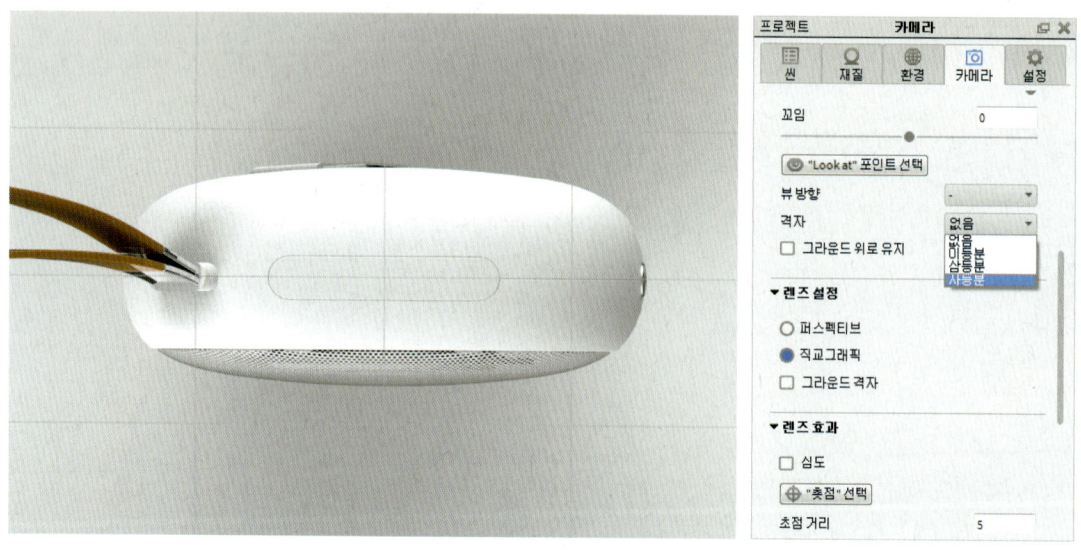

32_라벨 삽입하기 4

프로젝트_재질_라벨 탭에서 더하기 마크 혹은 좌측에 '로드 된 라벨 없음'을 더블 클릭한 후 해당 파일을 '열기'합니다.

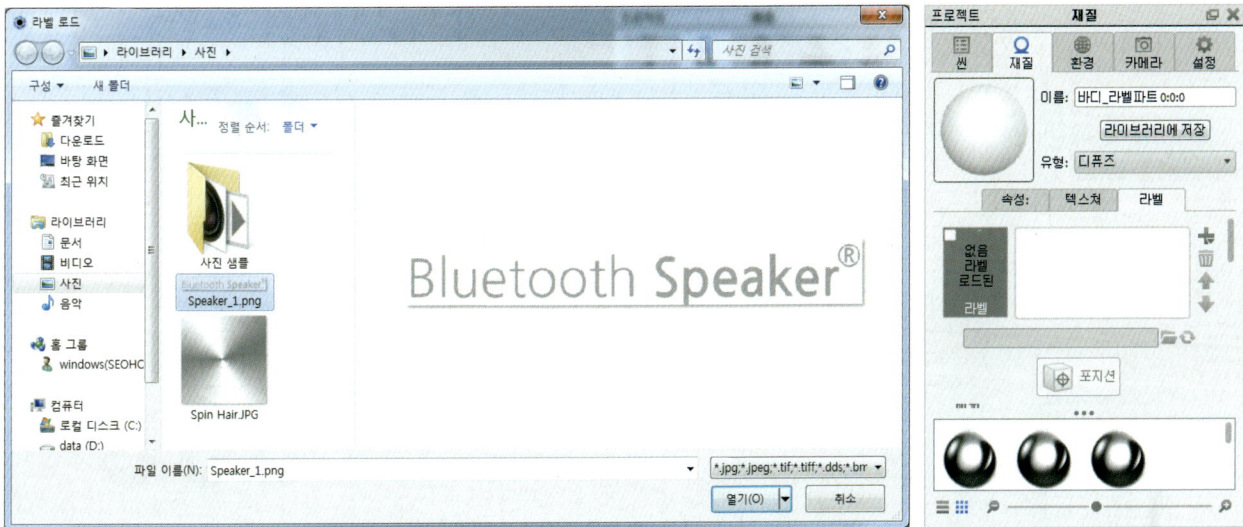

33_라벨 삽입하기 5

스케일을 23으로 적용 후 실시간 창에서 그리드에 맞춰 라벨을 위치시킨 후 완료 버튼을 누릅니다.

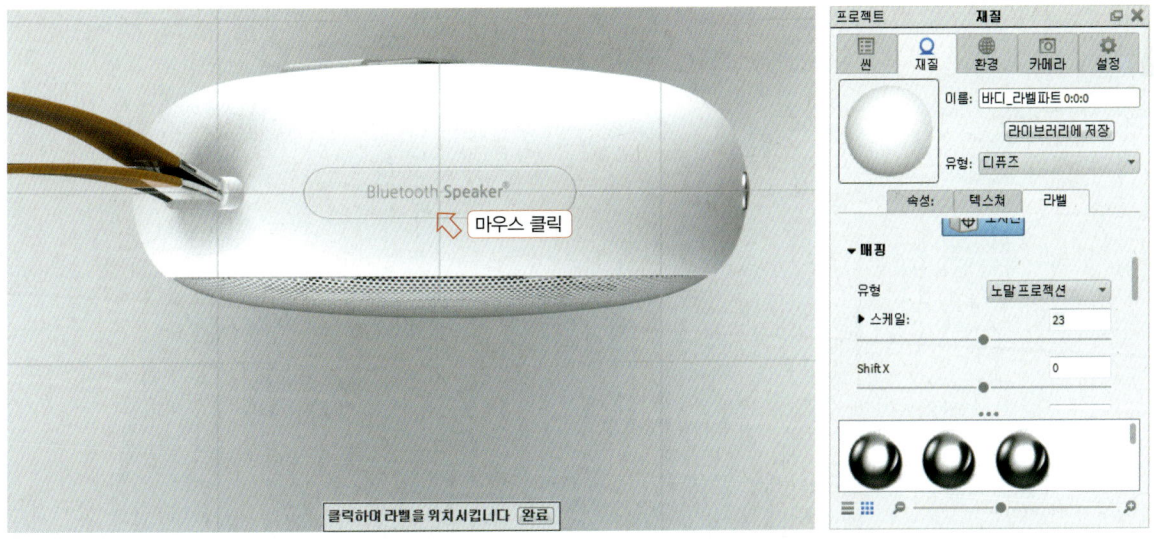

34_재질 편집하기

재질 탭_속성 탭_디퓨즈 색상을 C : 0% M : 0% Y : 0% K : 17%로 적용합니다.

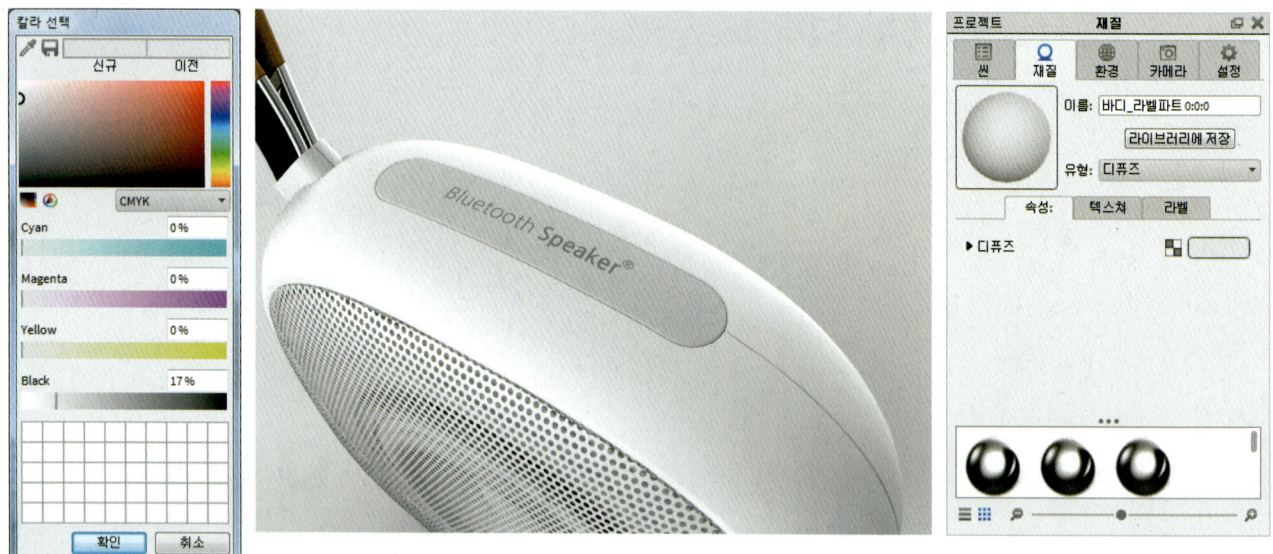

35_가죽 재질 편집하기

좀 더 현실적인 가죽표면의 느낌을 연출하기 위해 KeyShot에서 기본 제공하는 가죽 재질 대신 범프를 이용해 보겠습니다.
라인_가죽 파트를 마우스 오른쪽 버튼 클릭 후 재질 편집을 클릭합니다.

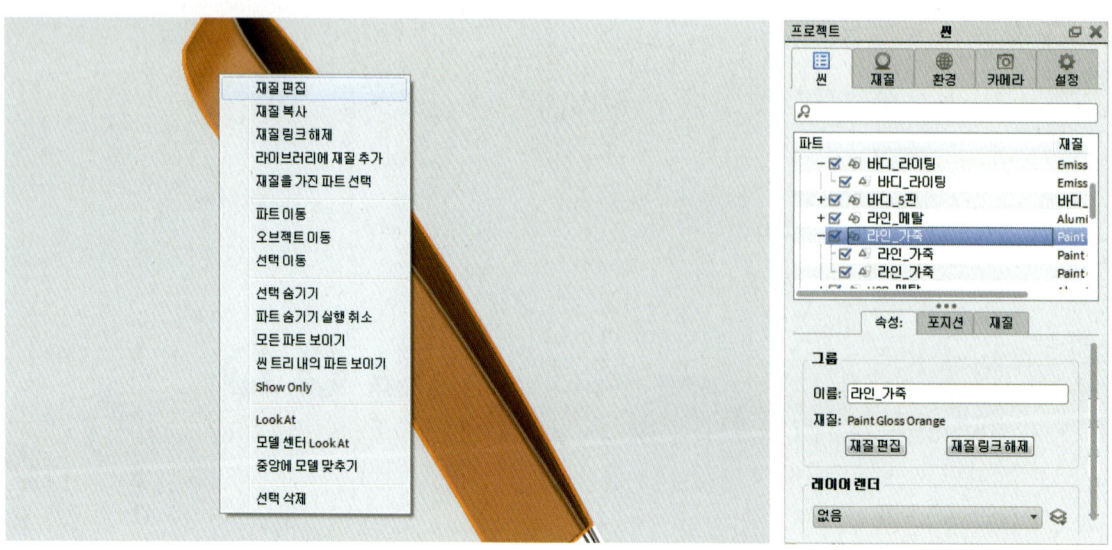

36_재질 편집하기 1

프로젝트 탭_재질_텍스쳐 탭으로 들어갑니다. 텍스쳐 탭_범프를 더블 클릭하여 예제에서 제공하는 Leather.jpg 이미지 파일을 첨부합니다.

NOTE 관련 텍스쳐들은 구글 또는 여러 커뮤니티 검색을 통해 다양한 텍스쳐를 쉽게 구할 수 있습니다.

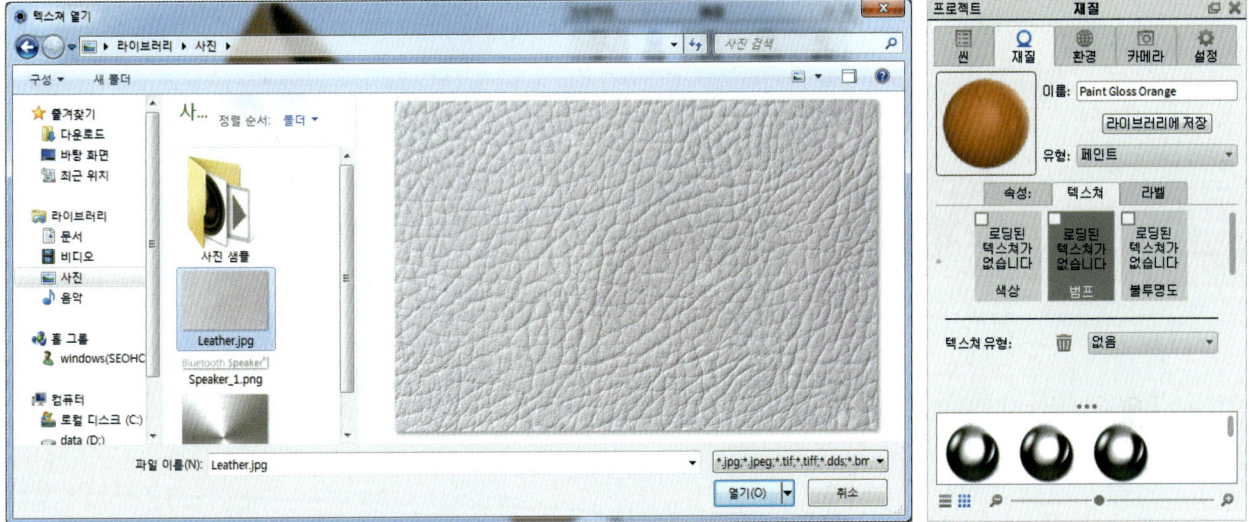

37_재질 편집하기 2

범프를 적당한 스케일로 맞추기 위해 스케일을 40으로 조정하겠습니다.

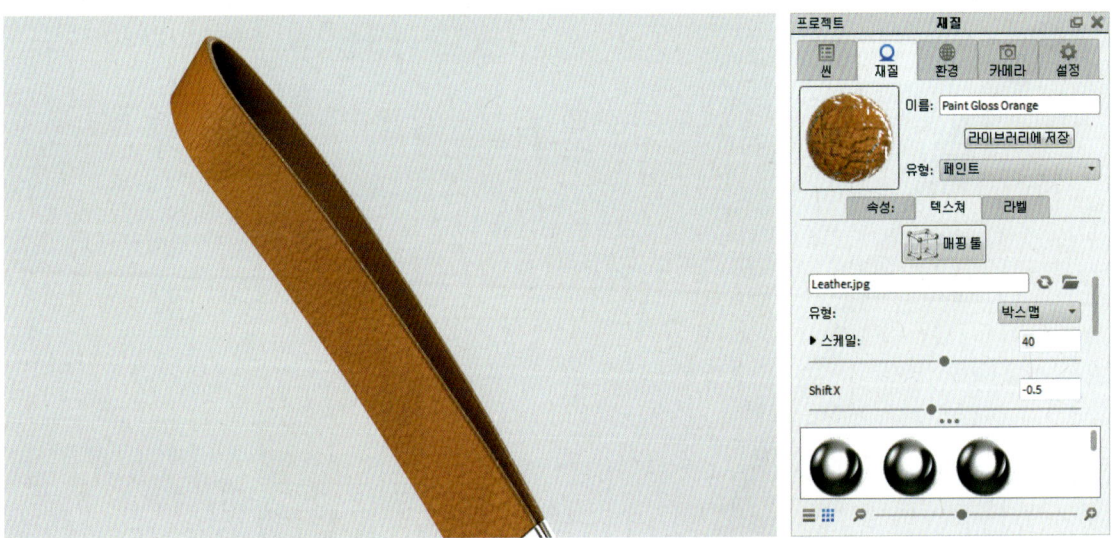

38_재질 편집하기 3

가죽의 재질감과 광택을 살려주기 위해 굴절률을 2로 높이도록 하겠습니다.

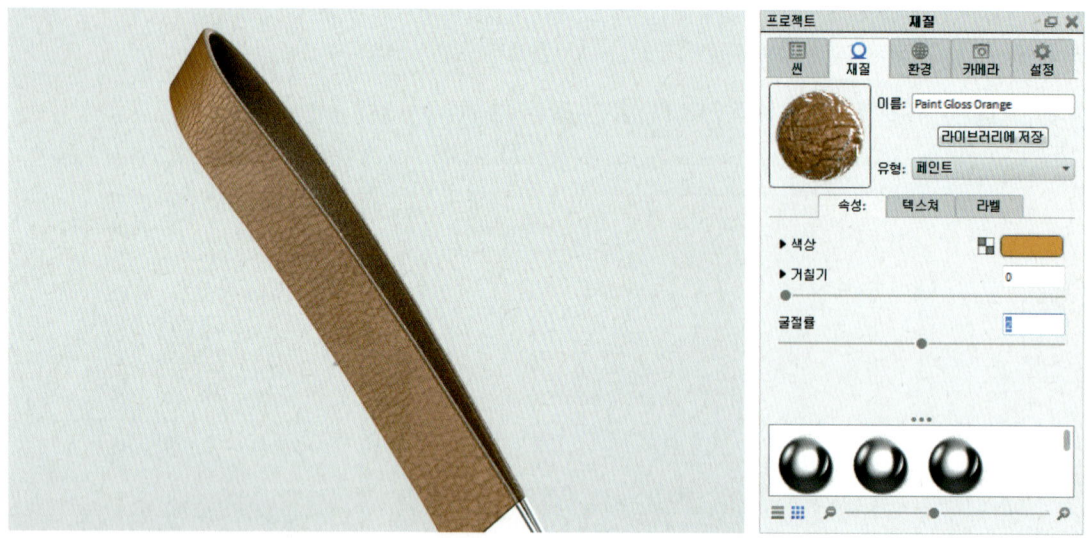

39_재질 편집하기 4

가죽 재질감을 살렸다면 가죽의 컬러를 조절하기 위해 라이브러리 탭_색상 탭_ PANTONE 142C 색상을 드래그앤드롭합니다.

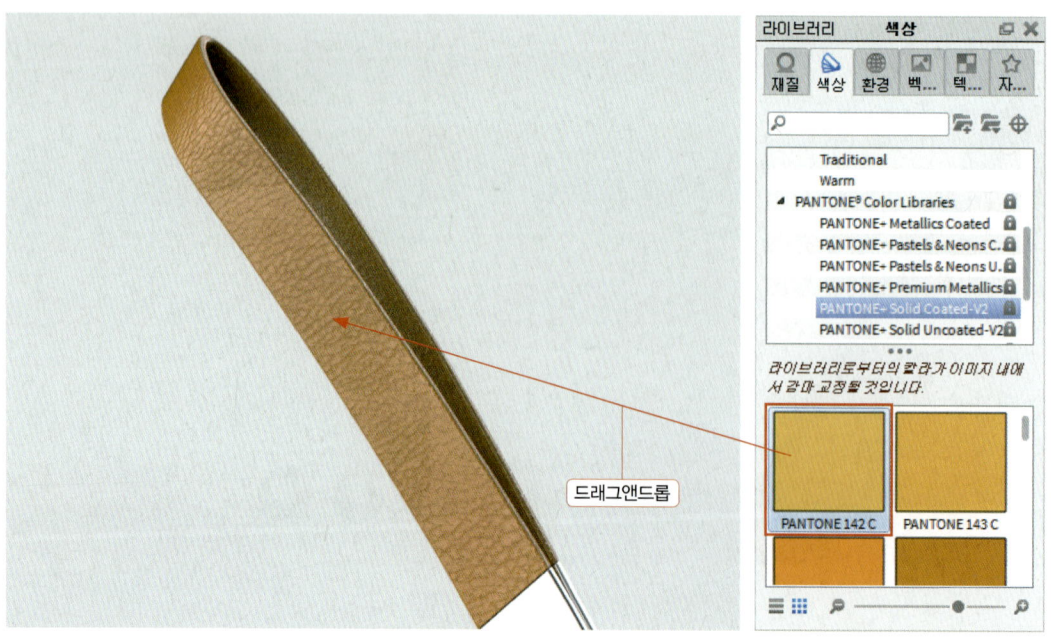

40_재질 편집하기 5

라인_가죽마감 파트를 재질 링크 해제 후 재질 편집을 클릭합니다.

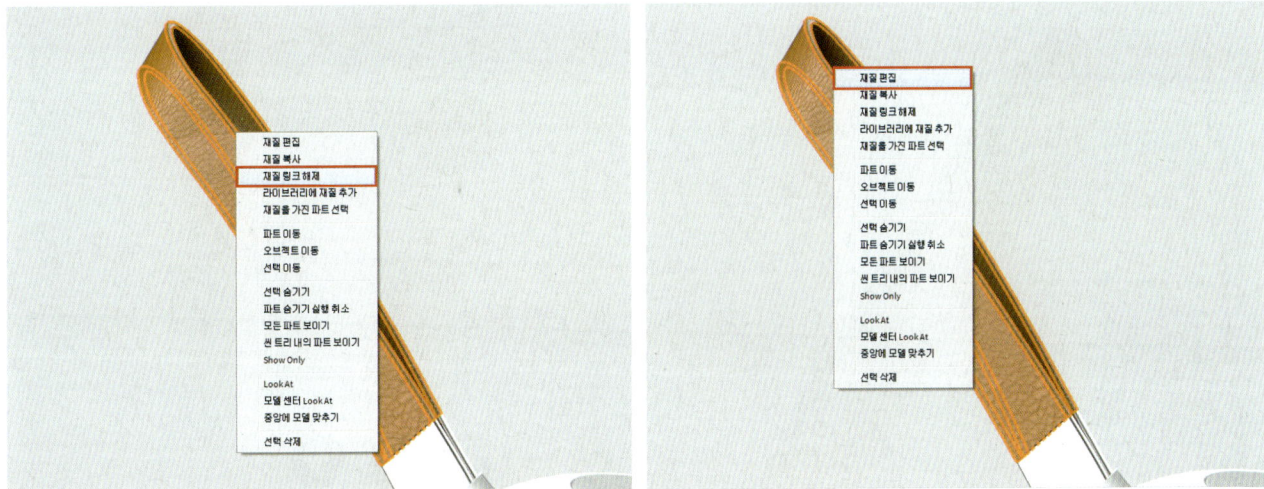

NOTE 보통 가죽 제품은 깔끔한 마감을 위해 가죽의 절단면에 왁스를 바르고 인두로 마감을 합니다. 좀 더 현실적인 가죽스트랩 렌더 표현을 위해서 렌더 전 모델링 상에서 가죽 재질 파트와 마감 처리를 위한 파트 두 가지로 분리하여 줍니다(아래 이미지 참고).

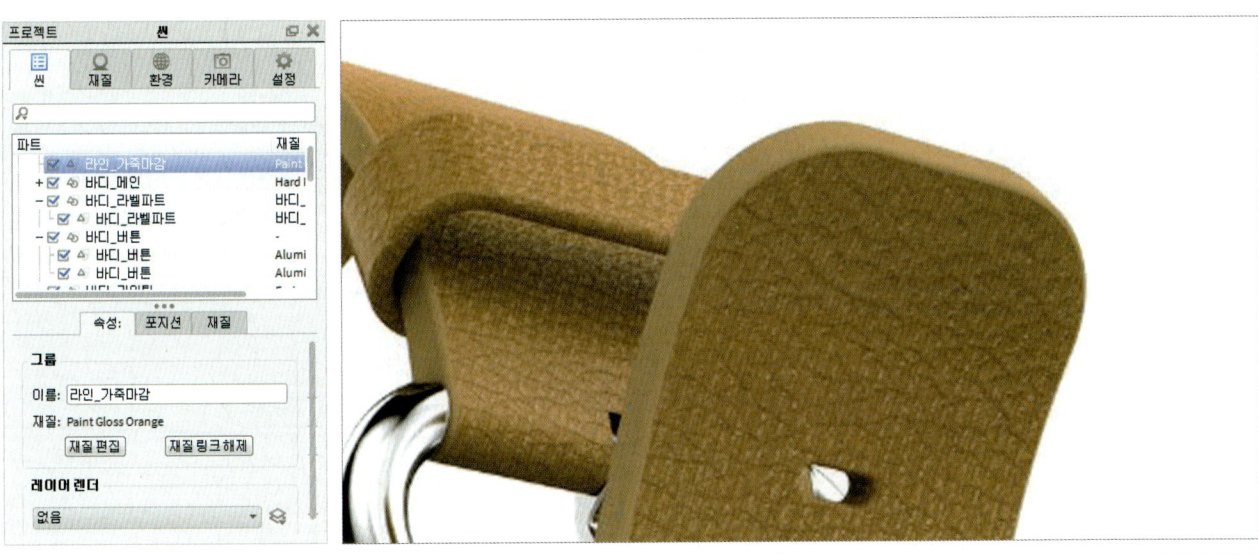

가죽제품의 예

41_재질 편집하기 6

왁스 마감 부분의 자연스러운 연출을 위해 예제에서는 거칠기를 0.4로 조정해 보겠습니다.

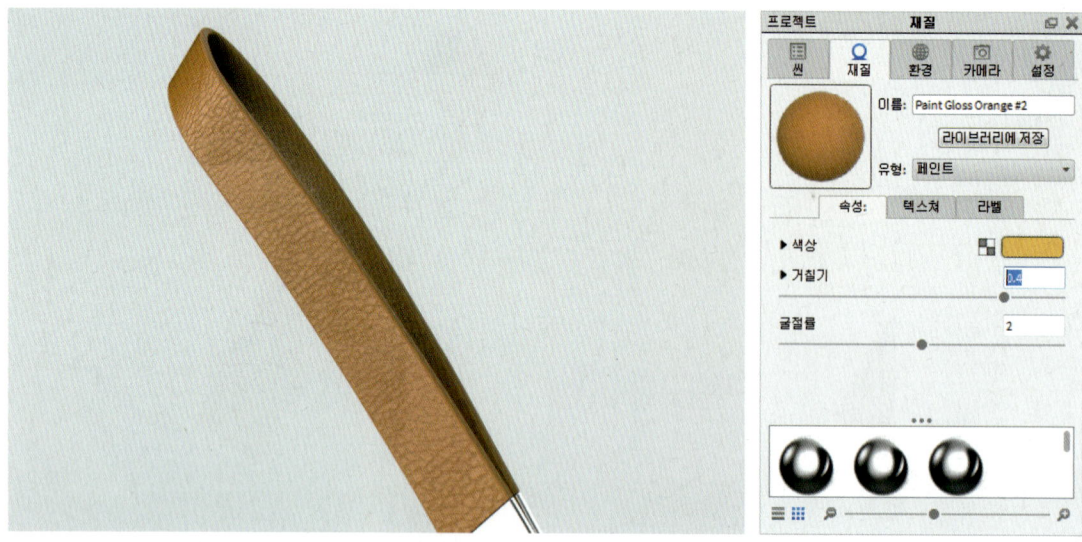

42_재질 편집하기 7

왁스 마감 파트에 라이브러리 탭_색상 탭_PANTONE 153C 색상을 드래그앤드롭합니다.

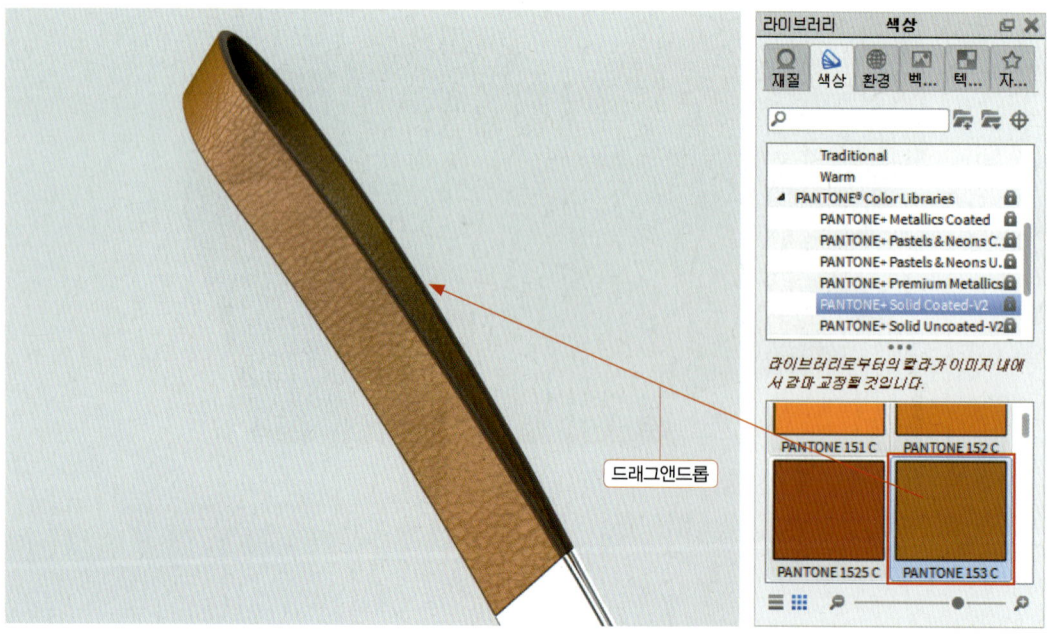

43_재질 편집하기 8

가죽 스트랩 부분의 상세 설정이 끝나면 스피커 뒷면의 USB_라인에 아래 이미지와 같이 디테일을 주도록 하겠습니다.

USB_라인 파트를 마우스 오른쪽 버튼 클릭 후 재질 편집을 클릭합니다.

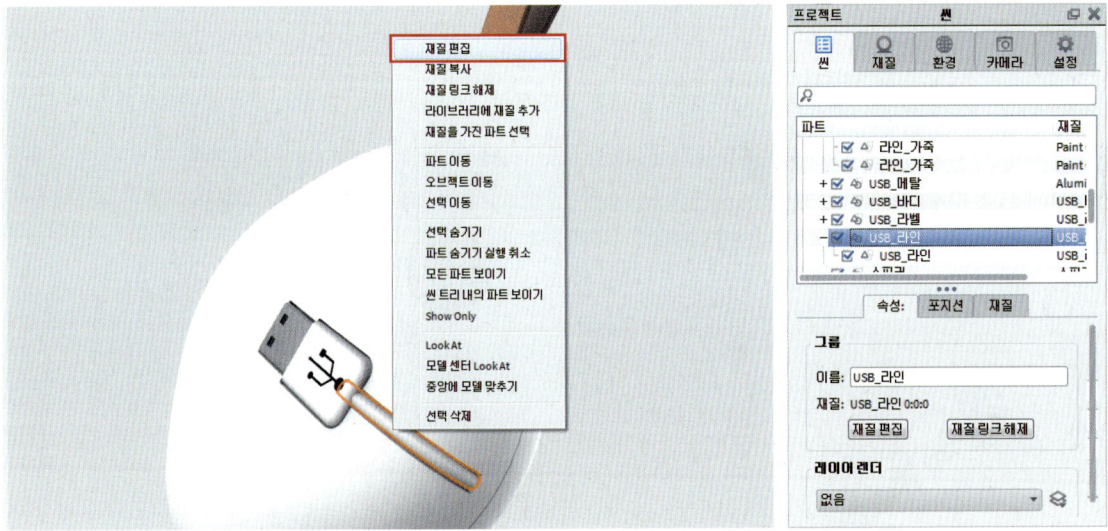

44_재질 편집하기 9

재질 탭에 텍스쳐 유형을 Cloth Weave로 적용합니다. Cloth Weave를 활용하면 직물로 짠듯한 느낌을 줄 수 있습니다.

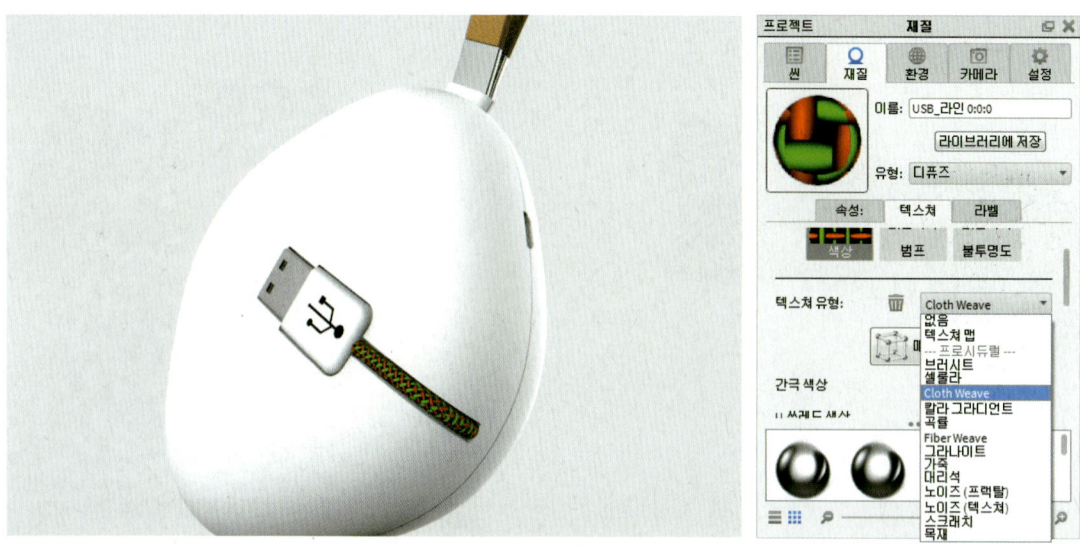

45_재질 편집하기 10

적당한 스케일을 위해 U너비와 V너비의 값을 1로 적용합니다.

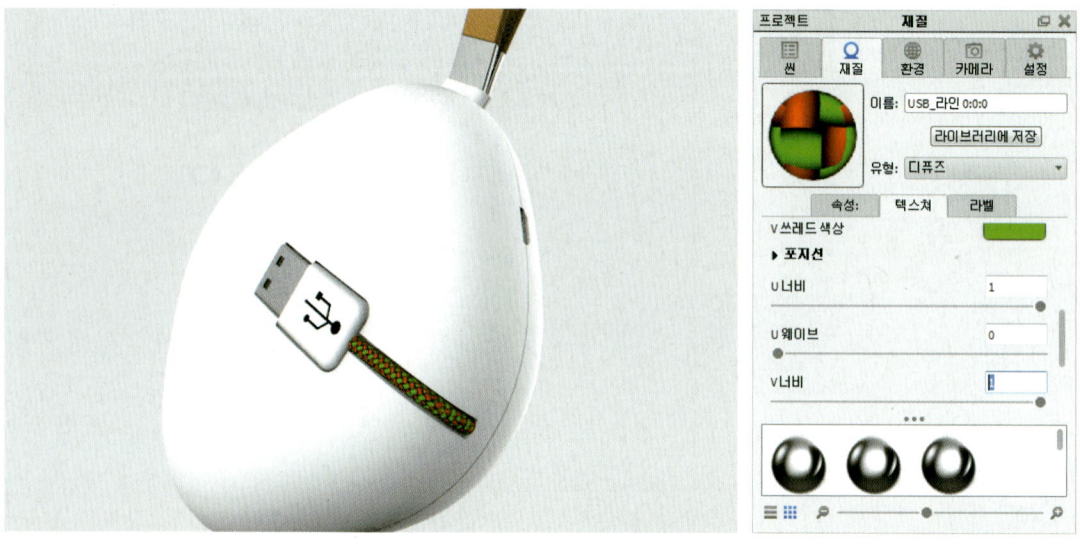

46_재질 편집하기 11

U쓰레드(흰색 부분) 색상을 C : 0% M : 0% Y : 0% K : 0%, V쓰레드(검은색 부분) 색상을 C : 0% M : 0% Y : 0% K : 80% 로 적용합니다.

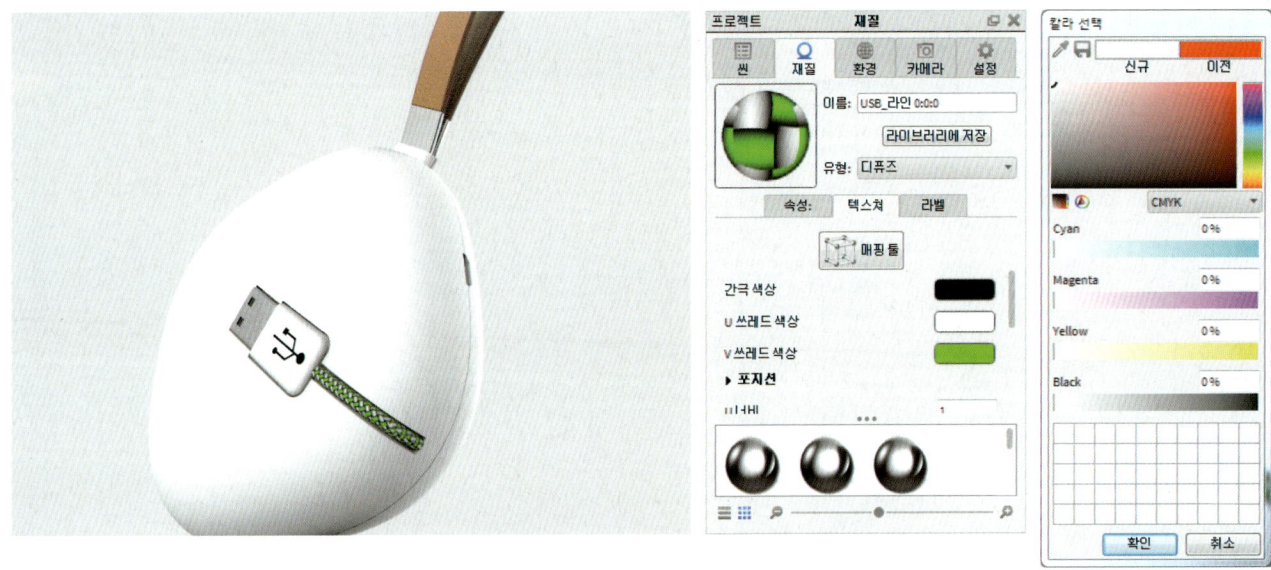

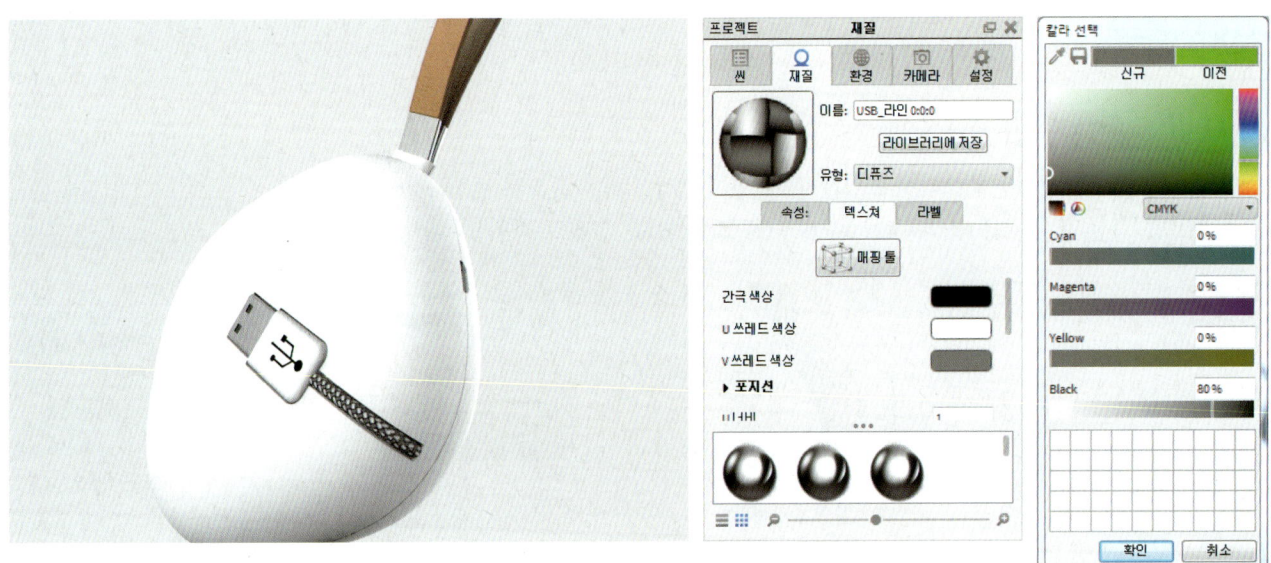

47_재질 편집하기 12

USB_라벨 파트를 마우스 오른쪽 버튼 클릭 후 재질 편집을 선택합니다.

48_재질 편집하기 13

USB 아이콘이 너무 강하면 촌스러운 느낌을 줄 수 있어 색상을 밝은 톤으로 변경하겠습니다.
프로젝트 탭_속성 탭_디퓨즈 색상은 C : 0% M : 0% Y : 0% K : 30%로 적용합니다.

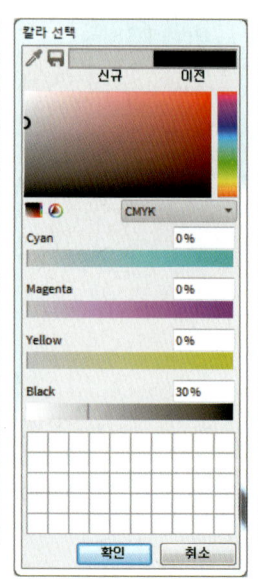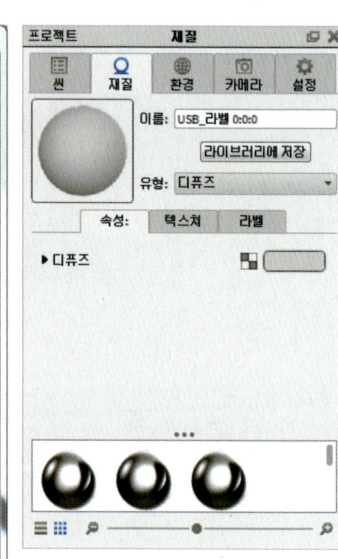

49_완성

자 모든 상세 설정을 마치면 조금 더 디테일한 제품 표현이 마무리됩니다.
이후 합성할 이미지나 판넬 연출에 따라 약간의 환경 조절과 배경 색상 조절을 해주면 쉽고 빠르게 자연스러운 제품 연출이 가능합니다.

꼭 예제를 다양하게 응용해 보길 바랍니다.

Bluetooth Speaker 판넬 예시 1

Bluetooth Speaker 판넬 예시 2

01. 블루투스 스피커 Bluetooth Speaker

KEYSHOT RENDER SAMPLE | BLUETOOTH SPEAKER

Bluetooth Speaker 판넬 예시 3

KeyShot Sample_**Earphone Render**

EARPHONE

02
INTRO

이어폰

이어폰은 소형 음향기기로 형태는 크게 본체 기기부와 귀에 직접 닿는 폼팁부로 나뉘어 있습니다. 우리는 이번 [02. Earphone] 예제를 통해 실리콘의 반투명한 재질감과 KeyShot에서 제공하는 색상탭의 활용법을 익히려 합니다.

이어폰 예제를 익히고 이해하면 실리콘이 포함된 스마트폰 케이스, 스마트밴드, 칫솔, Silicone 타입의 주방용품 등을 연출하는데 큰 도움이 될 것이며 색상 탭의 PANTONE 컬러를 이용한 렌더 작업을 진행할 수 있습니다.

#실리콘, #범프 맵, #컬러, #반투명 플라스틱

01_예제 파일 실행

[02. Earphone] 예제 파일을 실행해 보겠습니다.

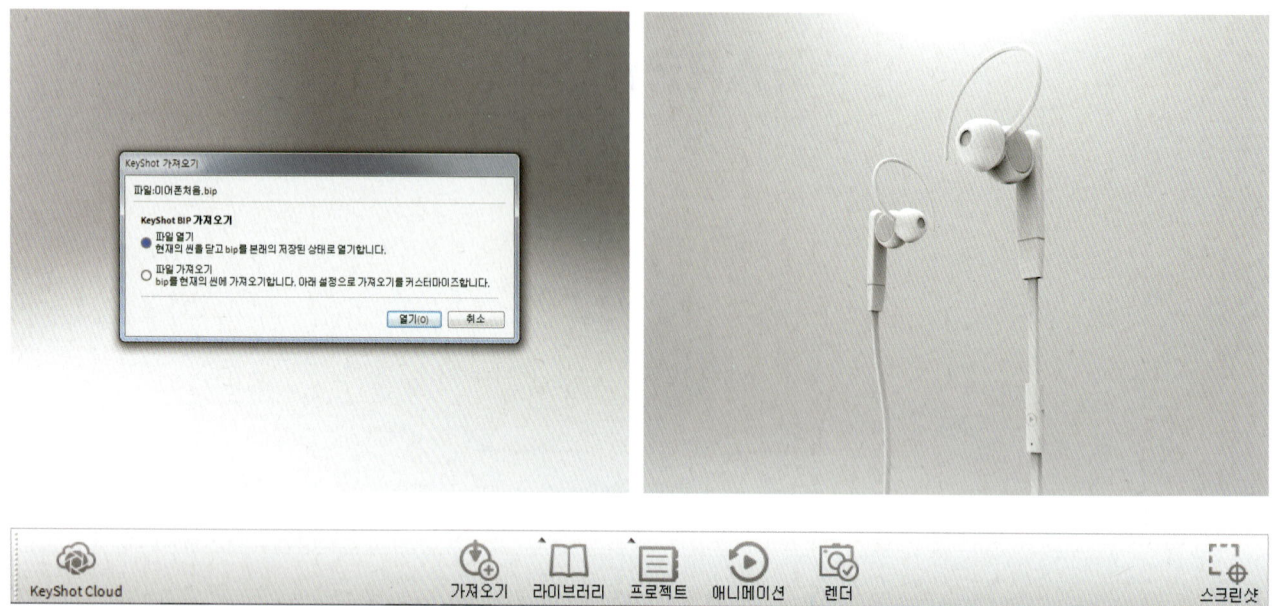

02_환경 삽입

메인 툴바의 '가져오기'로 실시간 창에 제품이 나타나면, 메인 툴바의 '라이브러리 탭'으로 들어가 환경맵 중 〈 Light Tent Screen Front 2k 〉 Hdr을 선택하여 아래 화면처럼 실시간 창으로 드래그앤드롭하여 환경을 적용합니다.

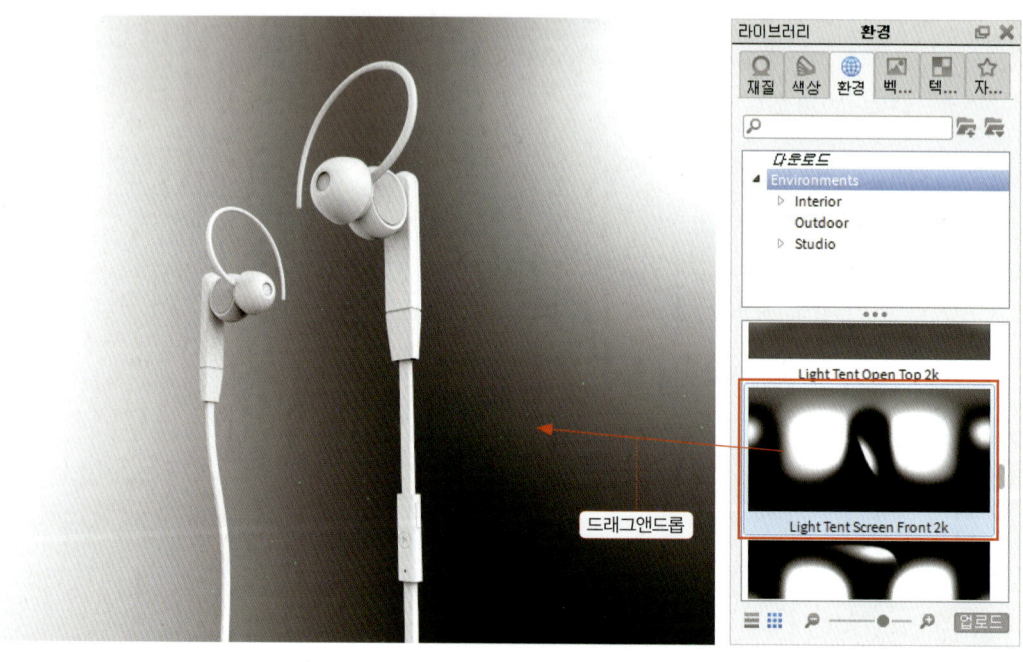

03_백그라운드 색상 설정

백그라운드 색상을 지정해보겠습니다. 메인 툴 바_프로젝트 탭_환경_백그라운드 옵션에서 색상을 C : 0% M : 0% Y : 0% K : 0%로 지정한 후 확인 버튼을 누릅니다.

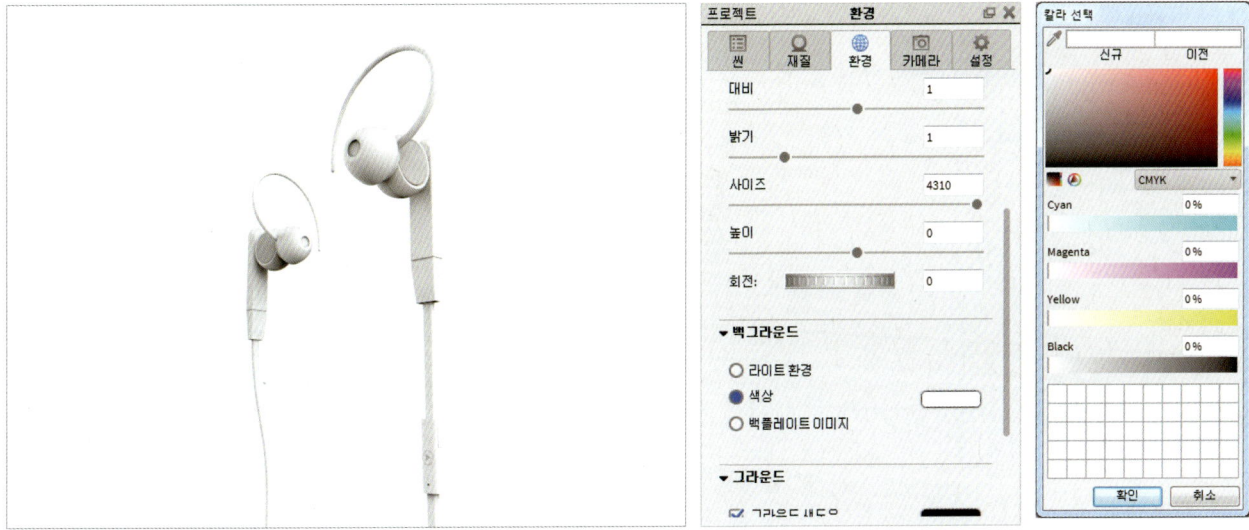

04_환경 회전

라이브러리 탭_환경 탭에서 회전 다이얼을 마우스 왼쪽 버튼 클릭 후 좌우로 드래그하면 환경이 회전합니다(예제에서는 회전 값을 77도로 맞추겠습니다).

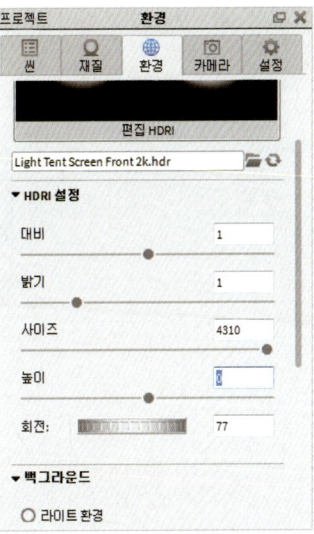

05_재질 삽입하기 1

바디_메인 파트에 라이브러리 탭_Paint 카테고리 중 Paint Metallic Jet Black 재질을 드래그앤드롭합니다.

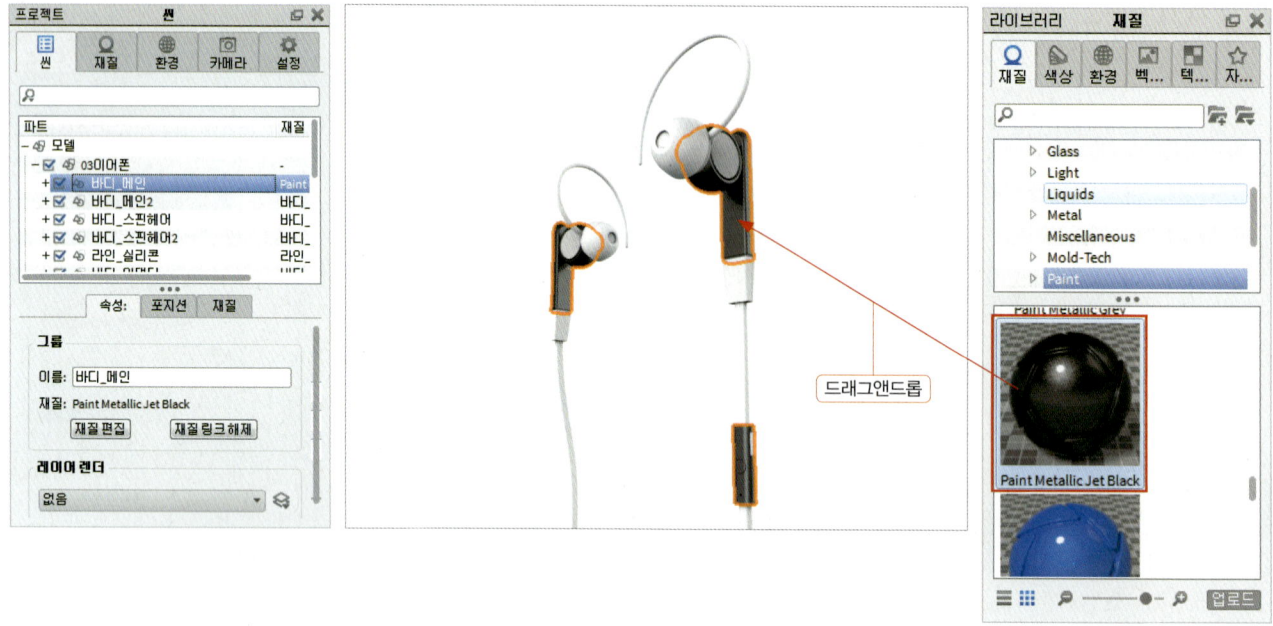

06_재질 삽입하기 2

바디_메인3 파트에 라이브러리 탭_Paint 카테고리 중 Paint Matte Black 재질을 드래그앤드롭합니다.

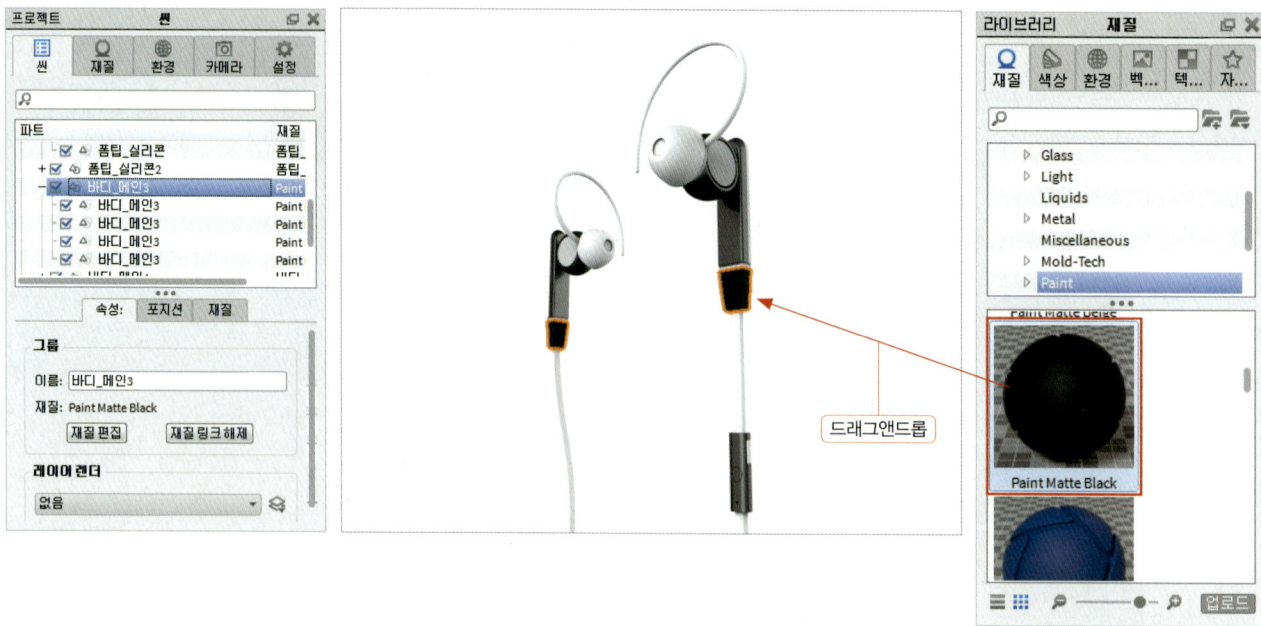

02. 이어폰 Earphone

07_재질 삽입하기 3

바디_어댑터 파트에 라이브러리 탭_Paint 카테고리 중 Paint Matte Black 재질을 드래그앤드롭합니다.

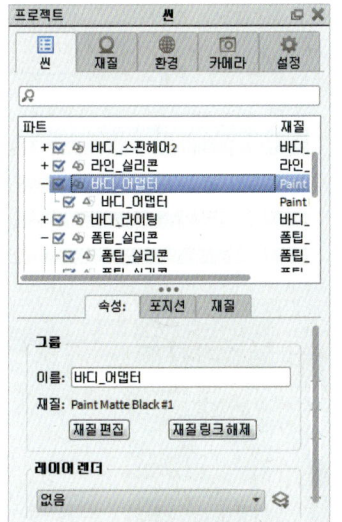
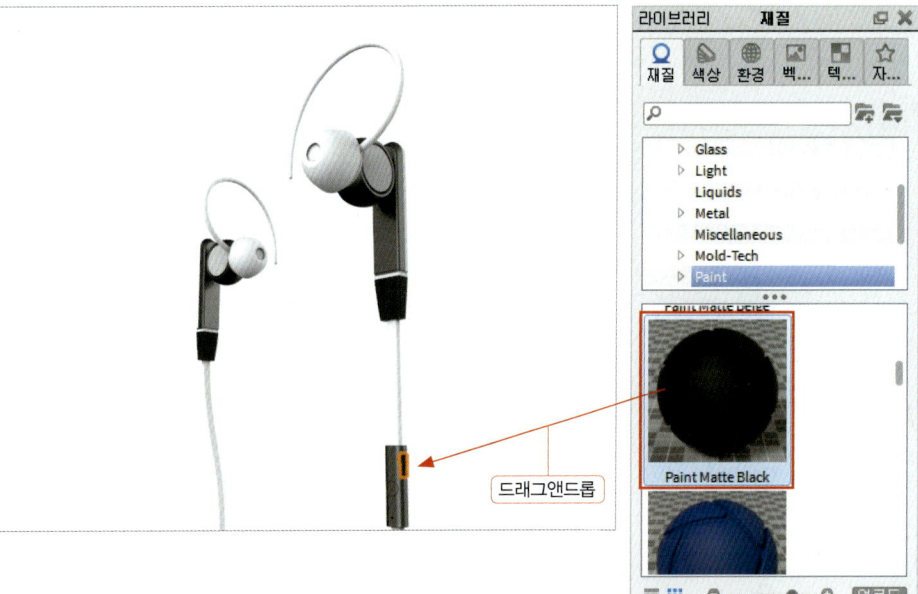

08_재질 삽입하기 4

라인_실리콘 파트에 라이브러리 탭_색상 카테고리 중 PANTONE 395U 색상을 드래그앤드롭합니다.
(Pantone 컬러북에 있는 색상과 적용되는 색상에 환경에 따라 차이가 날 수 있습니다.)

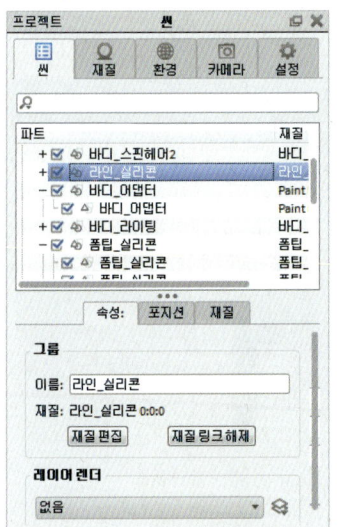
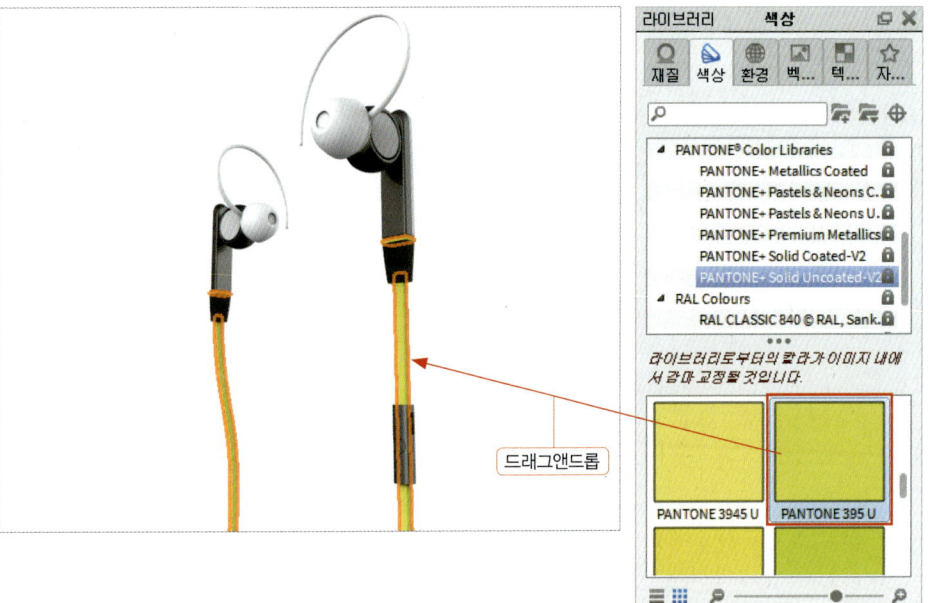

> **NOTE** **PANTONE**
>
> 미국 PANTONE사에서 제작한 인쇄 및 소재별 잉크를 조색하여 제작한 색표집입니다. 다양한 분야에서 사용하고 있지만 제품 디자인에서도 빠져서는 안 될 요소입니다. 빛의 광량이나 모니터의 차이로 컬러를 사용할 때 민감하게 작용하는 부분이기에 PANTONE 컬러칩을 활용하여 Mock-up 도장 및 양산품 조색 시에 사용되고 있습니다.

09_재질 삽입하기 5

바디_홀 파트에 라이브러리 탭_Metal 카테고리 중 Aluminum Rough 재질을 드래그앤드롭합니다.

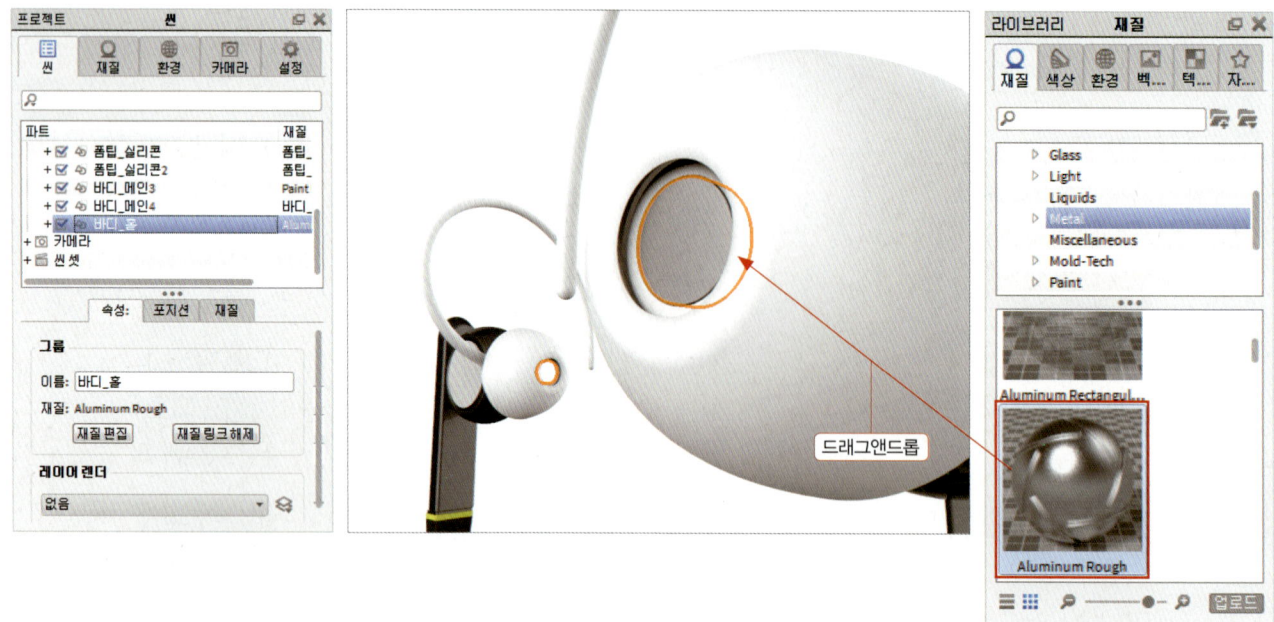

10_재질 상세 편집하기

지금까지 재질의 설정 값을 변경하지 않고 라이브러리 탭에 있는 재질을 그대로 적용하여 재질을 표현해 보았습니다. 이제부터는 제품의 디테일을 살릴 수 있도록 세부 설정 값을 조정하며 재질을 표현하도록 하겠습니다.

NOTE 독자 여러분들은 필자의 설정 값 이외에 다양한 설정값을 변경하며 응용해 보길 바랍니다.

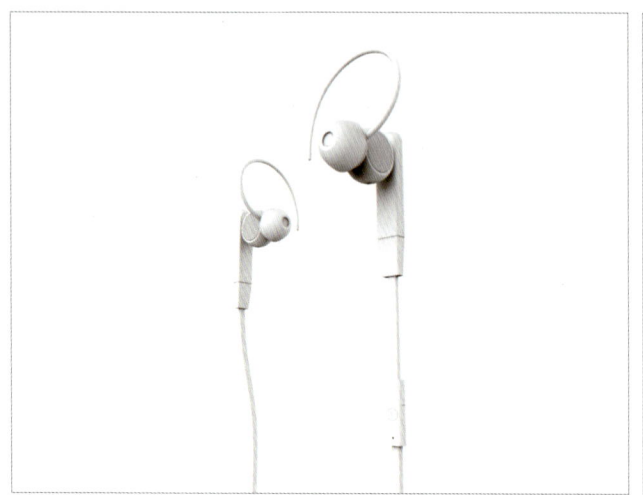

11_재질 편집하기 1

앞서 [01. Bluetooth Speaker]에서는 Spin Hair 재질의 느낌을 라벨로 첨부하여 재질 편집을 하였습니다. [02. Earphone]에서는 KeyShot에서 제공하는 Texture 소스를 활용하여 재질 편집을 진행하겠습니다.

 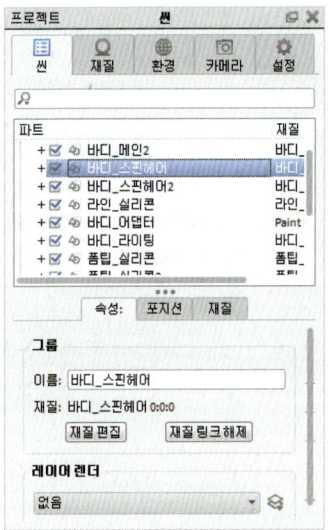

12_재질 편집하기 2

바디_스핀헤어 파트를 마우스 오른쪽 버튼 클릭 후 재질 편집을 클릭합니다.

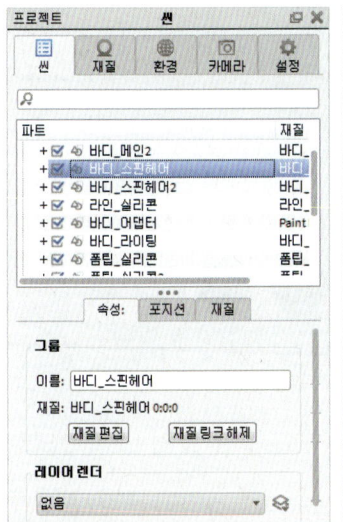 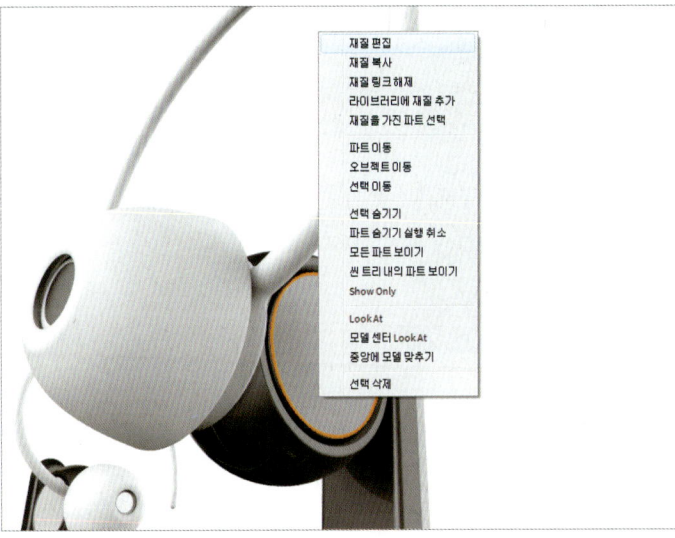

13_재질 편집하기 3

프로젝트 탭_텍스쳐 탭_색상을 더블클릭하여 C:₩Users₩windows₩내문서₩KeyShot5₩Textures₩Bump Maps₩Bump Maps에 들어가 brushed radial 이미지를 적용합니다.

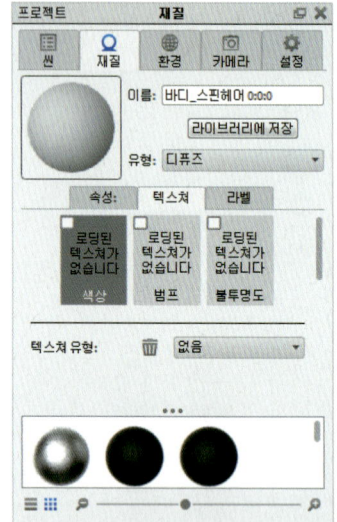
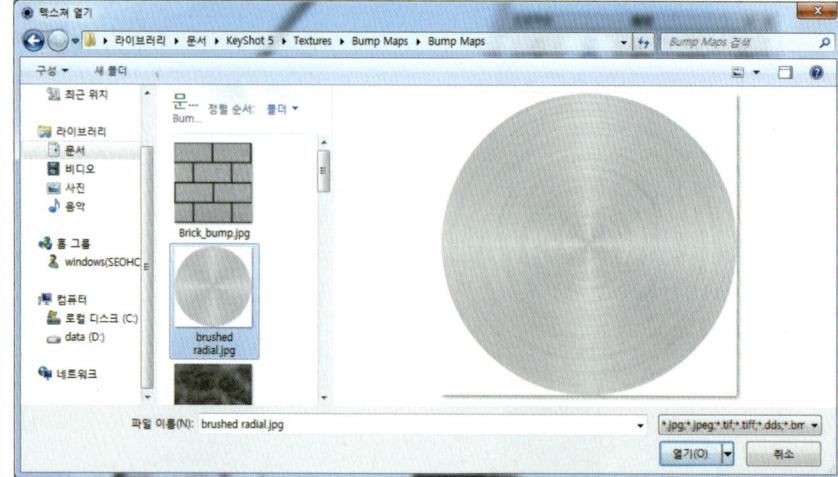

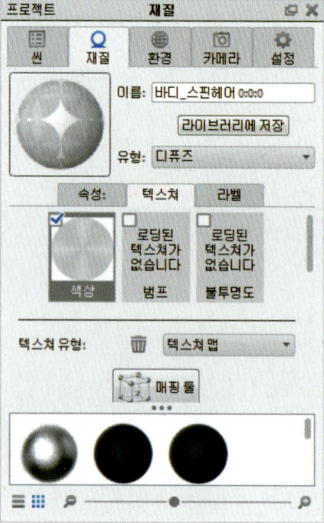

14_재질 편집하기 4

매핑의 유형을 UV 좌표로 적용합니다.

15_재질 편집하기 5

Shift X와 Shift Y의 값을 0으로 적용합니다. Shift X와 Shift Y의 값을 0으로 적용하게 되면 포지션으로 맞추지 않아도 Spin Hair 색상이 정중앙에 위치하게 됩니다.

 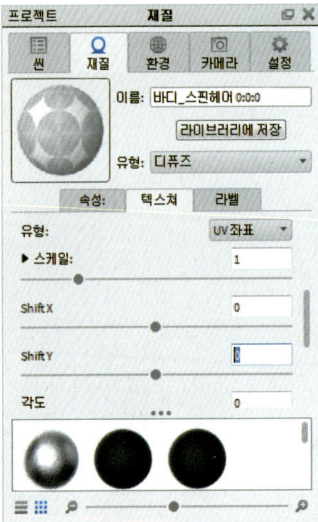

16_재질 편집하기 6

대비를 20으로 적용합니다.

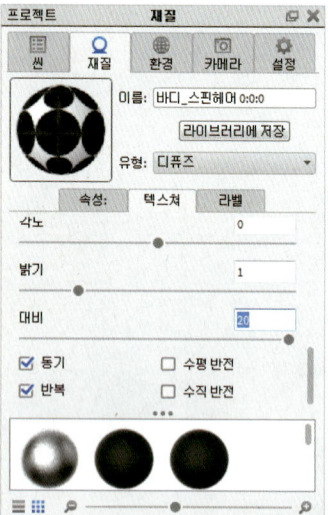

17_재질 편집하기 7

Spin Hair line이 더 잘 보일 수 있도록 밝기를 8로 조정합니다.

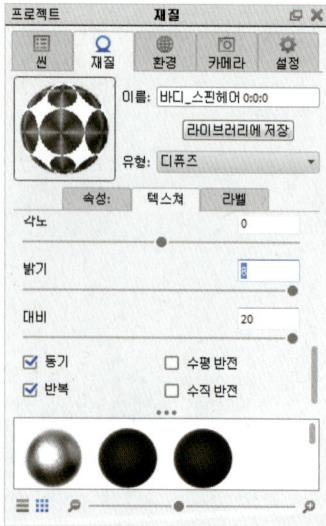

18_재질 편집하기 8

바디_스핀헤어 파트 재질을 복사하여 바디_스핀헤어2 파트에 붙여 넣겠습니다. 바디_스핀헤어 파트를 마우스 오른쪽 버튼 클릭 후 재질 복사하기를 클릭합니다.

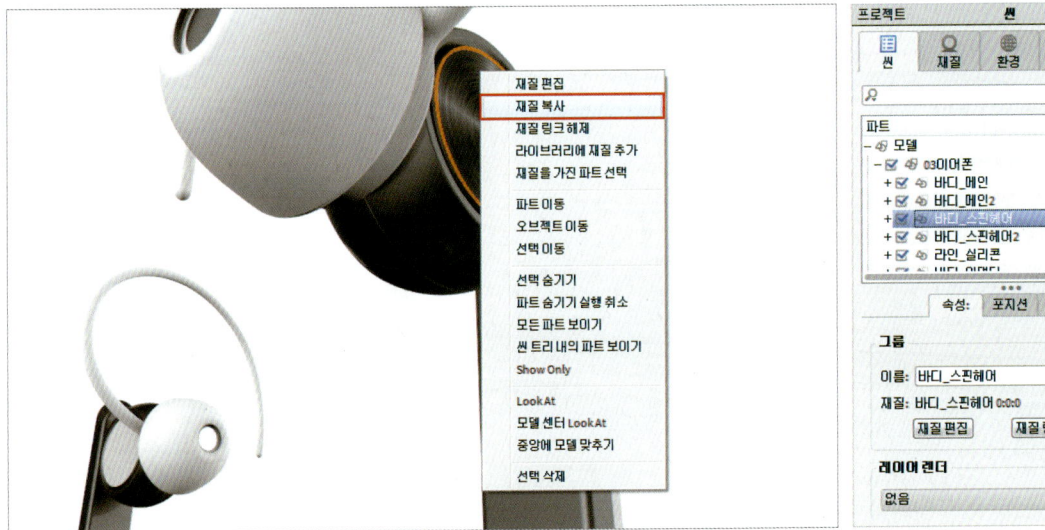

19_재질 편집하기 9

바디_스핀헤어2 파트를 마우스 오른쪽 버튼 클릭 후 재질 붙여넣기를 클릭합니다.

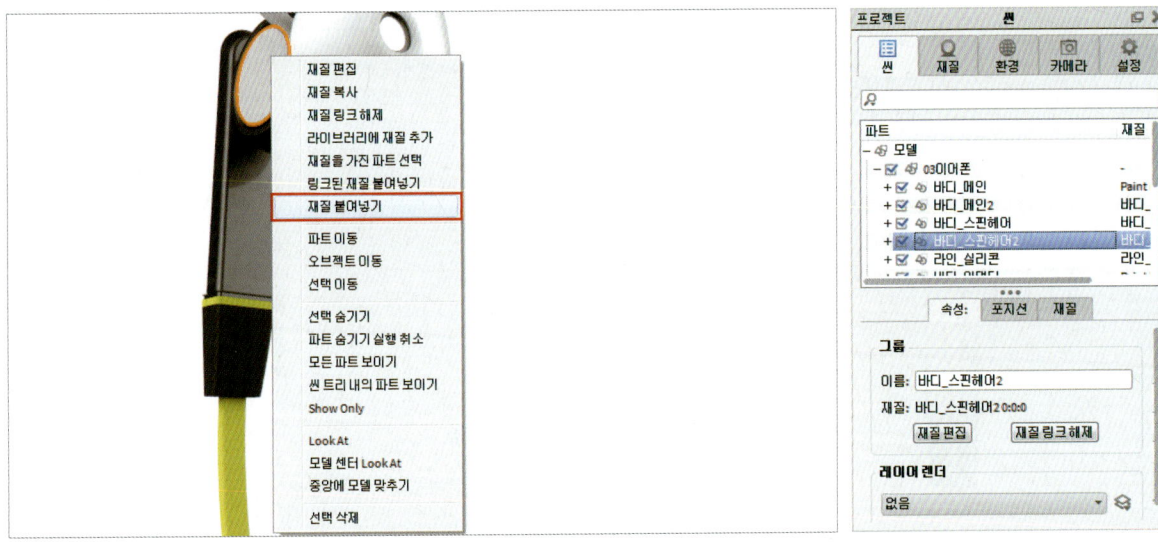

20_재질 삽입하기 1

바디_메인2 파트에 프로젝트 탭_재질 탭_ Paint 카테고리 중 Paint Metallic Grey 재질을 드래그앤드롭합니다.

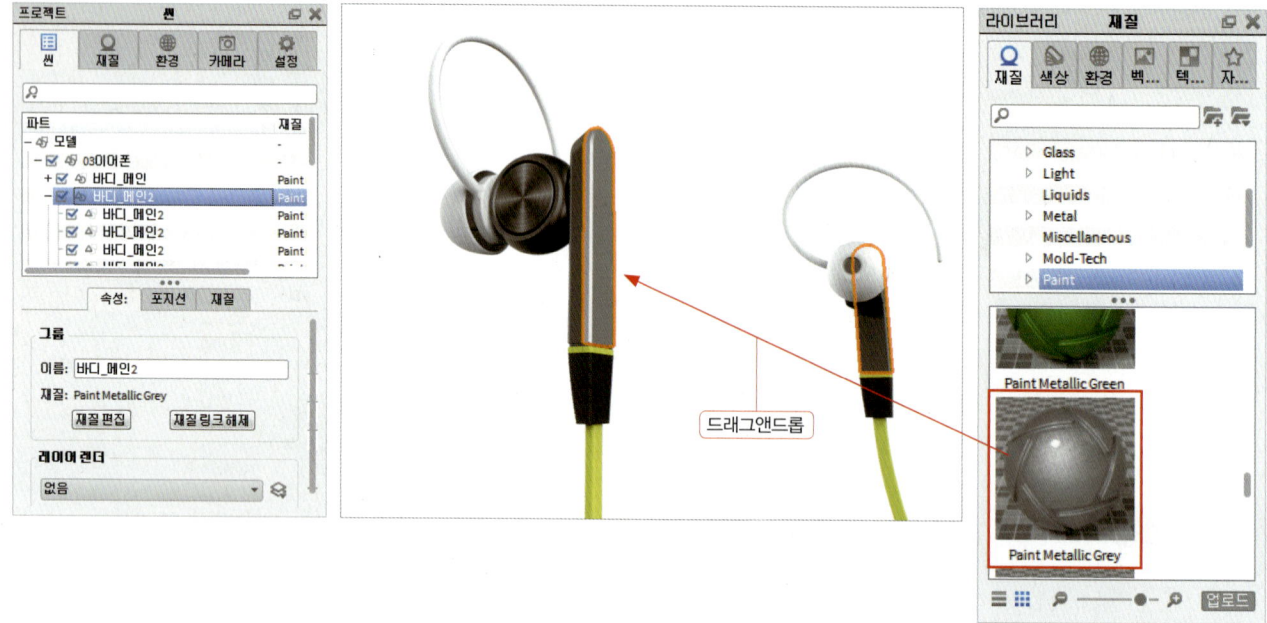

21_재질 삽입하기 2

범프를 적용하기 위해 카메라 탭_렌즈 설정을 퍼스펙티브에서 직교그래픽으로 전환하고 뷰 방향을 후면으로 적용합니다.

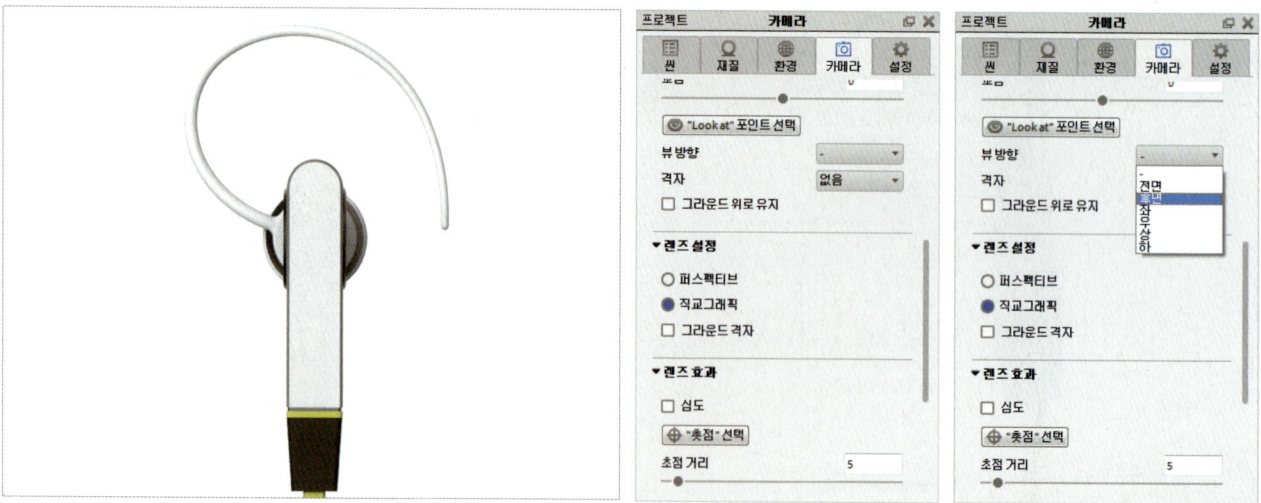

22_재질 편집하기 1

라벨의 위치를 정확하게 맞추기 위해 격자를 사등분으로 적용합니다.

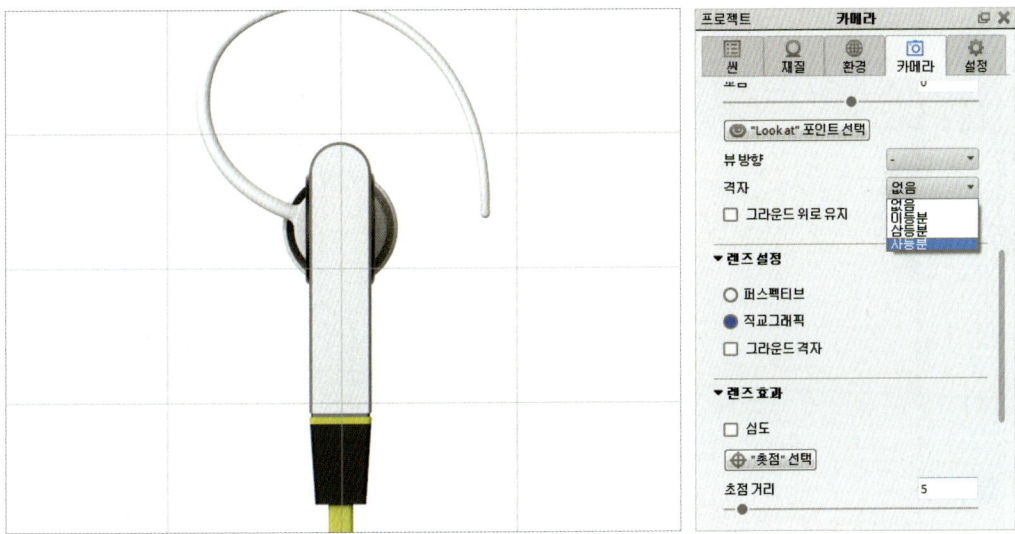

23_재질 편집하기 2

예제에서 제공하는 Earphone.PNG 이미지 파일을 적용하여 음각 로고 표현을 하겠습니다. 재질 탭_텍스쳐 탭_ 범프를 더블클릭하여 Earphone.PNG 이미지를 첨부합니다(다른 이미지를 만들어 응용해 보기 바랍니다).

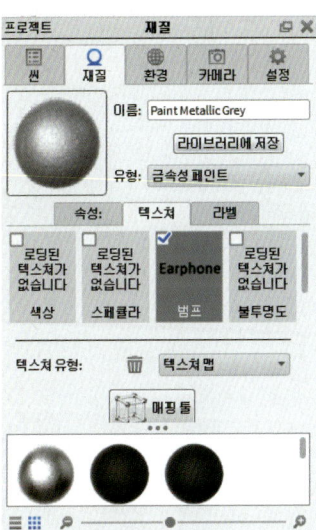

24_재질 삽입하기 1

유형을 Planar Y, 스케일을 30으로 적용합니다.

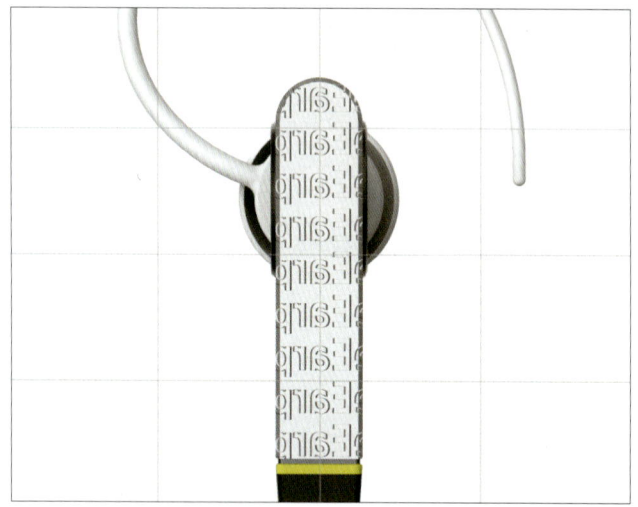
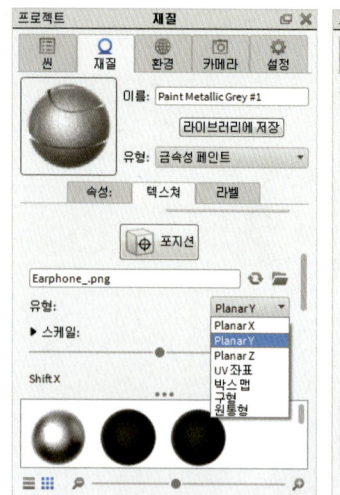
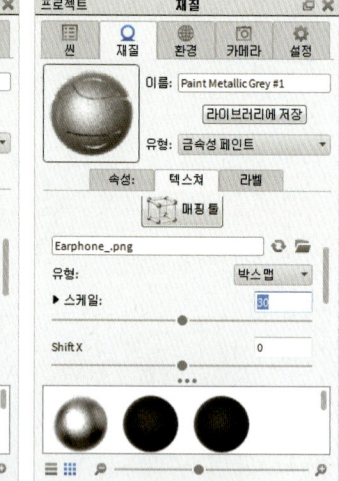

25_재질 삽입하기 2

하단 체크란에 반복체크 해제, 수평반전을 체크하고 각도를 -90, 범프 높이를 -1로 적용 후 실시간 창에서 위치를 맞춘 후 완료 버튼을 누릅니다.

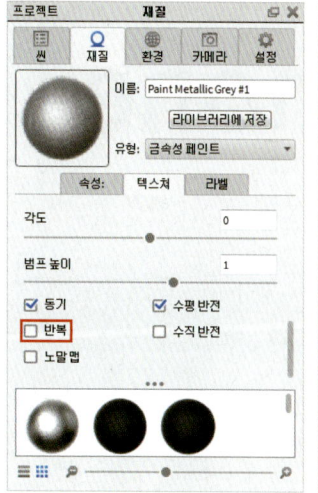
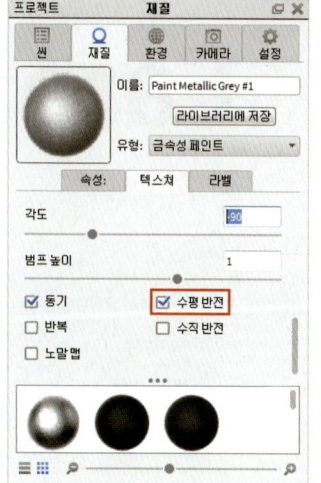
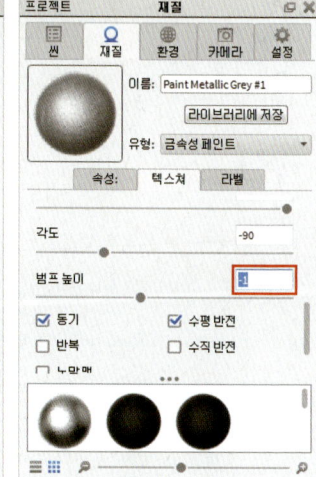

26_재질 편집하기 1

폼팁_실리콘 파트를 마우스 오른쪽 버튼 클릭 후 재질 편집을 클릭합니다.

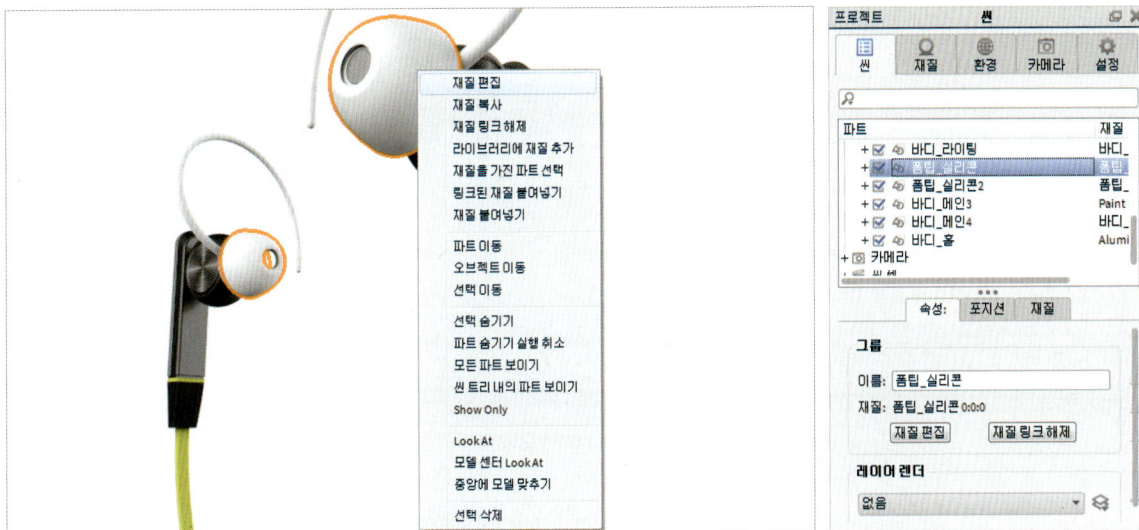

27_재질 편집하기 2

재질 탭_디퓨즈 유형을 고급으로 변경합니다.

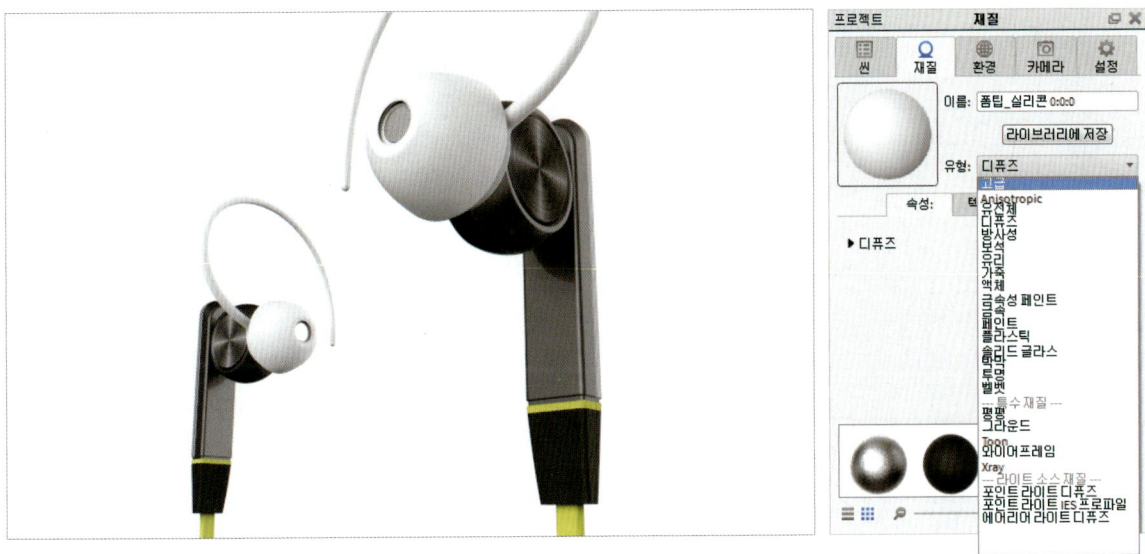

28_재질 편집하기 3

이어폰에 쓰이는 실리콘 재질은 KeyShot 내에서 따로 제공하지 않는 재질입니다. 그렇기 때문에 고급, 투명, 글라스 재질 등으로 다양한 방법으로 실리콘 재질을 표현할 수 있습니다.

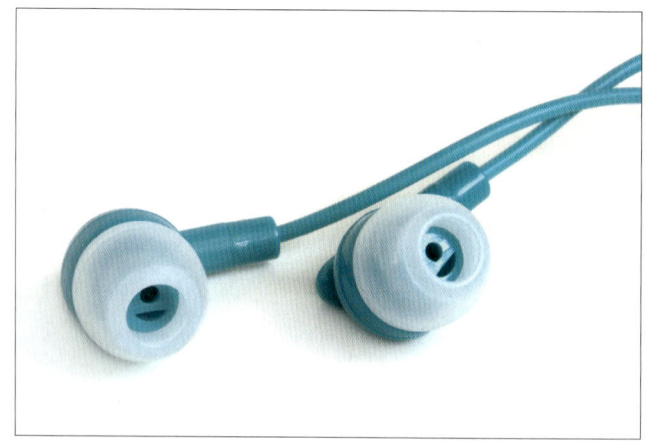

참고 이미지

재질 탭_속성에서 디퓨즈 컬러를 C : 0% M : 0% Y : 0% K : 100%, 스페큘라 컬러를 C : 0% M : 0% Y : 0% K : 0%으로 적용합니다.

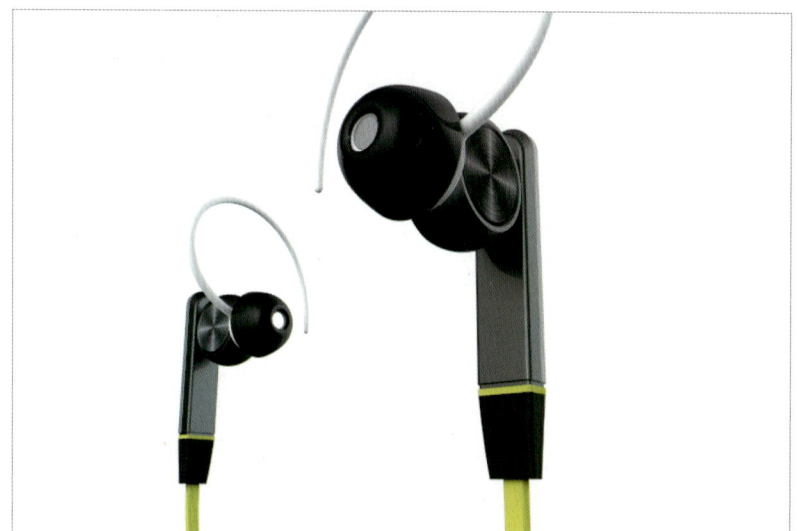
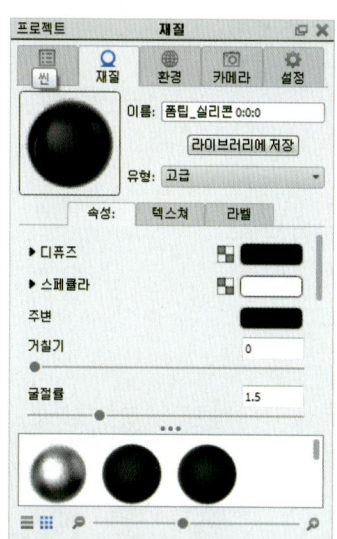
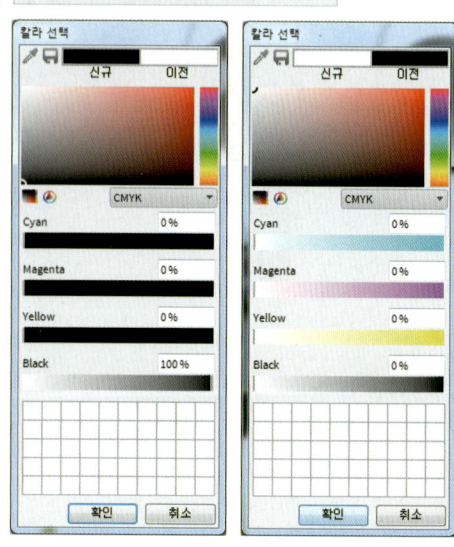

29_재질 삽입하기 1

거칠기를 0.05, 굴절률을 1.3으로 적용합니다.

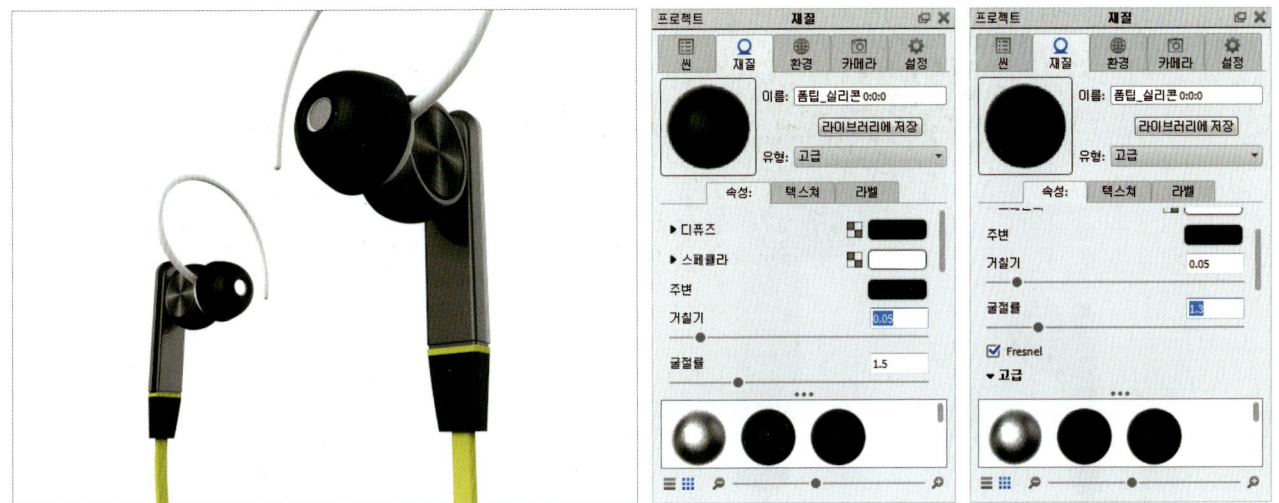

30_재질 삽입하기 2

스페큘라 전송 컬러(가장 밝은 부분의 컬러)를 C : 0% M : 0% Y : 0% K : 0%로 그리고 확산투과 컬러(가장 어두운 부분의 컬러)를 C : 0% M : 0% Y : 0% K : 80%로 적용합니다(Milky한 느낌을 낼 때는 확산투과 컬러를 밝은 톤으로 설정합니다).

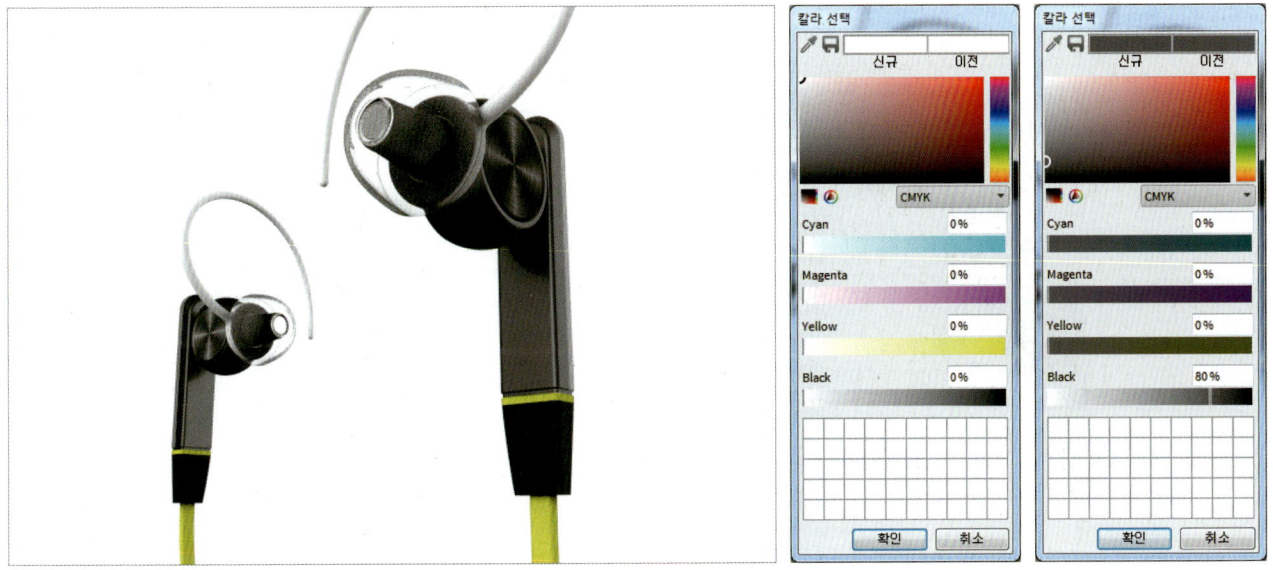

31_재질 편집하기 1

실리콘 파트를 반투명한 느낌으로 연출하기 위해 거칠기 변환을 0.09, 글로시 샘플을 30으로 적용합니다.

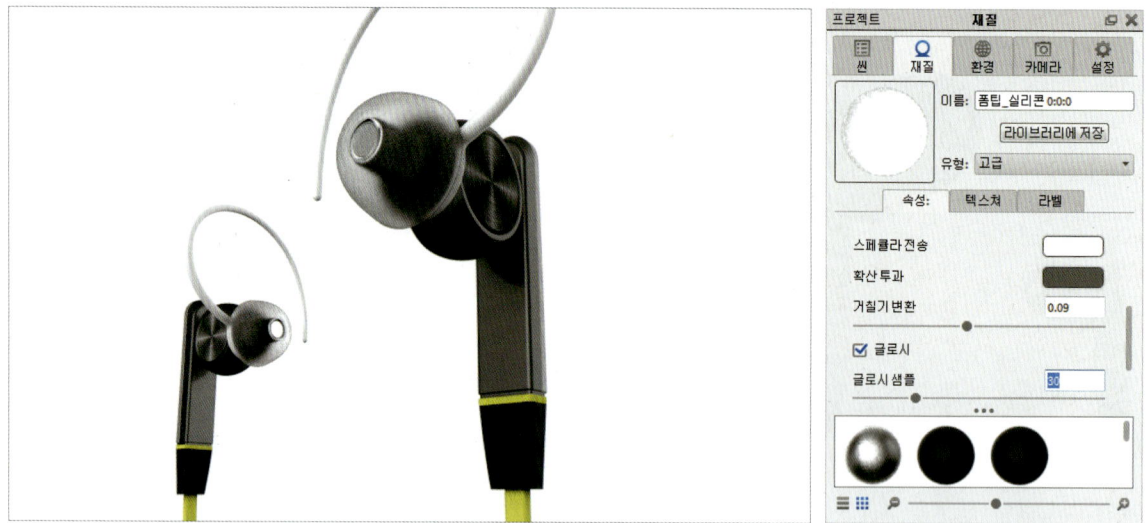

32_재질 편집하기 2

프로젝트 탭_씬 탭_바디_메인4 파트를 마우스 오른쪽 버튼 클릭 후 재질 편집을 클릭합니다(실리콘 파트를 숨기기 한 뒤 마우스 오른쪽 버튼 클릭하면 재질 편집이 가능합니다).

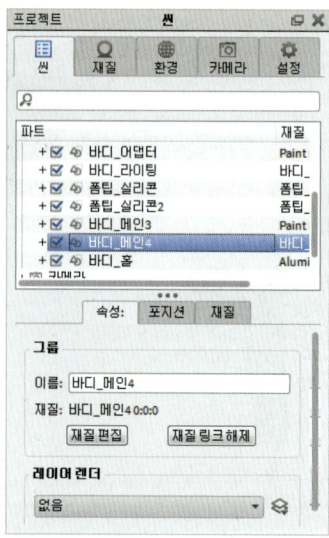

33_재질 편집하기 3

재질 탭_유형을 디퓨즈에서 금속성 페인트로 전환하고 금속 색상을 색상 탭_PANTONE 395U 색상으로 적용합니다.

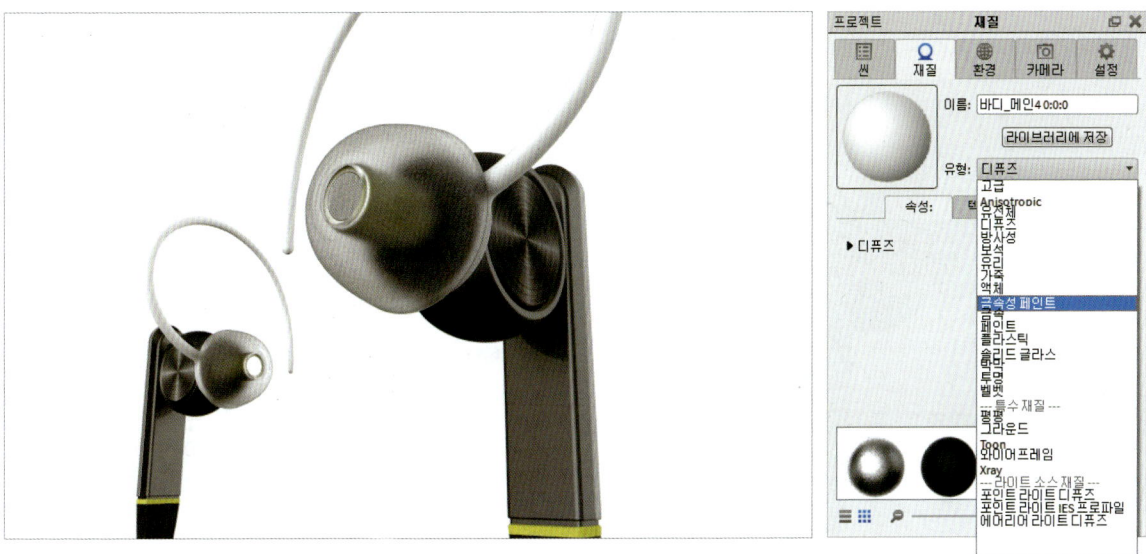

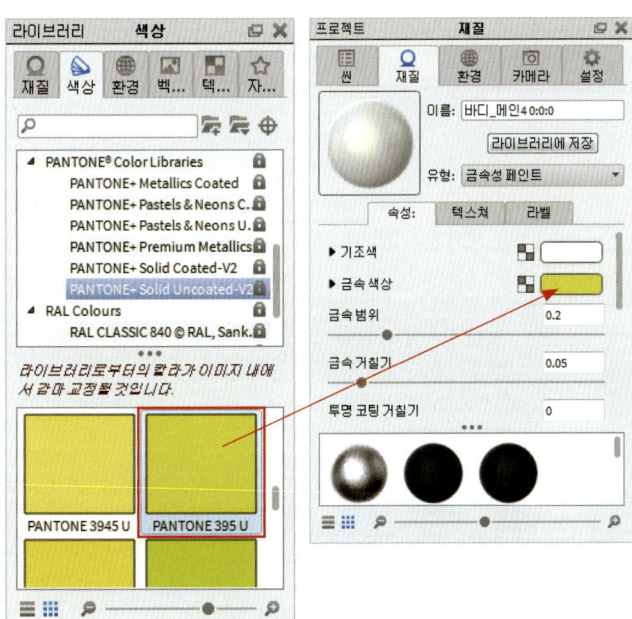

34_재질 편집하기 4

기조색 색상을 C : 0% M : 0% Y : 0% K : 100%로 적용 후 금속 범위를 0.5로 적용합니다.

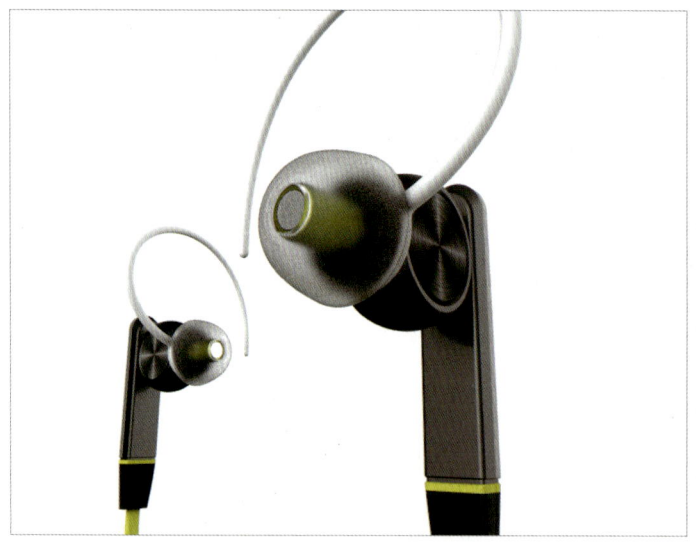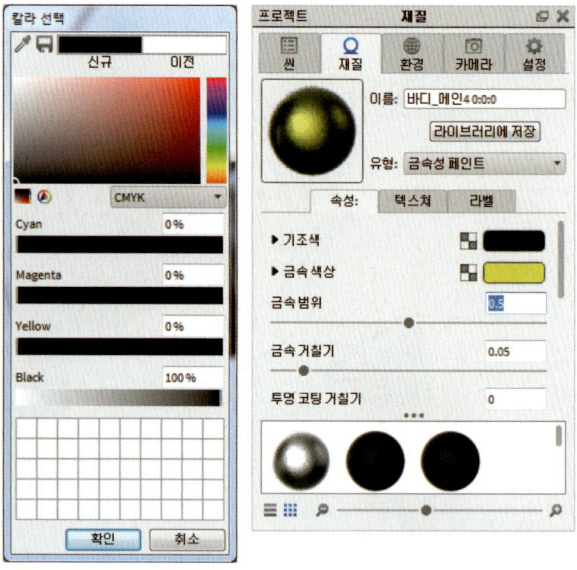

35_재질 편집하기 5

스피커 파트의 재질을 표현해보도록 하겠습니다.
바디_홀 파트를 마우스 오른쪽 버튼 클릭 후 재질 편집을 클릭합니다.

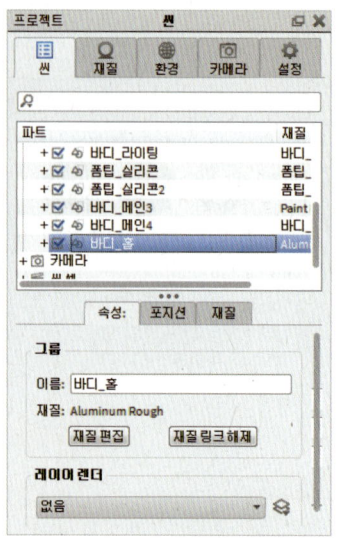

36_재질 편집하기 6

해당 파트에 불투명도를 이용하여 재질감을 표현하고자 합니다. 재질 탭_라벨 탭_불투명도를 더블 클릭하여 C:₩Users ₩windows₩내문서₩KeyShot5₩Textures₩Opacity Maps에 들어가 mesh_hexagonal_alpha 이미지를 열기합니다.

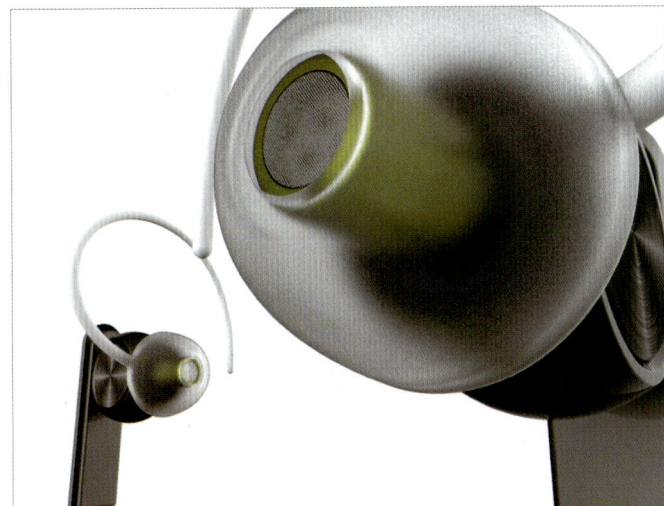
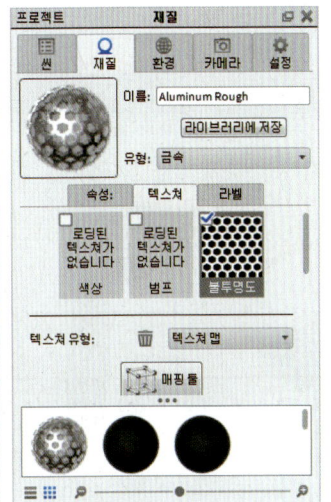
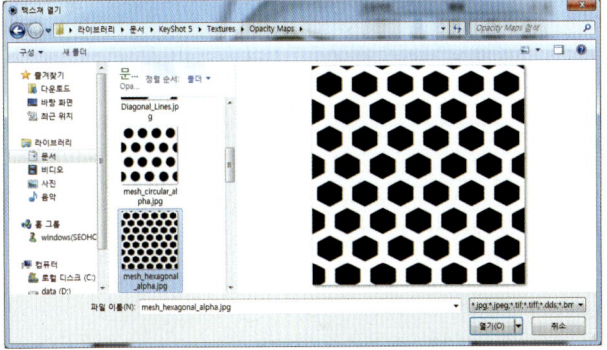

37_재질 편집하기 7

적당한 크기로 연출하기 위해 스케일을 2로 적용합니다.

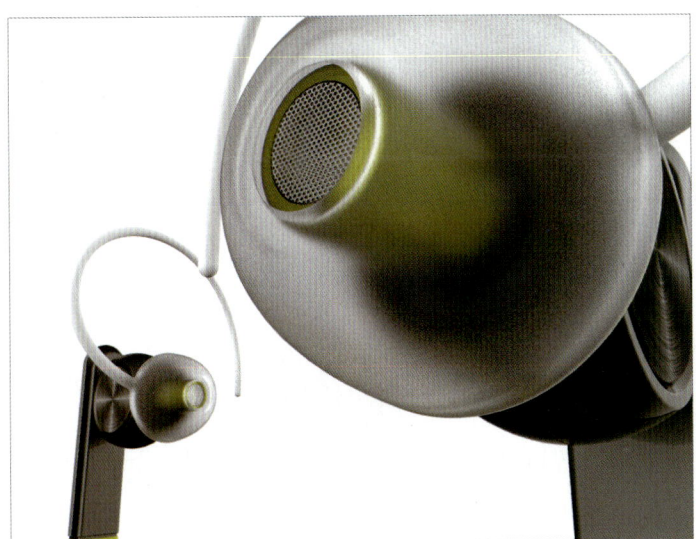

38_재질 편집하기 8

폼팁_실리콘2 파트는 폼팁_실리콘 파트와 같은 재질이지만 다른 방법을 제시하기 위해 다른 재질을 이용하여 불투명한 실리콘 재질 느낌을 표현해 보겠습니다.

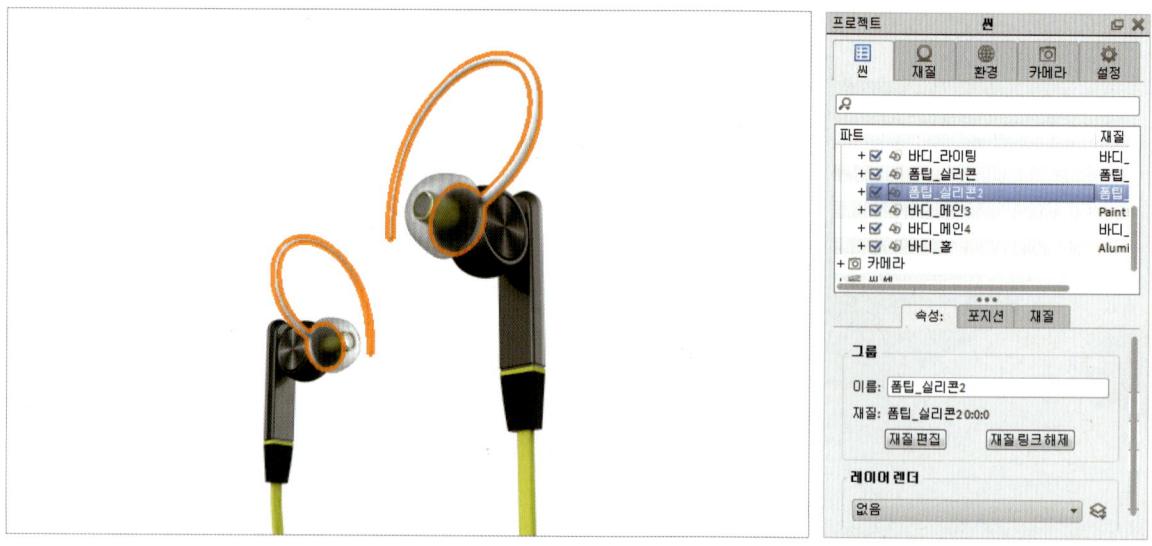

39_재질 편집하기 9

재질 탭_Plastic 카테고리 중 Clear Rough Plastic White 재질을 드래그앤드롭합니다.

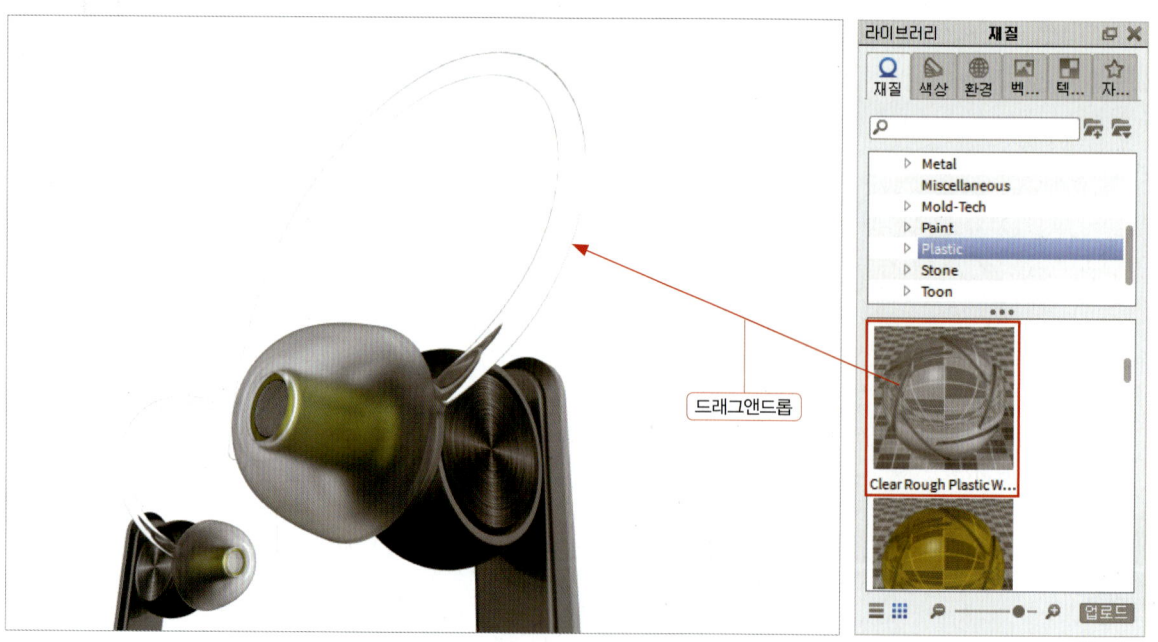

40_재질 편집하기 10

스페큘라 전송 색상을 C : 0% M : 0% Y : 0% K : 15%로 적용합니다.

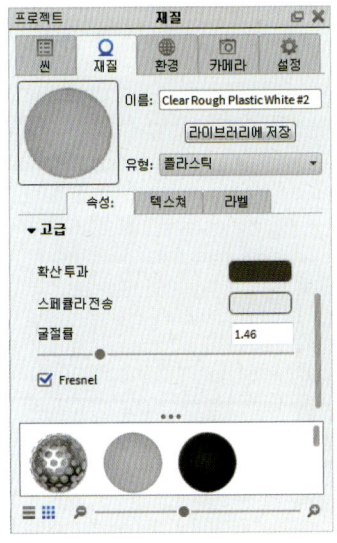
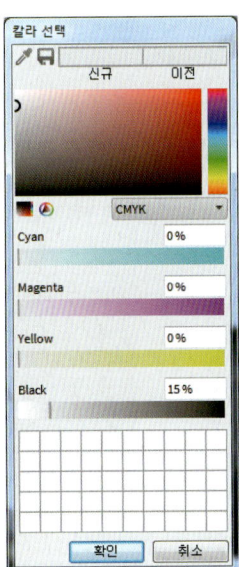

KeyShot에서 제공하는 여러 재질을 가지고 불투명 재질과 흡사하게 표현할 수 있습니다.
예제 이외의 방법도 다양하게 응용해 보기 바랍니다.

Clear Rough Plastic W...

투명 플라스틱을 응용한 예

Gem Stone Diamond

보석의 투명 재질을 응용한 예

Glass Heavy Frost White

유리 재질을 활용한 예

41_재질 편집하기 11

바디_메인3 파트를 마우스 오른쪽 버튼 클릭 후 재질 편집을 클릭합니다.

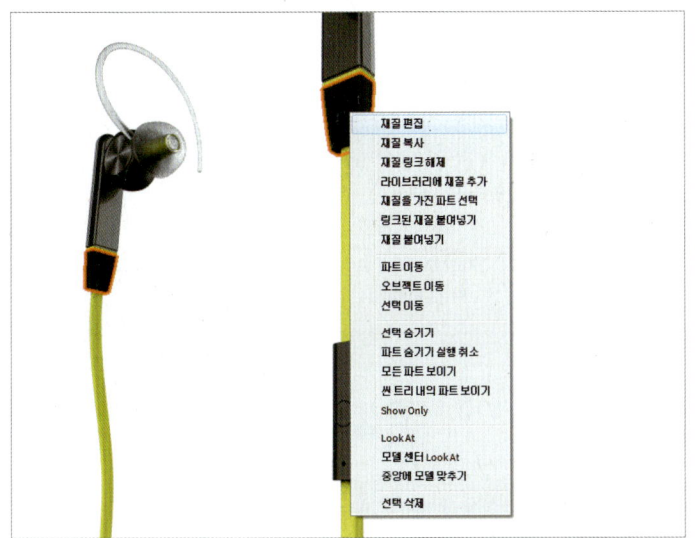
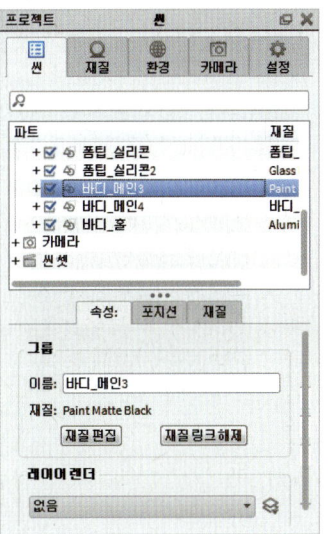

42_재질 편집하기 12

스페큘라 전송 색상을 C : 0% M : 0% Y : 0% K : 15%로 적용합니다.

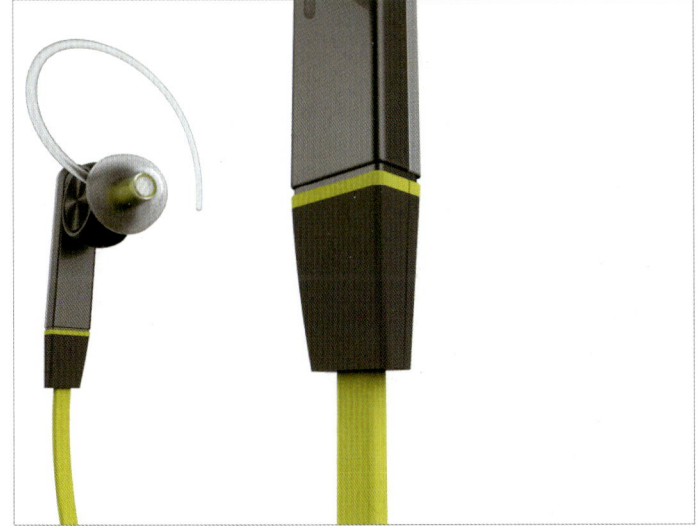
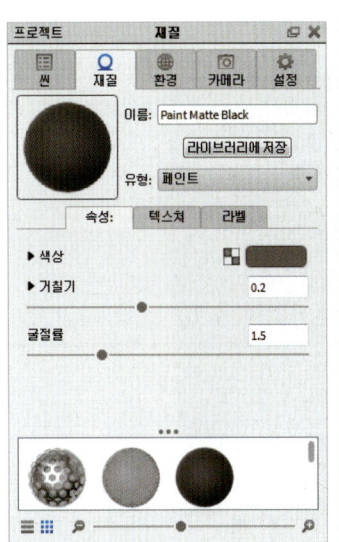
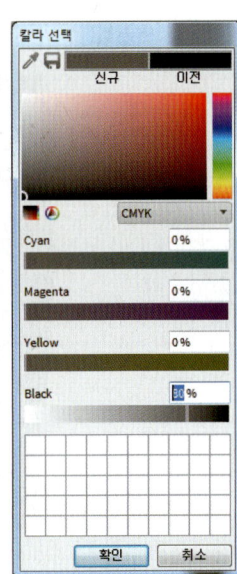

43_재질 편집하기 13

제품의 디테일을 올리기 위해 해당 파트에 부식 표현을 하도록 하겠습니다.

텍스쳐 탭_범프를 더블 클릭 후 C:₩Users₩windows₩내문서₩KeyShot 5₩Textures₩Bump Maps₩Normal Maps에 들어가 asphalt_norm 이미지를 열기합니다. 범프가 적용되면 맵유형을 UV 좌표로 설정합니다.

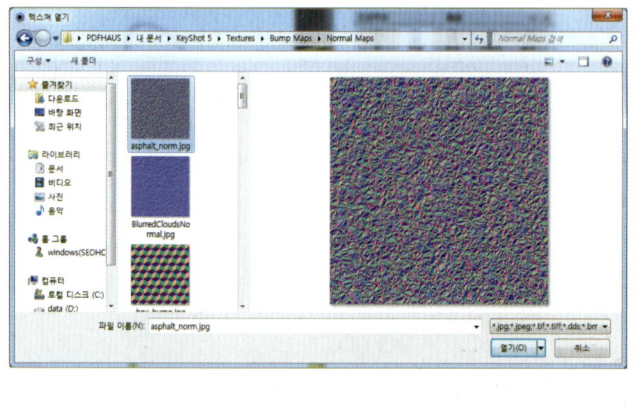
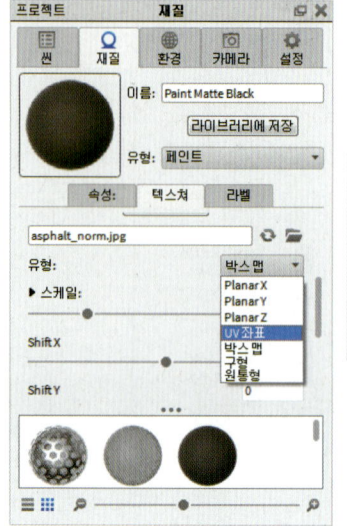

44_재질 편집하기 14

적당한 스케일로 조정하기 위해 스케일을 0.5로 조정합니다.

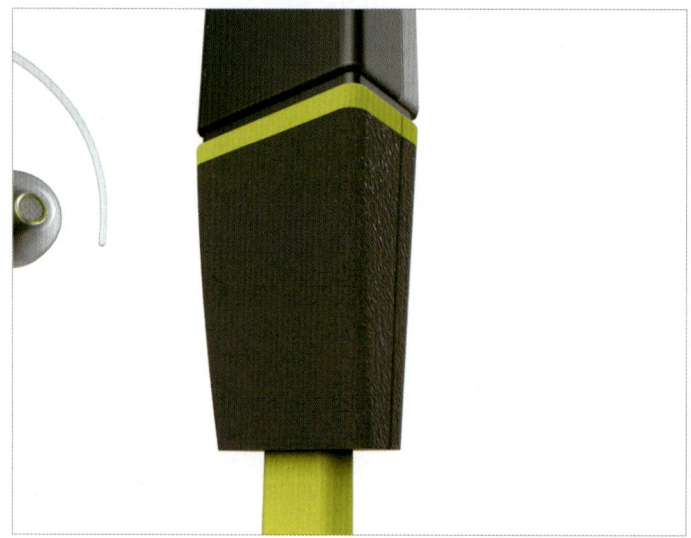
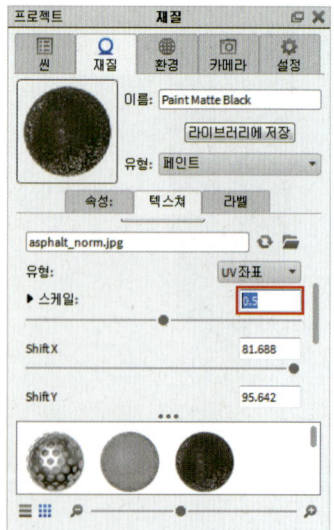

45_재질 편집하기 15

제품의 작동상태를 나타내는 라이팅 파트를 편집하겠습니다.

바디_라이팅 파트를 편집하겠습니다. 재질 탭_ Lighting 중 Emissive Radial Sharp 재질을 드래그앤드롭합니다.

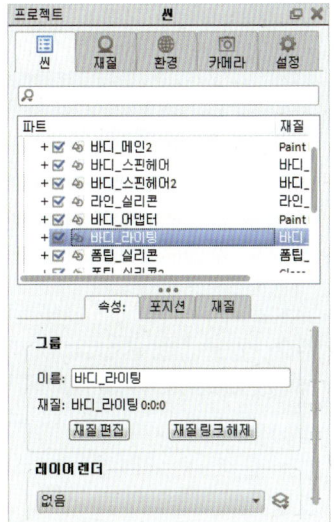
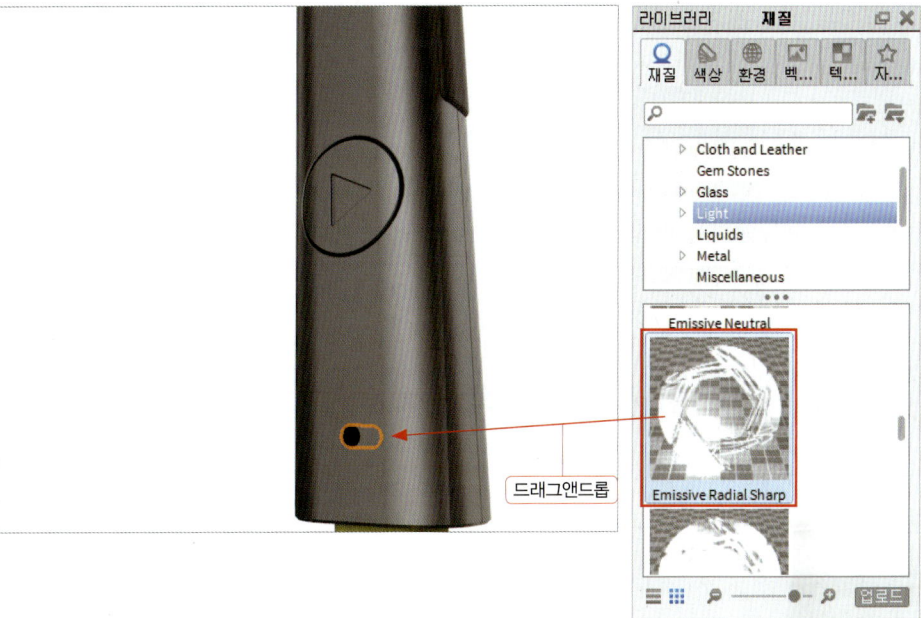

46_재질 편집하기 16

색상 탭_Electric Blur 색상을 적용합니다.

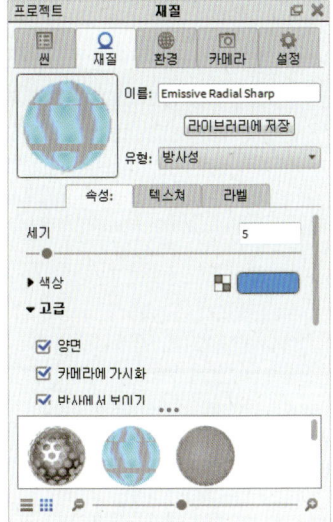
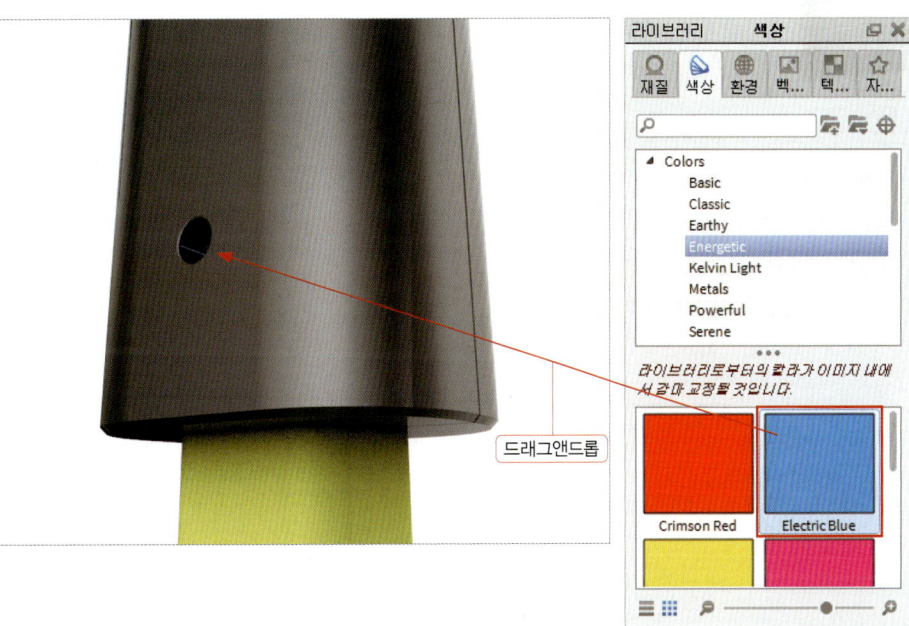

47_재질 편집하기 17

포지션 버튼을 누르고 실시간 창에서 사용자가 원하는 느낌에 맞춰 원하는 위치를 클릭하여 빛의 위치를 맞추고 완료를 클릭합니다.

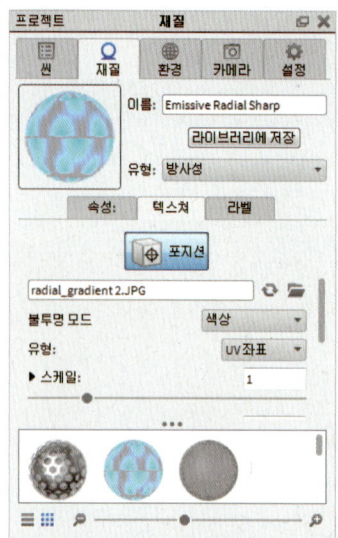

48_완성

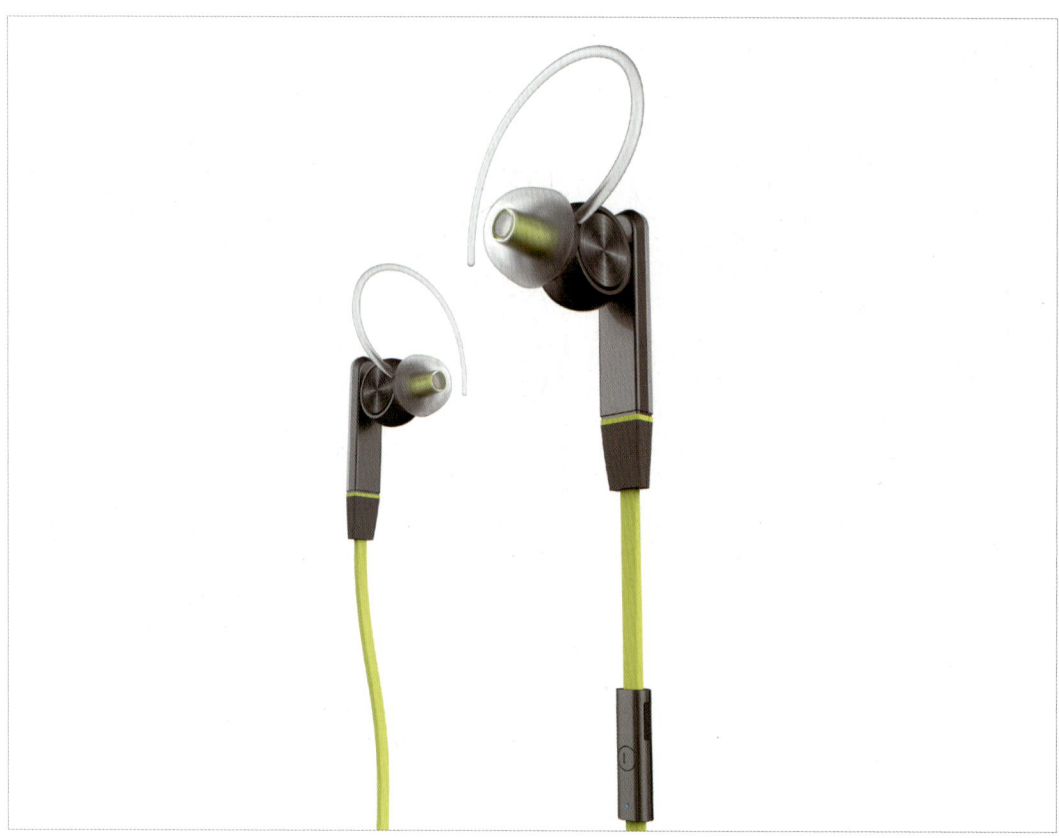

02. 이어폰 Earphone

Bluetooth Earphone 판넬 예시 1

Bluetooth Earphone 판넬 예시 2

KeyShot Sample_Stool Render

STOOL DESIGN
03
INTRO

스툴
―

스툴은 등받이와 팔걸이가 없는 의자로 단순하지만 오랫동안 사랑을 받고 있는 가구군 중 하나입니다. [03. Stool Design]에서는 섬유로 짠듯한 색상의 응용법, 그리고 나무재질의 활용으로 스툴 디자인 예제를 이해한다면 의자, 선반, 책상 등 작게는 소품부터 크게는 인테리어까지 폭넓게 활용이 가능합니다.

#가구, #목재, #Cloth Weave, #맵핑 활용, #심도

01_예제 파일 실행

[03. Stool Design] 예제 파일을 실행해 보겠습니다.

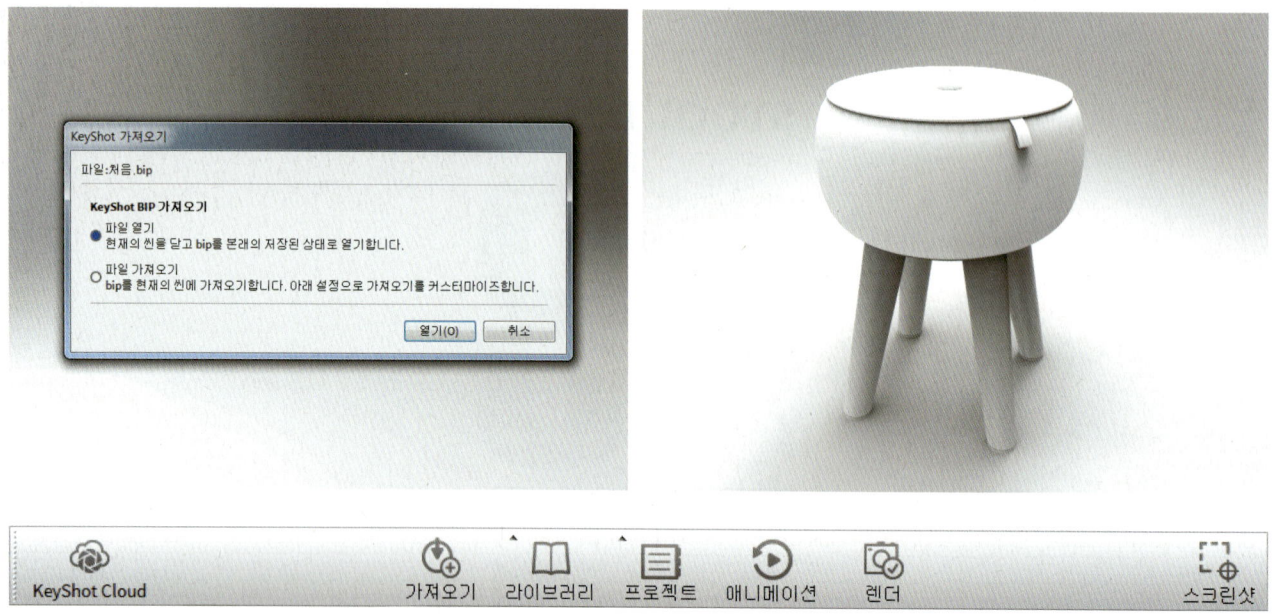

02_환경 삽입

메인 툴바의 '가져오기'로 실시간 창에 제품이 나타나면 메인 툴바의 '라이브러리 탭'으로 들어가 환경맵 중 〈 Overhead Panel Medium 2k 〉 Hdr을 선택하여 아래 화면처럼 실시간 창으로 드래그앤드롭하여 환경을 적용합니다.

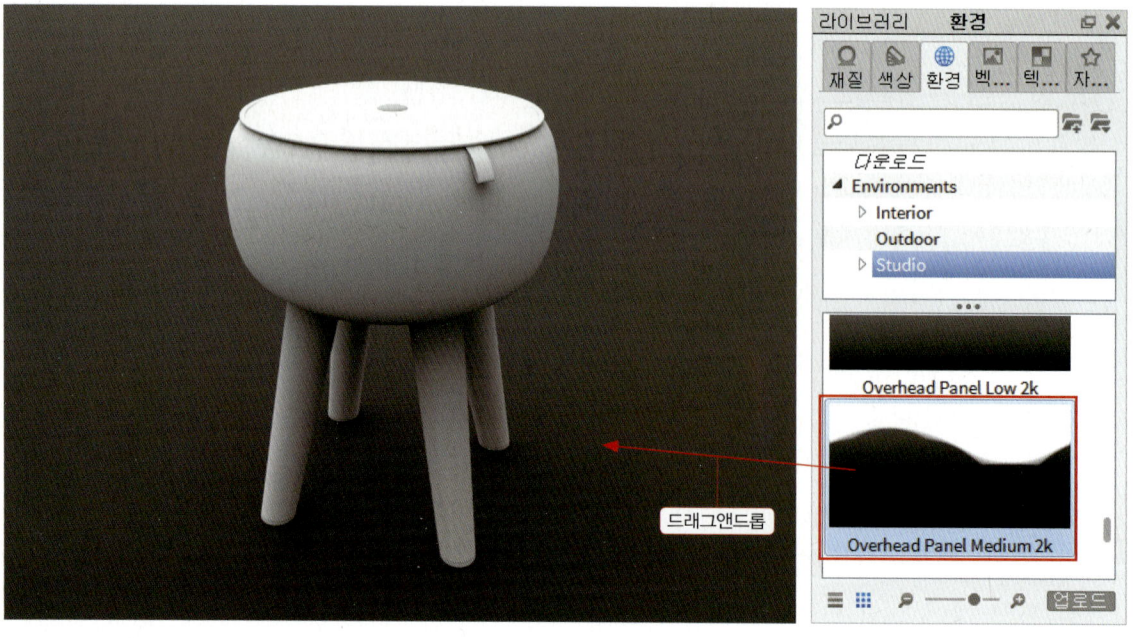

03_백그라운드 색상 설정

백그라운드 색상을 지정해 보겠습니다. 메인 툴 바_프로젝트 탭_환경_백그라운드 옵션에서 색상을 C : 0% M : 0% Y : 0% K : 20%로 지정한 후 확인 버튼을 누릅니다.

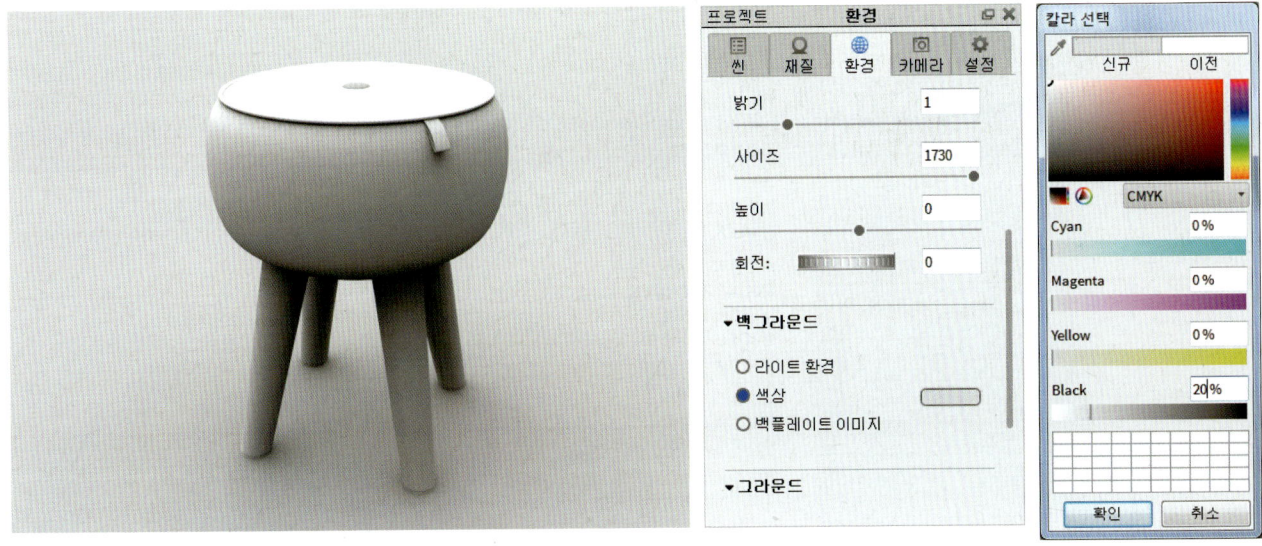

04_환경 회전

라이브러리 탭_환경 탭에서 회전 다이얼을 마우스 왼쪽 버튼으로 클릭 후 좌우로 드래그하면 환경이 회전합니다(예제에서는 회전 값을 230도로 맞추겠습니다).

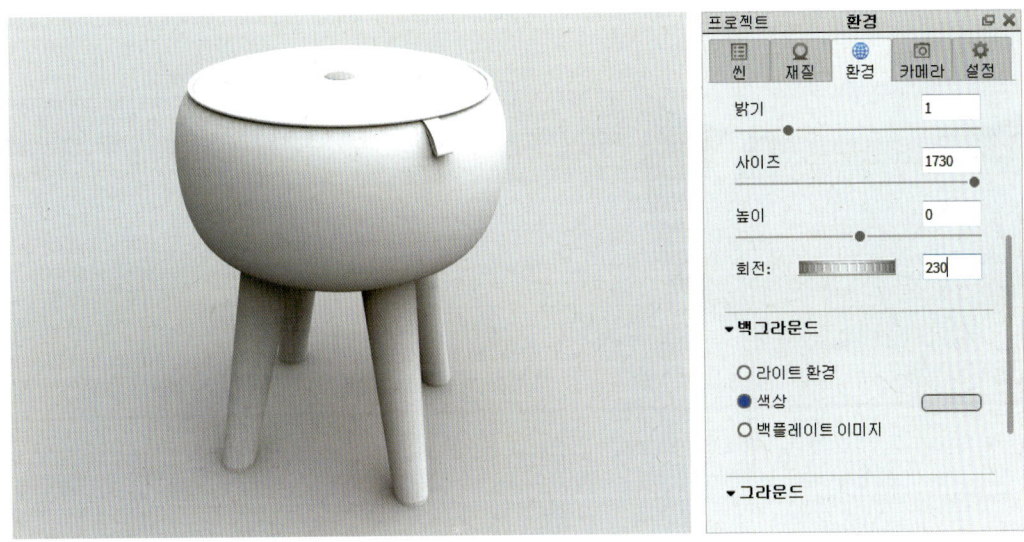

05_재질 편집하기 1

바디1 파트에 텍스쳐 색상을 활용하여 Fabric을 표현하겠습니다. 바디1 파트를 마우스 오른쪽 버튼 클릭 후 재질 편집을 클릭합니다.

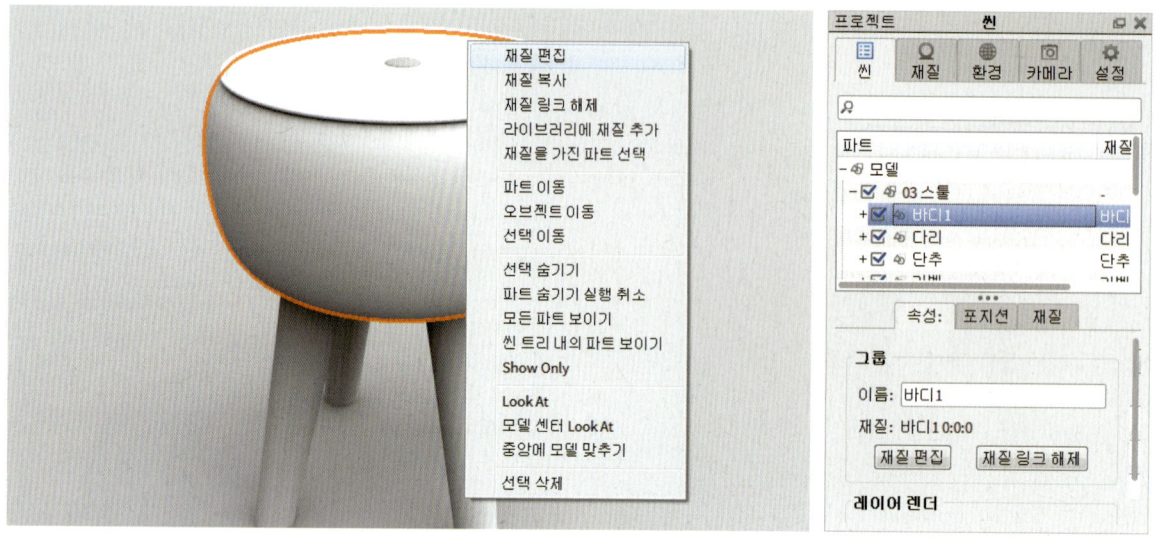

06_재질 편집하기 2

프로젝트 탭_재질 탭_텍스쳐 탭_색상을 클릭하고 텍스쳐 유형을 Cloth Weave로 적용합니다. 라벨 혹은 Fabric 이미지를 활용하여 표현이 가능하지만 이번 예제에서는 KeyShot에서 기본 제공하는 Cloth Weave 텍스쳐 유형을 사용하겠습니다.

07_재질 편집하기 3

Cloth Weave는 3가지의 색상과 패턴으로 Fabric을 직조한 듯한 느낌을 낼 수 있습니다. 간극 색상은 그대로 두고 U쓰레드 색상을 C : 0% M : 0% Y : 0% K : 0%, V쓰레드 색상을 C : 0% M : 0% Y : 0% K : 80%으로 적용합니다.

 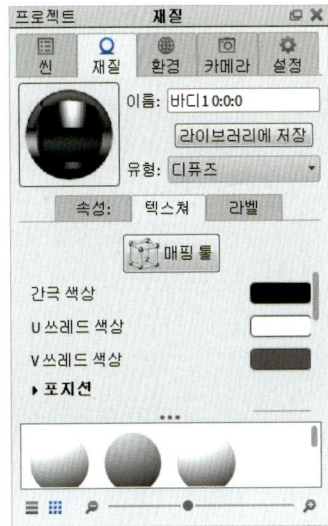

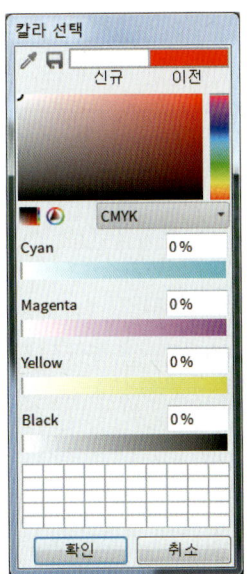 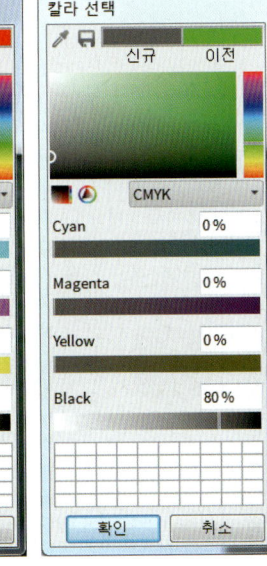

08_재질 편집하기 4

U너비와 V너비를 0.7에서 1로 적용하여 U와 V의 너비의 간격을 줄입니다.

09_재질 편집하기 5

U웨이브와 V웨이브의 값을 0에서 1로 적용하여 실제 Fabric을 직조한 느낌을 줄 수 있습니다.

10_재질 편집하기 6

칼라 노이즈와 왜곡 노이즈를 적절히 조절하면 패턴이 있는 Fabric의 느낌을 낼 수 있습니다. 칼라 노이즈를 0.7 왜곡 노이즈를 0.09로 적용합니다. 필자는 여러번의 시도 끝에 지금의 값을 적용하였지만 독자 여러분께서는 연출하고자 하는 의도에 맞는 값을 연구하여 적용해 보길 바랍니다.

11_재질 편집하기 7

바디2, 바디3 파트에 같은 재질을 적용하기 위해 바디1 파트의 재질을 복사하겠습니다. 실시간 창에서 바디1 파트를 마우스 오른쪽 버튼 클릭 후 재질 복사를 클릭합니다.

12_재질 편집하기 8

바디2 파트와 바디3 파트를 마우스 오른쪽 버튼 클릭 후 재질 붙여넣기를 클릭합니다.

13_재질 편집하기 9

다리 파트에 나무 재질을 적용해보겠습니다. 참고 이미지를 살펴보면 봉 형태의 나무 재질이 어떤 패턴으로 가공이 되는지 확인할 수 있습니다. 본 예제에서는 KeyShot 라이브러리 탭 내에 기본 나무 재질을 사용하지 않고 나무 텍스쳐 소스를 '색상'에 적용하여 재질을 표현하겠습니다. 다리 파트를 마우스 오른쪽 버튼 클릭 후 재질 편집을 클릭합니다.

참고 이미지

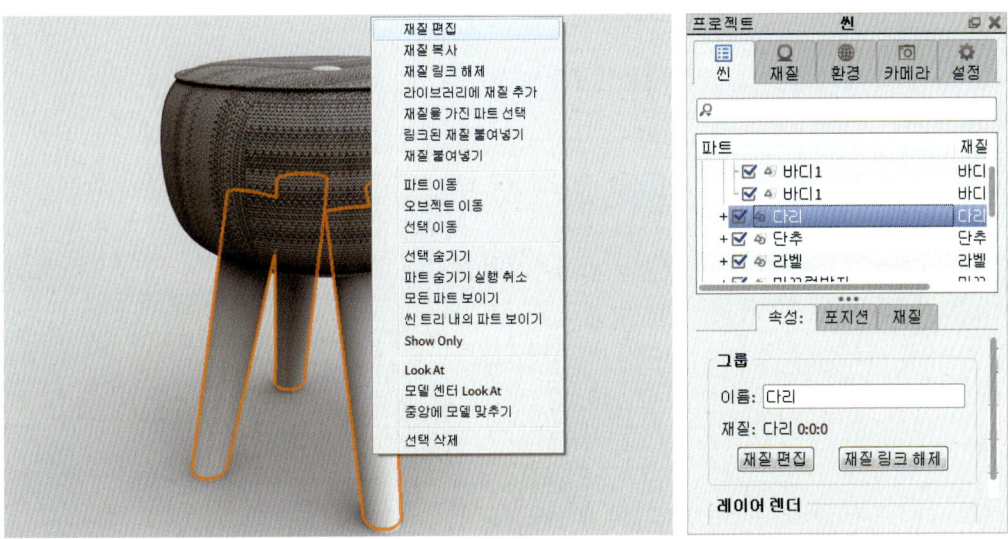

14_재질 편집하기 10

프로젝트 탭_재질 탭_유형을 플라스틱으로 적용합니다. 디퓨즈 자체로도 나무 재질을 첨부할 수도 있지만 거칠기와 굴절률을 조절하기 위해 플라스틱으로 적용하였습니다.

15_재질 편집하기 11

텍스쳐 탭_색상에 예제에서 제공하는 Stool_.jpg 이미지 파일을 첨부합니다.
이후 유형을 UV 좌표로 변경합니다.

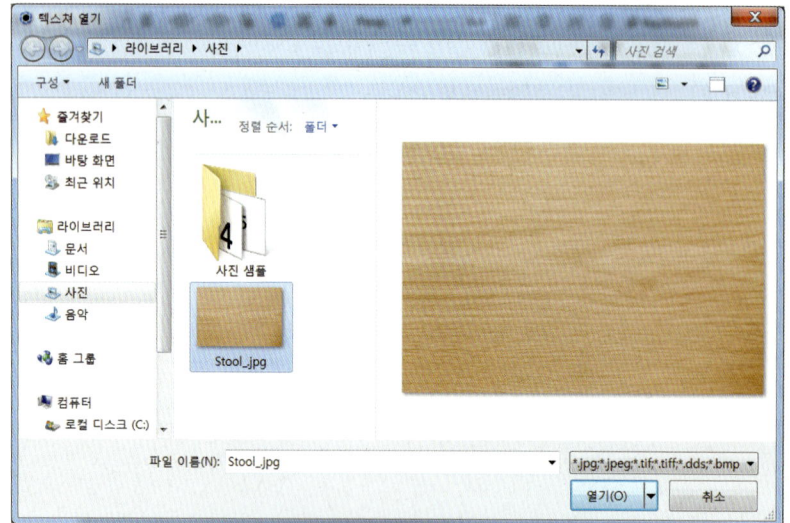
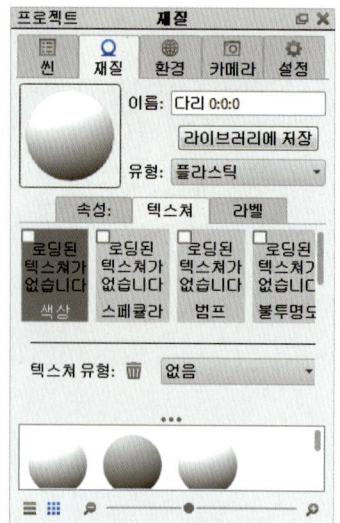

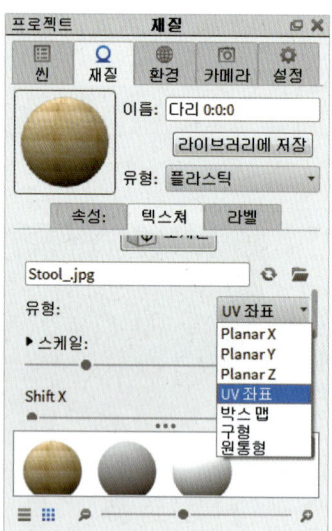

16_재질 삽입하기

각도를 90으로 조절하여 나무결을 좌우에서 상하로 적용하고 밝기를 1.3으로, 대비를 1.5로 적용하여 나무 재질의 톤을 의도에 맞게 조정합니다.

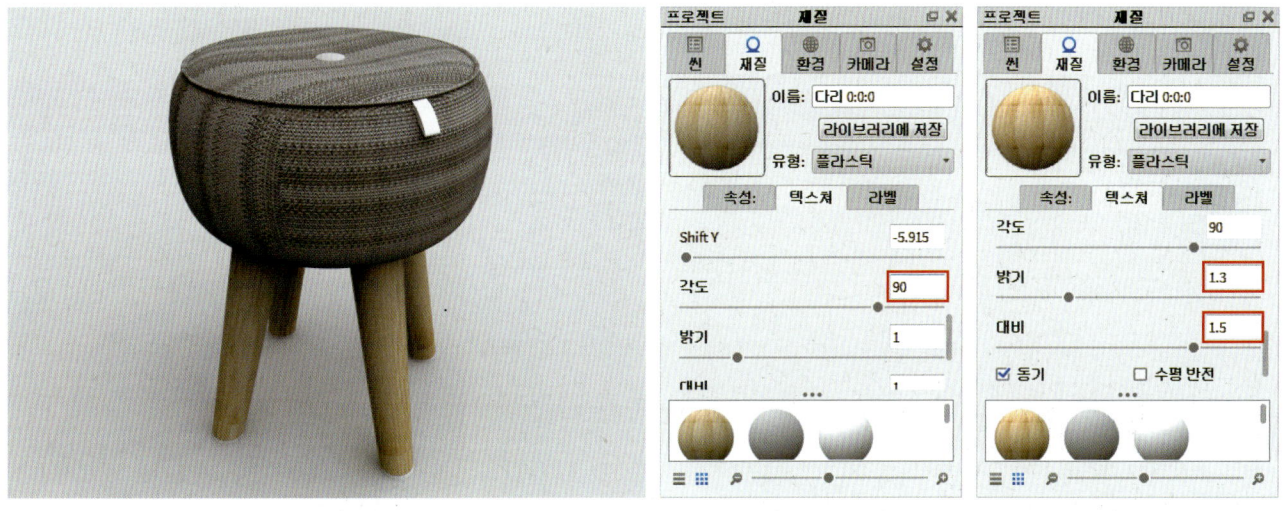

17_재질 편집하기

포지션을 눌러 색상의 위치를 실시간 창에서 나무 파트를 마우스 왼쪽 버튼 클릭하여 잡아준 후 완료 버튼을 클릭합니다.

18_재질 삽입하기 1

라벨 파트에 라이브러리 탭_재질 탭_Cloth and Leather 카테고리 중 Cloth Weave Beige 재질을 드래그앤드롭합니다.

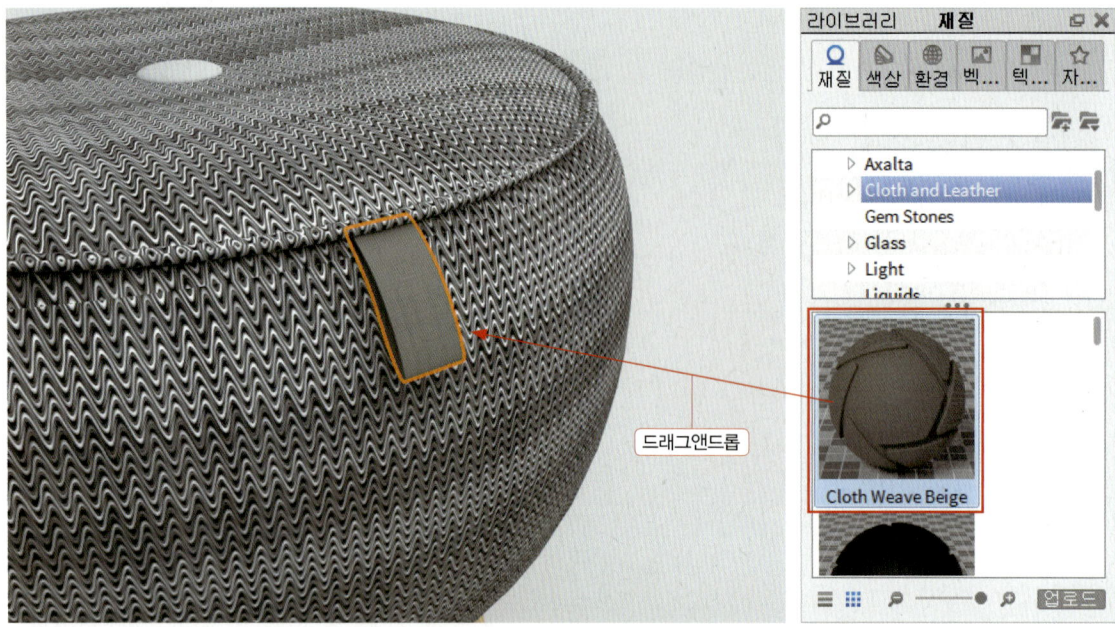

19_재질 삽입하기 2

Stool 모델의 디테일 포인트를 주기 위해 색상을 변경하겠습니다. 프로젝트 탭_재질 탭_텍스쳐 탭_U 쓰레드 색상을 C : 0% M : 100% Y : 100% K : 0%, V 쓰레드 색상을 C : 0% M : 100% Y : 100% K : 65%로 적용합니다.

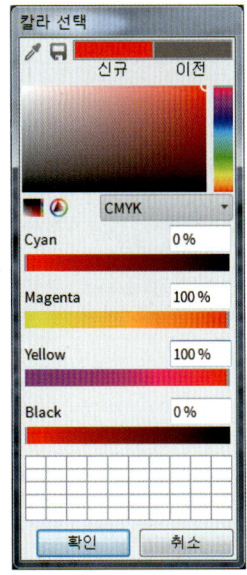 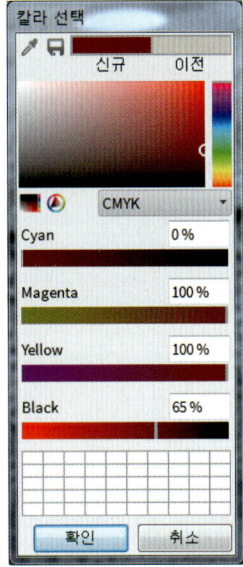

20_재질 삽입하기 3

라벨을 보다 정확하게 맞추기 위해 프로젝트 탭_카메라 탭_렌즈 설정을 퍼스펙티브에서 직교그래픽으로 전환하고 뷰 방향을 상으로 적용합니다.

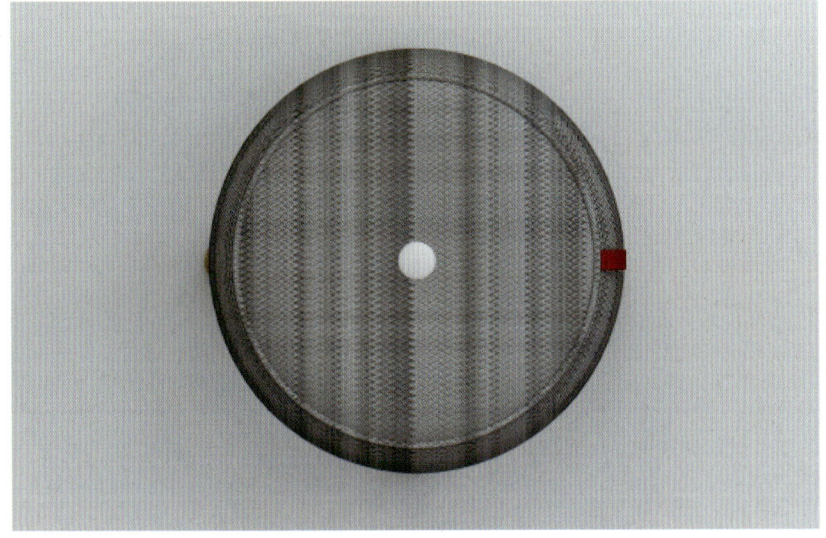 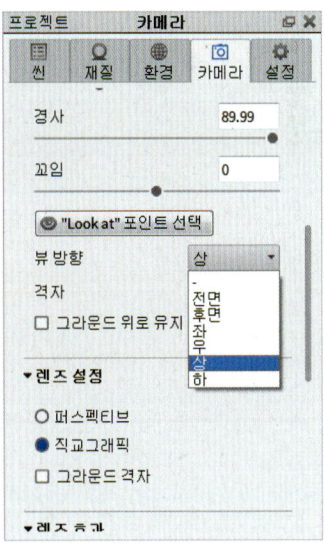

21_라벨 삽입하기 4

예제에서 제공하는 Stool_Label. png 이미지 파일을 라벨로 적용해보겠습니다. 프로젝트 탭_재질 탭_라벨 탭으로 들어갑니다. 라벨 탭에서 더하기 마크 혹은 좌측에 '로드된 라벨 없음'을 더블 클릭하여 이미지를 첨부합니다.

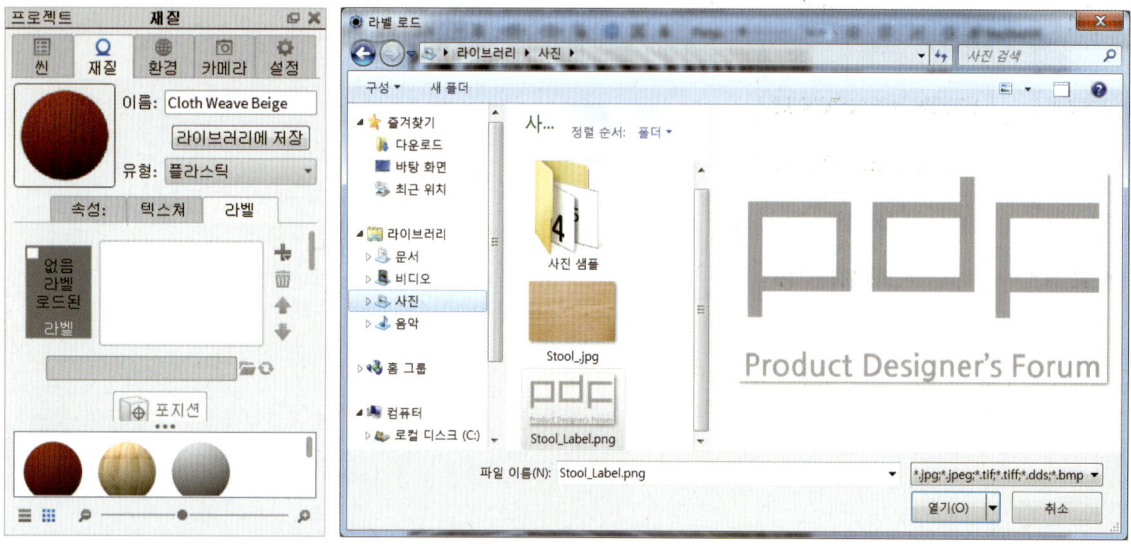

22_라벨 삽입하기 5

라벨 스케일을 5로 적용하고 포지션을 클릭하여 라벨의 위치를 맞춰줍니다. 이 후 완료 버튼을 클릭합니다.

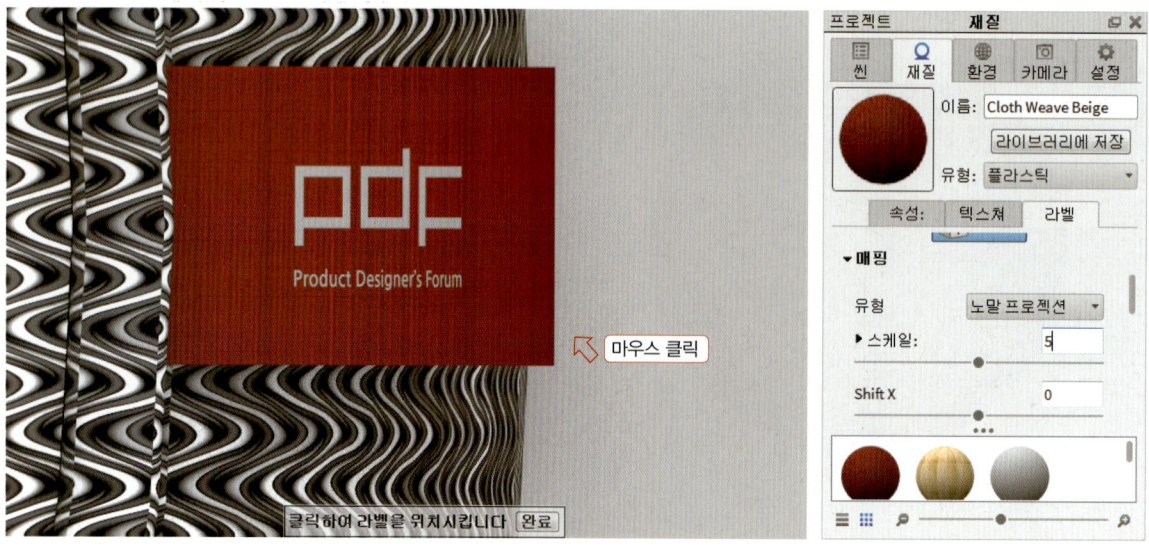

23_재질 삽입하기 6

단추 파트에 재질을 삽입하겠습니다. 라이브러리 탭_재질 탭_Cloth and Leather 카테고리 중 Cloth Weave Beige 재질을 드래그앤드롭합니다.

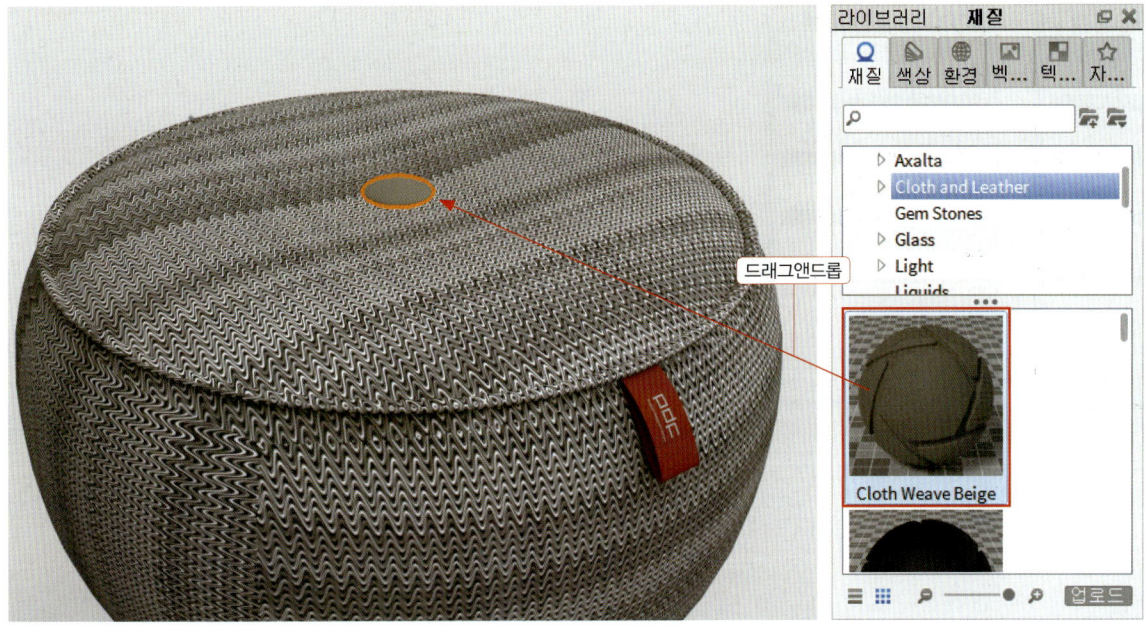

24_재질 삽입하기 7

단추 파트의 색상을 변경하겠습니다. 프로젝트 탭_재질 탭_텍스쳐 탭_U 쓰레드 색상을 C : 0% M : 0% Y : 0% K : 80%, V 쓰레드 색상을 C : 0% M : 0% Y : 0% K : 90%로 적용합니다.

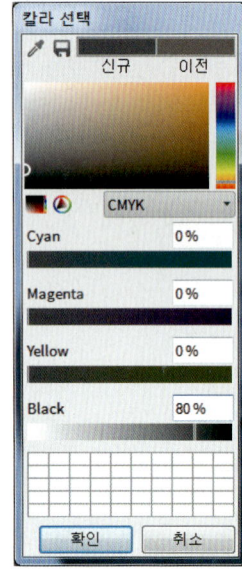 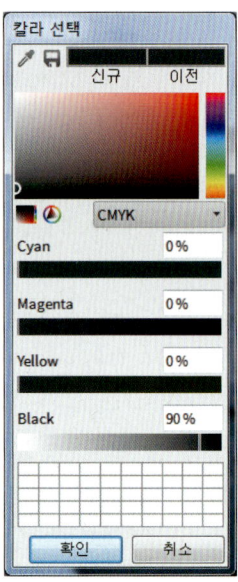

단추 파트를 프로젝트 탭_씬 탭에서 체크 해제를 해도 다른 느낌을 줄 수 있기 때문에 기호에 맞게 렌더링 출력을 해보기 바랍니다.

단추 파트 O 단추 파트 X

25_패턴 적용하기 1

현재까지 Fabric 파트가 되는 바디1, 2, 3 파트를 KeyShot 내에서 제공하는 Cloth Weave를 활용하여 재질 편집을 진행하였습니다. 이번에는 라벨을 이용하여 또다른 느낌의 스툴 렌더링을 진행해 보겠습니다. 그 전에 개체 복사를 하기 위해 프로젝트 탭_씬 탭_03 Stool Design을 마우스 오른쪽 버튼 클릭 후 패턴을 클릭합니다.

26_패턴 적용하기 2

패턴 도구 창에서 선형을 원형으로 전환하고 개수를 3, 반경을 320, 채우기 각도를 90으로 적용한 후 확인 버튼을 클릭합니다. 저자는 원형으로 적용하였으나 독자 여러분께서는 다른 방법을 응용해 보길 권장합니다.

27_재질 편집하기 1

03 Stool Design #0 모델의 Fabric에 해당하는 파트를 편집하겠습니다. 앞에서(147p) 재질 복사, 붙여넣기를 하였기 때문에 재질의 링크가 묶여 있는 상태입니다. 그렇기 때문에 재질을 변화하였을 경우 같이 편집이 되어버리기 때문에 바디1, 2, 3 파트를 선택한 다음 마우스 오른쪽 버튼 클릭 후 재질 링크 해제를 클릭합니다.

28_재질 편집하기 2

재질 링크 해제를 하였기 때문에 해당 파트를 편집하더라도 기존에 링크되어 있던 파트들의 재질이 변하지 않습니다. 바디3 파트를 마우스 오른쪽 버튼 클릭 후 재질 편집을 클릭합니다.

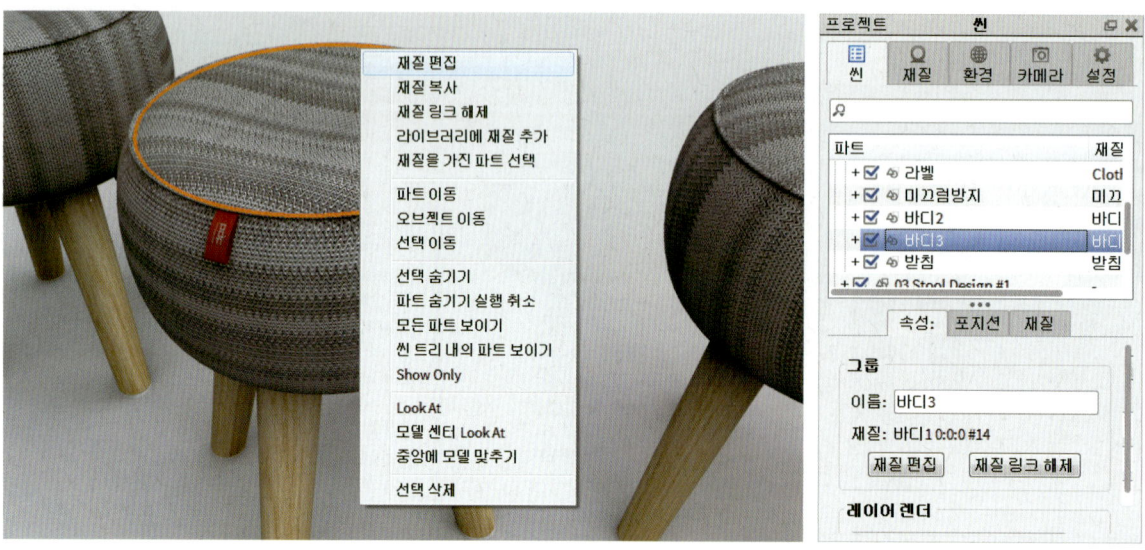

29_재질 편집하기 3

예제에서 제공하는 Stool_Fabric.jpg 이미지 파일을 라벨로 적용해 보겠습니다. 프로젝트 탭_재질 탭_라벨 탭으로 들어갑니다. 라벨 탭에서 더하기 마크 혹은 좌측에 '로드 된 라벨 없음'을 더블 클릭을 하여 이미지를 첨부합니다.

해당 Texture 이외에도 검색사이트를 통해 많은 무료 Texture 이미지를 구할 수 있습니다.

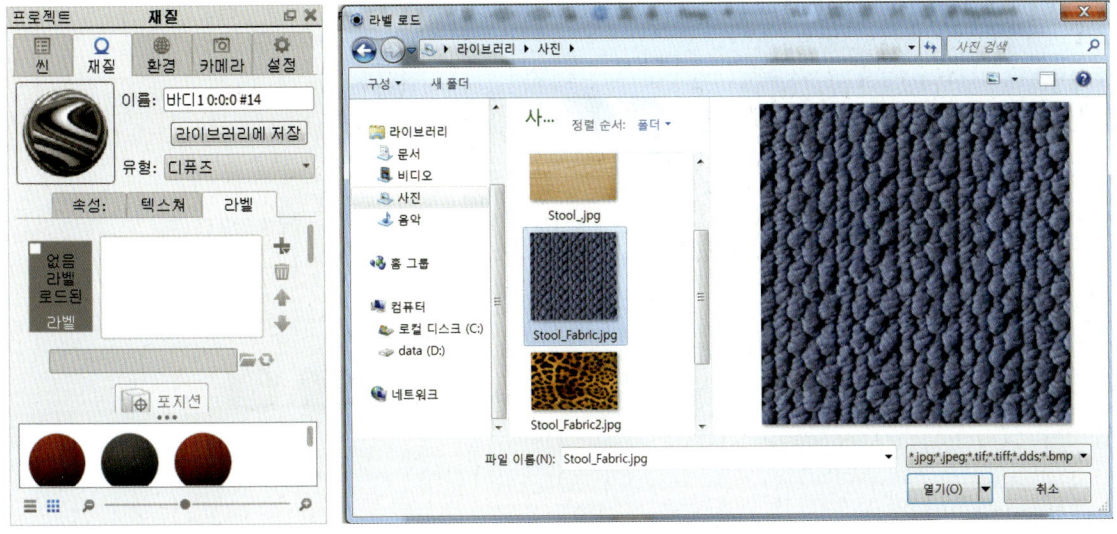

30_재질 편집하기 4

프로젝트 탭_재질 탭_라벨 탭_유형을 Planar Z로 적용하고 반복을 체크하여 패턴이 연속적으로 나타나게 합니다.

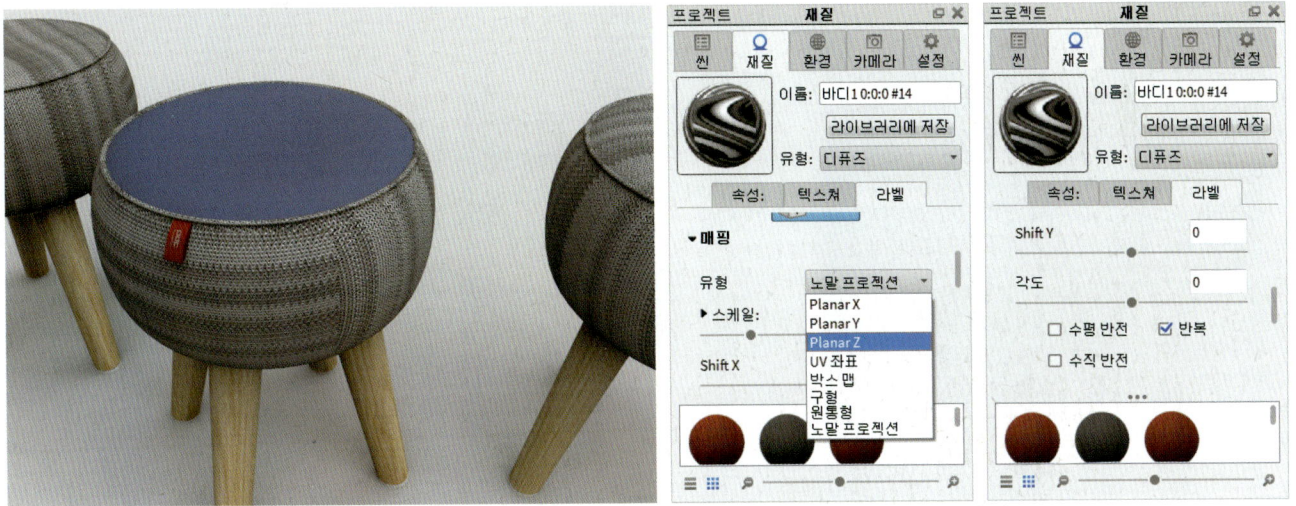

31_재질 편집하기 5

스케일을 25로 적용하여 Fabric 패턴이 바디3 파트에 자연스럽게 어우러지게 합니다.

32_재질 편집하기 6

바디1 파트를 편집하겠습니다. 바디1 파트를 마우스 오른쪽 버튼 클릭 후 재질 편집을 클릭합니다.

33_재질 편집하기 7

29번과(159p) 같이 예제에서 제공하는 Stool_Fabric.jpg 이미지 파일을 라벨로 적용합니다. 그 후 프로젝트 탭_재질 탭_라벨 탭_유형을 UV좌표로 적용하고 반복을 체크합니다.

34_재질 편집하기 8

스케일 좌측에 아래 화살표를 눌러 X 스케일을 0.1, Y스케일을 0.13으로 적용합니다.

35_재질 편집하기 9

바디1 파트의 재질을 복사하여 바디2 파트에 붙여 넣겠습니다. 바디1 파트를 마우스 오른쪽 버튼 클릭 후 재질 복사를 누릅니다. 그 후 바디2 파트를 마우스 오른쪽 버튼 클릭 후 재질 붙여넣기를 클릭합니다.

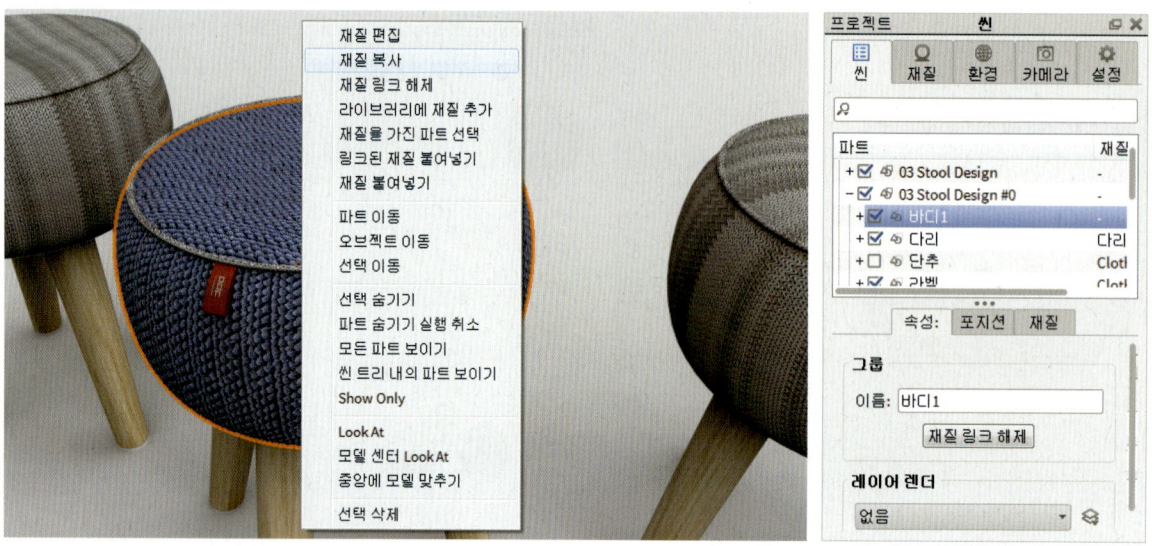

36_재질 편집하기 10

27번부터 35번과(158p~162p) 같은 방법으로 03 Stool Design 모델의 Fabric에 해당하는 파트를 편집하겠습니다. 바디1, 2, 3 파트를 선택한 다음 마우스 오른쪽 버튼 클릭 후 재질 링크 해제를 클릭합니다.

37_재질 편집하기 11

바디3 파트를 마우스 오른쪽 버튼 클릭 후 재질 편집을 클릭합니다. 그리고 프로젝트 탭_재질 탭_라벨 탭_더하기 마크 혹은 좌측에 '로드된 라벨 없음'을 더블 클릭을 하여 Stool_Fabric2.jpg 이미지를 첨부합니다.

38_재질 편집하기 12

라벨 유형을 Planar Z로 적용하고 반복을 체크합니다.

39_재질 편집하기 13

스케일 좌측에 아래 화살표를 눌러 X 스케일을 120, Y스케일을 150으로 적용합니다. 그리고 포지션을 클릭하여 실시간 창에서 패턴이 끊겨 보이지 않게 바디3 파트에 클릭 및 드래그를 하여 위치시킵니다.

40_재질 편집하기 14

바디1 파트를 마우스 오른쪽 버튼 클릭 후 재질 편집을 클릭합니다. 라벨 적용 방법은 29번(159p)을 참고하기 바랍니다.

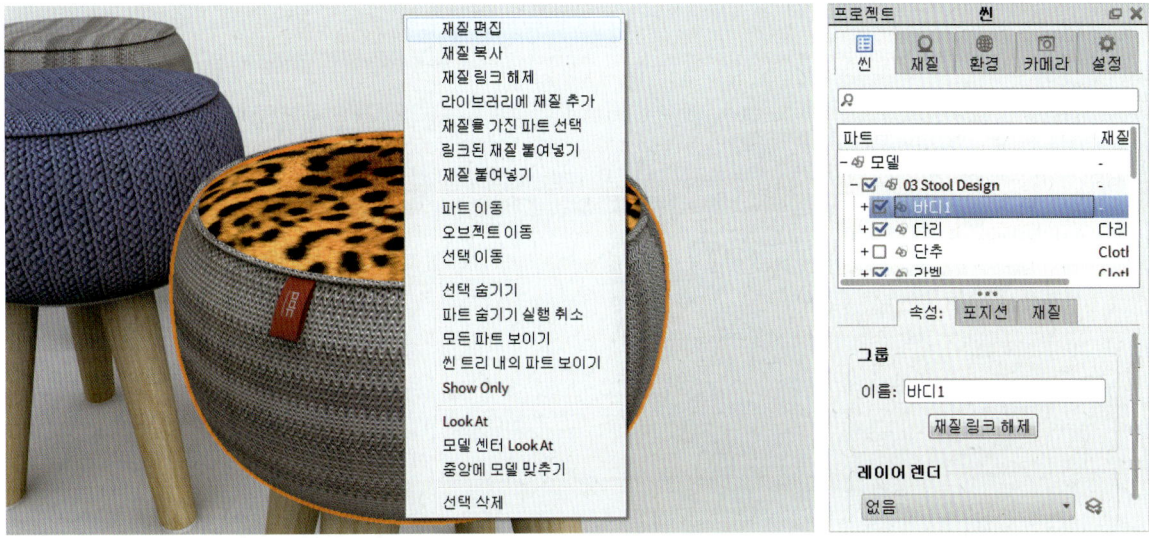

41_재질 편집하기 15

라벨 유형을 UV좌표로 적용하고 반복을 체크합니다.

42_재질 편집하기 16

스케일 좌측에 아래 화살표를 눌러 X 스케일을 0.25, Y스케일을 0.5로 적용합니다. 그리고 포지션을 클릭하여 실시간 창에서 라벨 파트 센터에 봉제선이 위치한 것처럼 라벨의 끝단을 맞추도록 합니다.

 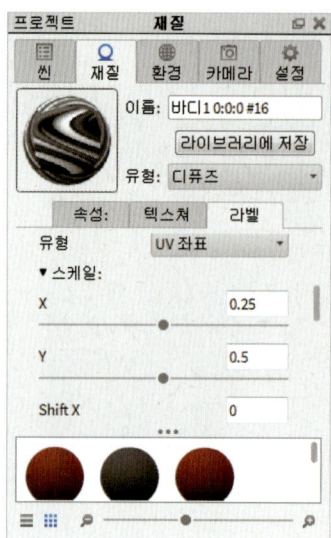

 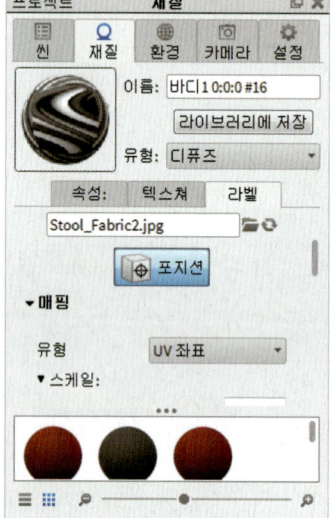

43_재질 편집하기 17

바디1 파트의 재질을 복사하여 바디2 파트에 재질 붙여넣기를 적용합니다.

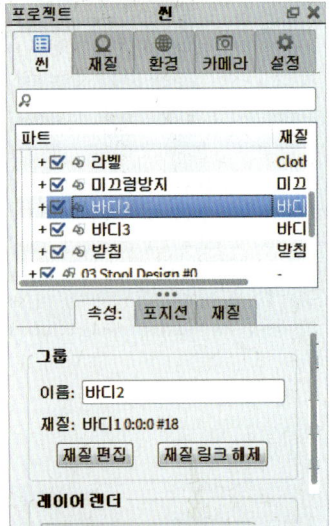

44_재질 편집하기 18

바디 2파트를 마우스 오른쪽 버튼 클릭 후 재질 링크 해제를 클릭하고 프로젝트 탭_재질 탭_라벨 탭_라벨의 유형을 원통형으로 적용 후 Y 스케일을 100으로 적용합니다.

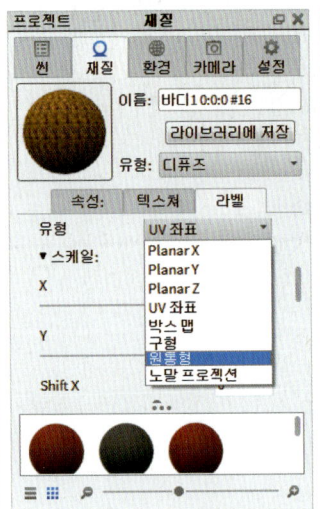

45_심도 설정하기

심도는 초점의 깊이를 뜻하는 의미로 심도가 깊을수록 피사체를 제외한 외부 환경이 뿌옇게 흐려지게 됩니다. 보통 포토샵에서 블러필터로 심도 효과를 볼 수 있지만 KeyShot 내에서도 심도기능을 제공하고 있습니다. 재질 설정이 끝난 스툴 모델을 가지고 심도 설정을 하겠습니다.

프로젝트 탭_카메라 탭_렌즈효과 중 심도를 체크합니다. 그리고 F-스톱을 0.03으로 적용하고 실시간 창에서 가장 앞에 있는 스툴을 클릭하면 후면에 해당하는 Stool 들이 뿌옇게 흐려지게 됩니다. 필자는 수치값을 0.03으로 지정하였지만 다른 수치 값을 이용하여 심도에 대해 이해해 보기 바랍니다.

심도 적용 전

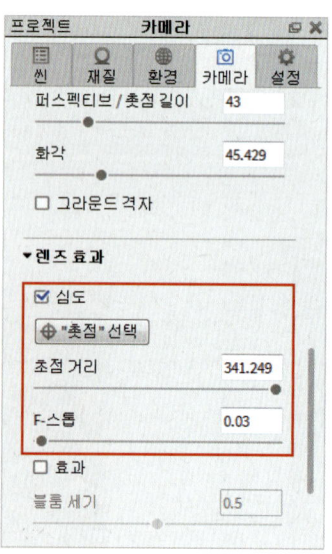

심도 적용 후

46_완성

KeyShot으로도 간단한 Fabric 재질의 표현이 가능하다는 것을 이번 예제를 통해 느꼈을 겁니다. 제품 혹은 가구 디자인을 전문으로 하는 분이나 공부를 하고 있다면 꼭 이번 예제를 마스터 및 응용하여 다양하게 활용하길 바랍니다.

Stool Rendering 판넬 예시 1

Stool Rendering 판넬 예시 2

Stool Rendering 판넬 예시 3

KeyShot Sample_**Projector Render**

PROJECTOR
04
INTRO

프로젝터

프로젝터는 영상가전의 대표적인 제품군으로 형태는 크게 본체부와 렌즈부로 나뉘어 있습니다.

우리는 이번 [04. Projector] 예제를 통해 알루미늄이 가진 재질감과 실사와 유사한 렌즈표현 방법 그리고 제품에 자주 쓰이는 Lighting 연출법을 익히려합니다.

프로젝터 예제를 익히고 이해하면 비슷한 제품군인 CCTV, Camera, Action Cam 등 렌즈부가 돋보이는 제품을 렌더링할 때 예제에서 나온 방법을 응용해 볼 수 있습니다.

#알루미늄, #다이아몬드 컷팅, #렌즈, #박막, #라벨, #Light

01_예제 파일 실행

지금부터 프로젝터 렌더를 시작해 보겠습니다. 하단 메인 메뉴에 가져오기 버튼을 클릭하여 [04. Projector] 파일을 실행합니다.

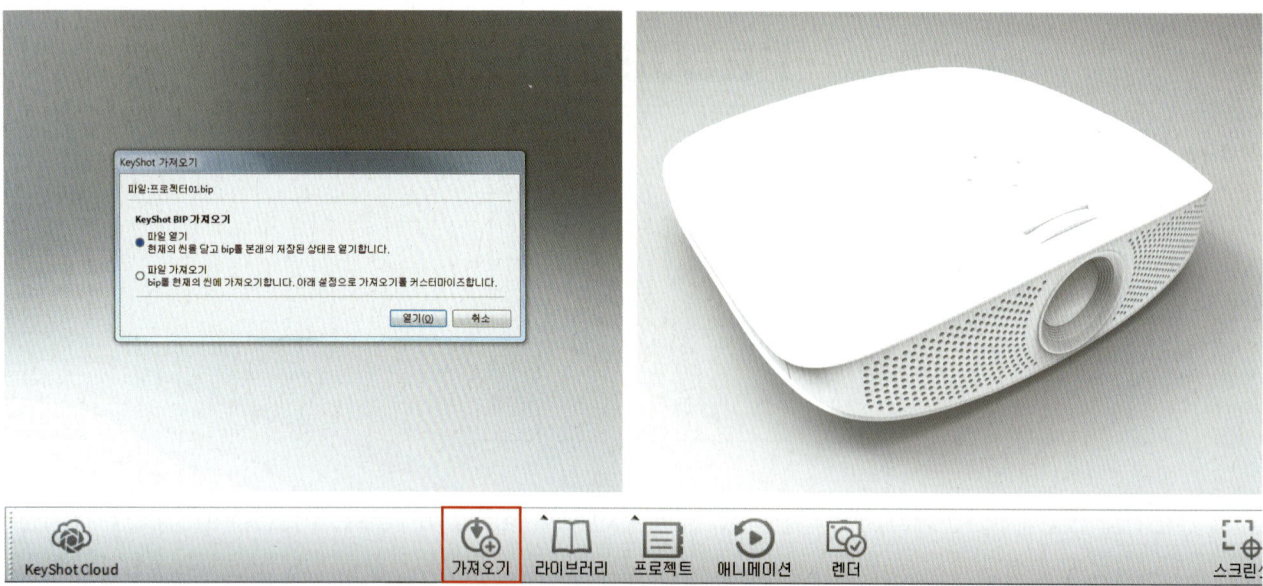

02_환경 삽입

메인 메뉴의 가져오기로 [04. Projector]의 형상이 화면에 나타나면 메인 메뉴의 라이브러리 탭으로 들어가 환경안의 〈 Overhead Panel Soft Spots Medium 2k 〉 Hdr을 선택하여 아래 화면처럼 실시간 창으로 드래그앤드롭하여 환경을 적용합니다.

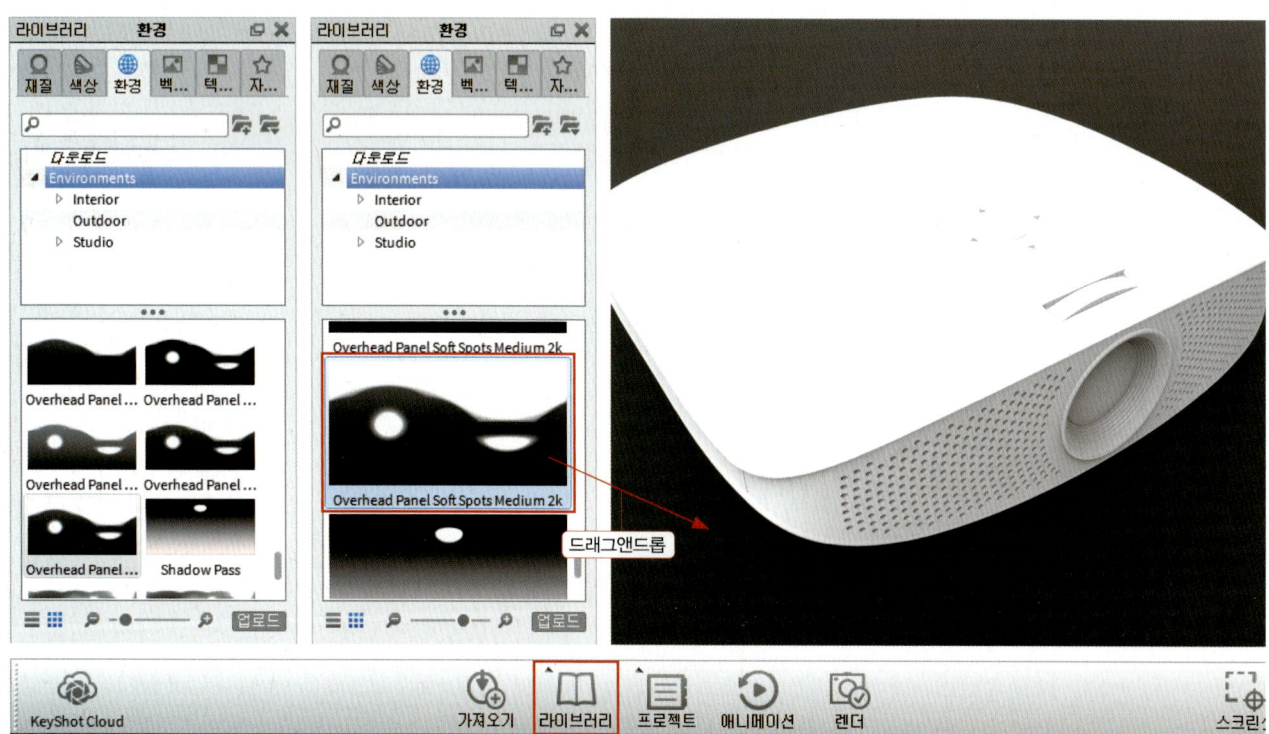

03_ 백그라운드 색상 설정

백그라운드 색상을 정해보도록 하겠습니다. 메인 툴 바_프로젝트 탭_환경_백그라운드 옵션에서 색상을 C : 0% M : 0% Y : 0% K : 92%로 지정한 후 확인 버튼을 누릅니다.

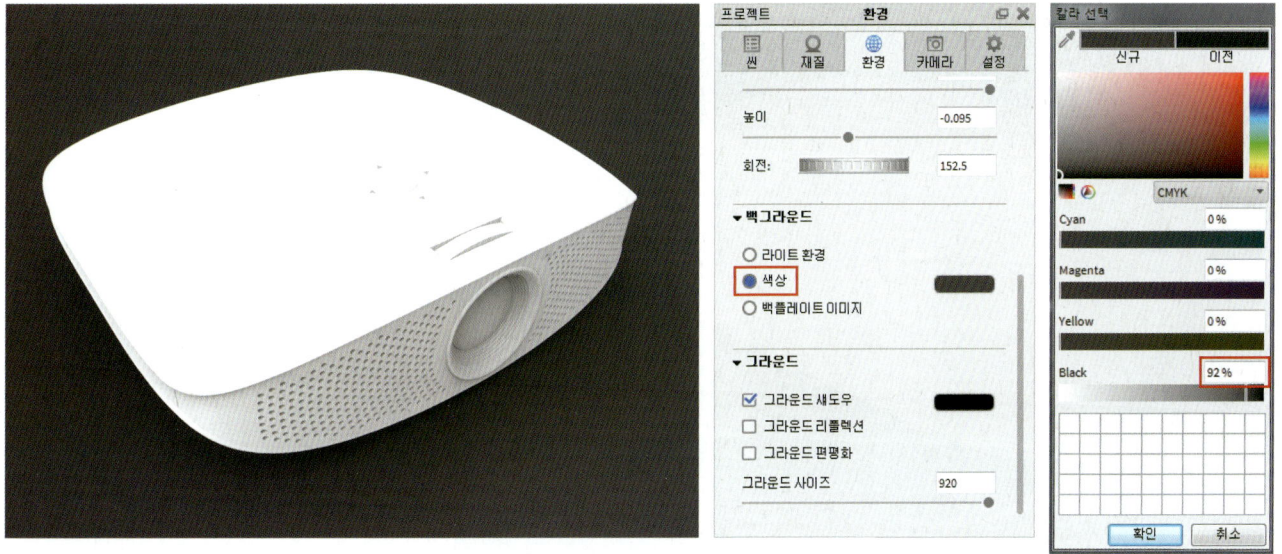

04_ 재질 삽입하기 1

메인 메뉴 중 라이브러리 탭에 들어가 재질 탭에 Plastic 카테고리 중 Hard Rough Plastic Black 재질을 적용합니다.

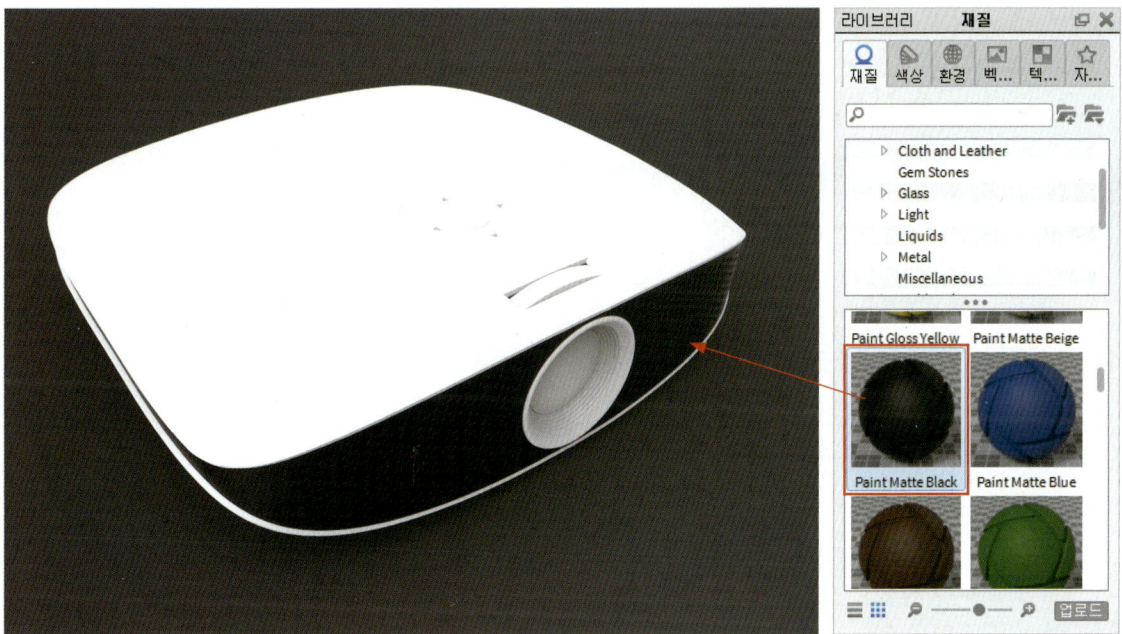

05_재질 삽입하기 2

재질 색상을 바꿔보도록 하겠습니다. 프로젝트 탭의 재질에서도 바꿀 수 있지만 KeyShot에서 제공하는 '색상 탭'을 이용하여 바꿔보도록 하겠습니다. 라이브러리 탭 중 색상 탭에 들어가 Dark Grey 색상을 적용할 재질에 드래그앤드롭합니다.

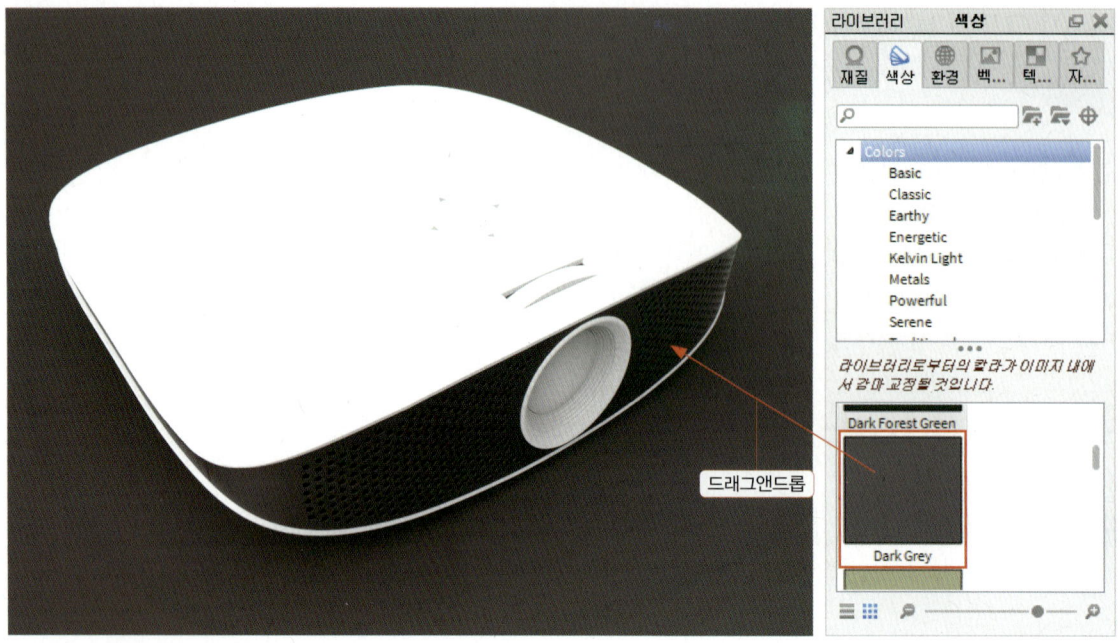

06_라벨 삽입하기 1

프로젝터 측면에 실크 인쇄를 적용해 보겠습니다. KeyShot의 라벨이라는 기능을 통해 모델링 상에서 표현하지 않고도 제품의 실크인쇄를 표현할 수 있습니다. 현재 같은 색상의 모든 파트들이 재질 링크로 묶여있으므로 라벨을 적용할 파트에서 마우스 오른쪽 버튼 클릭 후 재질 링크 해제를 클릭합니다.

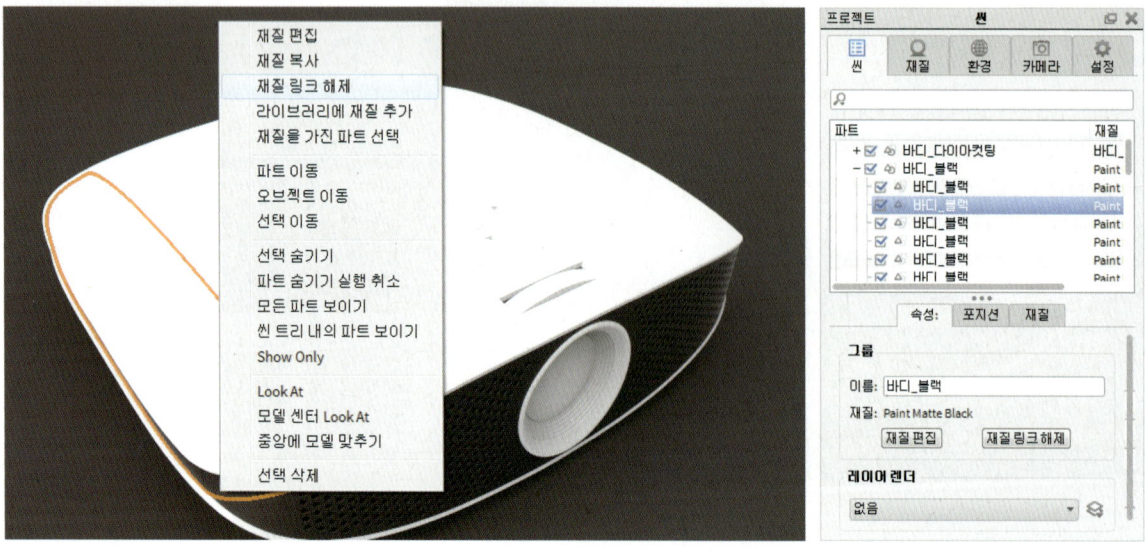

04. 프로젝터 Projector

NOTE 라벨 적용 전 재질 링크 해제를 하는 이유?

라벨을 적용할 파트가 적용하지 않을 파트와 재질링크로 묶여있는 경우 라벨이 아래 그림과 같이 원치 않는 파트까지 침범하거나 엉뚱한 곳에 위치할 확률이 높습니다. 때문에 라벨을 위치시키기 원하는 파트만 재질 링크 해제를 통해 조금 더 쉽게 라벨을 활용할 수 있습니다.

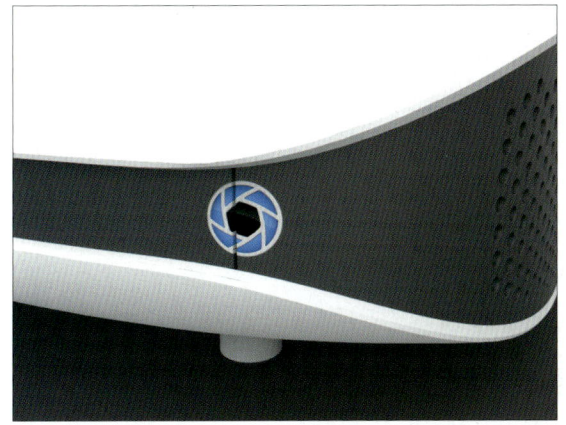
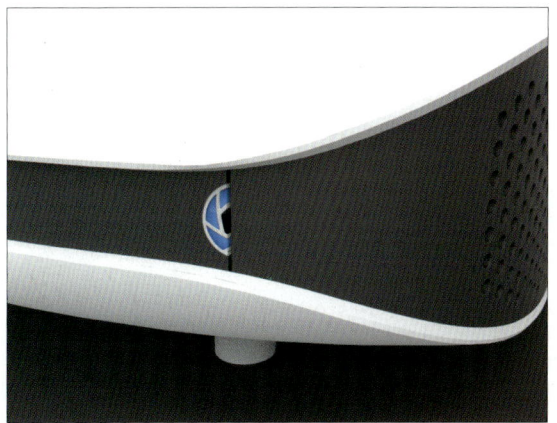

Before : 라벨이 서로 다른 파트를 구별하지 않고 위치한다.　　　After : 원하는 파트에만 위치 할 수 있다.

07_라벨 삽입하기 2

라벨을 정확한 위치에 맞추기 위해서는 프로젝트 탭_카메라 탭_렌즈 설정을 퍼스펙티브에서 직교그래픽으로 전환합니다.

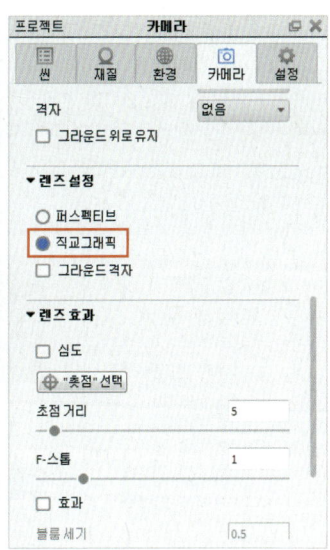

177

08_라벨 삽입하기(카메라 뷰 설정)

프로젝트 탭_카메라 탭_뷰 방향을 좌로 설정하고 마우스 휠을 이용하여 라벨을 위치하기 좋은 형상의 크기로 조절합니다.

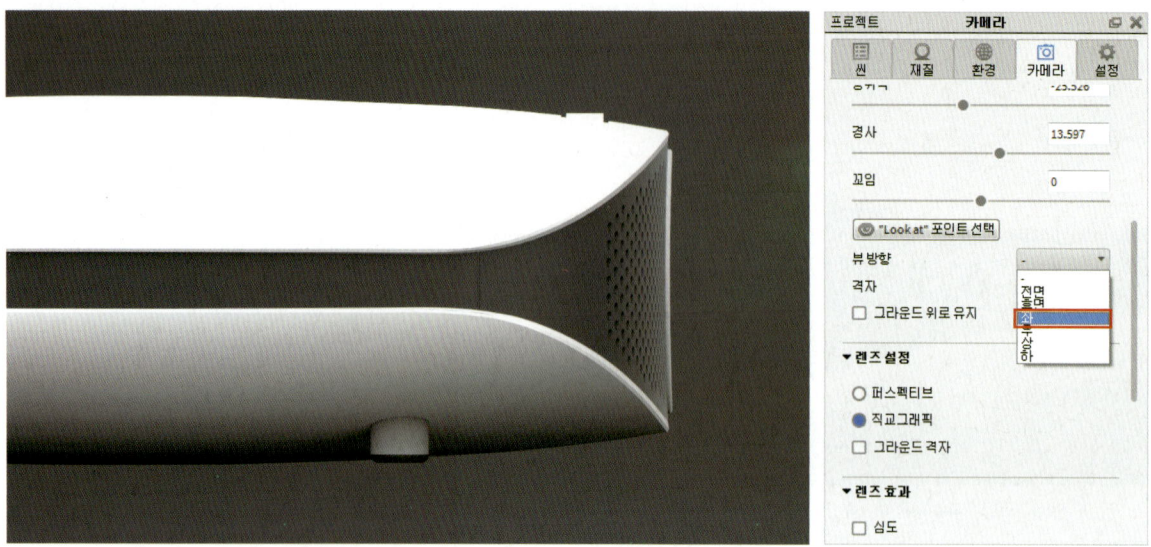

NOTE Look at의 활용

종종 실시간 창에서 휠을 이용하여 확대를 할 경우 특정한 부분이 까맣게 변하는 것을 볼 수가 있습니다. 이는 Look at이라는 명령어를 통해 초점을 맞출 수가 있습니다.

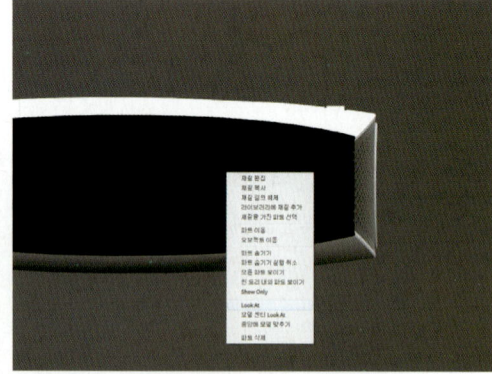

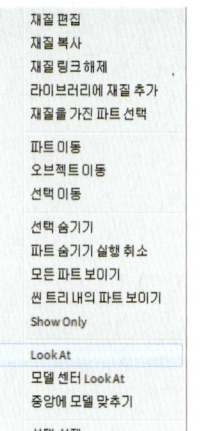

09_라벨 삽입하기 1

라벨을 적용할 파트를 마우스 오른쪽 버튼 클릭 후 재질 편집을 클릭합니다. 이와 같은 방법으로 원하는 파트를 더블 클릭하여도 재질 편집이 가능합니다.

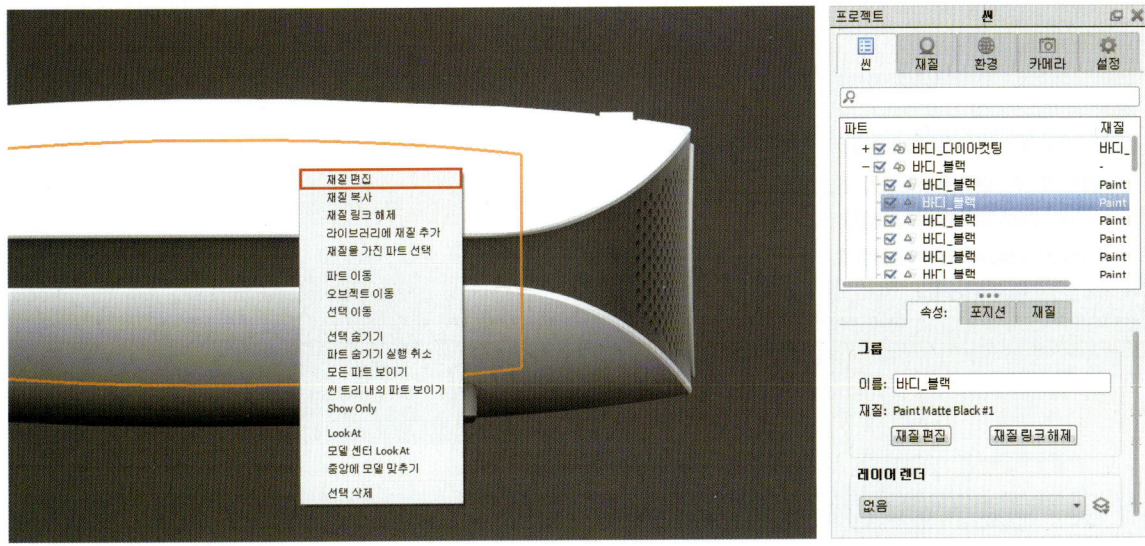

10_라벨 삽입하기 2

예제에서 제공하는 Projector_1.png 이미지 파일로 라벨을 적용해 보겠습니다. 프로젝트 탭_재질_라벨 탭으로 들어 갑니다. 라벨 탭에서 더하기 마크 혹은 좌측에 '로드 된 라벨 없음'을 더블 클릭합니다.

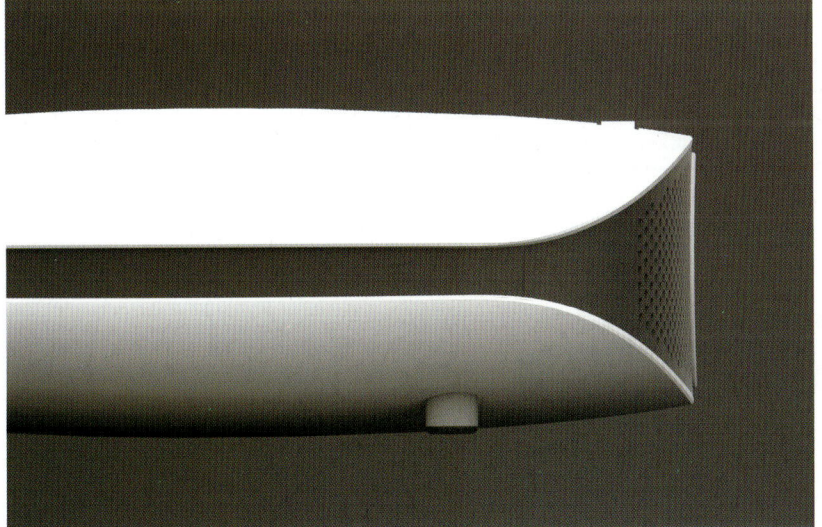 

11_라벨 삽입하기 3

예제에서 제공하는 HDMI.png 이미지 파일을 라벨로 적용해 보겠습니다(해당 파일 선택 후 열기).

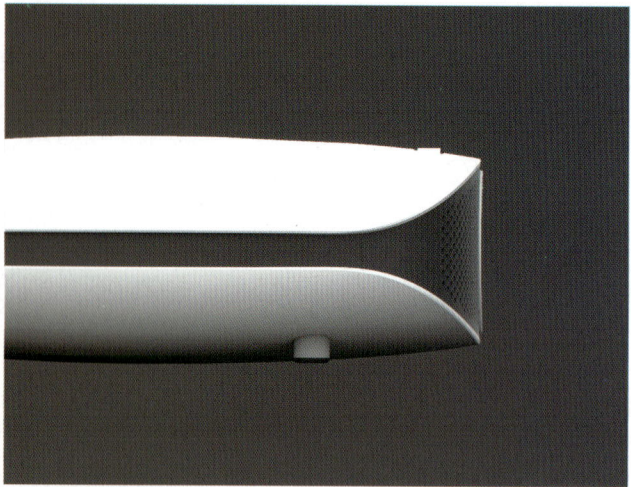

NOTE 라벨 이미지 파일

포토샵 혹은 일러스트레이터 작업을 통해 라벨을 KeyShot으로 적용하려 한다면 라벨의 배경을 투명으로 설정하고 확장자를 PNG, TIFF 파일로 저장해야 배경이 따라오지 않습니다. 배경이 없다 하더라도 JPEG로 저장할 경우 흰 배경이 따라오게 되어 라벨 적용에 지장을 끼치게 됩니다.

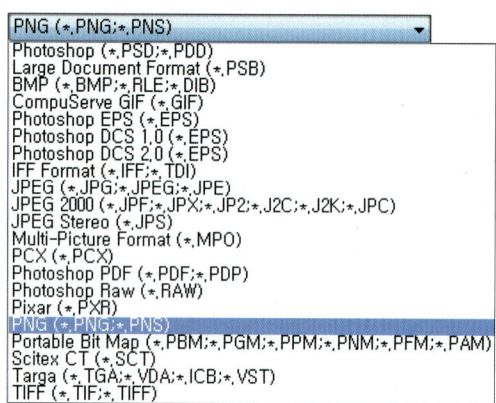

12_라벨 삽입하기 4

라벨 탭에 스케일을 1에서 25로 조정합니다. 현재는 25로 조정하지만 타 렌더링 작업을 할 때는 모델링의 크기, 라벨 이미지의 크기, 매핑 유형에 따라 라벨의 크기가 달라지기 때문에 상황에 맞게 조절하여 사용합니다.

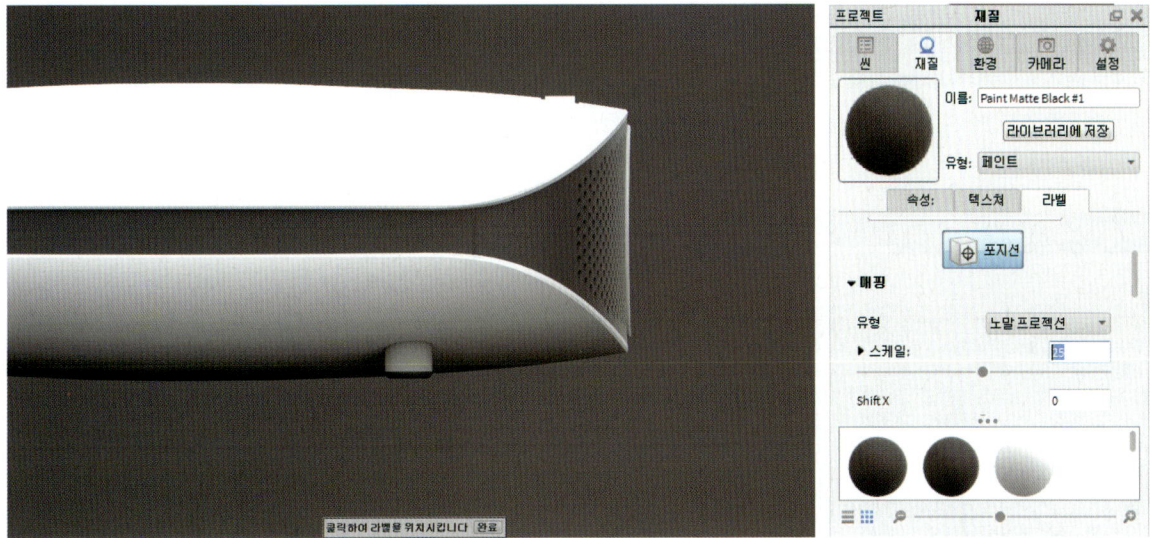

13_라벨 삽입하기 5

KeyShot에서도 여타 프로그램들과 같이 가이드라인을 제공하여 세부 조정을 하기 전에 그리드에 맞춰 적용할 수 있습니다. 프로젝트 탭에 카메라 탭으로 들어가 격자에서 사등분을 선택합니다.

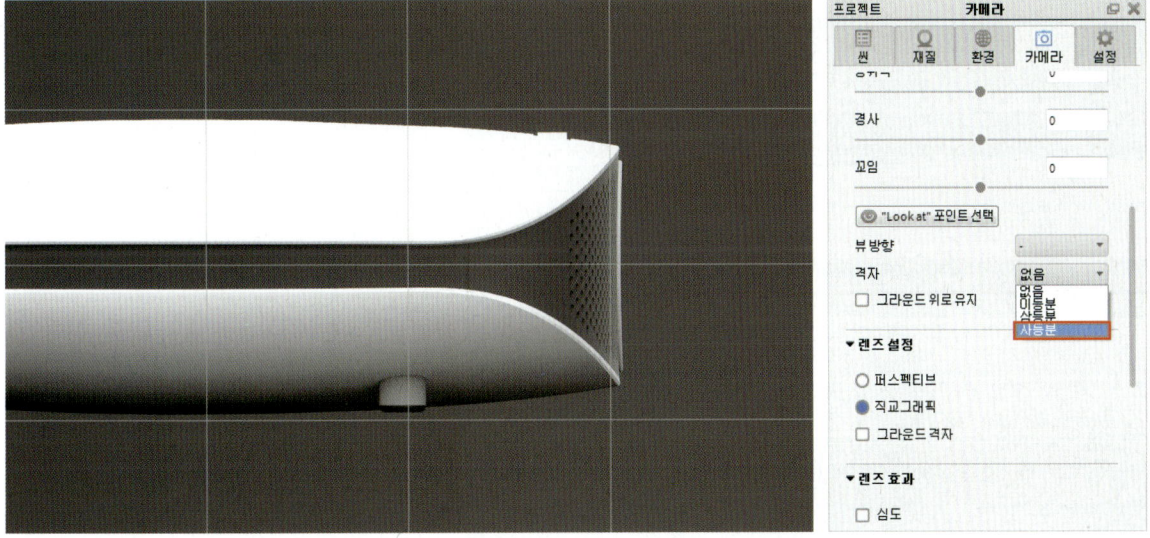

14_라벨 삽입하기 6

재질 탭_라벨 탭_포지션을 클릭 후 실시간 창에서 원하는 위치를 클릭하거나 드래그하여 라벨의 위치를 잡아줍니다. 위치설정이 완료되면 실시간 창 하단에 완료 버튼을 누르거나 다시 포지션 버튼을 눌러 라벨의 포지션 적용을 완료합니다.

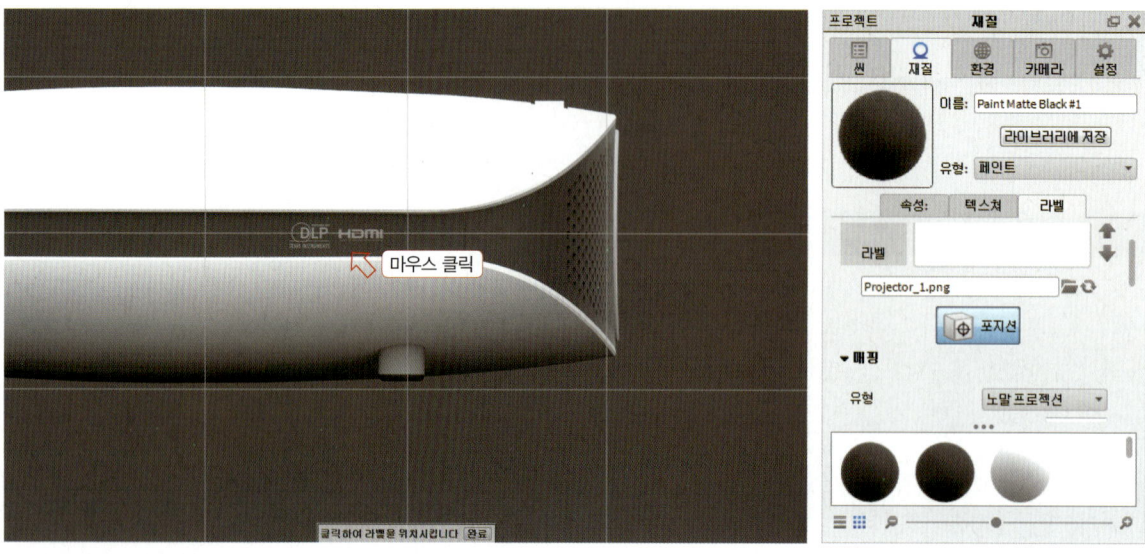

15_라벨 삽입하기 7

라벨 작업이 마무리되었다면 다른 파트의 상세 설정을 위해 프로젝트 탭_카메라 탭_렌즈 설정에서 직교그래픽을 퍼스펙티브로 전환하고 사등분 격자가 적용되었던 것을 없음으로 변경하여 설정 이전의 상태로 돌려놓습니다.

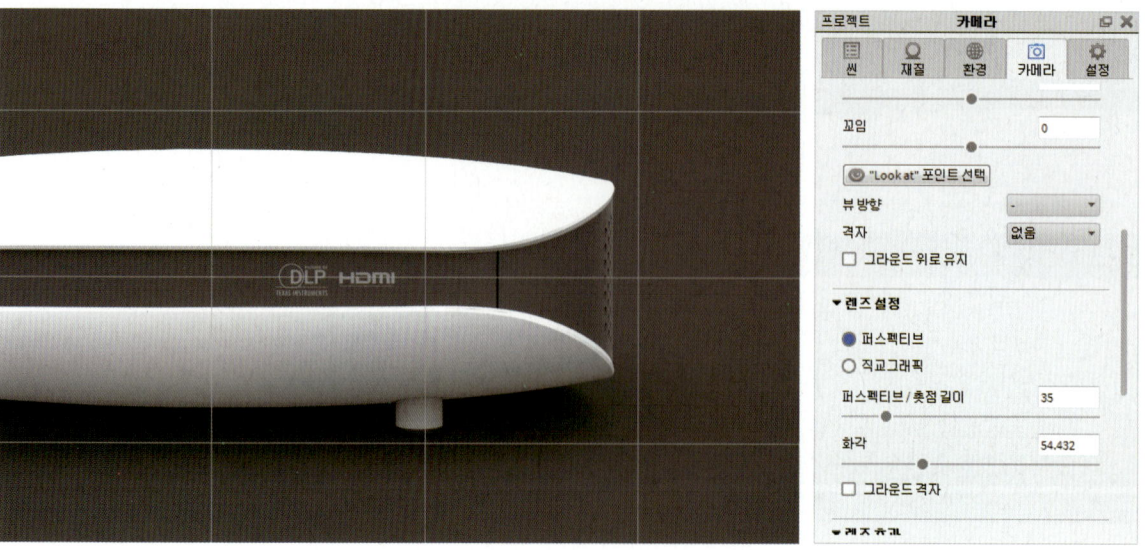

04. 프로젝터 Projector

16_재질 삽입하기 8

렌즈 마운트 파트의 재질을 적용해 보겠습니다. 유광 플라스틱을 사용하여 블랙 무광 바디에 포인트를 주도록 하겠습니다. 재질 탭의 Plastic 카테고리 중 Hard Shiny Plastic Black 재질을 적용합니다.

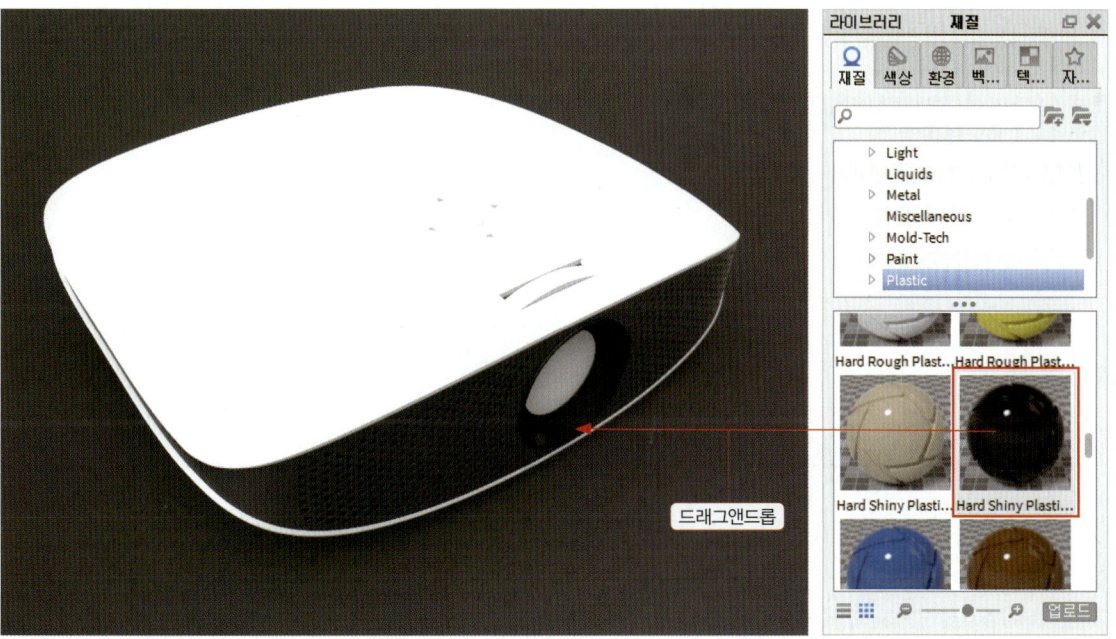

183

17_재질 삽입하기 9

프로젝트 탭의 재질탭에서 굴절률을 2.5로 조절하여 유광 느낌을 조금 더 살려줄 수 있도록 조절합니다.

18_라벨 삽입하기 1

렌즈 파트에 렌즈 이미지의 라벨을 삽입하여 실사와 같은 렌즈 느낌을 표현하기 위해 렌즈 파트를 덮고 있는 렌즈막 파트 선택을 해제하여 렌즈막 파트를 실시간 창에서 보이지 않도록 합니다.

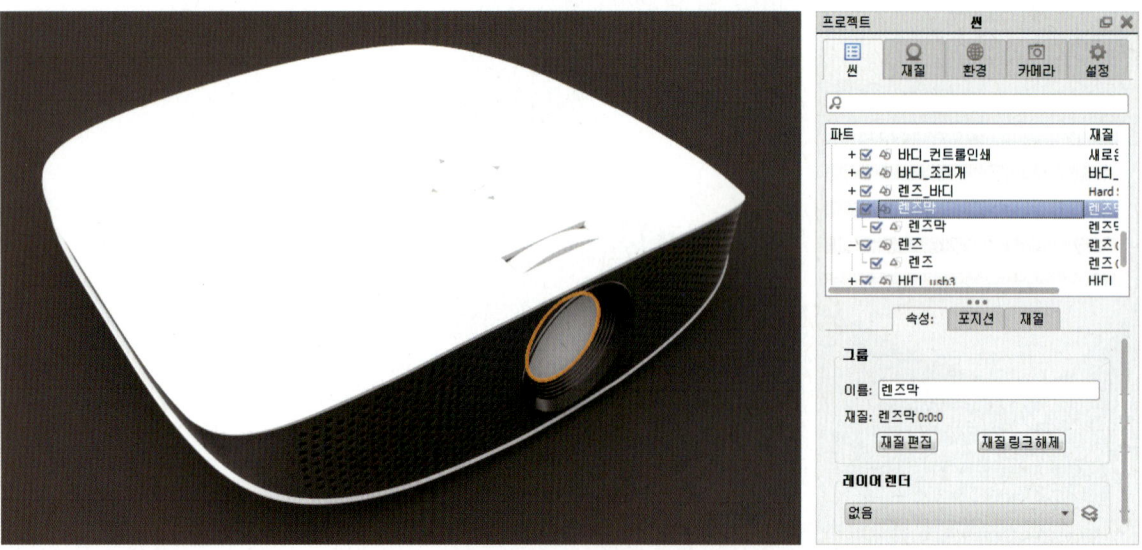

19_라벨 삽입하기 2

렌즈파트를 마우스 오른쪽 버튼 클릭 후 '재질 편집'을 클릭합니다.

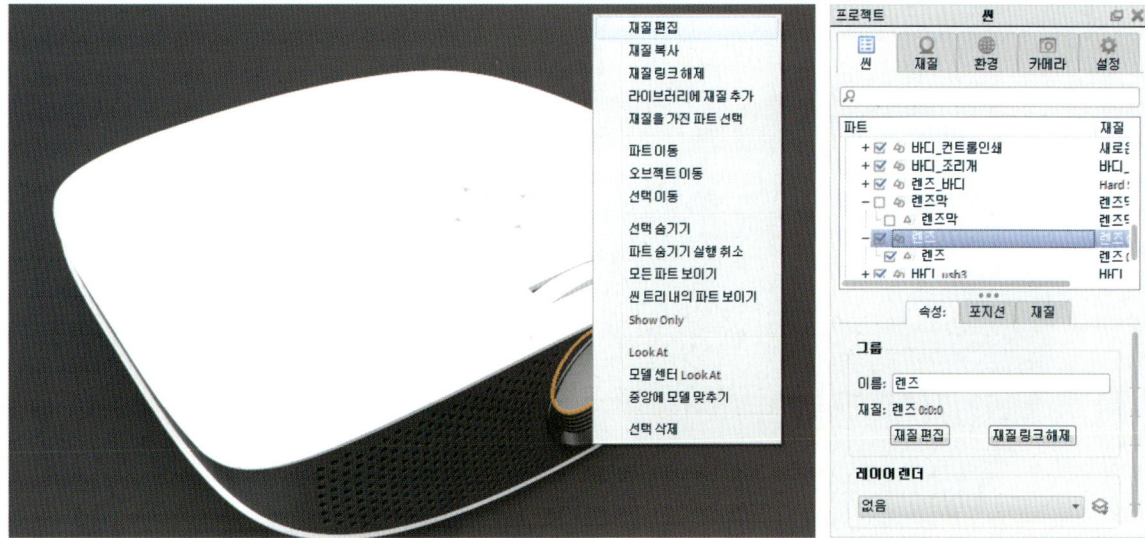

20_라벨 삽입하기 3

렌즈부에 아래 이미지와 같이 디테일한 렌즈의 연출을 위해 복잡한 모델링 대신 라벨로 해당 부위를 연출하고자 합니다.

21_라벨 삽입하기 4

프로젝트 탭 재질에서 라벨 탭으로 들어 갑니다. 라벨 탭에서 더하기 마크 혹은 좌측에 '로드 된 라벨 없음'을 더블 클릭을 하여 Lens.png 이미지를 적용합니다.

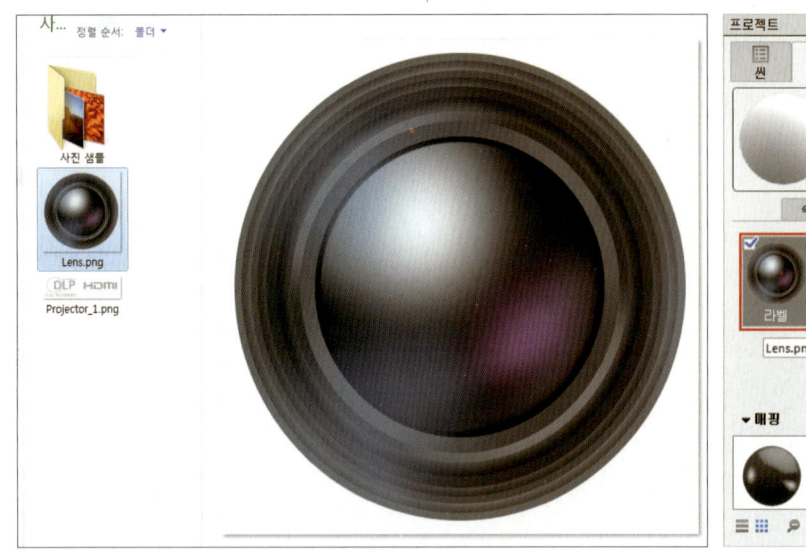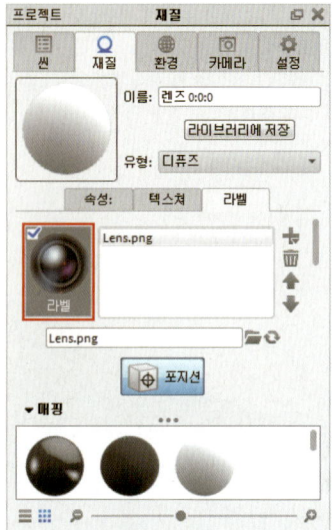

22_라벨 삽입하기 5

렌즈가 구 형상을 하고 있으므로 평면에 라벨을 위치시킬 때와 달리 정확하게 위치시키기 위해서는 라벨의 유형을 노말 프로젝션에서 UV 좌표로 변경해야합니다.

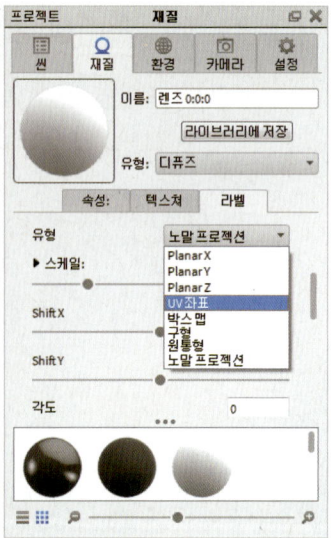

23_라벨 삽입하기 6

라벨의 스케일을 1.1로 적용하고 Shift X와 Y를 0으로 적용합니다.

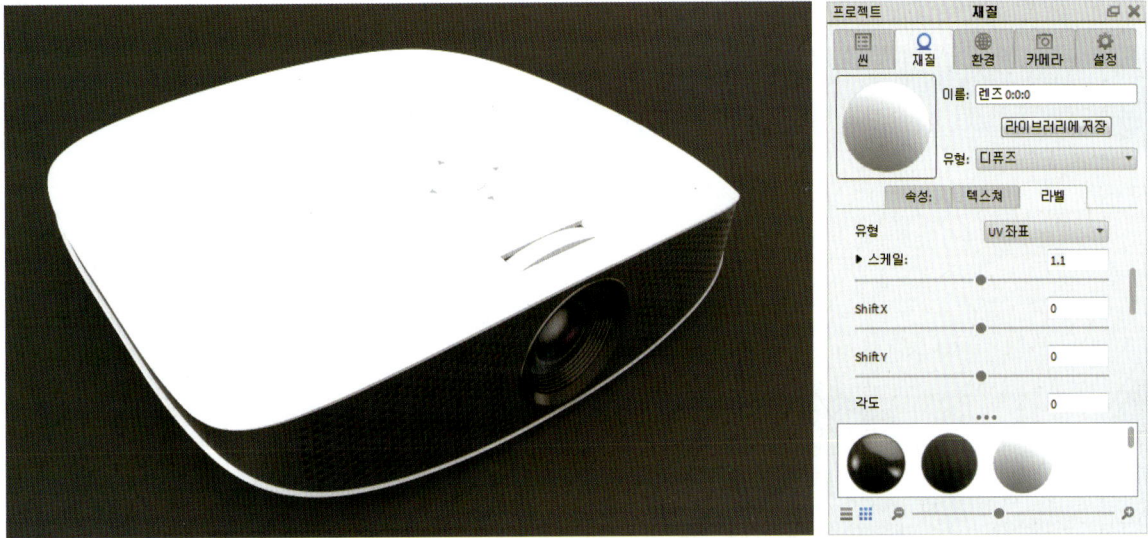

24_라벨 삽입하기 7

렌즈 위에 렌즈 막을 덮게 되면 렌즈에 표현된 라벨이 너무 어두워질 염려가 있으므로 라벨의 세기를 1.5로 적용하여 렌즈의 밝기를 높여주겠습니다.

25_재질 편집하기 1

렌즈의 설정이 끝나면 숨겨있던 렌즈막 파트를 편집하기 위해 씬 탭에서 해제되었던 것을 다시 체크하여 렌즈막이 나타나도록 합니다.

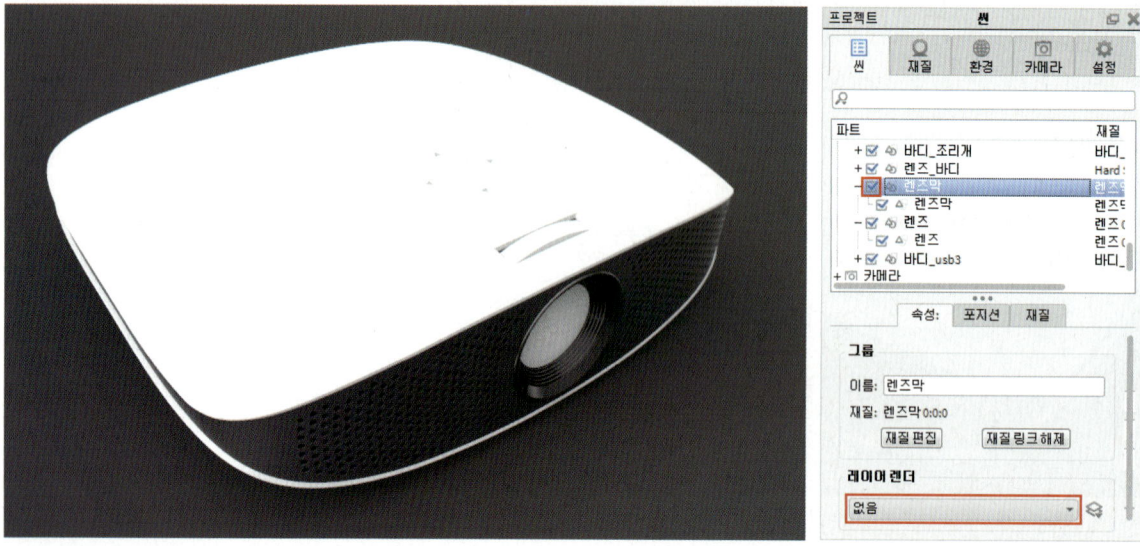

26_재질 편집하기 2

재질막을 마우스 오른쪽 버튼 클릭하여 재질 편집_재질 탭_유형을 박막으로 적용합니다.

27_재질 편집하기 3

굴절률을 1.8, 두께를 600으로 적용한 후에 환경 탭에 들어가 회전을 드래그하여 박막에 빛이 자연스럽게 맺히도록 조절합니다.

> **NOTE** 해당 수치는 필자가 해당 파일에 맞춰 진행해본 설정 값으로, 다른 설정 값을 적용해보면서 느낌의 차이를 비교해보기 바랍니다.

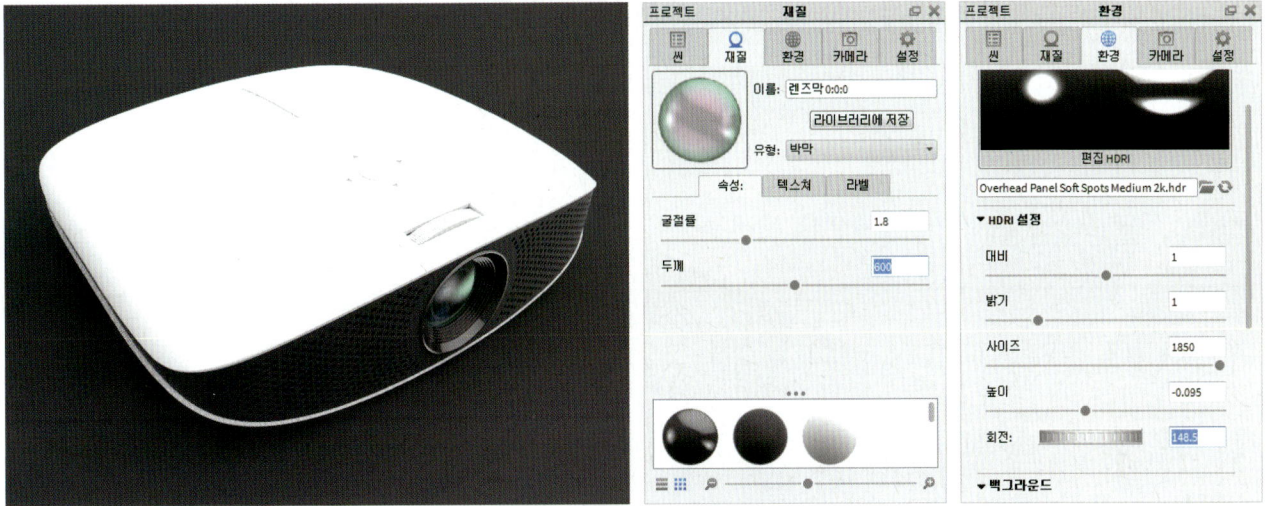

> **NOTE** 박막 재질
> 박막은 쉽게 말해 비눗방울과 같은 재질입니다. 비눗방울이 빛의 파장에 의해 오묘하면서 아름다운 색이 표현되듯이 KeyShot에서도 박막 재질의 굴절률과 두께 그리고 환경을 조절하면 오묘한 비눗방울의 표면과 같은 연출이 가능합니다.

28_재질 삽입하기 1

우리는 이번 예제를 통해 알루미늄과 후처리 방식을 설명하기 위해 프로젝터의 메인 파트에 알루미늄 재질을 적용하려 합니다. 라이브러리 탭의 Metal 카테고리 중 Aluminum Polished 재질을 적용하겠습니다.

29_재질 삽입하기 2

해당제품에는 밝은 알루미늄 컬러보다는 약간 어두운 느낌을 연출하고자 색상 탭의 Dark Grey 색상을 적용하고자 하는 재질에 드래그앤드롭합니다.

30_재질 삽입하기 3

프로젝트 탭의 재질 탭에서 거칠기를 0.09로 적용하여 표면에 아이패드 후면과 같이 알루미늄에 부식이 들어간 듯한 재질표현을 진행하려합니다.

NOTE 알루미늄과 아노다이징(Anodizing)

1. 제품에서 알루미늄(Aluminum) 재질의 장점
   ① 가볍다.
   ② 열 전도율이 뛰어남
      알루미늄은 금속 재질 중 3번째로 열전도율이 높은 재질로 만일 알루미늄 재질로 제품을 만든다면 전체가 방열판 역할을 하기 때문에 발열이 많은 전자제품에 사용하기 적합하다.
   ③ 압출 성형(extrusion moulding)시 생산 단가가 저렴하다(예시 프로젝터에는 해당 X).

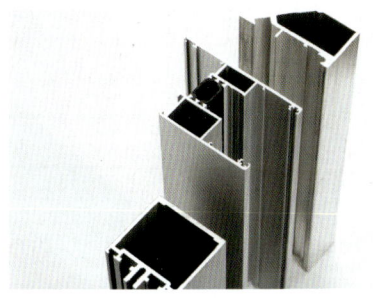

압출 성형의 예   압출 성형을 통한 알루미늄 가공 제품의 예(샤오미 보조배터리)

2. 아노다이징(Anodizing)이란?
금속 면을 청정화하거나 연마할 때 또는 산화 처리할 때 적당한 전해액 중에서 양극 측에 이것을 두고 불활성 금속을 음극으로 사용하여 전류를 통하는 방법

양극 처리(Anodizing, Anodic Treatment)
알루미늄에 아노다이징 처리는 알루미늄을 양극으로 전기가 통하게 하면, 양극에서 발생하는 산소에 의하여 알루미늄면이 산화되어 알루미늄 표면에 피막이 형성되는 특성을 이용한 도금 기법이다(네이버 지식백과).

쉽게 말해 알루미늄을 더 단단하고 오래 사용할 수 있도록 후처리하는 기법을 말한다.
최근 알루미늄을 사용하는 제품군들이 많아지기 때문에 흔히 볼 수 있는 후처리 방법이다. 예) 아이폰, 아이패드

3. 아노다이징의 장점
   ① 내마모성 : 아노다이징 처리를 진행하지 않은 알루미늄보다 마모에 강하다.
   ② 내식성 : 부식을 방지하여준다.
   ③ 완성도 : 알루미늄 재질을 더욱 고급스럽게 보이게 도와주며 부식 및 컬러 연출도 가능하기 때문에 제품의 완성도를 높이는데 중요한 역할을 한다.

KeyShot에서도 기본으로 아노다이징 재질을 제공합니다. Metal 카테고리 안에 Anodized라는 글씨가 포함된 재질들이 있습니다(부식 및 컬러 등의 표현이 가능하다).

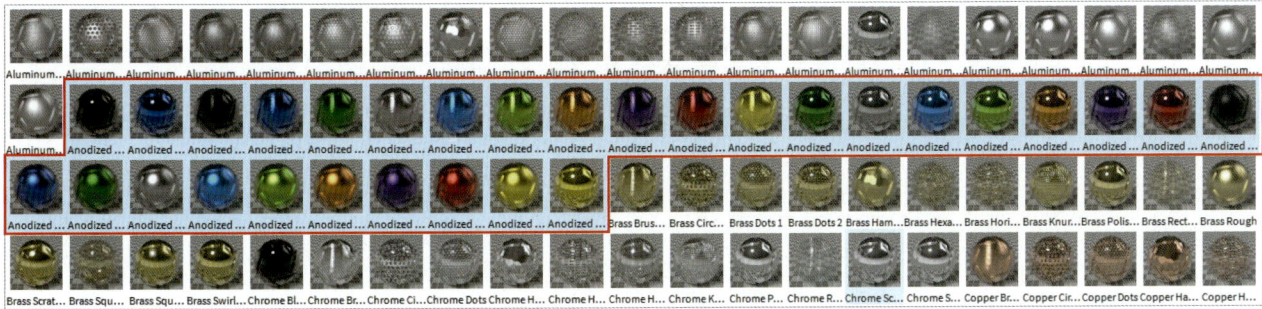

31_재질 삽입하기 4

알루미늄 모서리부에 다이아몬드 커팅의 느낌을 표현하겠습니다(다이아몬드 커팅을 표현하기 위해서는 모델링 상에서 미리 해당 파트를 분리해 놓아야 합니다).

NOTE 다이아몬드 커팅
주로 금속 재질 끝 마감처리를 말하는 것으로 알루미늄 재질에서 많이 사용하는 방법입니다.
알루미늄의 끝면을 매끈하게 처리함으로써 깔끔한 마무리와 엣지 있는 제품 표현이 가능합니다.

참고 이미지

32_재질 삽입하기 5

날카롭고 반짝반짝한 다이아몬드 커팅을 표현하기 위해 Aluminum Polished 재질을 적용합니다. 이러한 디테일이 모여 제품의 퀄리티를 한 층 높여주는 역할을 하게됩니다.

33_재질 삽입하기 6

알루미늄 부분의 재질 표현이 모두 끝났으면 제품의 컨트롤 부분을 표현하도록 하겠습니다.
컨트롤 파트는 Plastic 사출로 연출할 예정이므로 재질 탭에 Plastic 카테고리 중 Hard Shiny Plastic Black 재질을 적용합니다.

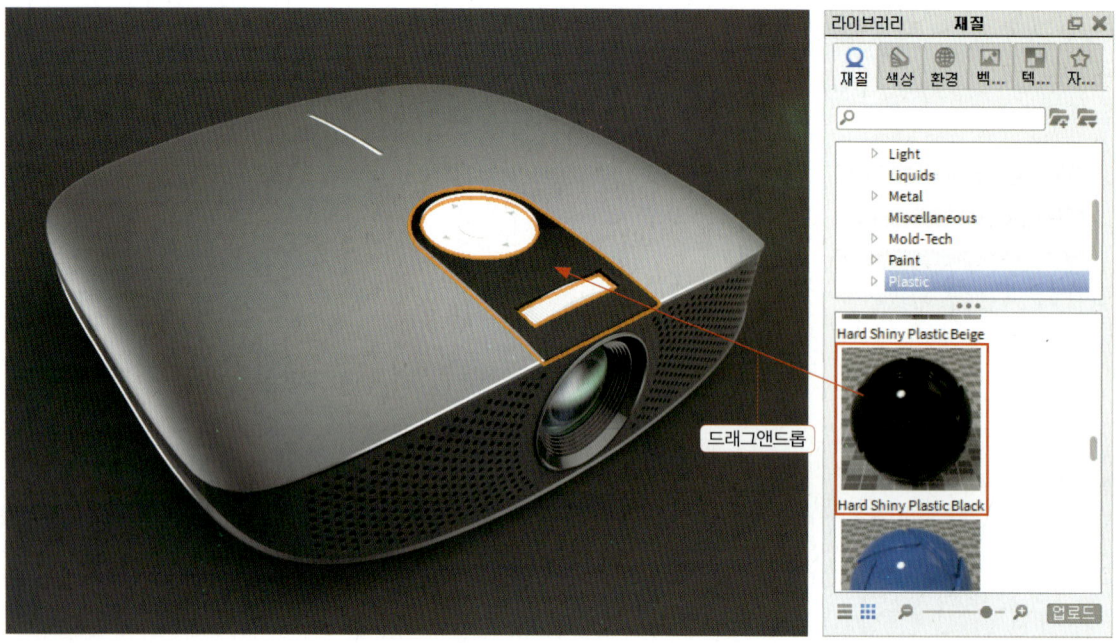

34_재질 삽입하기 7

컨트롤부의 블랙 컬러를 C : 0% M : 0% Y : 0% K : 95%로 적용합니다.

NOTE 제품 렌더를 진행할 때 너무 어두운 블랙 컬러를 사용하는 것을 추천하지 않습니다.
블랙 컬러가 너무 어두울 경우 제품의 덩어리감이 보이지 않을 염려가 있으므로 블랙 컬러를 사용할 경우에는 블랙 컬러를 조금 밝게 조절하여 렌더링을 진행한 후 좀 더 강한 이미지를 연출하고 싶다면 이후 포토샵에서 살짝 조절하는 것을 추천합니다.

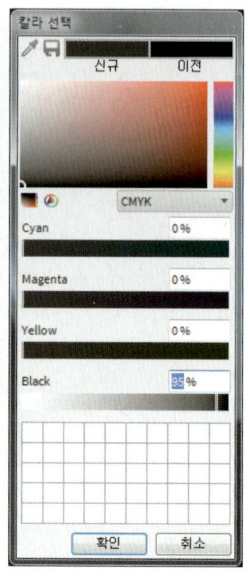
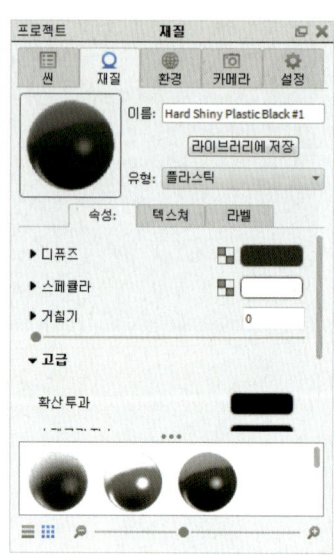

35_재질 삽입하기 8

바디_컨트롤2 파트에도 컨트롤 파트와 동일하게 재질을 적용합니다.

36_재질 삽입하기 9

해당 파트 주변이 약간의 부식 표현이 되어있으므로 파트 간에 큰 이질감이 느껴지지 않도록 해당 파트에도 부식을 적용하고자 합니다. 편집할 파트를 마우스 오른쪽 버튼 클릭 후 '재질 편집'을 클릭합니다.

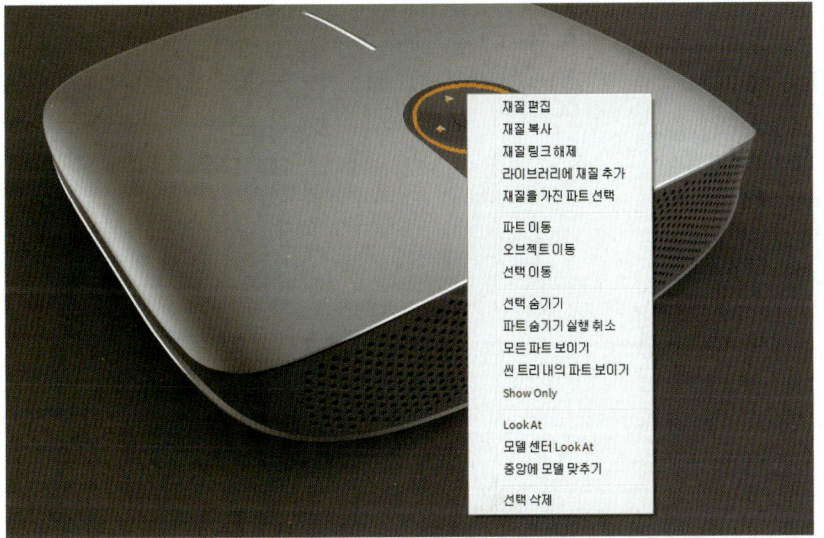
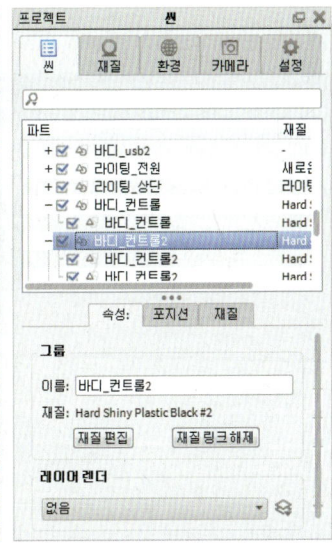

37_재질 삽입하기 10

재질 탭을 클릭한 후 범프를 더블 클릭합니다.

38_재질 삽입하기 11

C:₩Users₩windows₩내문서₩KeyShot5₩Textures₩Bump Maps₩Normal Maps에 들어가 asphalt_norm.jpg 이미지를 적용합니다.

NOTE Aspalt 범프라고해서 꼭 Aspalt를 표현할 때만 사용하는 것이 아니라 표현하고자 하는 느낌에 적절할 것이라 판단이 되면 다른 용도의 범프도 상세 설정을 변경하여 사용할 수 있습니다.

04. 프로젝터 Projector

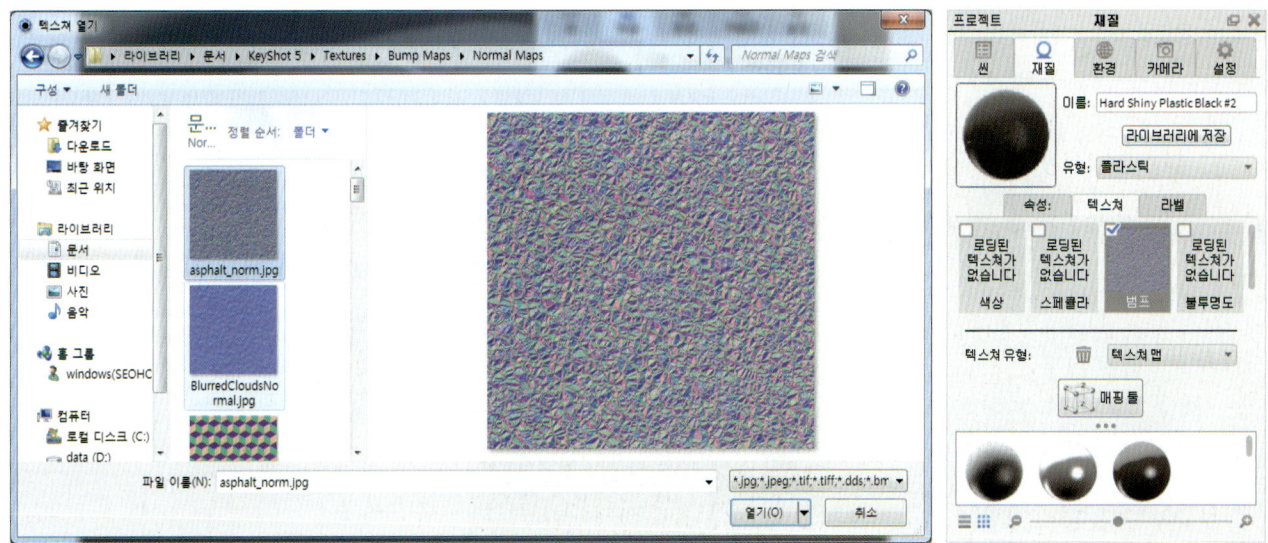

39_재질 삽입하기 12
텍스쳐 유형을 UV 좌표로 설정합니다.

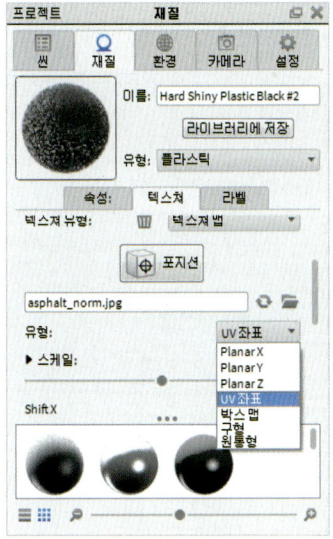 

40_재질 삽입하기 13

원하는 느낌의 부식표현을 주기 위해 현재 스케일은 너무 크므로 스케일을 0.15로 조절합니다.

NOTE 범프의 실시간 창에 나타난 모습과 실제 렌더의 모습이 다소 차이가 발생합니다. 때문에 중간 중간 해당 파트만 렌더를 진행하면서 결과물을 보고 원하는 느낌을 맞춰야 하는 수고로움이 있습니다.

41_재질 편집하기 14

컨트롤 파트에 방향을 표시하는 인쇄 부분의 톤을 낮춰 자연스럽게 표현하겠습니다. 편집할 파트를 마우스 오른쪽 버튼 클릭 후 재질 편집을 클릭합니다.

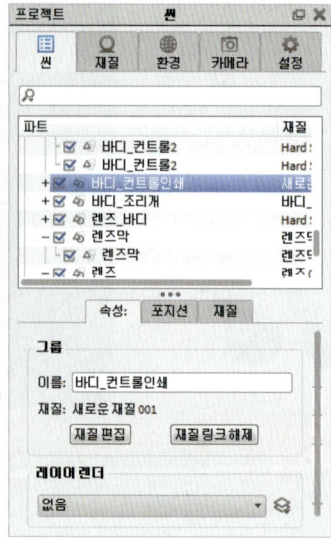

42_재질 편집하기 15

프로젝트 탭에 색상 탭에서 디퓨즈 컬러를 C : 0% M : 0% Y : 0% K : 80%로 적용합니다.

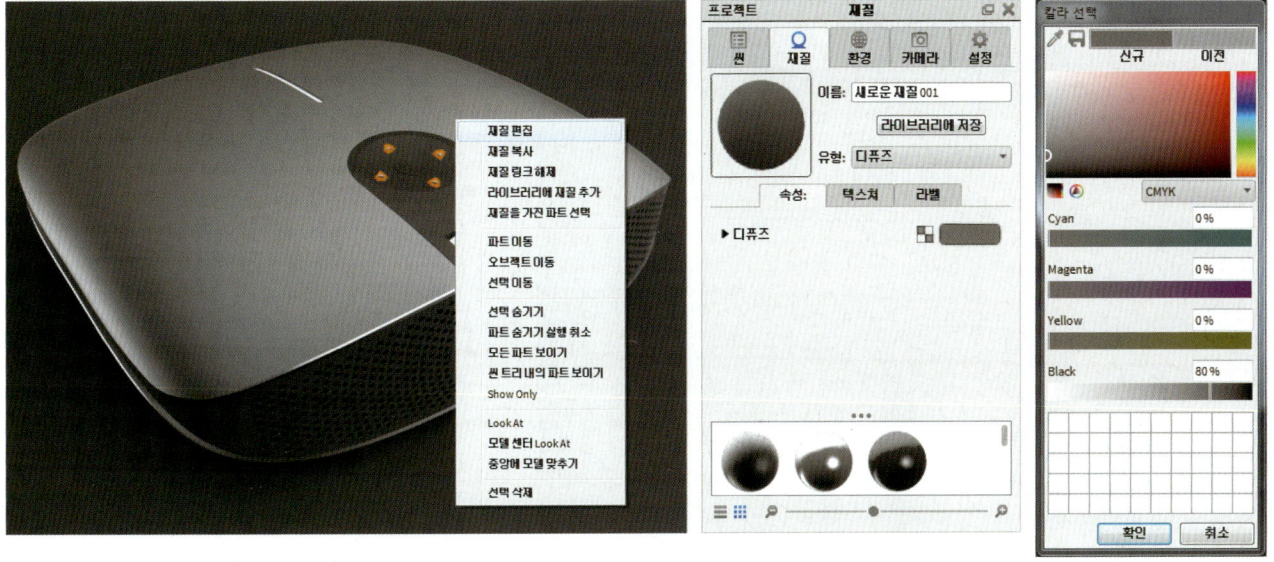

43_라벨 삽입하기 1

Focus를 조절하는 컨트롤부 상단에 라벨을 적용하기 위해 앞에서와 마찬가지로 프로젝트 탭_카메라 탭_렌즈 설정을 퍼스펙티브에서 직교그래픽으로 전환하겠습니다.

44_라벨 삽입하기 2

뷰방향을 Top View의 형태가 될 수 있게 상으로 적용합니다.

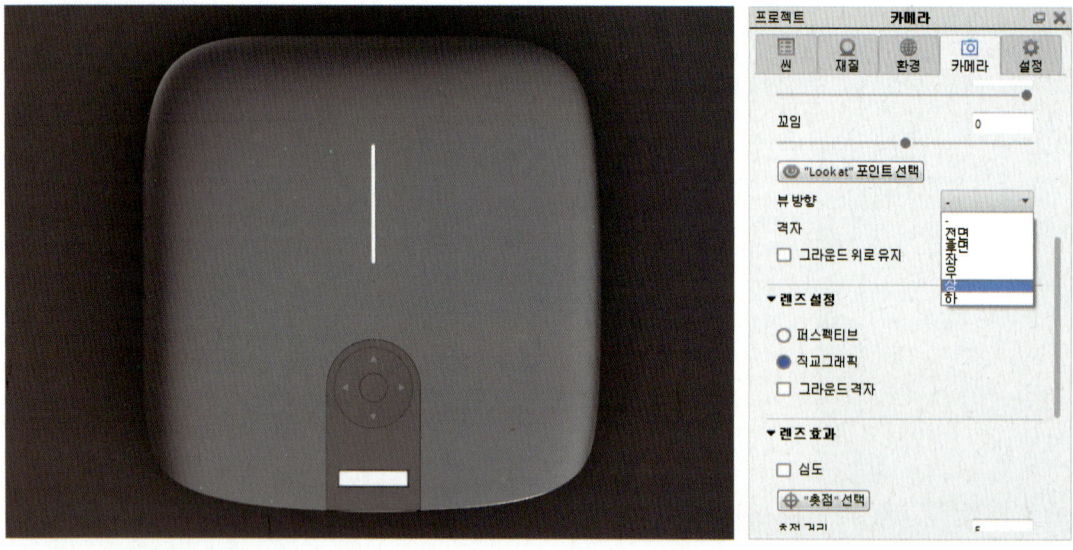

45_라벨 삽입하기 3

라벨의 Center를 맞추기 위해서 격자를 사등분으로 적용하고 휠을 활용하여 확대를 하여 라벨을 보다 정확히 맞출 수 있게 조절합니다.

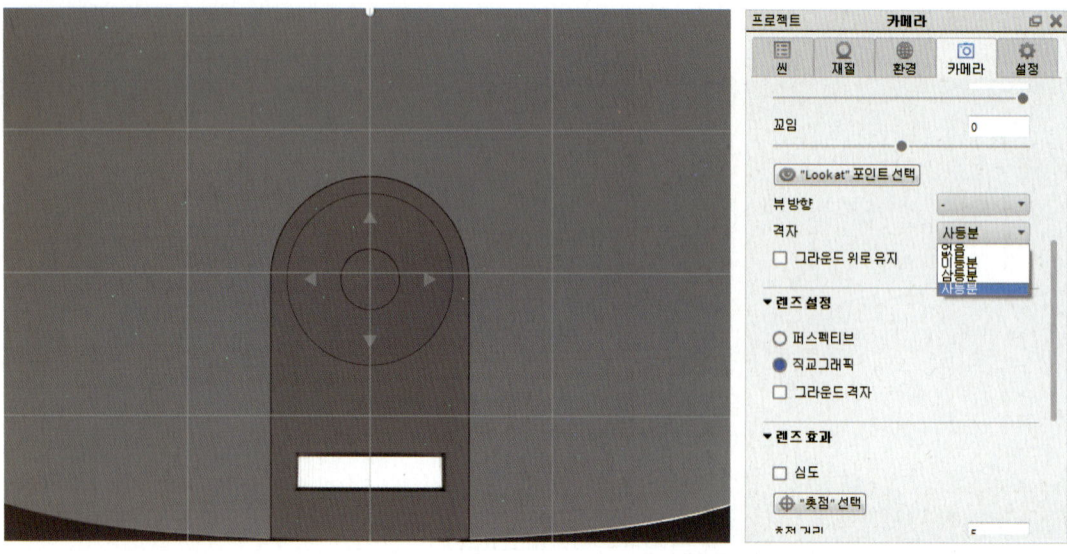

46_라벨 삽입하기 4

라벨을 적용할 파트를 마우스 오른쪽 버튼 클릭 후 '재질 편집'을 클릭합니다.

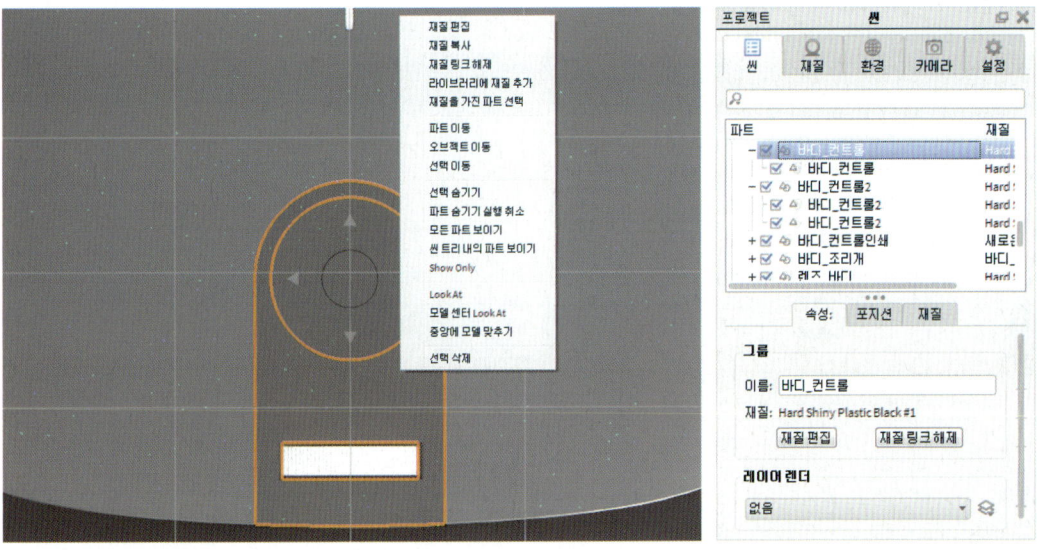

47_라벨 삽입하기 5

프로젝트 탭 중 재질 탭에 라벨 탭에서 예제에서 제공하는 Projector_2.png 파일을 적용하려 합니다.

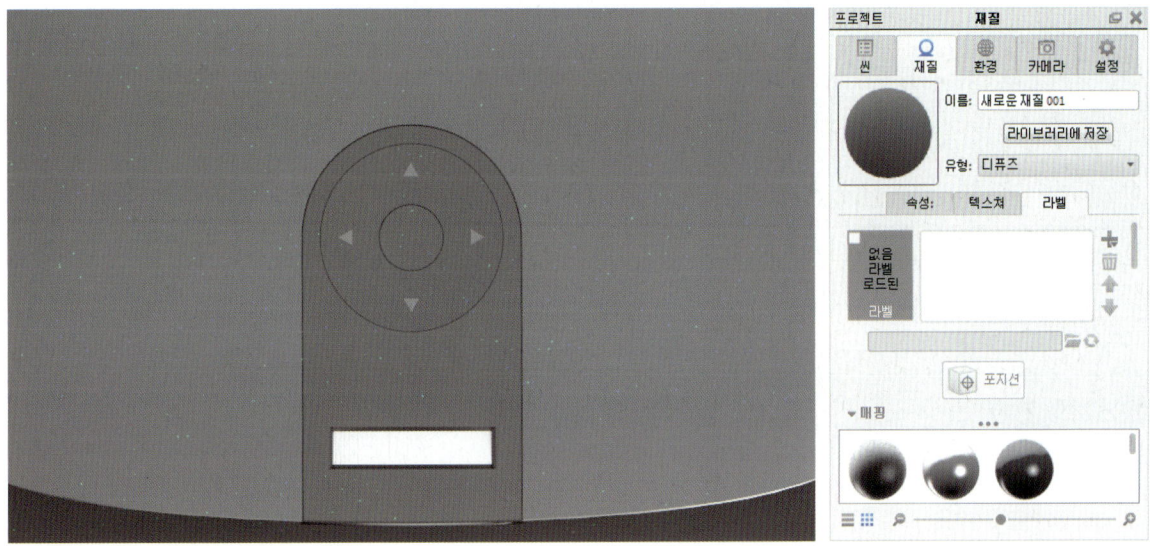

48_라벨 삽입하기 6

프로젝트_재질_라벨 탭으로 들어갑니다. 라벨 탭에서 더하기 마크 혹은 좌측에 '로드 된 라벨 없음'을 더블 클릭하여 예제에서 제공하는 Projector_2.png 이미지 파일을 첨부합니다.

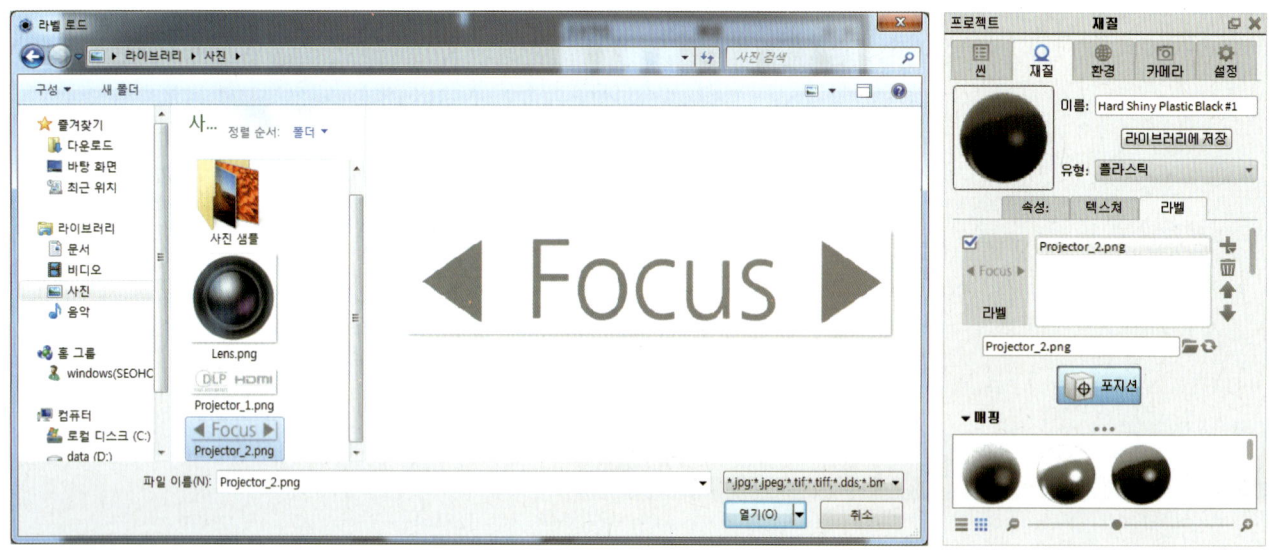

49_라벨 삽입하기 7

스케일을 15로 조정합니다.

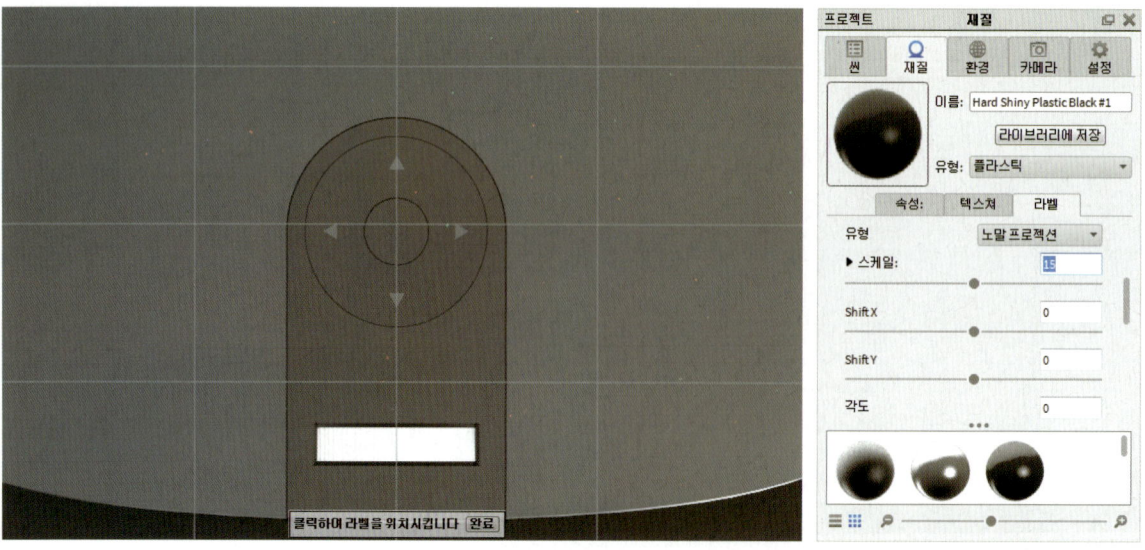

50_라벨 삽입하기 8

포지션이 적용된 상태에서 실시간 창에서 원하는 위치에 마우스 왼쪽 버튼 클릭을 하게 되면 라벨이 위치하게 됩니다. 원하는 위치가 되었다면 완료 버튼을 누릅니다.

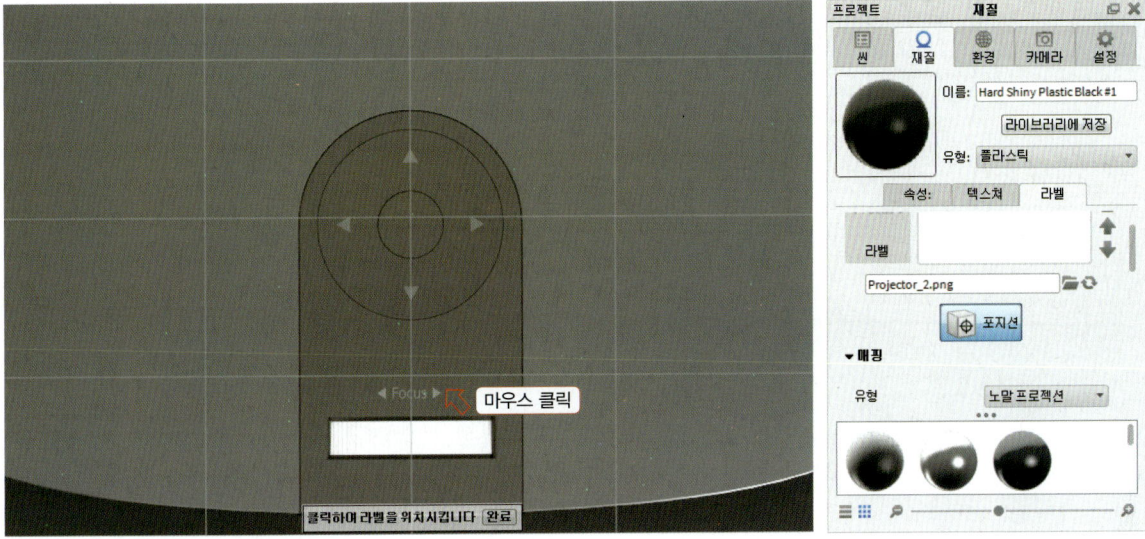

51_라벨 삽입하기 9

사용자가 Projector를 사용할 경우는 Projector의 전면이 아닌 후면에서 주로 사용하기 때문에 라벨의 위치를 반전시켜야 합니다. 각도를 180으로 조절하겠습니다.

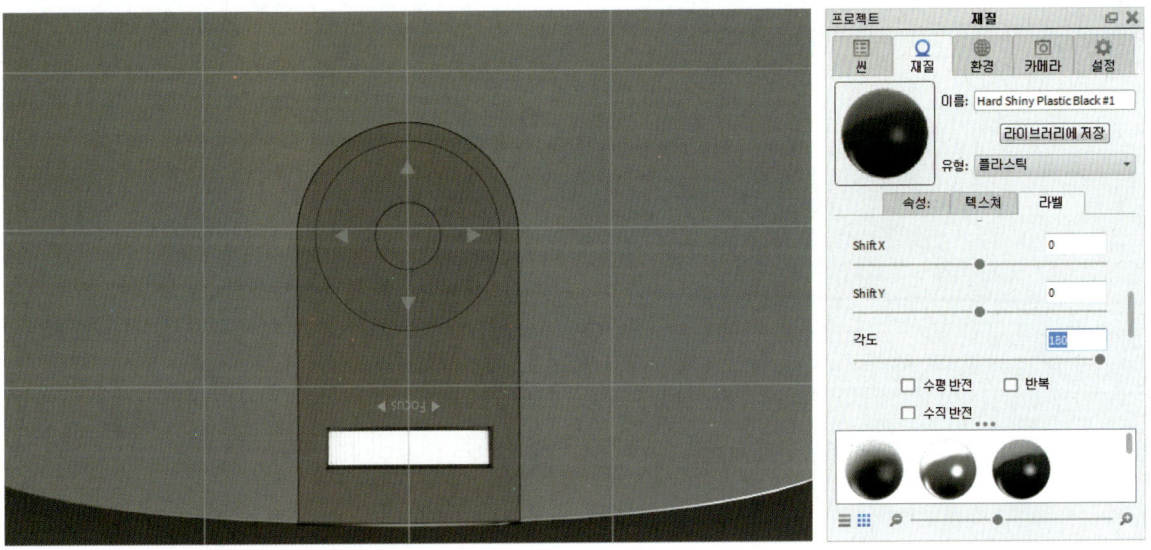

52_재질 삽입하기 1

바디_조리개 파트에 재질을 적용하겠습니다.

53_재질 삽입하기 2

재질 탭에 Plastic 카테고리 중 Hard Shiny Plastic Black 재질을 적용합니다.

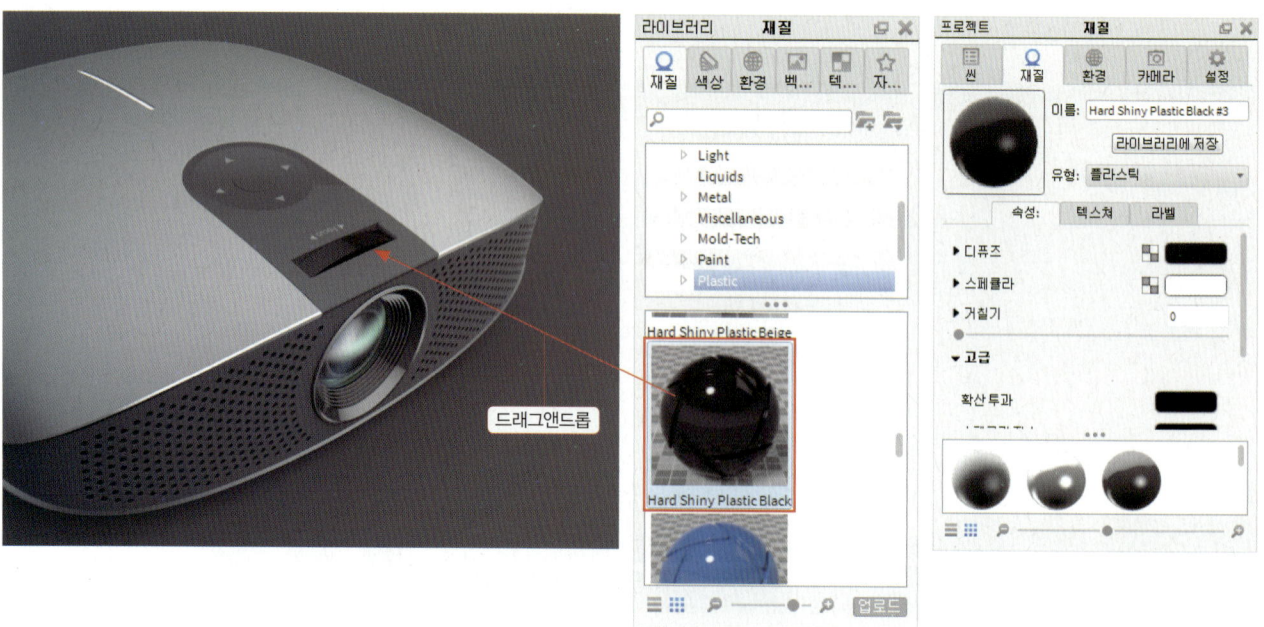

54_재질 삽입하기 3

Projector의 포인트이자 제품의 작동상태를 나타내는 라이팅_상단 파트의 재질을 표현해 보겠습니다.

55_재질 삽입하기 4

자연스러운 빛의 번짐 효과를 내기 위해 재질 탭의 Light 카테고리 중 Emissive Radial Soft 재질을 적용합니다.

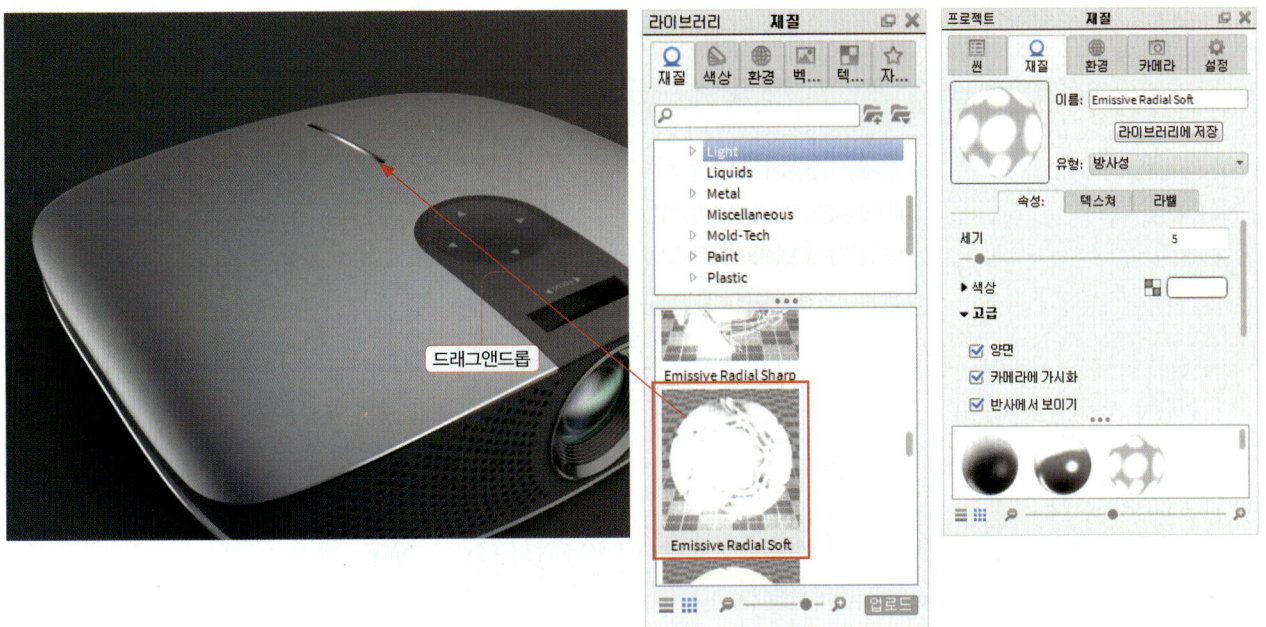

56_재질 삽입하기 5

색상 탭에서 Electric Blue 컬러를 드래그앤드롭을 통해 Lighting 파트에 적용시킵니다.

57_재질 삽입하기 6

재질의 세기를 15로 조절하여 빛의 세기를 조절합니다.

58_재질 삽입하기 7

텍스처 탭에 불투명도의 스케일을 조절하여 빛이 자연스럽게 퍼져나가는 크기를 조절합니다.
스케일을 1에서 1.2로 조절합니다.

NOTE 빛의 세기와 불투명도의 스케일을 자유롭게 조절해보며 원하는 느낌을 연출할 수 있습니다.

59_재질 삽입하기 8

바디_usb 파트에 재질을 적용하겠습니다.

60_재질 삽입하기 9

라이브러리 탭 재질 탭 중 Paint Metallic Dark Grey 재질을 usb 파트에 드래그 앤 드롭 합니다.

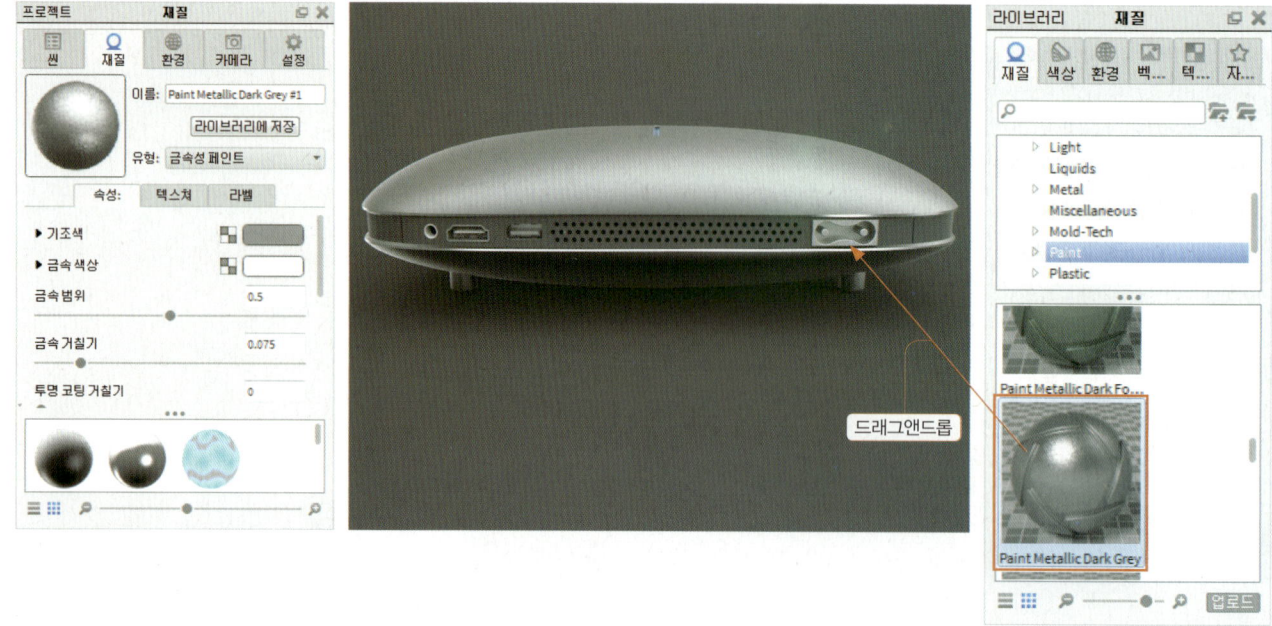

61_재질 삽입하기 10

재질 탭에 Paint Matte Light Blue 재질을 적용합니다.

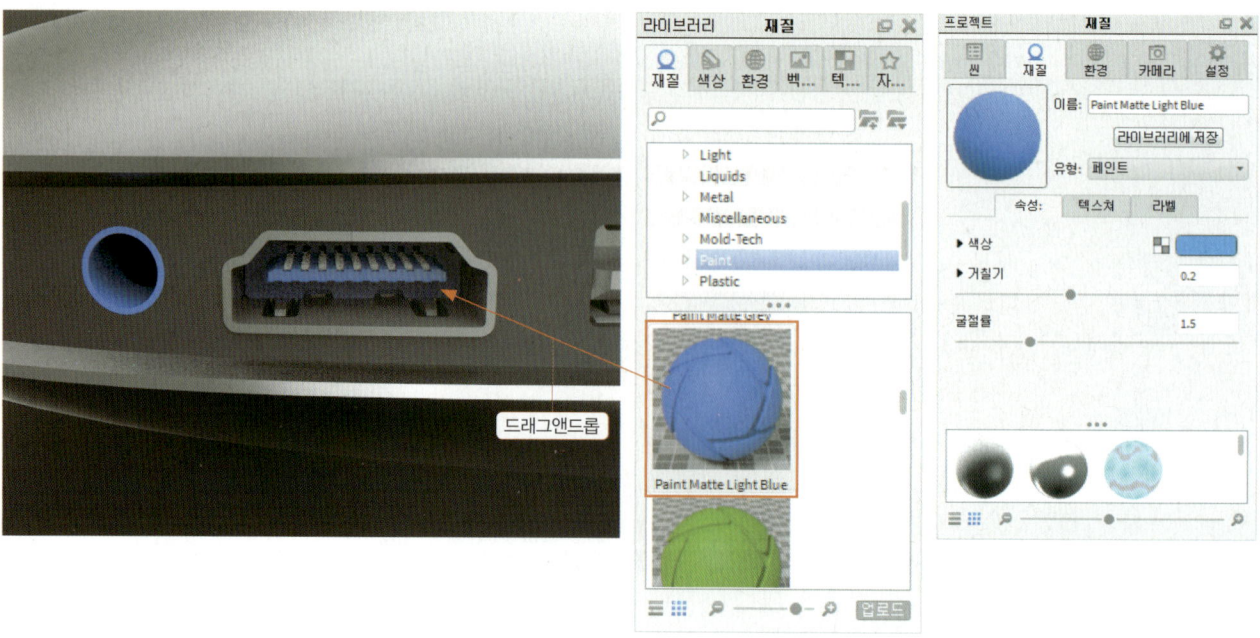

62_재질 삽입하기 11

재질 탭에 Copper Polished 재질을 적용하여 usb 파트의 재질 적용을 마무리합니다.

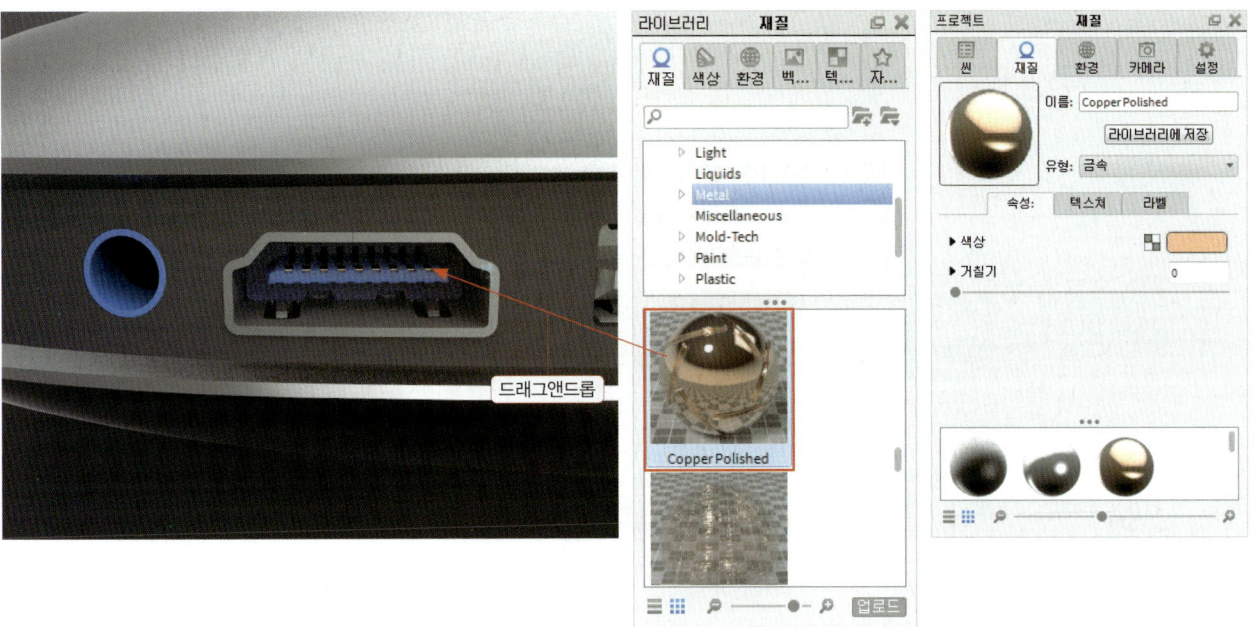

63_라벨 삽입하기 1

usb 파트 인쇄 부분을 라벨로 표현하겠습니다. 카메라 탭에서 퍼스펙티브를 직교그래픽으로 전환합니다.

64_라벨 삽입하기 2

카메라 탭에서 뷰방향을 후면으로 적용하고 휠을 활용하여 확대를 하여 라벨을 위치하기 좋게 적용합니다.

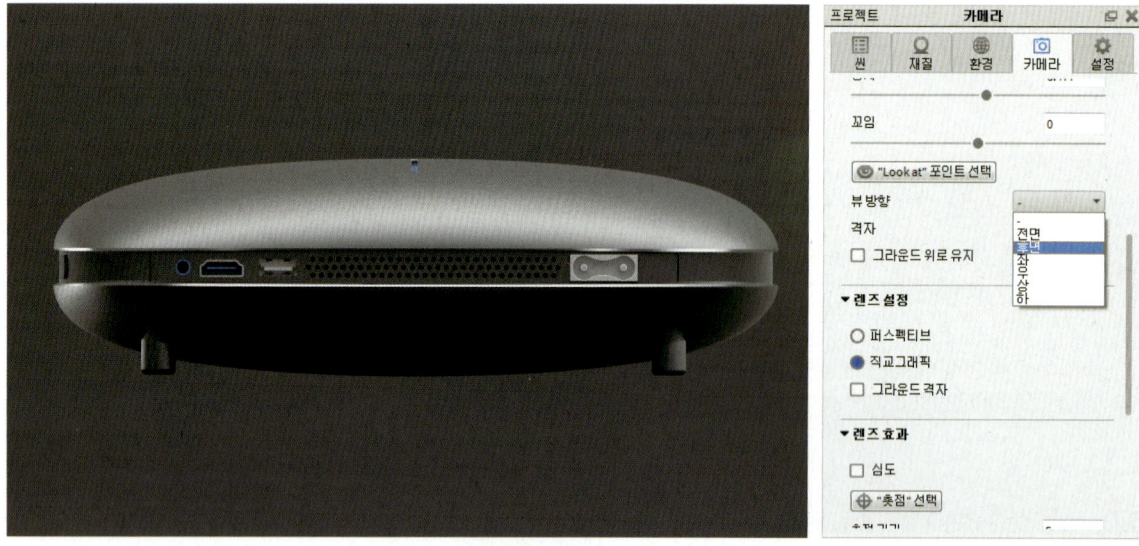

65_라벨 삽입하기 3

라벨을 적용할 파트를 마우스 오른쪽 버튼 클릭 후 '재질 편집'을 클릭합니다.

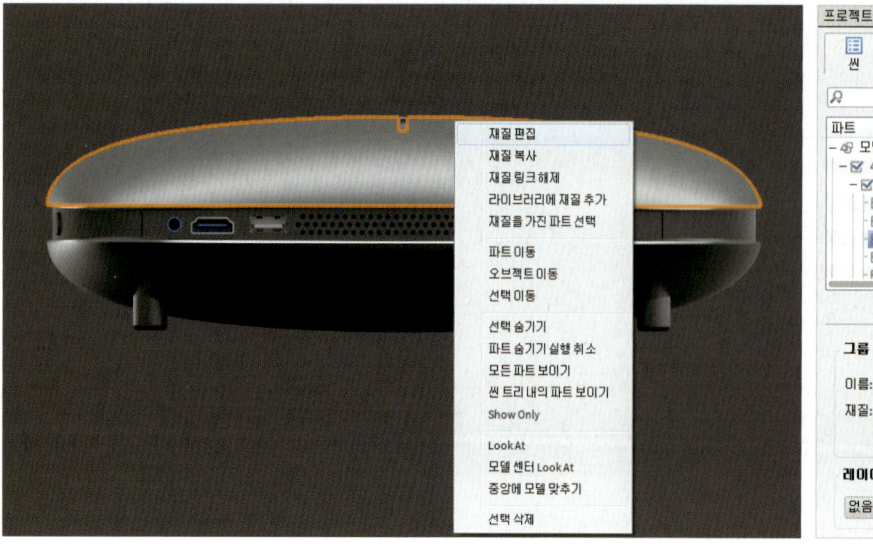
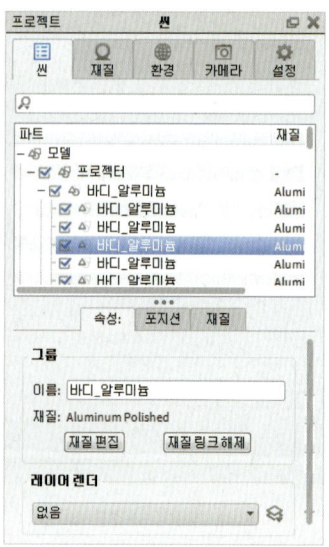

66_라벨 삽입하기 4

프로젝트 탭 중 재질 탭의 라벨 탭에서 예제에서 제공하는 Projector_3.png 파일을 적용하겠습니다.

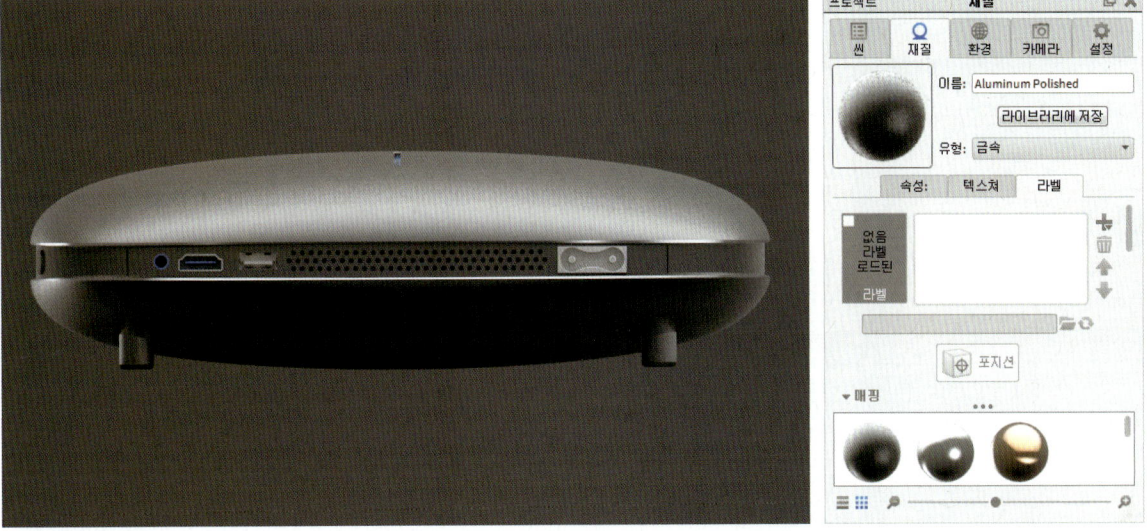

67_라벨 삽입하기 5

프로젝트 탭_재질_라벨 탭에서 더하기 마크 혹은 좌측에 '로드 된 라벨 없음'을 더블 클릭을 하여 이미지를 적용합니다.

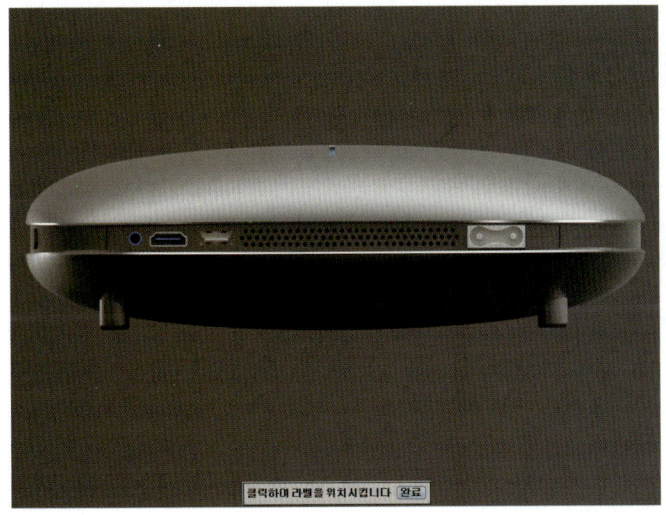
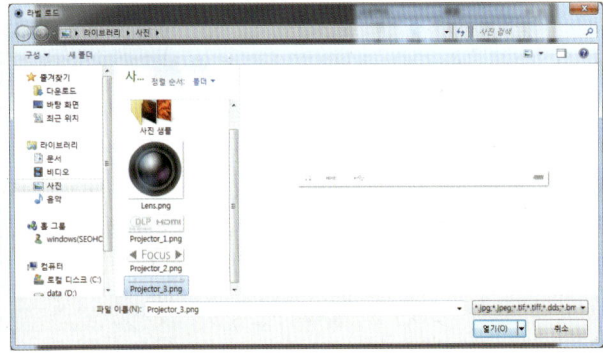

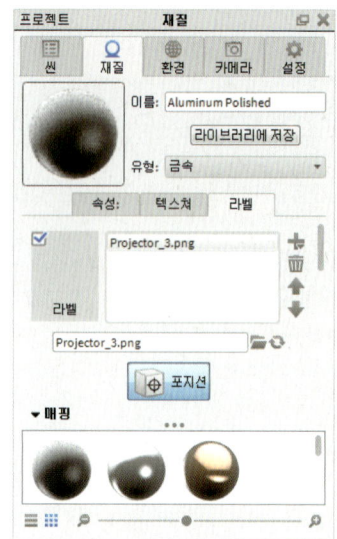

68_라벨 삽입하기 6

라벨의 유형을 Planar Y, 스케일을 157, 세기를 0.6으로 적용합니다.

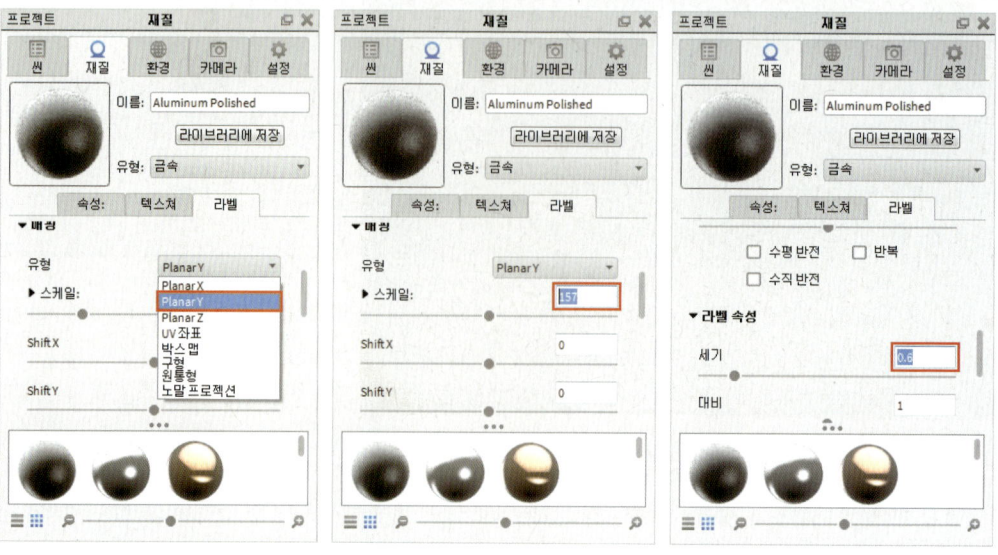

69_라벨 삽입하기 7

해당 이미지의 반전이 필요한 상황이라면 수평반전을 체크, 포지션으로 다시금 위치를 잡아준 후 실시간 창 하단의 완료 버튼을 누릅니다.

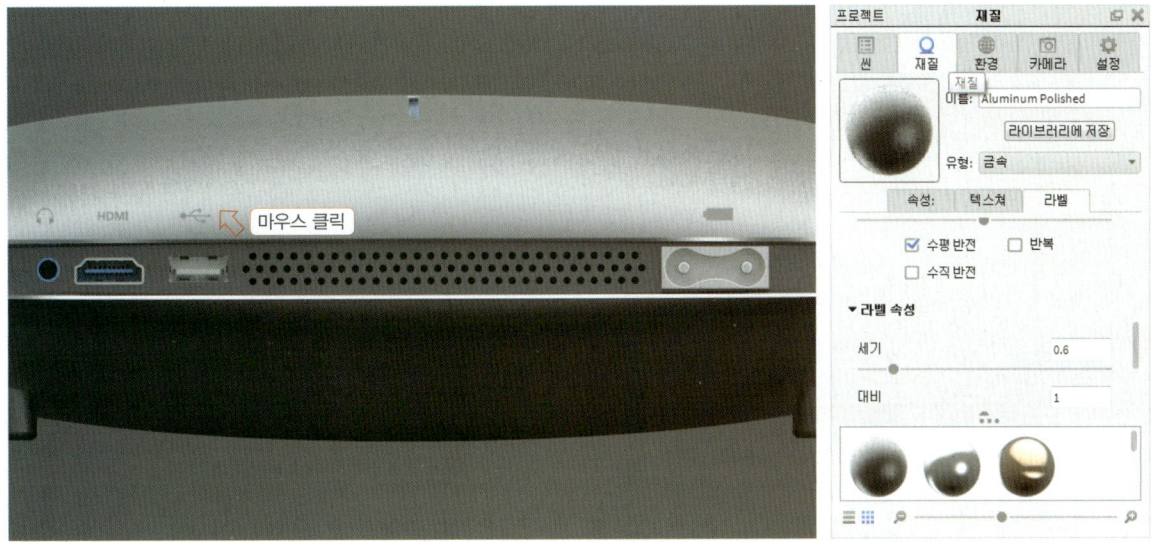

70_완성

드디어 모든 상세 설정이 끝나고 프로젝터의 최종 결과물이 나왔습니다.

이 예제에서는 KeyShot을 사용하는 유저들이 자주 사용하게 될 알루미늄에 대한 이해와 렌즈부를 실사와 같이 연출하는 법에 대해 다루어봤습니다. 이 책에서 제공한 상세 설정 값 이외의 값을 응용해 다양한 연출을 시도해보길 바랍니다.

Projector 판넬 예시 1

Projector 판넬 예시 2

KeyShot Sample_**Electric Pot Render**

ELECTRIC POT

INTRO

전기 포트

전기 포트는 주방가전의 제품군으로 Stainless 가 많이 사용되며 [05. Electric Pot] 예제에서는 Stainless와 Metallic Spray를 표현하고, 범프맵을 이용하여 페놀수지의 손잡이부 재질을 연출하는 방법을 익히려합니다. 전기 포트 예제를 이해하면 냄비, 시계, 커피머신 등 비슷한 재질을 렌더링할 때 응용해 볼 수 있습니다.

#메탈릭 페인트, #스핀헤어, #Light, #FND

01_예제 파일 실행

[05. Electric Pot] 예제 파일을 실행해 보겠습니다.

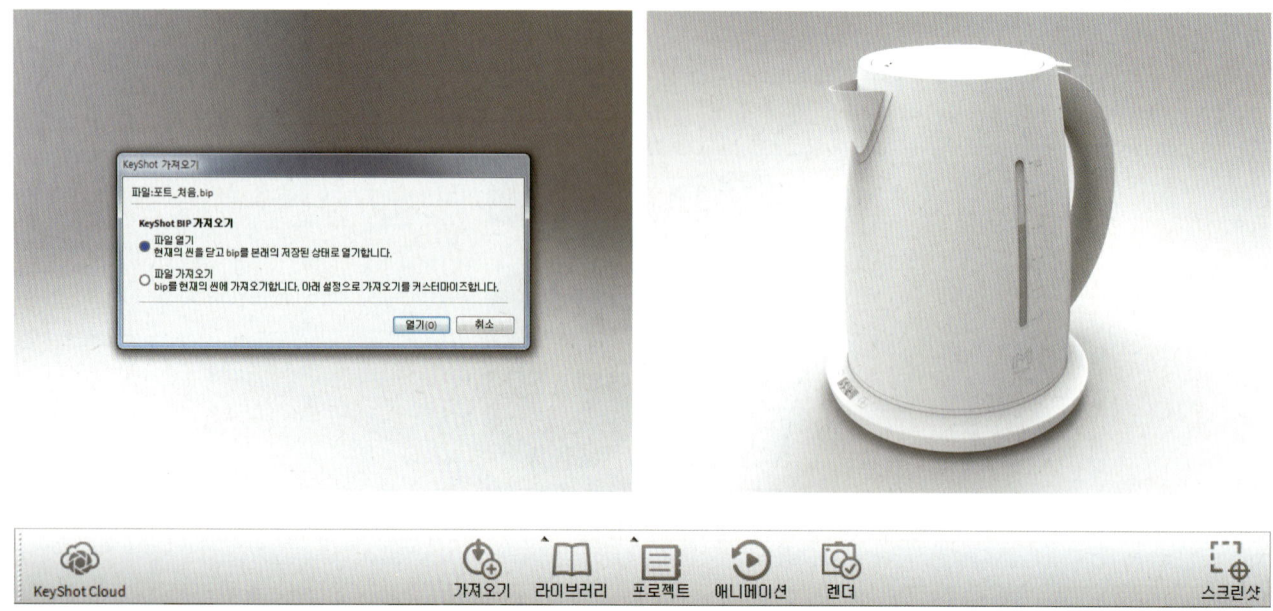

02_환경 삽입

메인 툴바의 '가져오기'로 실시간 창에 제품이 나타나면 메인 툴바의 '라이브러리 탭'으로 들어가 환경맵 중 〈 Light Tent Open3 2k 〉 Hdr을 선택하여 아래 화면처럼 실시간 창으로 드래그앤드롭하여 환경을 적용합니다.

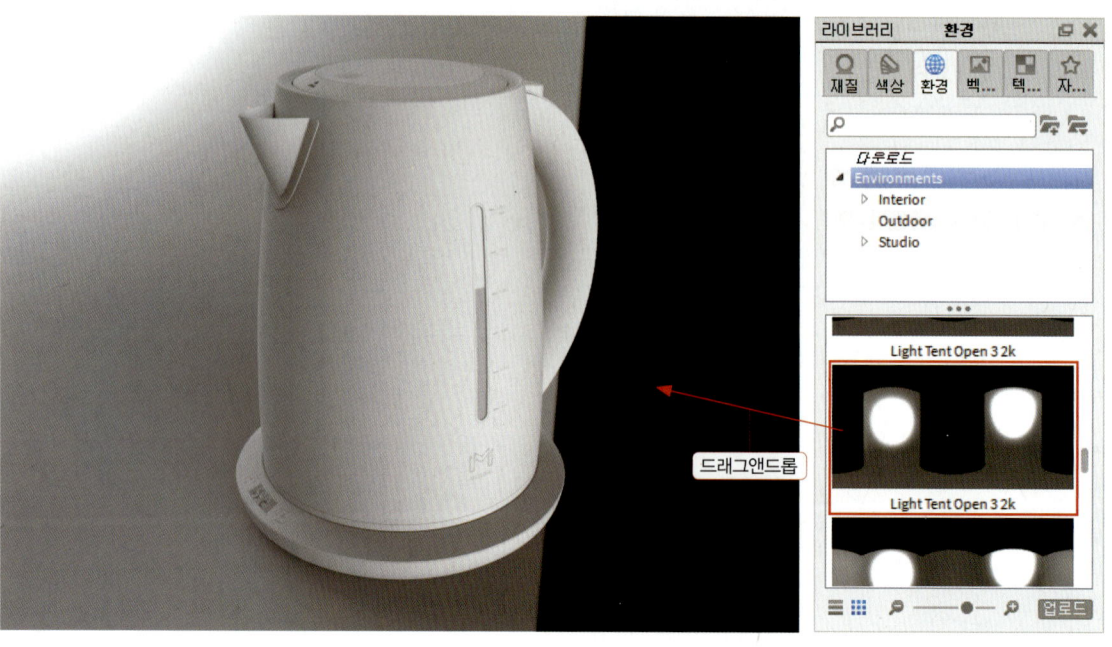

03_백그라운드 색상 설정

백그라운드 색상을 지정해보겠습니다. 메인 툴 바_프로젝트 탭_환경_백그라운드 옵션에서 색상을 C : 0% M : 0% Y : 0% K : 0%으로 지정한 후 확인 버튼을 누릅니다.

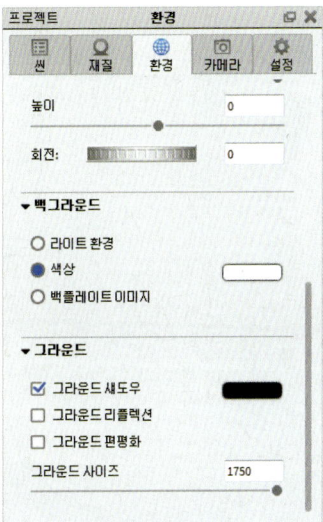
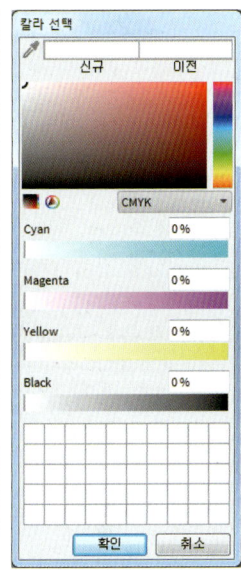

04_재질 삽입하기(예시 이미지)

예시 이미지를 참고하여 스테인레스 재질을 표현하려고 합니다. 스테인레스 재질에 Metal의 거칠기와 헤어라인을 볼 수가 있습니다.

Electric Pot 예시 이미지

입구 파트에 라이브러리 탭_재질 탭_Metal 카테고리 중 Aluminum Rough 재질을 적용합니다. Stainless라는 재질이 따로 있지만 KeyShot에서 제공하는 Aluminum과 Stainless는 차이가 미묘하게 나기 때문에 본인 제품에 맞게 사용하면 되겠습니다.

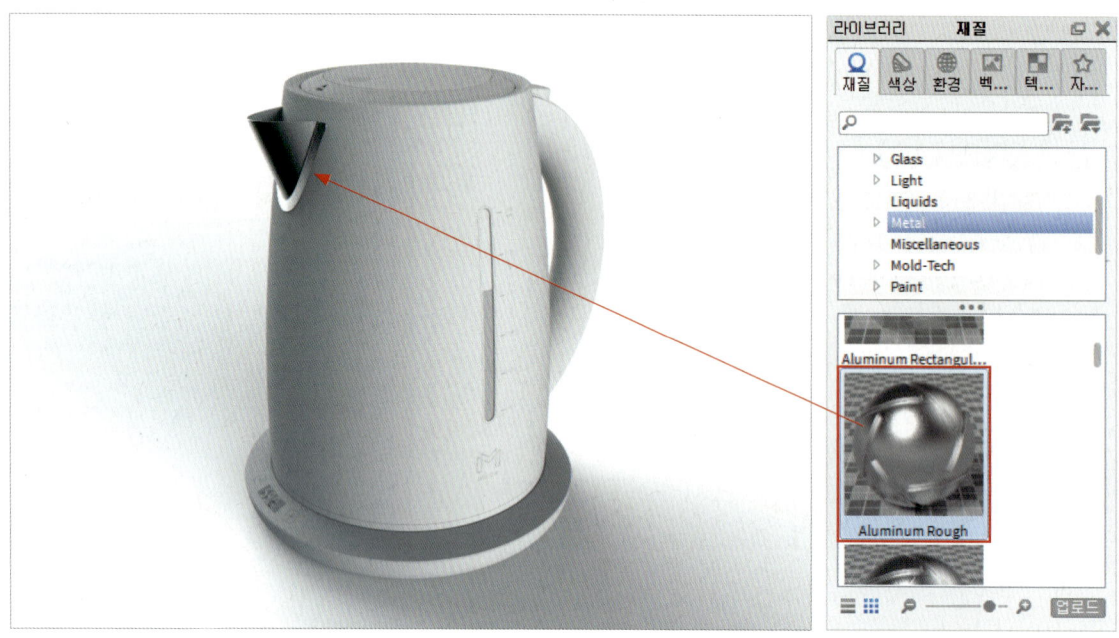

05_재질 삽입하기 1

Hairline 후가공을 표현하기 위해 프로젝트 탭_재질 탭_텍스처 탭에 유형을 브러시트로 적용합니다.

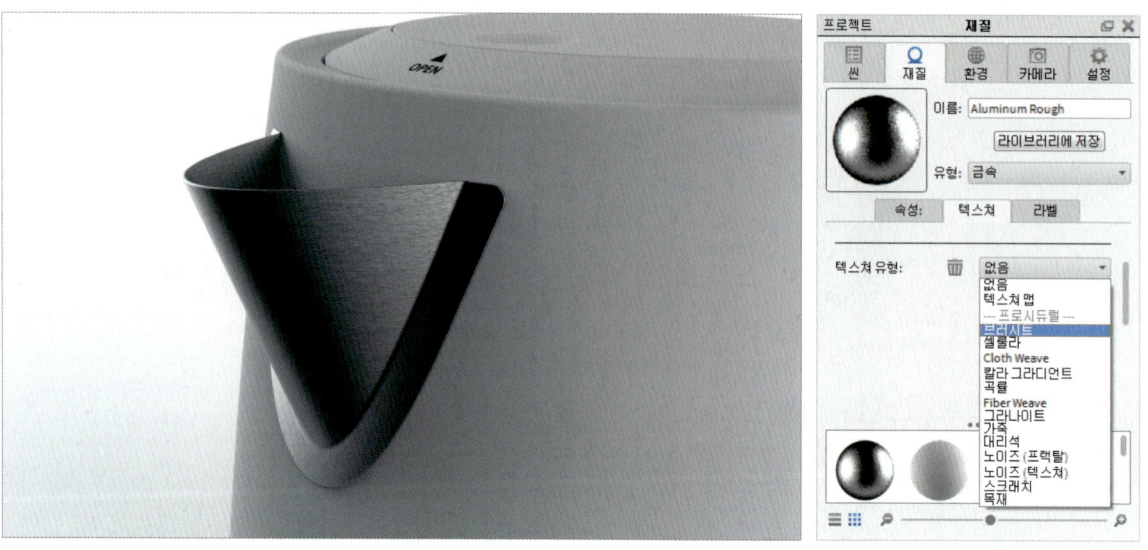

06_ 재질 삽입하기 2

스케일을 2로 적용합니다. 브러시트로 헤어라인을 적용하면 헤어라인 이미지를 따로 적용하지 않아도 손쉽게 재질을 표현할 수 있습니다.

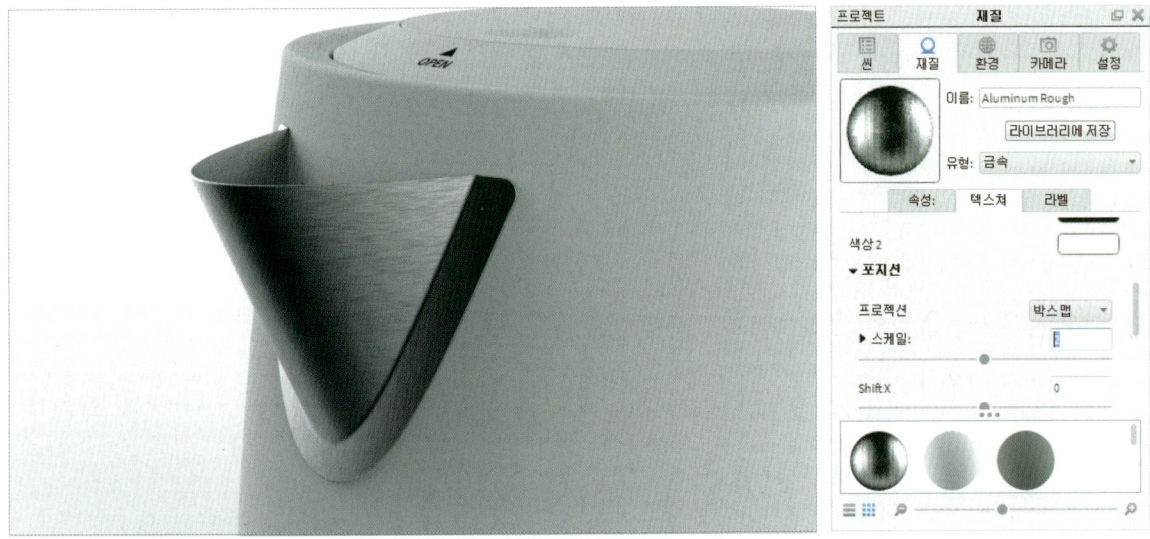

07_ 재질 삽입하기 3

바디_메인 파트에 라이브러리 탭_재질 탭_Paint 카테고리 중 Paint Metallic Saphire Blue 재질을 적용합니다.

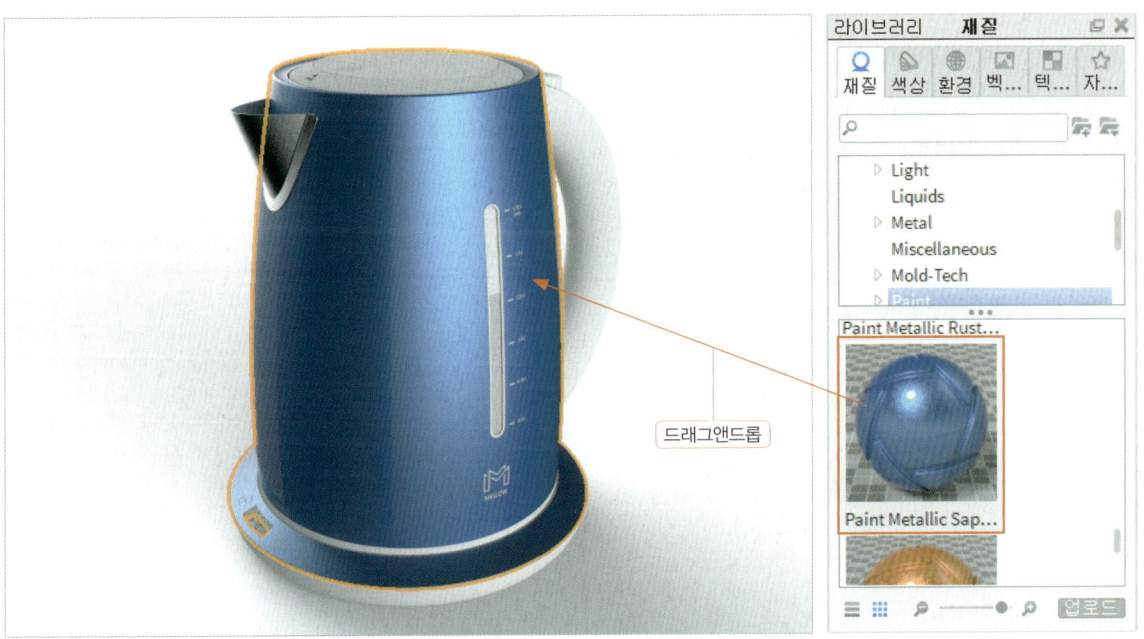

NOTE Paint Metal을 적용한 이유

아래 이미지를 보면 바디에 Metal과 Paint Metal 두 가지 이미지가 있습니다. Metal 재질을 사용하지 않고 Paint Metal 재질을 사용한 이유는 간단합니다. Metal 재질은 이미지의 끝이 새까맣게 타고 하얗게 날아가는 현상이 나타납니다. 때문에 효과적인 연출을 위해 Paint Metal의 옵션을 적절히 조절하여 Metal의 느낌을 연출하도록 하겠습니다.

Metal 재질 적용

Paint Metal 적용

08_재질 삽입하기 4

약간의 거친 느낌을 주기위해 금속 거칠기를 0.15로, 투명 코팅 굴절률을 조금 낮춰줄 수 있도록 1.2로 조정합니다.

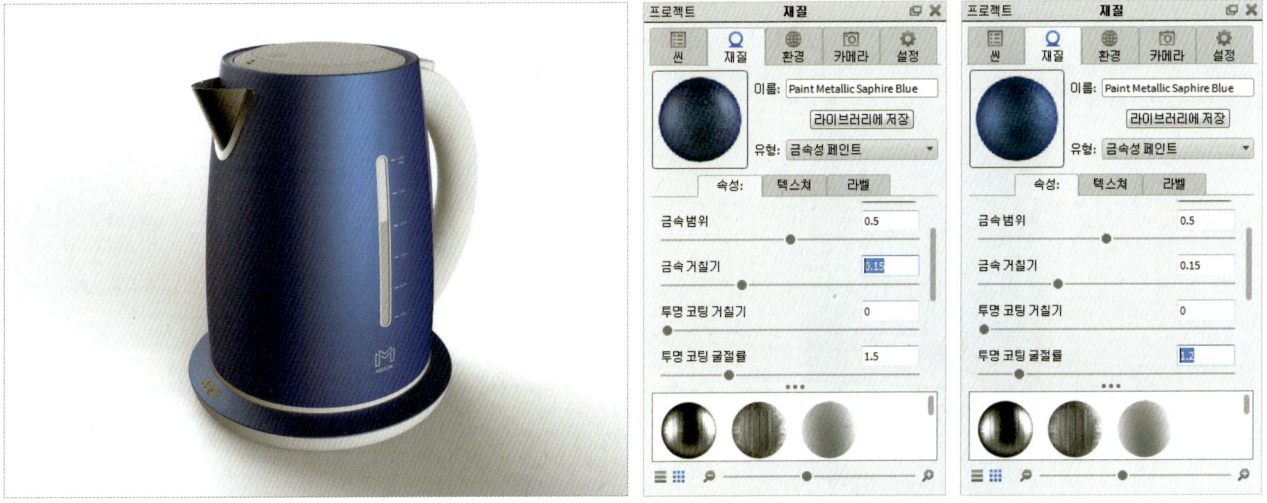

09_재질 삽입하기 5

메탈릭한 스프레이를 연출하기 위해 금속 조각 크기를 0.7로, 금속 조각 가시성을 1로 적용합니다.
여기서 금속 조각 크기란 메탈릭 스프레이에 들어있는 입자의 크기를 뜻하며 가시성을 높여 입자가 눈에 좀 더 잘 보일 수 있도록 합니다.

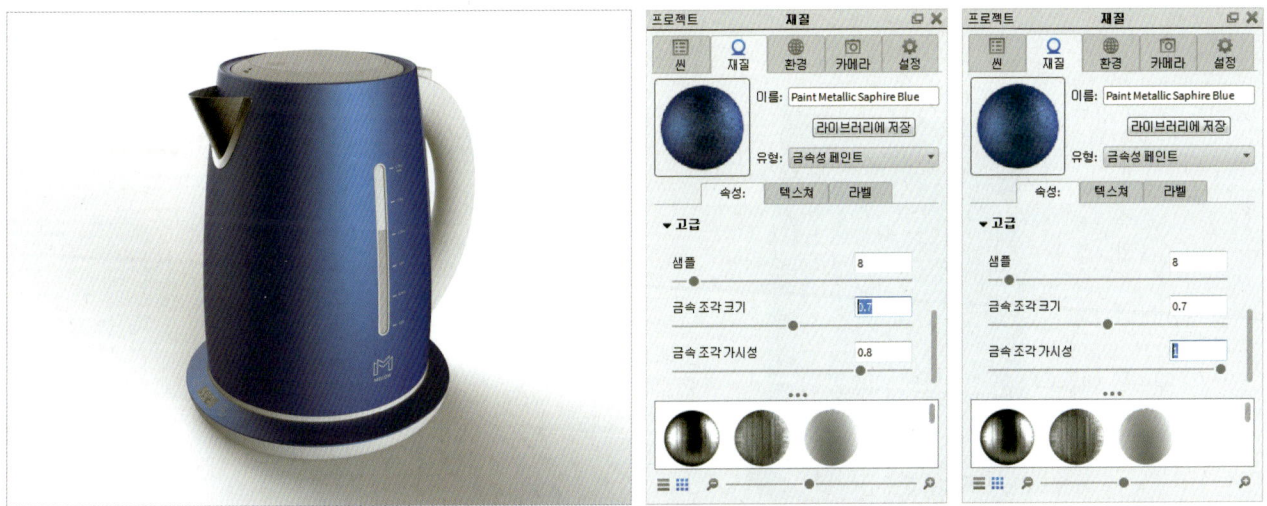

10_재질 삽입하기 6

고급스러운 재질을 표현하기 위해 기조색을 조절합니다. 기조색을 클릭하여 CMYK로 적용하겠습니다. 기조색을 C : 98% M : 73% Y : 0% K : 68%로 적용합니다.

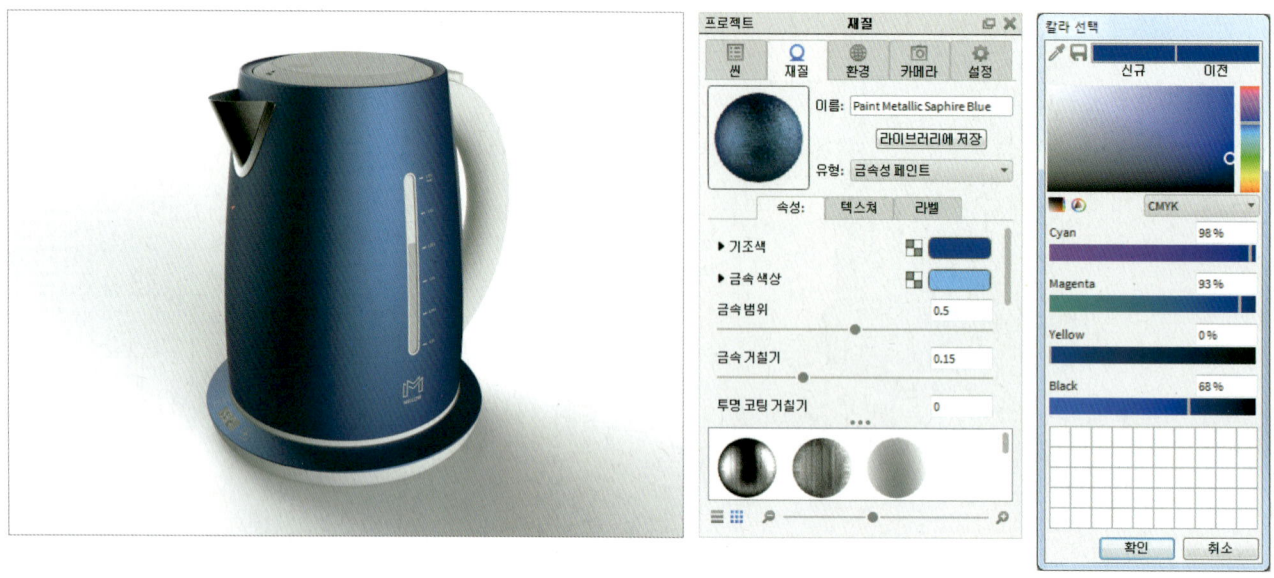

11_환경 편집하기

굴절률을 낮추고 거칠기를 주어 자칫 주전자의 덩어리감이 잘 나타나지 않을 수 있기에 프로젝트 탭_환경 탭에 밝기를 1.4로 높여 적용합니다.

12_재질 삽입하기 1

보통 전기 포트, 냄비, 후라이팬 등의 손잡이는 열에 강한 페놀수지를 사용합니다. 그리고 부식을 주어 미끄러움을 방지할 수 있는 후가공을 많이 합니다.

참고 이미지를 통해 손잡이 재질을 확인하고 표현해 보겠습니다.

손잡이 재질 예시 이미지

13_재질 삽입하기 2

바디_메인2 파트 재질 표현을 하기 위해 우선 프로젝트 탭_재질 탭_Paint 카테고리 중 Paint Gloss Black 재질을 적용하겠습니다.

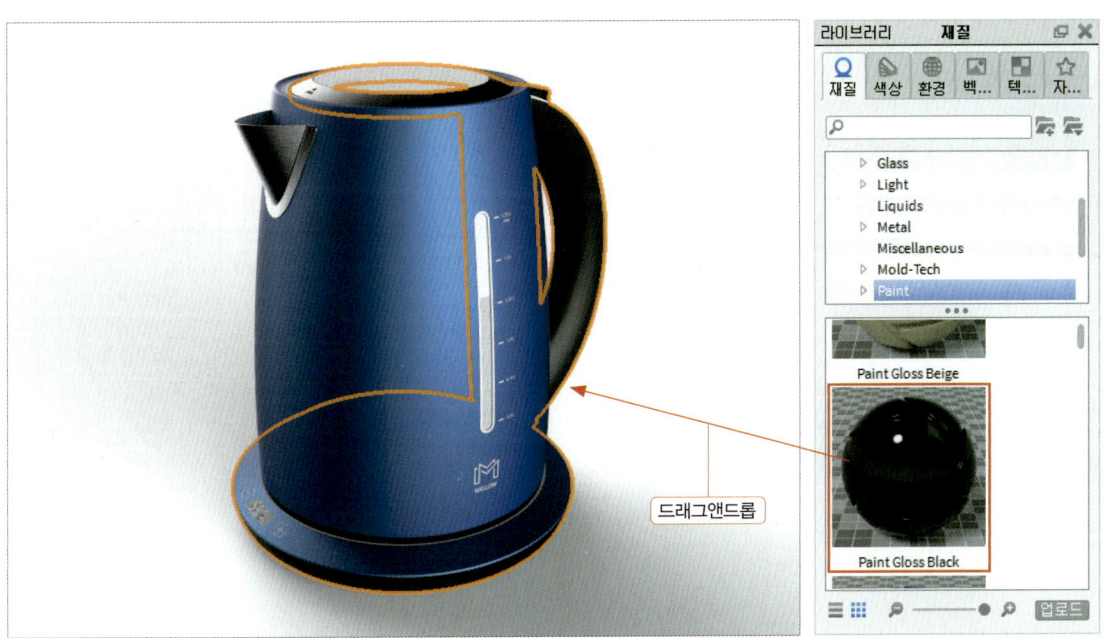

14_재질 삽입하기 3

부식 효과를 주기위해 프로젝트 탭_재질 탭에 거칠기를 0.07로 조정합니다.

15_재질 삽입하기 4

프로젝트 탭의 재질 탭을 클릭한 후 범프를 더블 클릭하여 C:₩Users₩windows₩내문서₩KeyShot5₩Textures₩Bump Maps₩Normal Maps에 들어가 asphalt_norm.jpg 이미지를 적용합니다.

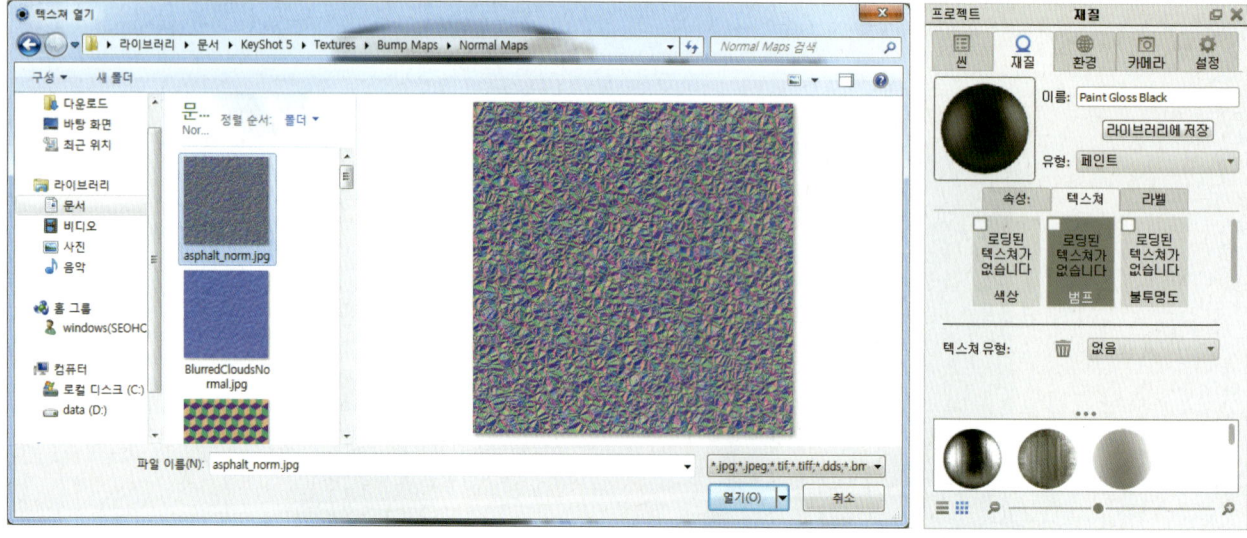

16_재질 삽입하기 5

범프의 세부 조절을 해보겠습니다. 텍스쳐 유형을 UV 좌표로 적용합니다.

 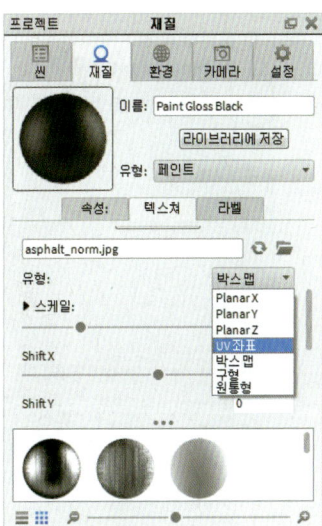

17_재질 삽입하기 6

범프의 스케일을 0.04로 적용, 범프 높이를 0.7로 적용합니다.

 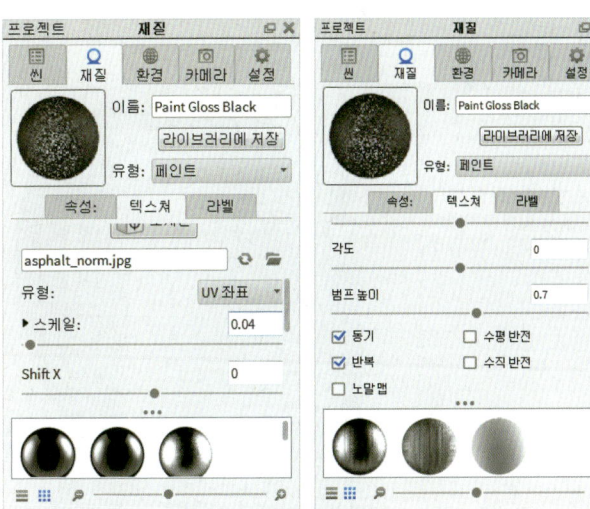

18_재질 삽입하기 7

캡 파트에 전기 포트의 포인트 요소가 될수 있는 SpinHair 재질을 표현해 보겠습니다.

19_재질 삽입하기 8

캡 파트에 라이브러리 탭_재질 탭_Metal 카테고리 중 Aluminum Polished 재질을 드래그앤드롭합니다.

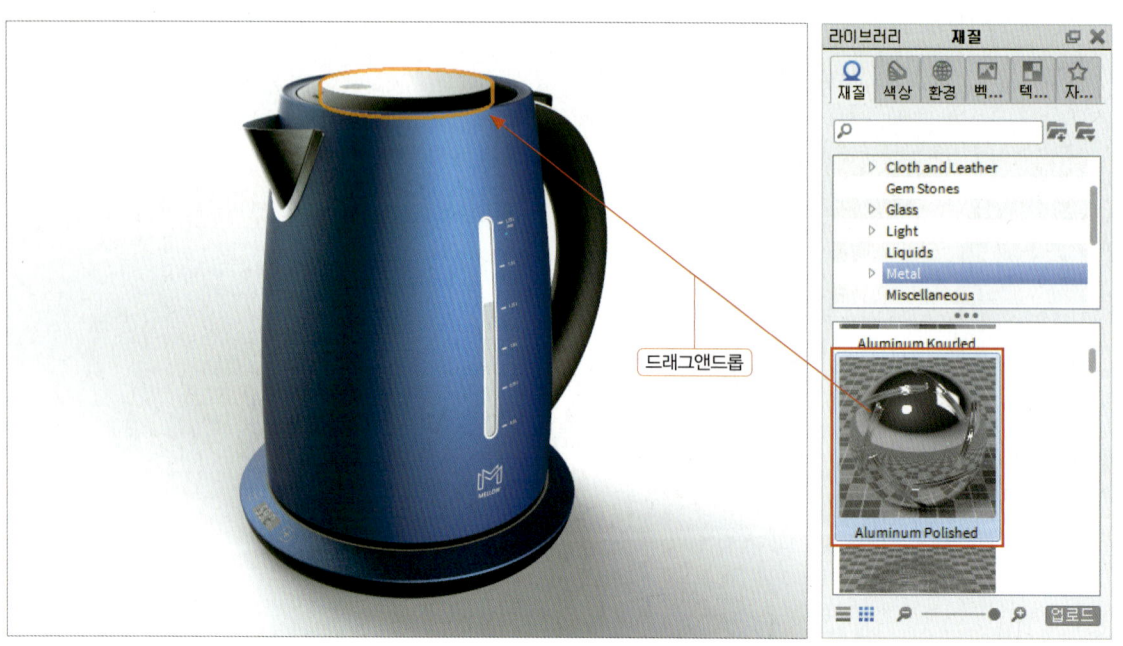

20_재질 삽입하기 9

캡 파트에서 편집할 파트를 마우스 오른쪽 버튼 클릭 후 재질 링크 해제를 클릭합니다. 타 작업시 재질 링크 해제가 되지 않을 경우 [01. Bluetooth Speaker](89p)에 나와있으니 참고하기 바랍니다.

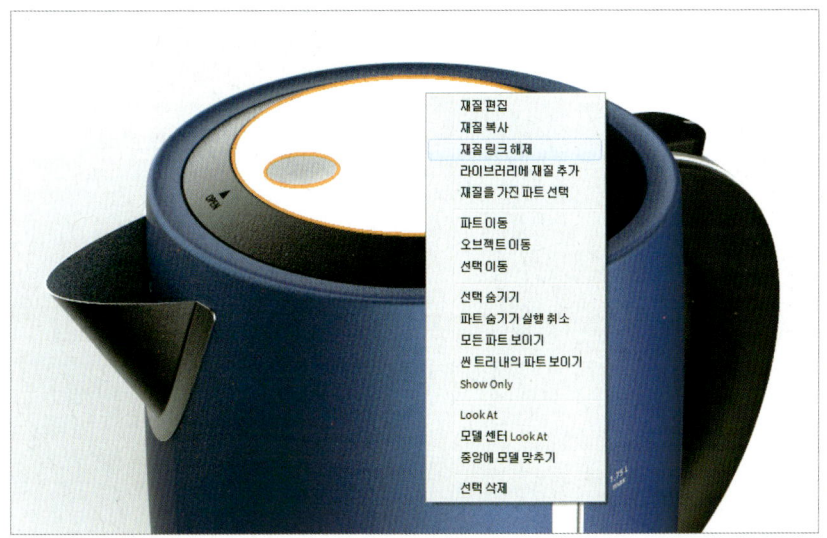
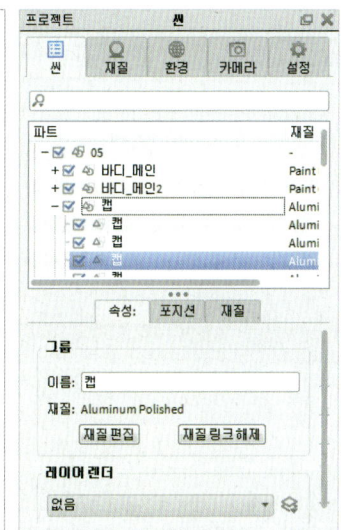

21_재질 삽입하기 10

캡 파트에서 편집할 파트를 마우스 오른쪽 버튼 클릭 후 재질 편집을 클릭합니다.

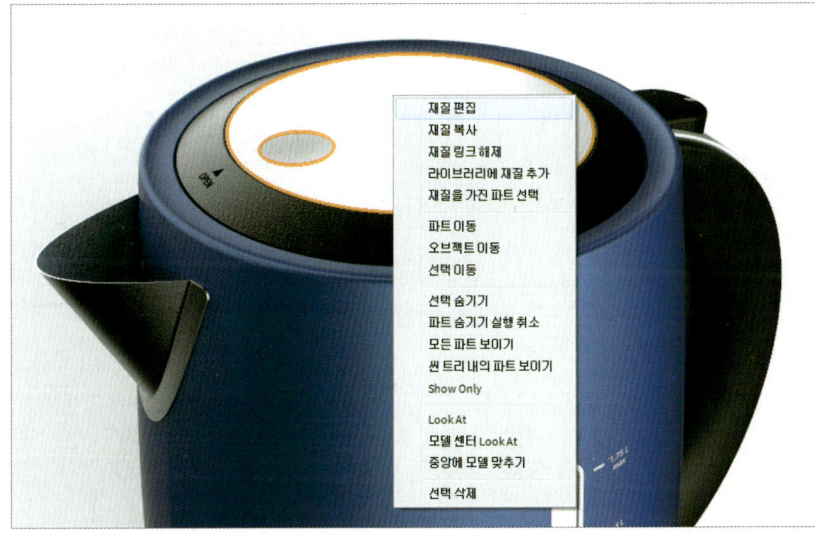
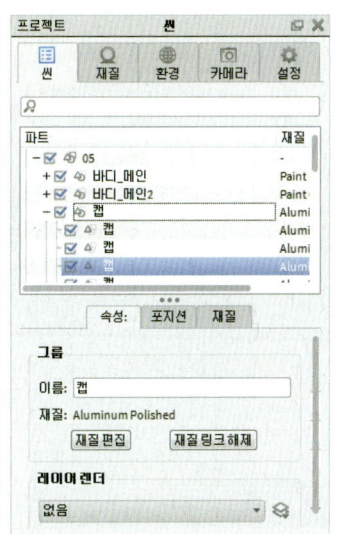

22_재질 삽입하기 11

예제에서 제공하는 Spin Hair. JPG 이미지 파일을 라벨로 적용해보겠습니다. 프로젝트 탭_재질 탭_라벨 탭으로 들어갑니다. 라벨 탭에서 더하기 마크 혹은 좌측에 '로드 된 라벨 없음'을 더블 클릭하여 Spin Hair. JPG 이미지 파일을 첨부합니다.

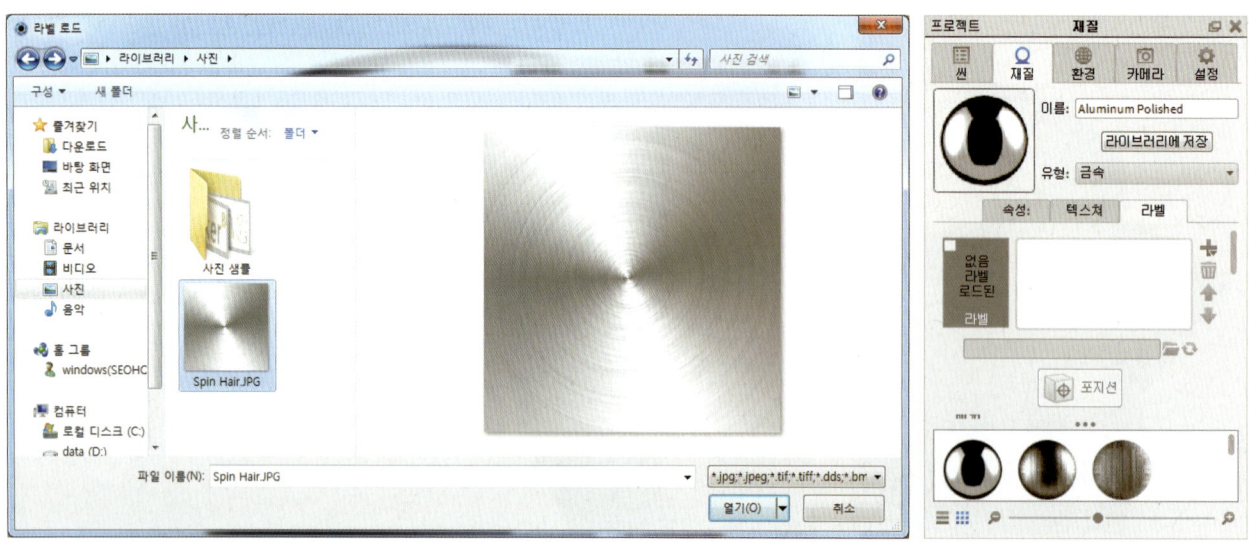

23_재질 삽입하기 12

라벨의 유형을 UV 좌표로 적용한 후 Shift X와 Y의 값을 0으로 적용합니다.

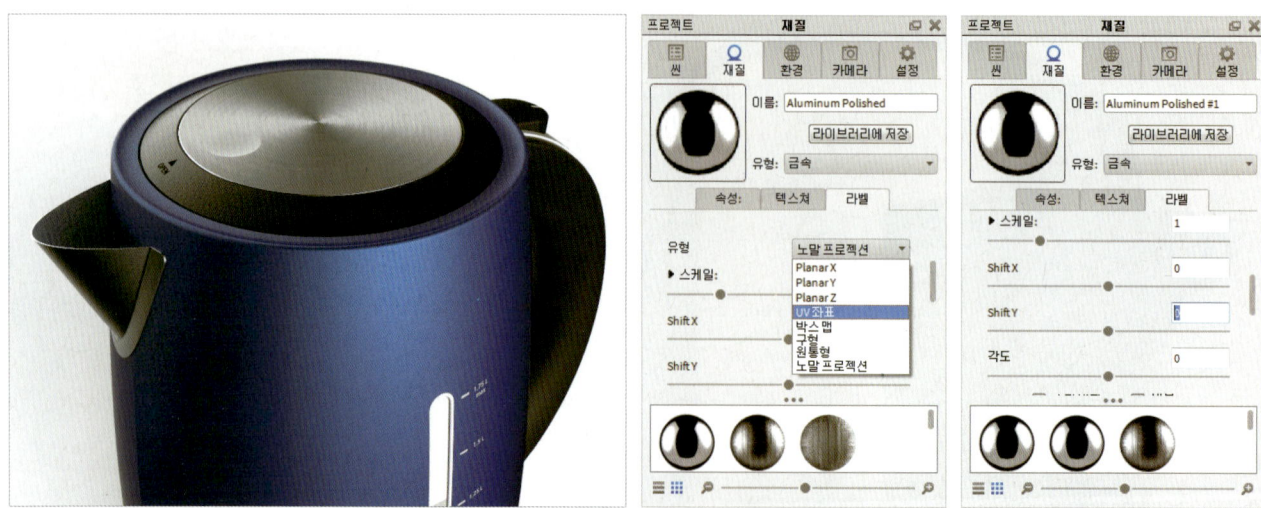

24_재질 삽입하기 13

Metal 재질과 Spin Hairline의 극적인 효과를 위해 대비를 4로 조정합니다(연출하고자하는 이미지에 따라 다르게 설정 값을 변경해보길 바랍니다).

 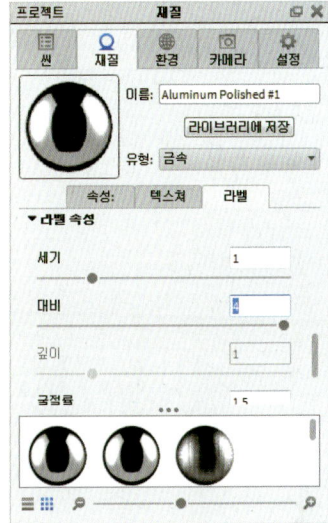

25_재질 삽입하기 14

개체 버튼, 손잡이, 투명수위 창 파트에 Metal 재질을 적용하겠습니다. 같은 재질을 적용하지만 수치 값을 다르게 하여 표현하도록 하겠습니다.

 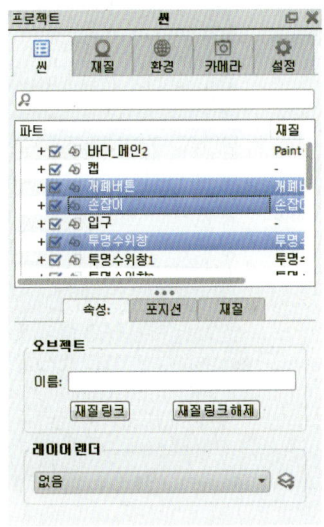

26_재질 삽입하기 15

라이브러리 탭_재질 탭_Metal 카테고리 중 Aluminum Polished 재질을 손잡이 파트에 드래그앤드롭합니다.

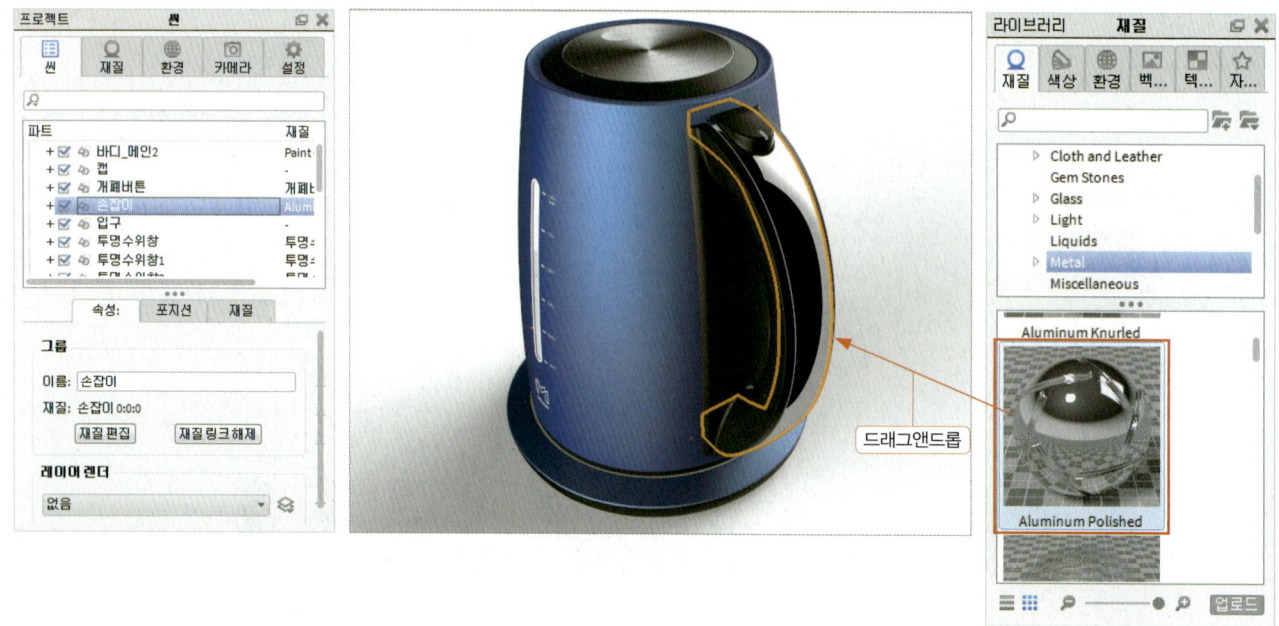

27_재질 삽입하기 16

프로젝트 탭_재질 탭_거칠기를 0.09로 적용합니다.

28_재질 삽입하기 17

뚜껑 버튼 파트에는 Spin Hairline을 적용하지 않으므로 해당 파트에는 라이브러리 탭_재질 탭_Metal 카테고리 중 Aluminum Polished 재질을 드래그앤드롭합니다.

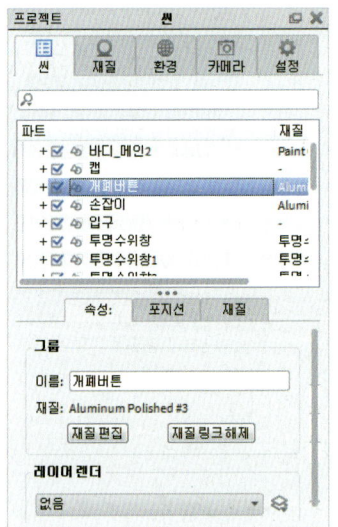

29_재질 삽입하기 18

캡 파트와 톤을 맞추기 위해 프로젝트 탭_재질 탭_색상을 C : 0% M : 0% Y : 0% K : 100%으로 적용하고 거칠기를 0.2로 적용합니다.

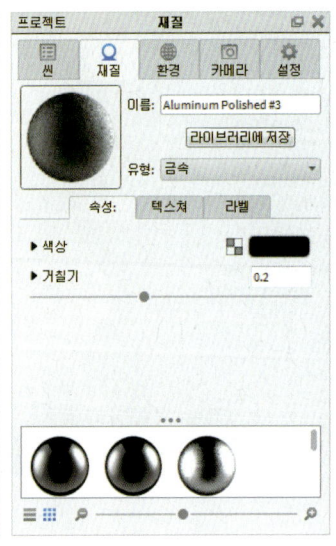
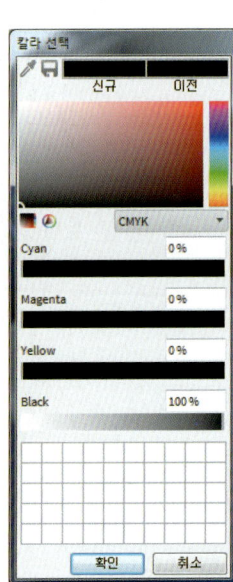

30_재질 삽입하기 19

투명 수위창 파트에 라이브러리 탭_재질 탭_Metal 카테고리 중 Aluminum Polished 재질을 드래그앤드롭합니다.

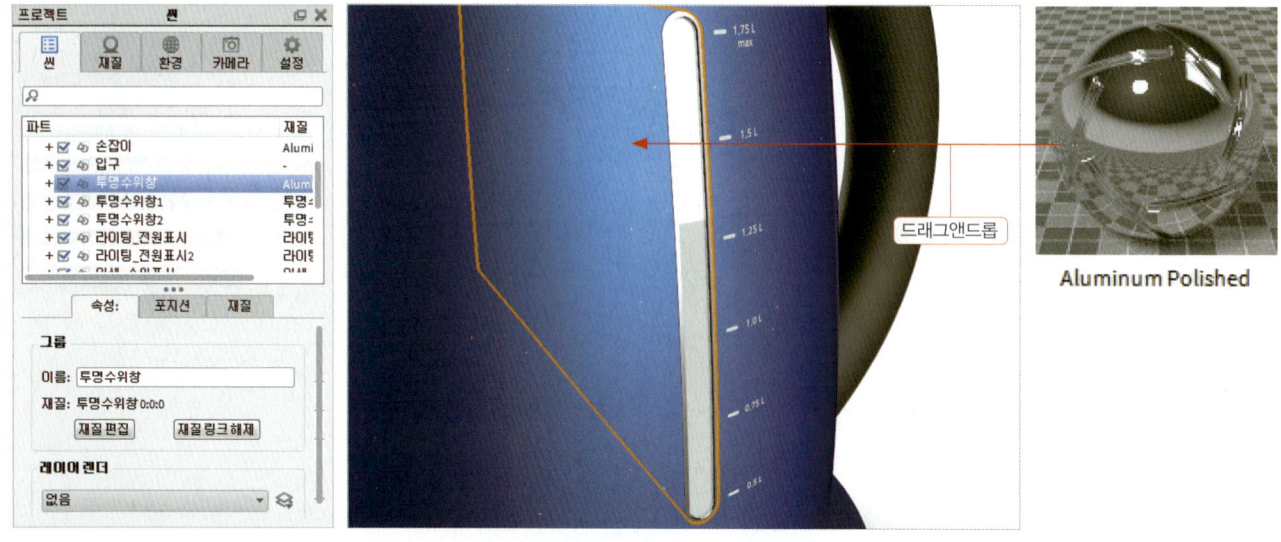

31_재질 삽입하기 20

프로젝트 탭_재질 탭_색상을 C : 0% M : 0% Y : 0% K : 80%으로 적용하고 거칠기를 0.1로 적용합니다.

32_중간확인

현재 큰 덩어리 파트에 전기 포트가 가지고 있는 Metal 재질의 디테일이 들어갔기 때문에 처음 예제 파일을 가져오기 했을 때와 비교하면 확연히 재질의 차이를 느낄 수 있을 겁니다. 지금까지의 작업이 큰 덩어리의 작업이었다면 이제부터는 작은 파트에 디테일을 추가하여 조금 더 현실감 있는 전기 포트 렌더링을 표현하겠습니다.

33_재질 편집하기 1

투명 수위창 파트에 디테일을 주기 위해 해당 파트를 미리 두 개로 나누어 두었습니다. 반은 물이 차있는 것처럼 연출하기 위함입니다. 물이 차있는 부분은 톤이나 색상을 약간 다르게 적용하도록 하겠습니다. 본 렌더링은 투명 수위창이 좁아 표현을 하지 않았지만 넓고 더 맑은 투명 수위 창을 모델링하여 렌더링을 한다면 물 이미지를 라벨로 첨부하여 디테일을 추가하는 것도 방법이니 참고하기 바랍니다.

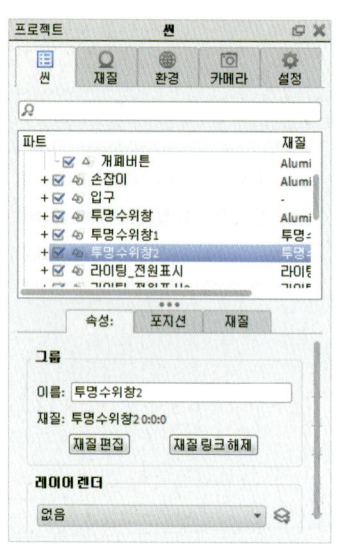

34_재질 편집하기 2

라이브러리 탭_색상 탭에 Dark Grey 색상을 적용할 투명수위창1 파트에 드래그앤드롭합니다.

35_재질 편집하기 3

라이브러리 탭_색상 탭에 Dark Cool Grey 색상을 적용할 투명수위창2 파트에 드래그앤드롭합니다. 물이 차있는 표현이기 때문에 톤을 조금만 낮춰도 물이 차있는 느낌의 표현이 가능합니다.

36_재질 편집하기 4

인쇄 파트는 제품의 디테일을 가장 잘 살릴 수 있는 요소이며 제품의 상태 및 사용 방법, 브랜드 등을 나타내는 중요한 부분입니다. 색상을 다운시켜 현 제품에 잘 어우러질 수 있도록 하겠습니다. 모든 인쇄_파트에 동일하게 프로젝트 탭_재질 탭_색상을 C : 0% M : 0% Y : 0% K : 40%로 적용합니다.

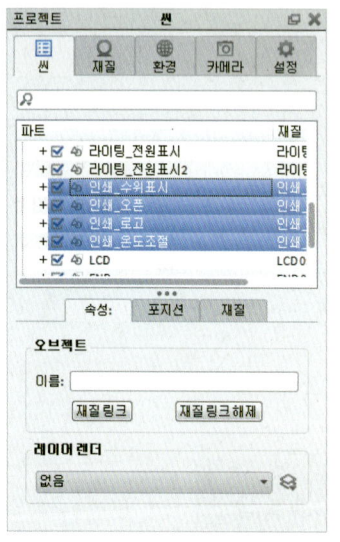 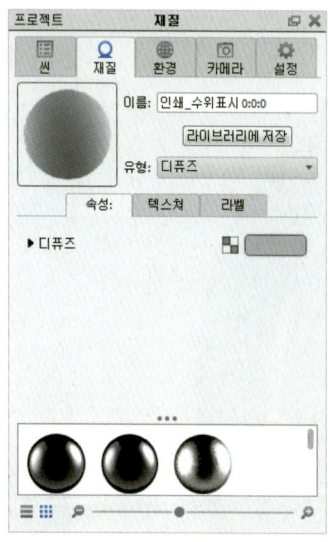 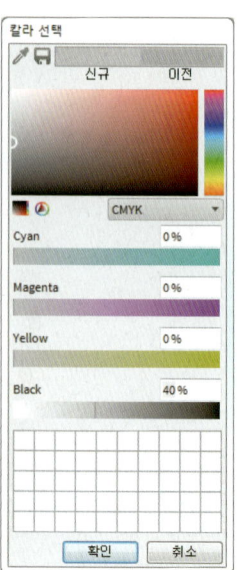

37_재질 삽입하기 1

전기 포트 제품에서 Lighting부는 제품의 작동 상태를 나타내는 중요한 역할을 합니다. 아래 이미지를 참고하여 재질을 적용해보겠습니다.

38_재질 삽입하기 2

라이브러리 탭_재질 탭_ Light 카테고리 중 Emissive Radial Sharp 재질을 라이팅_전원표시1 파트에 적용합니다.

NOTE 참고 이미지처럼 빛이 일정한 포인트에 맞춰 더 밝고 어두운 그라데이션 효과를 주기 위해 불투명도가 포함된 빛 재질을 사용합니다.

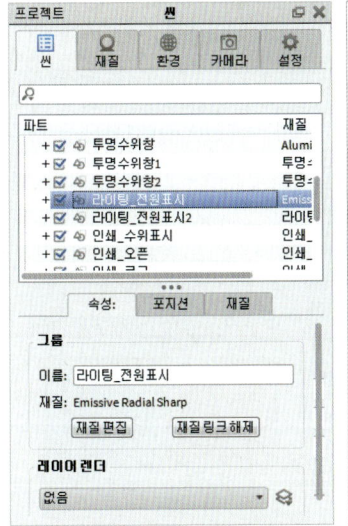  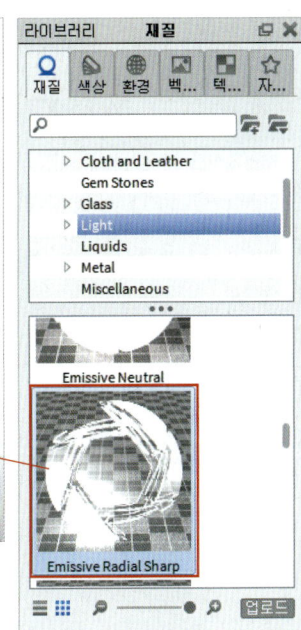

39_재질 삽입하기 3

빛을 원하는 느낌에 맞춰 연출하기 위해 프로젝트 탭_텍스쳐 탭에 불투명도 선택 후 포지션을 클릭하여 실시간 창에서 원하는 위치에 클릭한 후 완료 버튼을 클릭합니다.

40_재질 삽입하기 4

제품에 맞는 LED 색상을 위해 라이브러리 탭_색상 탭에 Electric Blue 색상을 해당 파트에 드래그앤드롭합니다.

41_재질 삽입하기 5

프로젝트 탭_재질 탭_세기를 20으로 적용하여 푸른 LED가 스며 나오는 느낌을 표현합니다.

42_재질 삽입하기 6

같은 방법으로 라이팅_전원표시2 파트에도 Emissive Radial Sharp 재질과 Electric Blue 색상을 적절히 활용하여 표현합니다.

 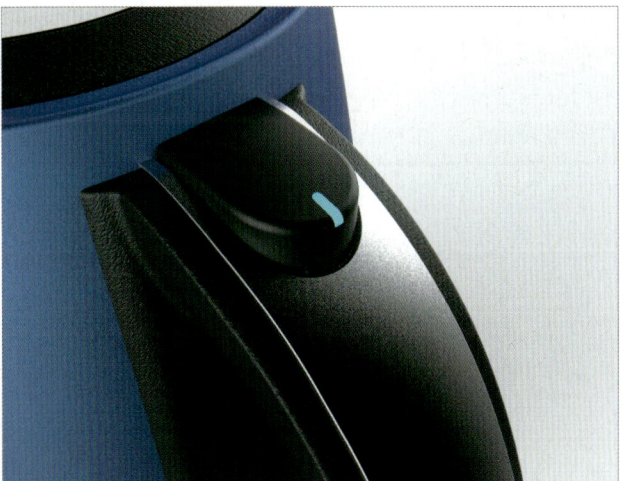

43_재질 삽입하기 7

FND란 우리 주변에서 흔히 볼 수 있는 디스플레이 방식으로 시계 및 가전 제품 등에서 많이 사용되고 있습니다.

FND는 크게 'LED가 포함된 작동부'와 '원하는 형상만 빛이 투과할 수 있도록 제작한 필름' 두 가지로 분류됩니다. 때문에 원하는 형상이나 상태에 따라 다양하게 제작하여 활용이 가능합니다. 주로 숫자나 알파벳 형상으로 자주 사용되며 다양한 GUI로 제작하여 제품의 작동 상태 및 모드 등을 나타내는데도 활용 가능합니다.

44_재질 삽입하기 8

블랙 아크릴 파트의 색상을 C : 0% M : 0% Y : 0% K : 100%로 적용합니다.

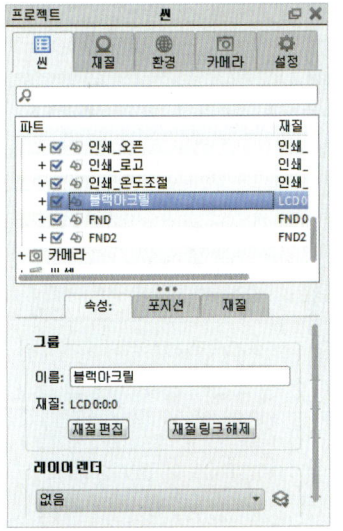 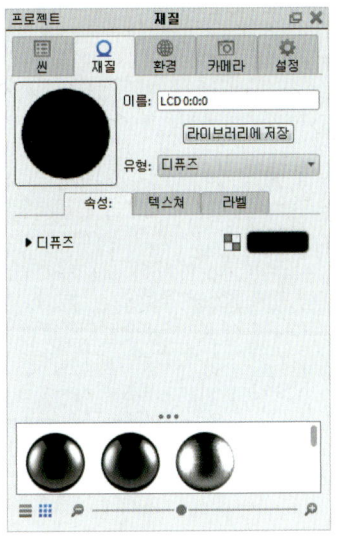 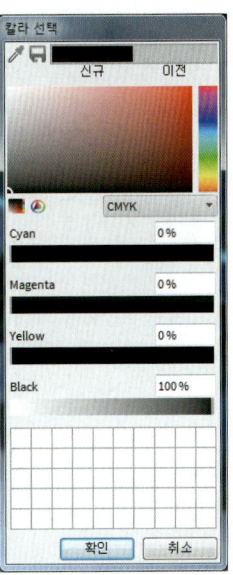

45_재질 삽입하기 9

라이브러리 탭_재질 탭_ Light 카테고리 중 Emissive Radial Sharp 재질을 FND 파트에 드래그앤드롭합니다.

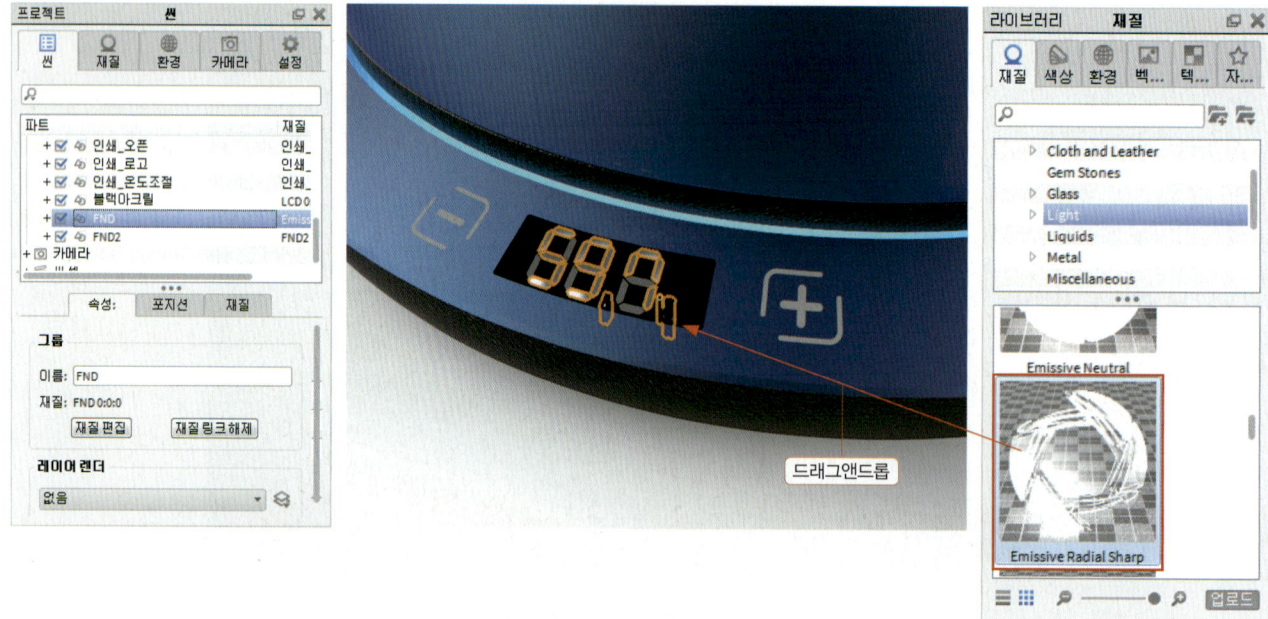

46_재질 삽입하기 10

라이브러리 탭_색상 탭에 Electric Blue 색상을 적용할 재질에 드래그앤드롭합니다.

47_재질 삽입하기 11

원하는 느낌에 맞춰 빛을 연출하기 위해 프로젝트 탭_텍스쳐 탭에 불투명도 선택 후 포지션을 클릭하여 실시간 창에서 원하는 위치에 클릭한 후 완료 버튼을 클릭합니다. 그리고 스케일을 4로 적용합니다. 빛의 세기를 조절하지 않았지만 벌써 FND의 느낌이 납니다.

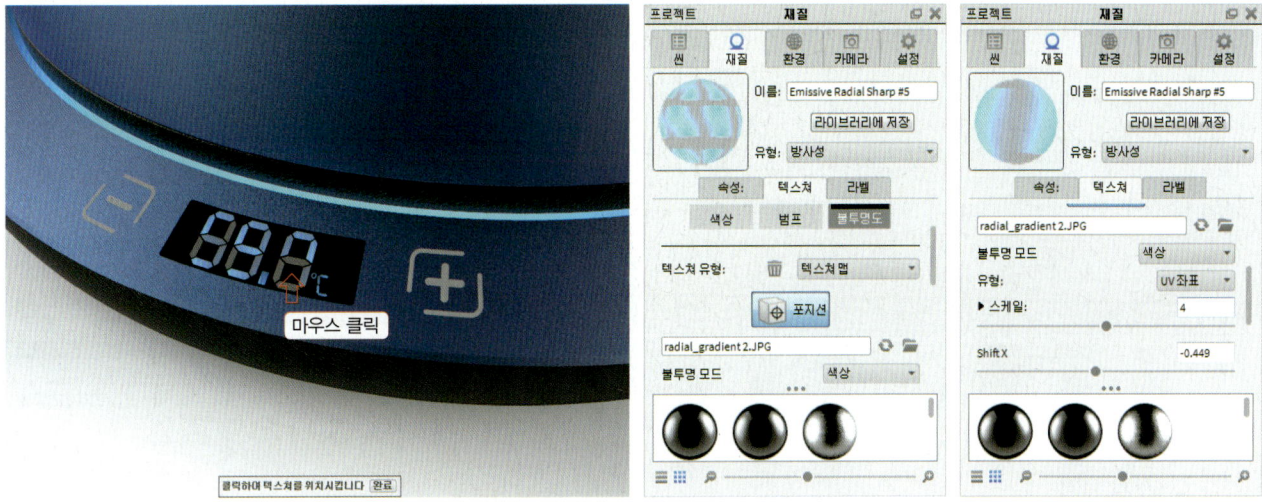

48_재질 삽입하기 12

FND 파트의 재질 세기를 13으로 적용하여 상태 표시 라이팅과 톤이 어우러지게 합니다.

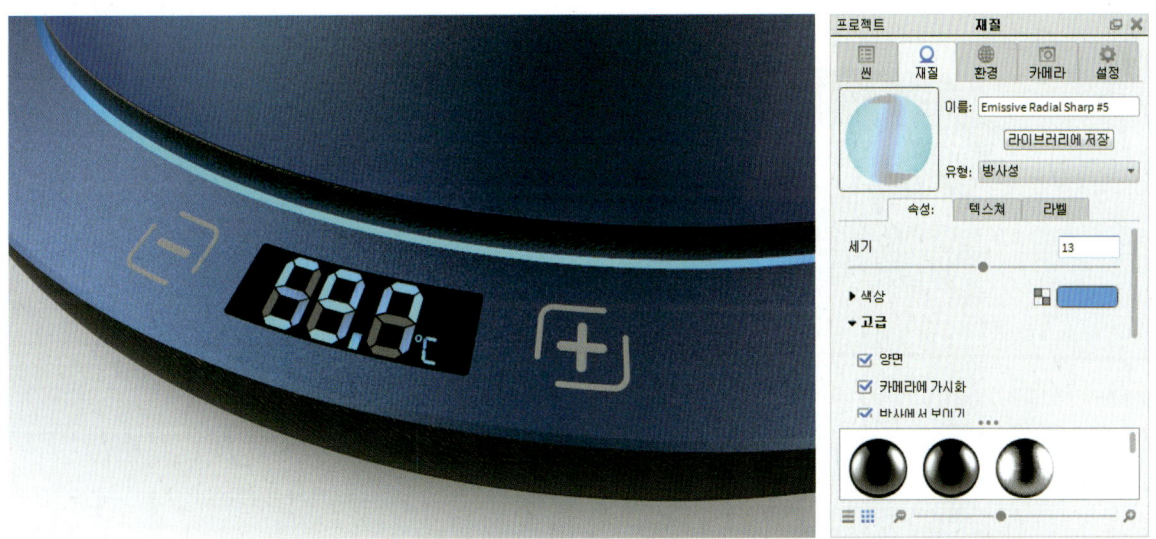

49_재질 삽입하기 13

FND2 파트의 색상을 조절하겠습니다. FND를 포함하고 있는 제품군을 자세히 살펴보면 라이팅이 그냥 나오는 것이 아니라 원하는 숫자 혹은 형태만큼의 커팅 라인이 있습니다. 제품디자인을 하면서 이런 디테일을 잡아내는 것 또한 제품디자이너로서의 표현 방법 중 하나입니다. 프로젝트 탭_재질 탭_색상을 C : 0% M : 0% Y : 0% K : 95%로 적용합니다.

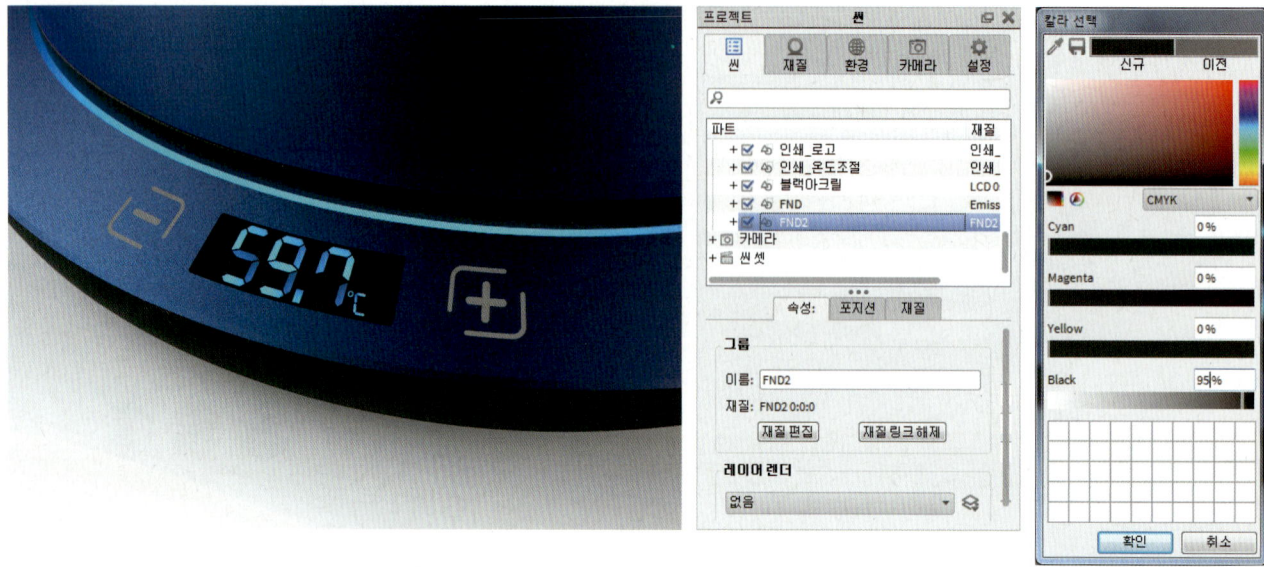

50_완성

전기 포트의 세부설정이 모두 마무리 되었습니다.
해당 예제 이외에 다른 컬러나 재질을 이용하여 다양하게 응용해보길 바랍니다.

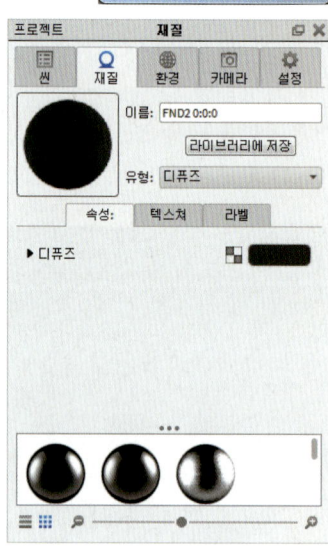

05. 전기 포트 Electric Pot

Electric Pot 판넬 예시 1

Electric Pot 판넬 예시 2

KeyShot Sample_Penguin Light Render

PENGUIN LIGHT

06

INTRO

펭귄 조명

Mood Lighting은 어둡지 않을 정도의 밝기로 빛을 내어 은은하고 부드러운 밝기를 내는 조명으로 세기가 강하기 않아 취침등 및 보조등, 인테리어 용도로 사용되고 있는 조명입니다.

[06. Penguin Light] 예제에서는 포인트 라이트를 활용하여 불투명한 재질에 투과를 시켜 마치 은은한 Mood Light 느낌을 내도록 표현하려고 합니다. 펭귄 조명 예제를 이해하면 다양한 조명 렌더링에 효과적으로 사용이 가능합니다.

#반투명 플라스틱, #은은한 조명 연출, #Point Light

01_모델링 준비

렌더링 예제에 앞서 모델링 상에서 준비해야 할 데이터에 대해 설명하겠습니다.

❶ 조명을 적용할 파트

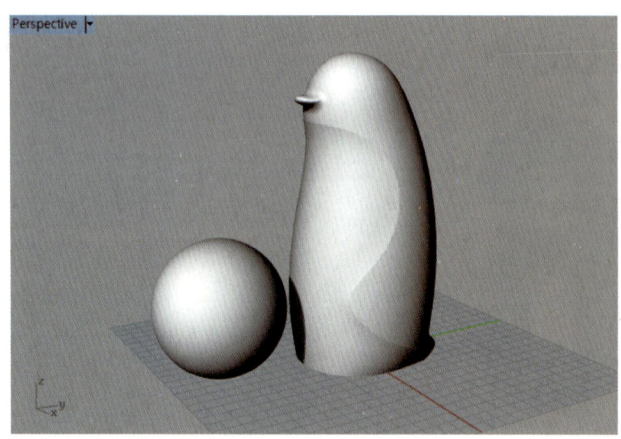

❷ 조명 파트 위치

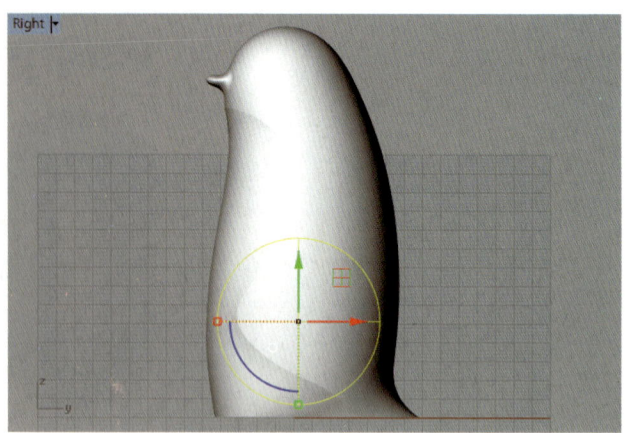

펭귄 조명 모델링과 조명의 매개체가 될 형상(구, 원통, 박스)을 모델링 파트 안쪽으로 배치합니다. 이는 후에 Point Light 재질을 적용하여 은은하게 맺히는 Mood Light의 효과를 표현하려 합니다.

조명의 형상(구, 원통, 박스)을 준비하지 못했다면 [08. Electric Bulb – 01_모델링 준비]를 참고해서 KeyShot 내에서도 준비할 수 있습니다.

조명이 될 파트를 펭귄 모델링 안쪽에 배치를 합니다. 응용 시 제품의 형상과 내부의 조명 형상이 겹쳐지는 현상은 걱정할 필요가 없습니다(이후 설명).

02_예제 파일 실행

[06. Penguin Light] 예제 파일을 실행해보겠습니다.

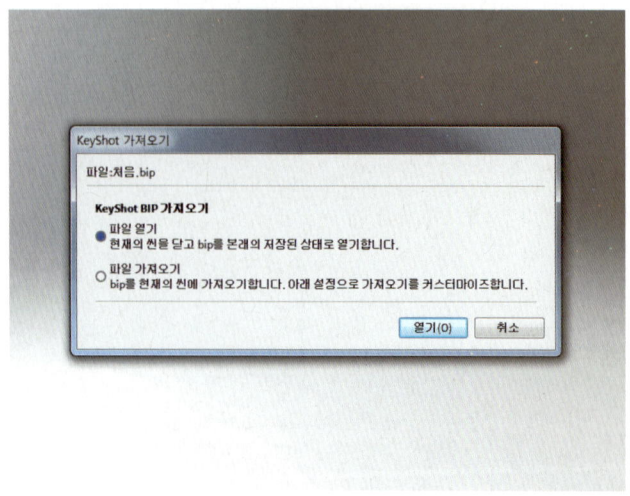

03_환경 삽입 1

메인 툴바의 '가져오기'로 실시간 창에 제품이 나타나면 메인 툴바의 '라이브러리 탭'으로 들어가 환경맵 중〈 Overhea Panel High 2k 〉Hdr을 선택하여 아래 화면처럼 실시간 창으로 드래그앤드롭하여 환경을 적용합니다.

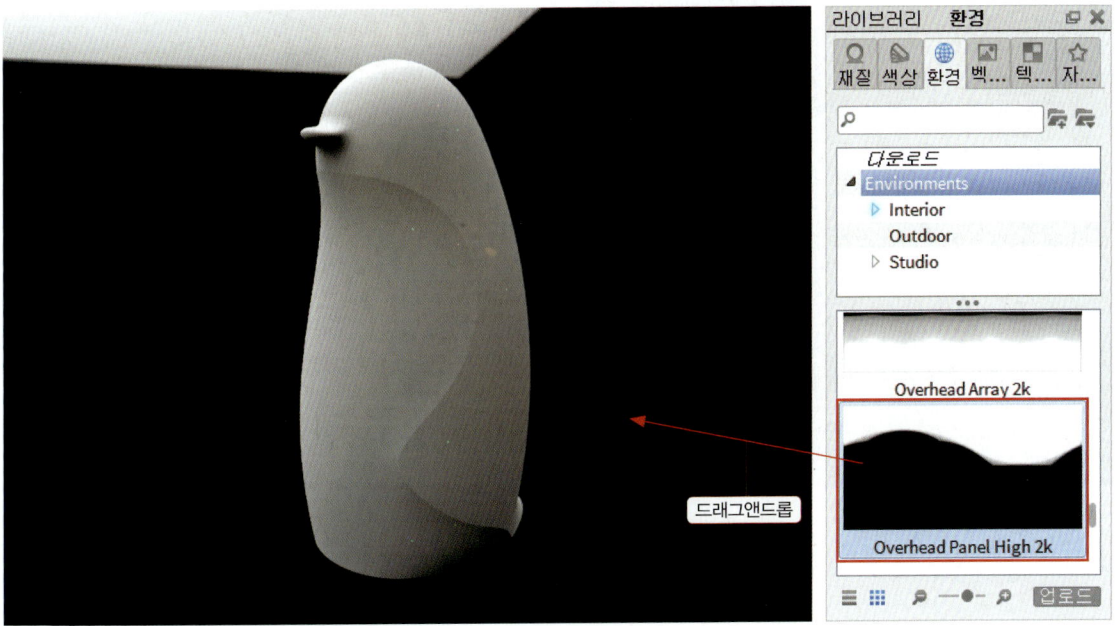

04_환경 삽입 2

백그라운드 색상을 지정해 보겠습니다. 메인 툴 바_프로젝트 탭_환경_백그라운드 옵션에서 색상을 C : 0% M : 0% Y : 0% K : 100%로 지정한 후 확인 버튼을 누릅니다.
제품이 조명이기 때문에 환경 색상이 밝으면 조명과 같은 표현이 어렵기 때문에 백그라운드를 어두운 색상으로 적용하였습니다.

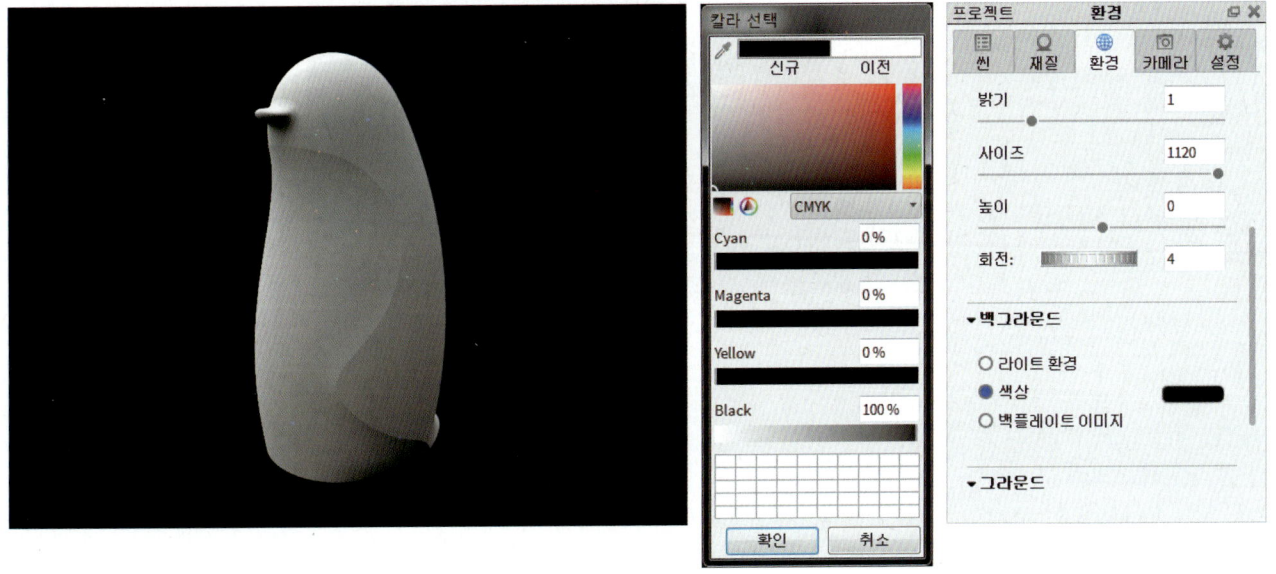

05_환경 삽입 3

조명의 표현을 위해 환경의 밝기를 낮춰줍니다. 프로젝트 탭_환경 탭_밝기를 0.2로 적용합니다.

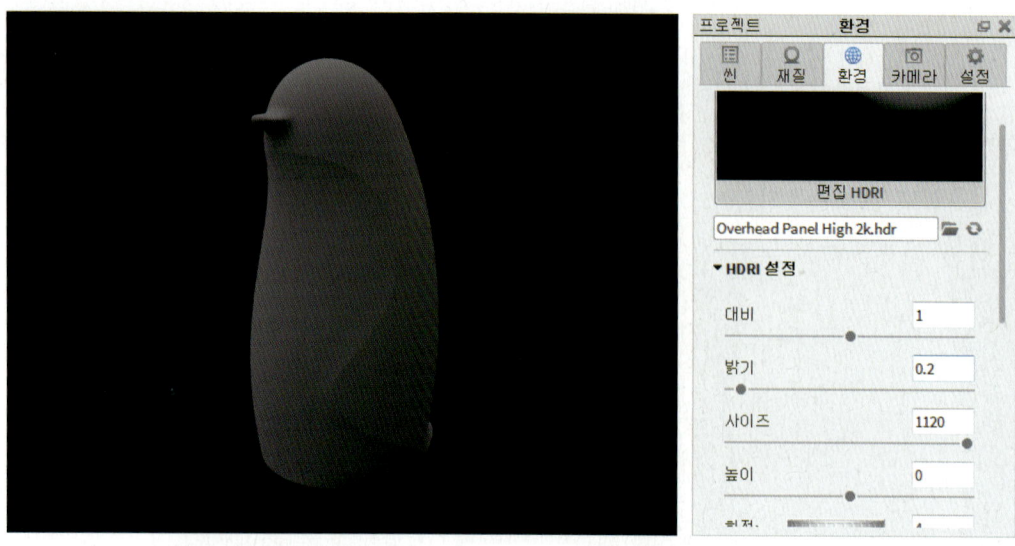

06_재질 삽입하기 1

안쪽 조명 재질이 은은하게 투과될 수 있게 투명 재질을 적용하겠습니다. 라이브러리 탭_재질 탭_Translucent 카테고리 중 Translucent High 재질을 드래그앤드롭합니다.

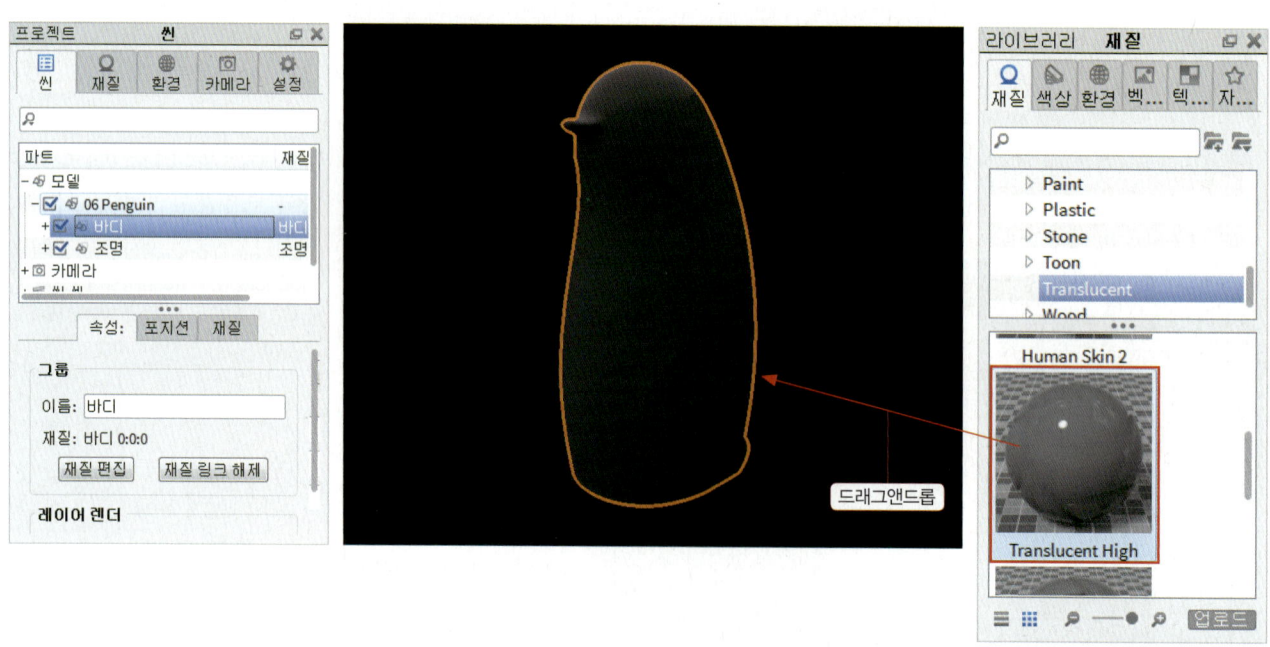

NOTE Translucent 재질은 KeyShot 4부터 적용된 반투명을 표현할 수 있는 재질로 왁스 재질부터 사람피부까지 다양하게 활용이 가능합니다. 서페이스 색상과 서브서페이스 색상 그리고 투명도에 따라 다르게 나타나는데 실시간 창으로 확인을 하기보다 낮은 해상도로 출력후 재질 확인을 하는 것이 정확합니다. 실시간 창에서 보이는 것과 최종 렌더 출력물이 다를 수 있습니다.

07_재질 삽입하기 2

바디 재질을 밝게 적용하겠습니다. 프로젝트 탭_재질 탭_텍스쳐 색상을 C : 0% M : 0% Y : 0% K : 0%으로 적용합니다. 그리고 거칠기를 0.4로 적용합니다. Translucent 재질은 반투명 재질로 실시간 창에서 재질이 표현되는데 시간이 오래 걸립니다. 필자 역시 실시간 창과 렌더의 차이로 인하여 여러 번의 시도 끝에 적절한 설정 값을 찾고 있습니다.

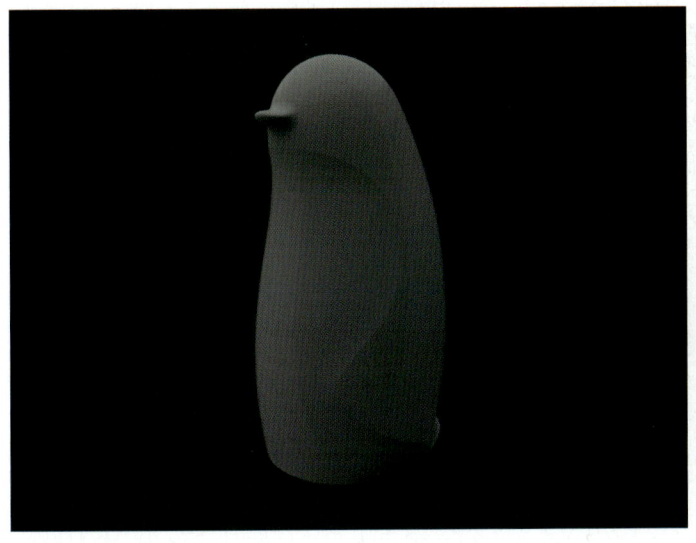
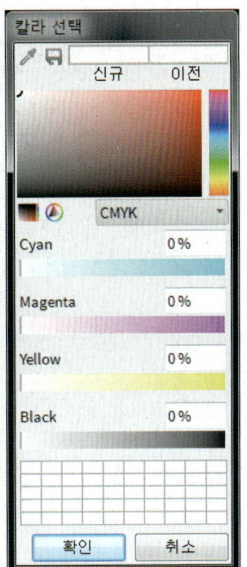
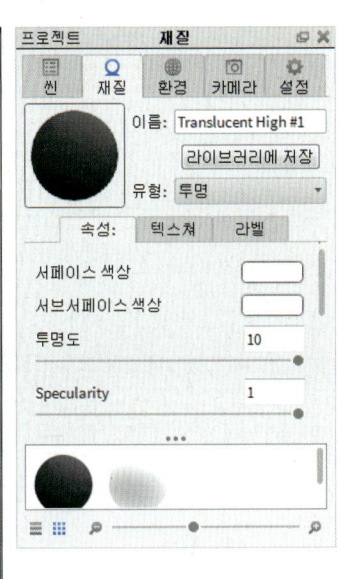

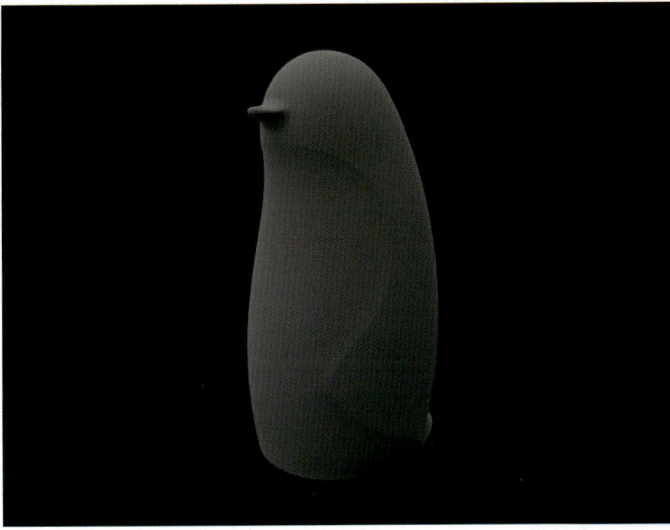
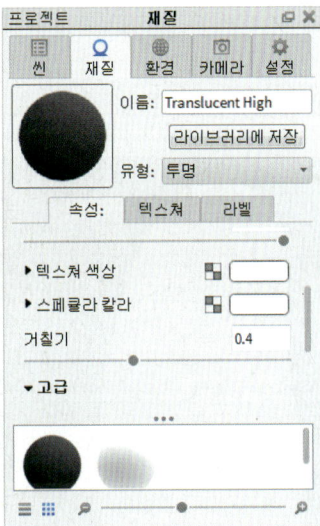

08_재질 편집하기 1

메인 재질인 조명 파트를 편집하겠습니다. 프로젝트 탭_씬 탭_조명 파트를 마우스 오른쪽 버튼 클릭 후 재질 편집을 클릭합니다.

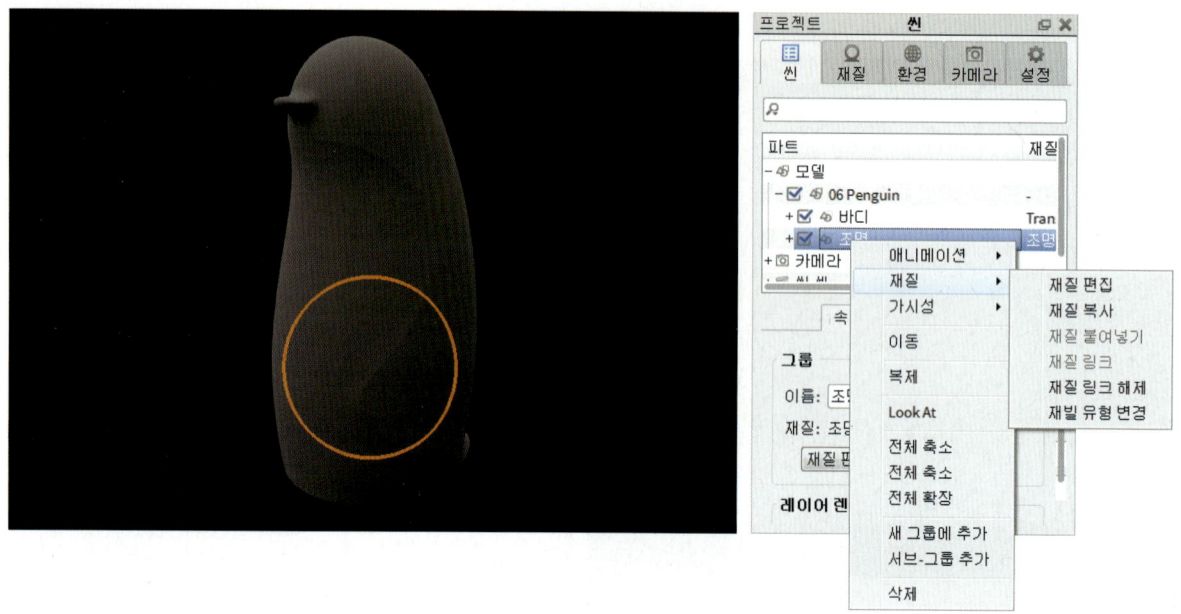

09_재질 편집하기 2

프로젝트 탭_재질 탭_유형에서 포인트 라이트 디퓨즈를 클릭합니다.

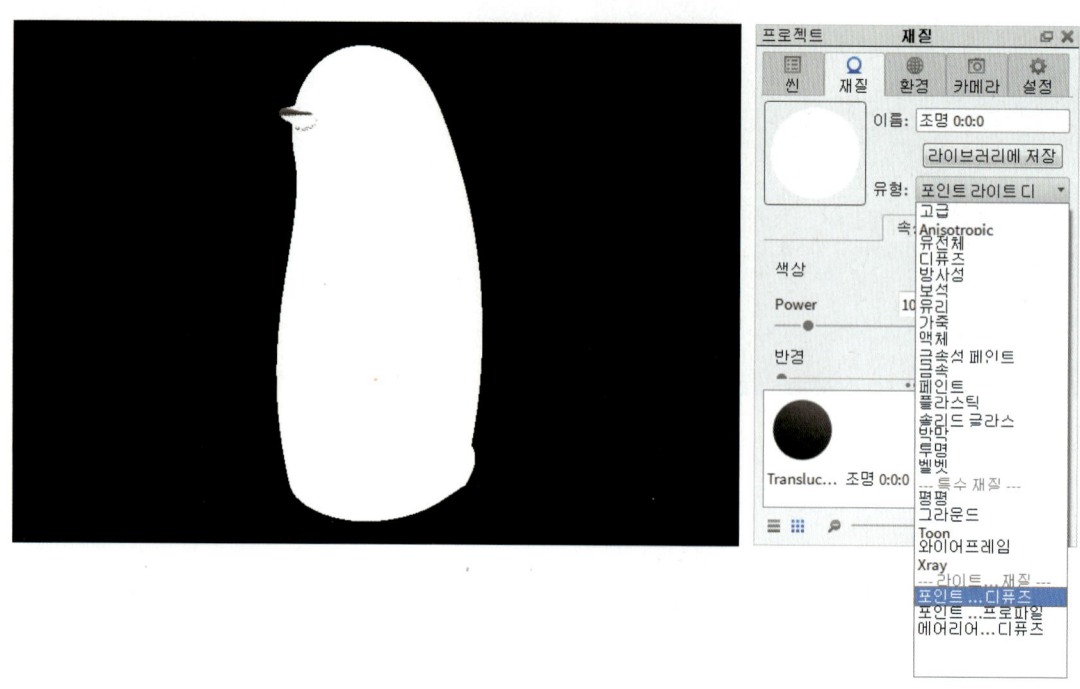

NOTE 포인트 라이트 디퓨즈

포인트 라이트 디퓨즈는 흔히 사용하는 에어리어 라이트 디퓨즈와는 달리 적용되는 파트가 사라지면서 주황색 점으로 광원의 위치만 표시하게 됩니다.

예시이미지1처럼 비교를 위해 같은 크기, 같은 높이의 구 개체에 에어리어 라이트 디퓨즈와 포인트 라이트 디퓨즈를 적용해 보겠습니다.

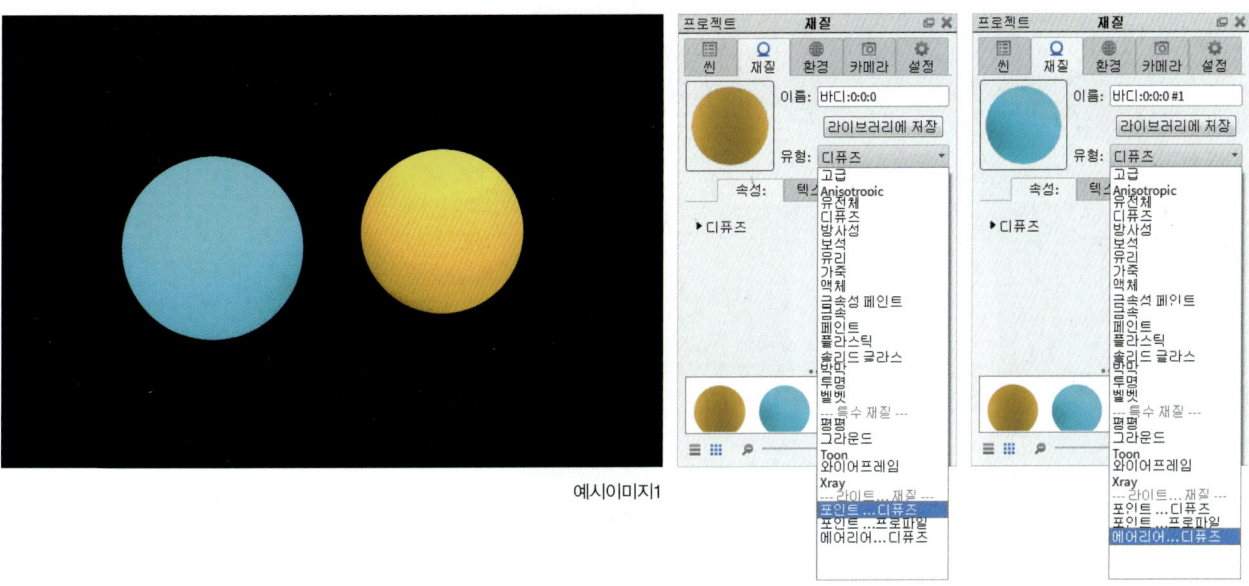

예시이미지1

예시이미지1를 참고하시면 블루 계열이 **에어리어 라이트 디퓨즈**, 우측 옐로우 계열이 **포인트 라이트 디퓨즈**입니다. 포인트 라이트 디퓨즈는 광원이 되는 개체가 눈으로 보이지 않고 광명만 나타나기 때문에(예시이미지3) 제품의 조명, 인테리어 렌더의 활용까지 다양하게 사용이 가능합니다.

이러한 이유로 예제 초반에 제품 형상과 내부 조명 형상의 겹침을 신경 쓸 필요 없다고 설명하였습니다.

예시이미지2   예시이미지3

NOTE POWER_Watt/Lumen

빛의 세기 조절은 power 값이 올라갈 수록 빛이 밝아집니다. 빛의 세기를 나타내는 단위로 Watt와 Lumen이 있습니다. Watt는 전기의 세기를 나타내며, Lumen은 광원으로 부터나오는 가시광선의 세기를 나타냅니다. 일반적인 렌더상에선 둘의 차이를 크게 느끼지 못하기 때문에 둘의 개념을 정확하게 이해하여 사용하기 보다는 둘 중 하나의 단위를 선택하여 수치값에 따른 빛의 밝기를 비교해 보길 바랍니다. 예시이미지3의 좌측은 Lumen '50' 우측은 Watt '0.1'로 설정한 이미지입니다.

10_재질 편집하기 3

포인트 라이트 디퓨즈를 적용하게 되면 단위는 기본적으로 Watt, POWER는 100이 설정되어 있습니다. 단위를 Lumen으로 적용하고 POWER를 15로 조절합니다.

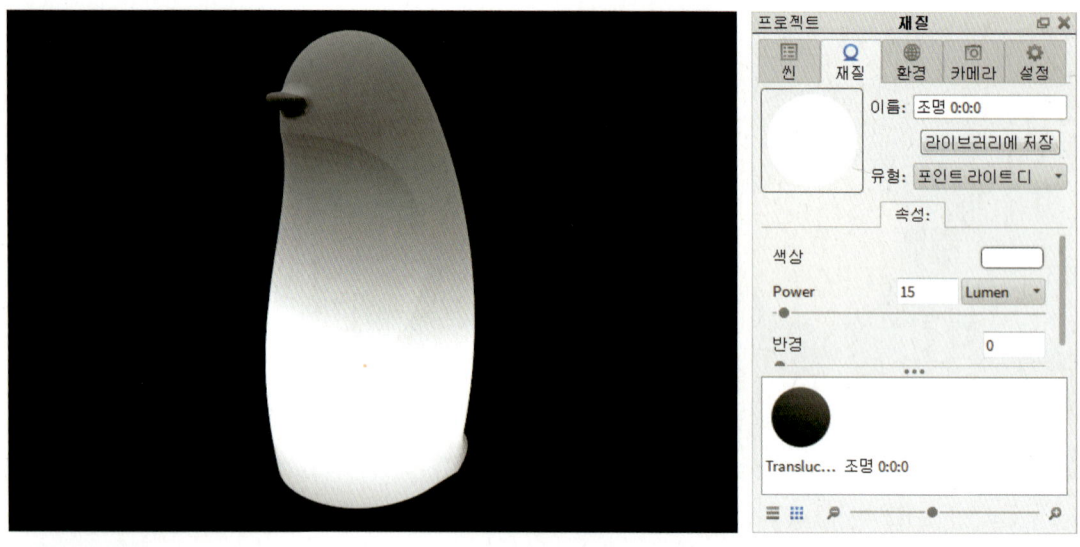

11_재질 편집하기 4

따뜻한 Mood Lighting 느낌을 위해 재질의 색상(온도)을 편집하겠습니다(타 재질은 색상 편집 시 RGB 혹은 CMYK로 설정이 되어있지만 조명 편집시 초기 설정은 색상이 온도로 설정되어 있습니다). 프로젝트 탭_재질 탭_색상을 클릭하여 온도를 2700도로 적용합니다.

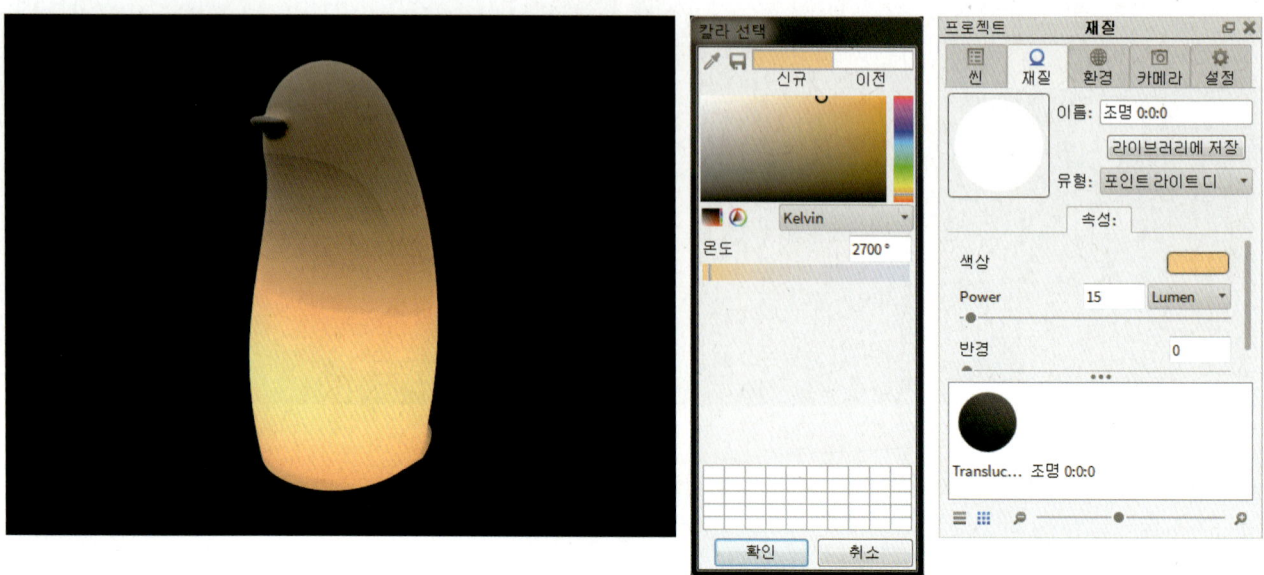

12_재질 편집하기 5

아래 이미지를 참고하면 좌측은 지금까지 진행한 렌더링, 우측은 완성된 렌더링입니다. 본 예제 모델링의 형상이 길기 때문에 포인트 라이트 디퓨즈 재질이 형상 전체에 은은하게 비치기에는 도달점에 한계가 있습니다. 때문에 완성 이미지처럼 전체적으로 은은하게 퍼질 수 있는 아주 쉬운 방법으로 진행하겠습니다.

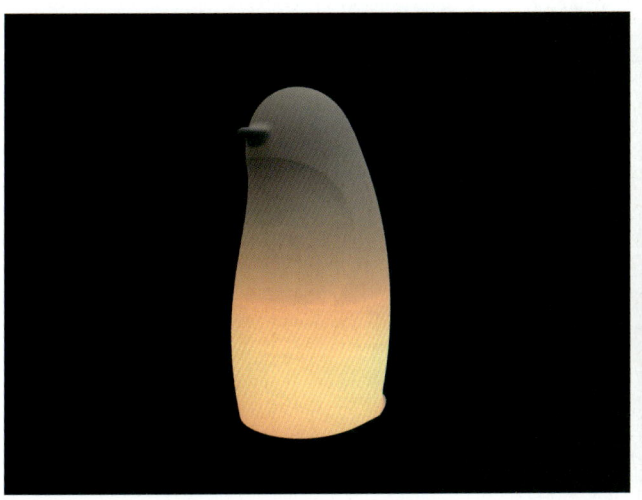 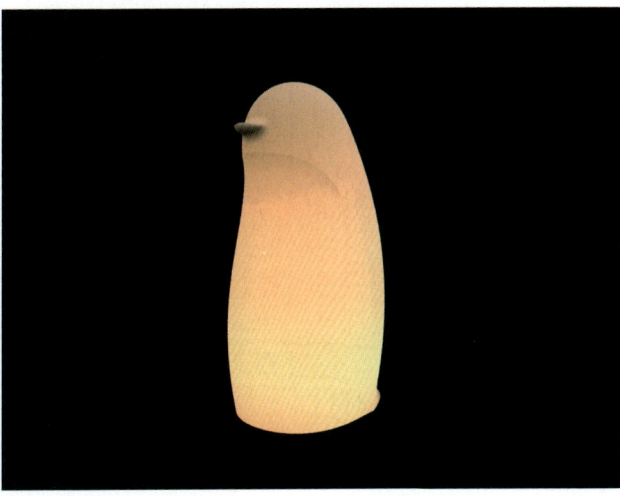

13_재질 편집하기 6

조명 파트를 추가함에 있어 퍼스펙티브 뷰보다 직교그래픽으로 적용하는 것이 이동하고 위치시키기 편하기 때문에 프로젝트 탭_카메라 탭_렌즈 설정을 퍼스펙티브에서 직교그래픽으로 전환하고 뷰 방향을 우로 적용합니다.

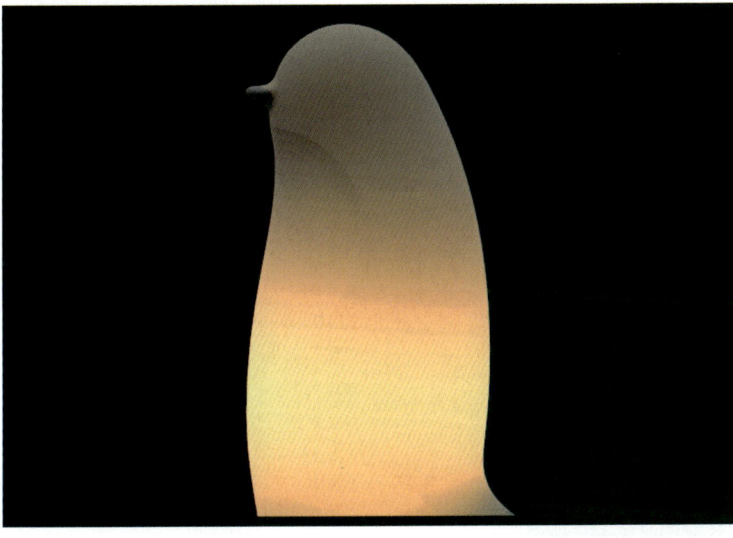 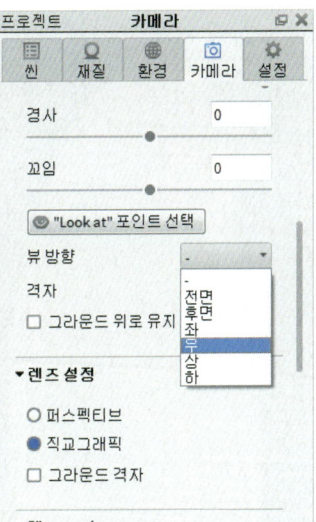

14_재질 편집하기 7

은은한 Mood Light 효과를 위해 프로젝트 탭_씬 탭_조명 파트를 마우스 오른쪽 버튼 클릭한 후 복제를 클릭하여 조명#1 파트와 조명#2 파트를 생성합니다.

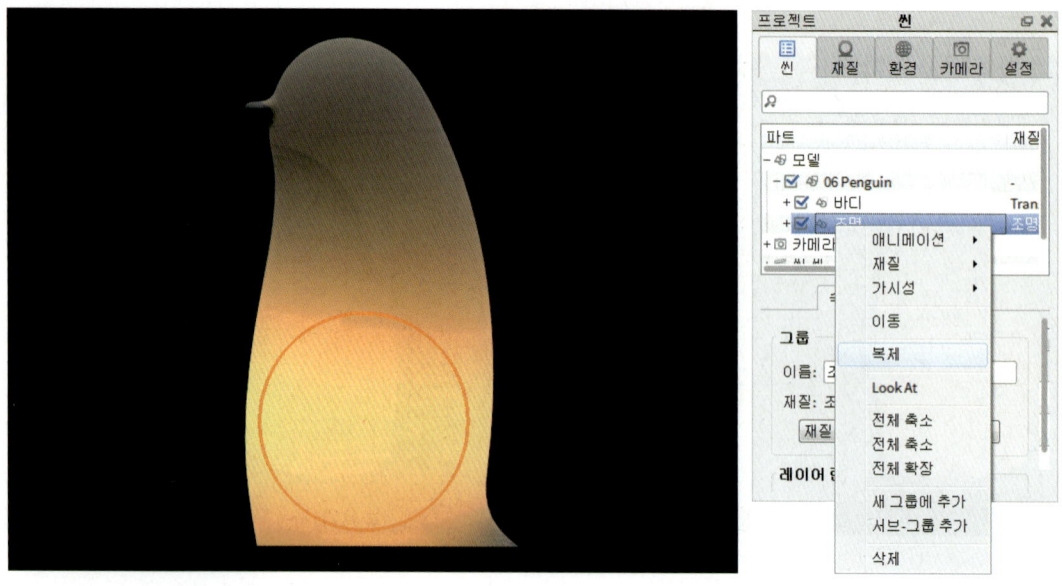

15_재질 편집하기 8

프로젝트 탭_씬 탭_조명#1 파트와 조명#2 파트를 마우스 오른쪽 버튼 클릭 후 이동을 클릭하여 연차적으로 조명이 위치할 수 있게 적절히 배치합니다(조명 파트가 밖으로 튀어나온다고 해서 펭귄 모델 자체에 영향을 주지 않기 때문에 크기를 줄이지 않고 배치해도 문제없습니다).

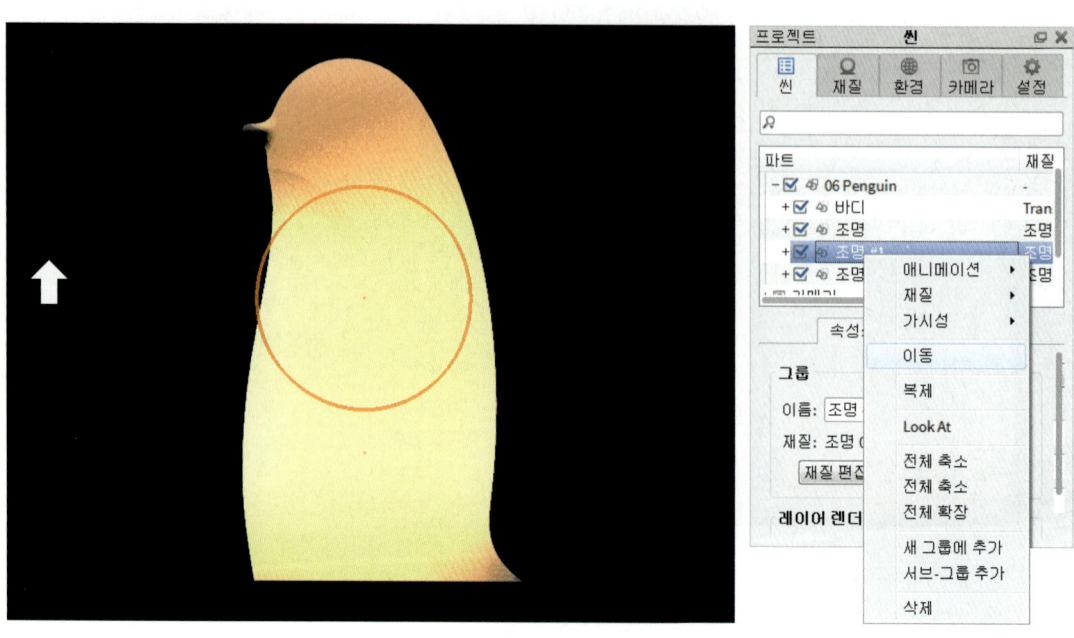

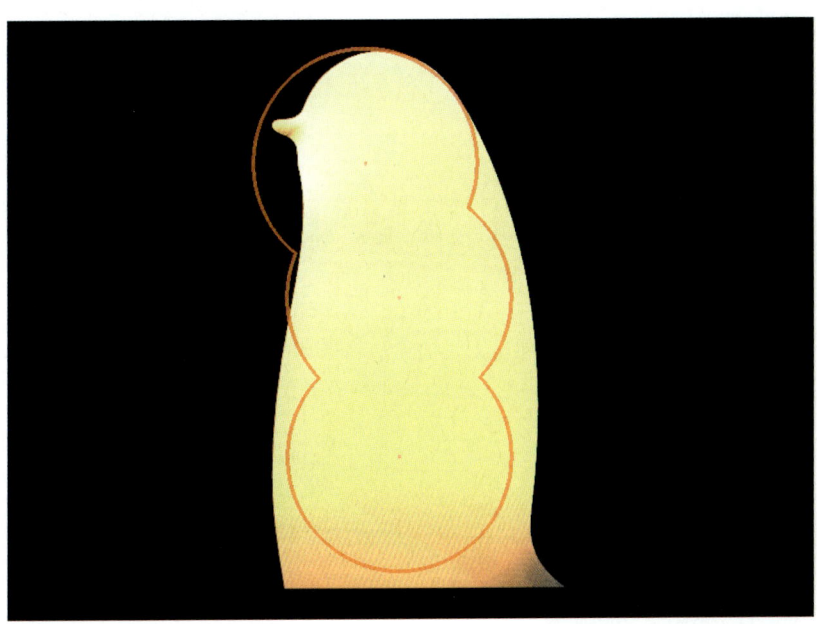

16_재질 편집하기 9

위쪽으로 갈수록 은은한 빛이 될 수 있도록 조명 파트를 편집하겠습니다. 프로젝트 탭_씬 탭_조명#1 파트를 마우스 오른쪽 버튼 클릭 후 재질_재질 편집을 클릭합니다.

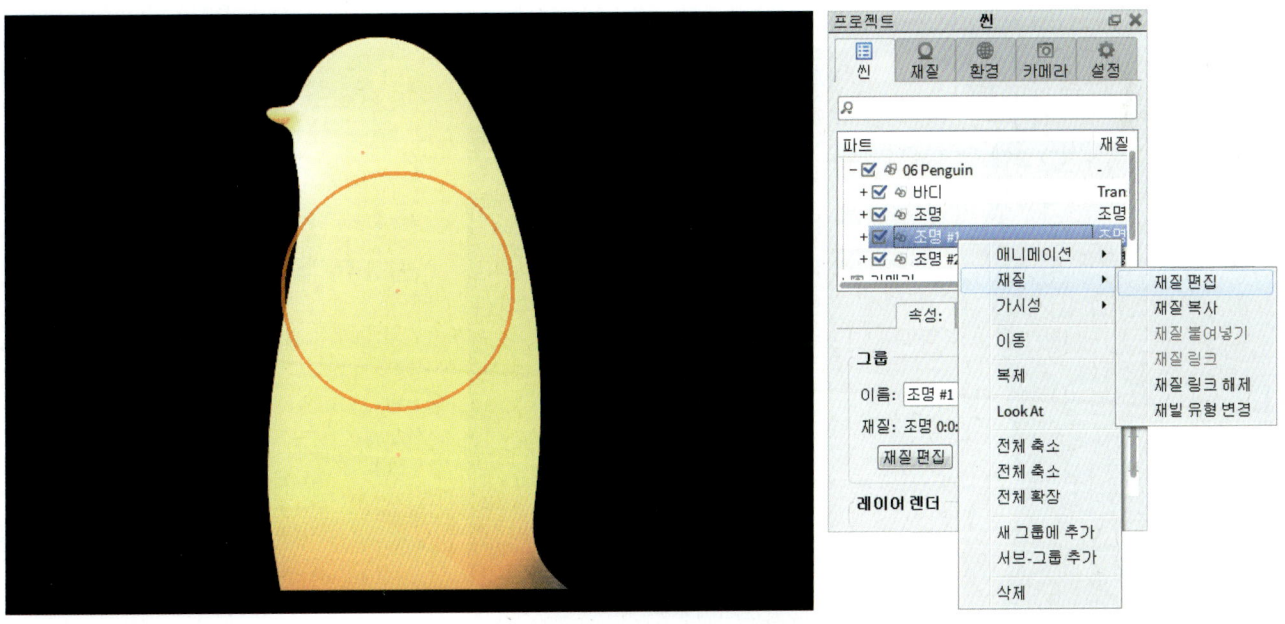

17_재질 편집하기 10

프로젝트 탭_재질 탭_Power를 5로 적용합니다(필자는 5로 적용하였지만 조명#1의 위치가 조금 더 높거나 낮을 시 값의 변동이 있을 수 있으니 그에 맞게 적용해보기 바랍니다).

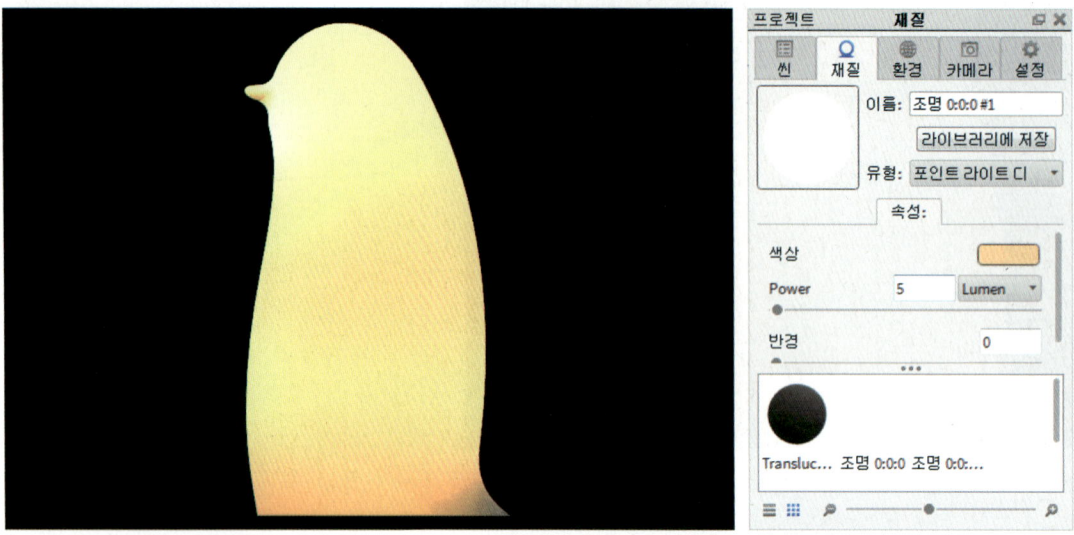

18_재질 편집하기 11

같은 방법으로 조명#2 파트를 편집하겠습니다. 프로젝트 탭_씬 탭_조명#2 파트를 마우스 오른쪽 버튼 클릭 후 재질_재질 편집을 클릭합니다.

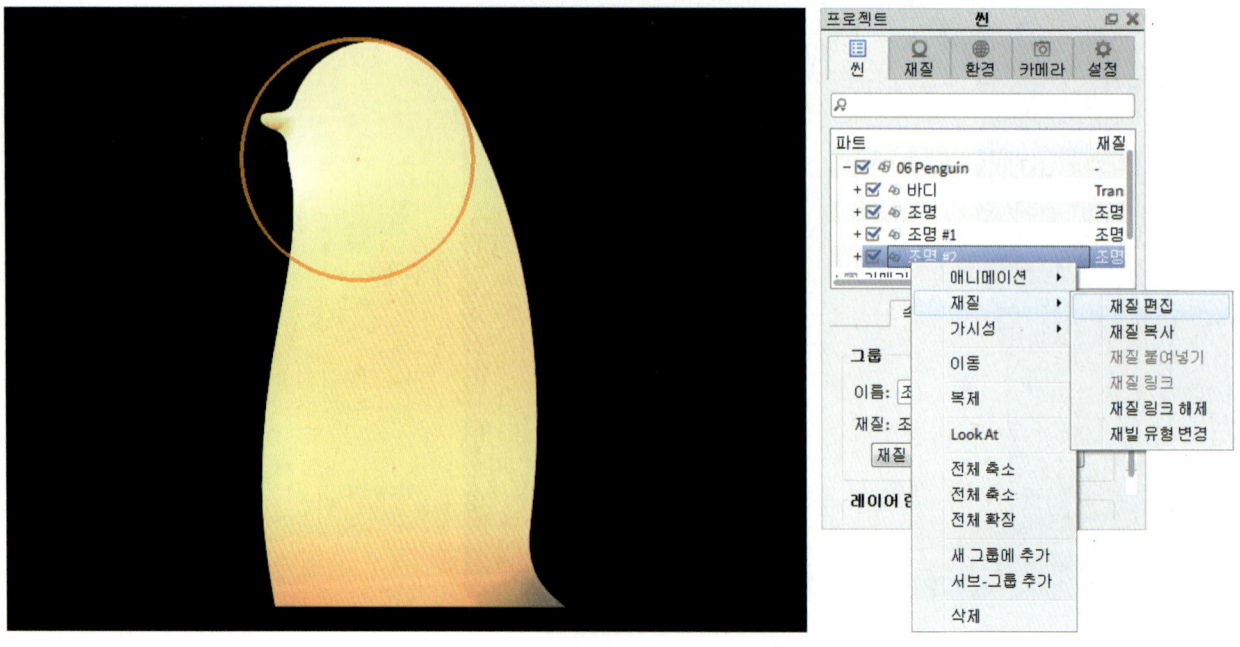

19_재질 편집하기 12
프로젝트 탭_재질 탭_Power를 2로 적용합니다.

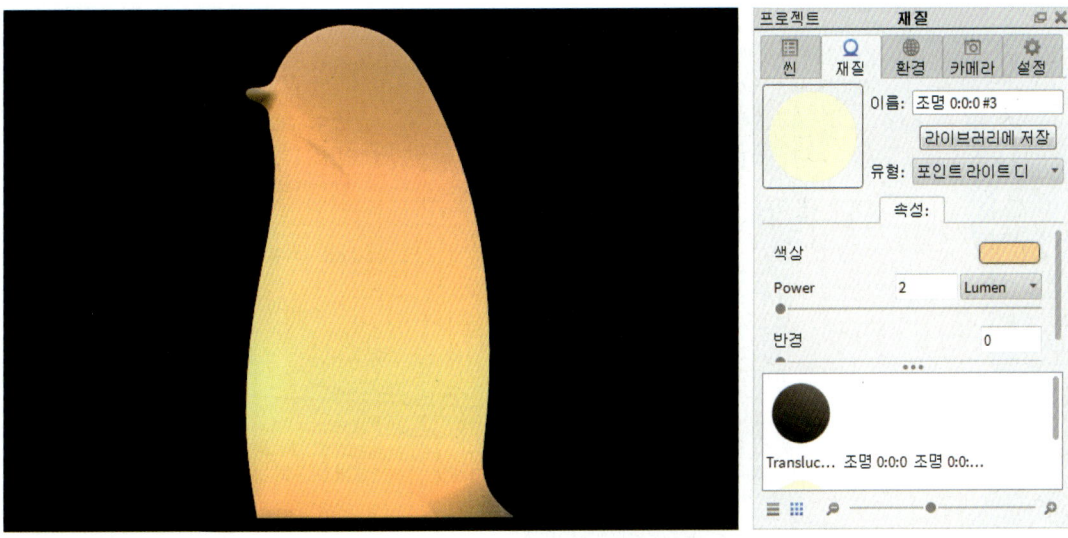

20_패턴 적용하기 1
재질 편집이 어렵지 않게 마무리 되었습니다. 재미있는 연출을 위해 아래 이미지처럼 펭귄들이 무리지어 추위를 이겨내는 것 같은 패턴을 이용하여 펭귄 조명이 모여 있는 모습을 적용해보겠습니다.

21_패턴 적용하기 2

프로젝트 탭_씬 탭_06 Penguin Light를 마우스 오른쪽 버튼 클릭하여 패턴을 클릭합니다.

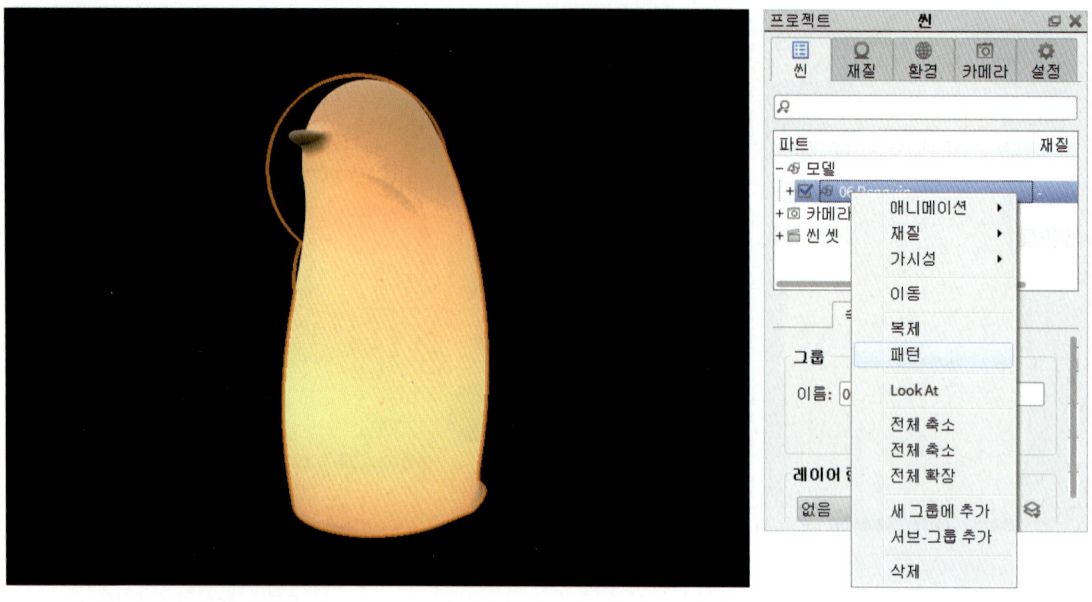

22_패턴 적용하기 3

패턴을 클릭하면 패턴 도구 창이 나오게 됩니다. 패턴 도구 창에서 X 인스턴스를 3으로 적용하고 X 간격을 60으로 적용합니다. 인스턴스는 개체가 어떤 방향으로 복제를 할 건지에 대한 수치 값입니다. 적용 후 확인 버튼을 클릭합니다.

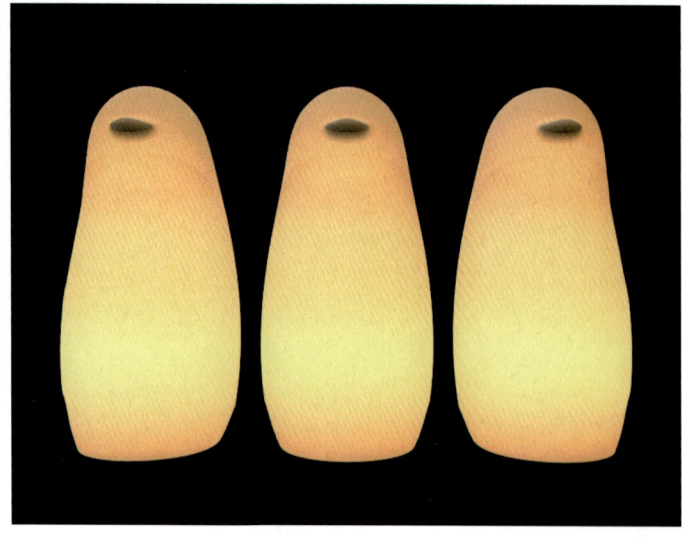
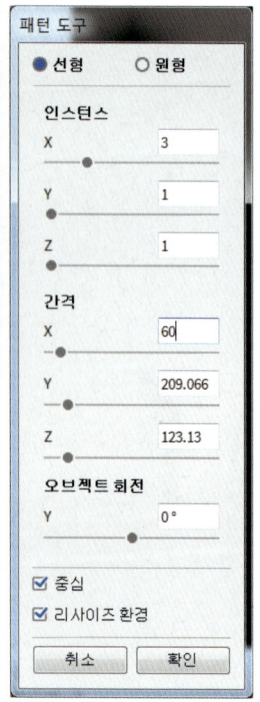
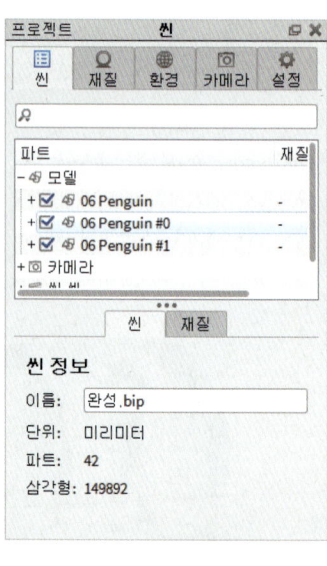

NOTE 패턴 도구 창에서 선형이 아닌 원형을 클릭하게 되면 원으로 배열이 되는 펭귄 조명을 연출할 수 있습니다.

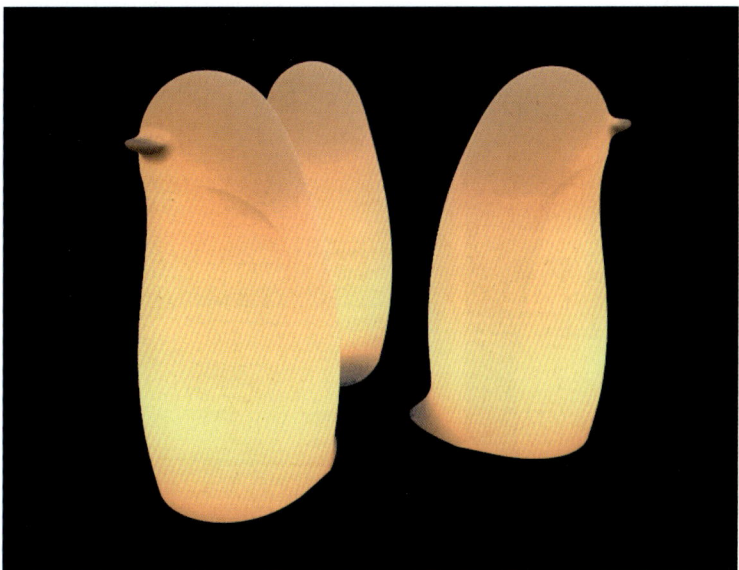

23_패턴 적용하기 4

가운데 펭귄 조명을 지그시 바라보고 있는 느낌을 주기 위해 프로젝트 탭_씬 탭_06 Penguin 파트를 클릭 후 하단 포지션 탭에 Y 회전을 45로 적용합니다.

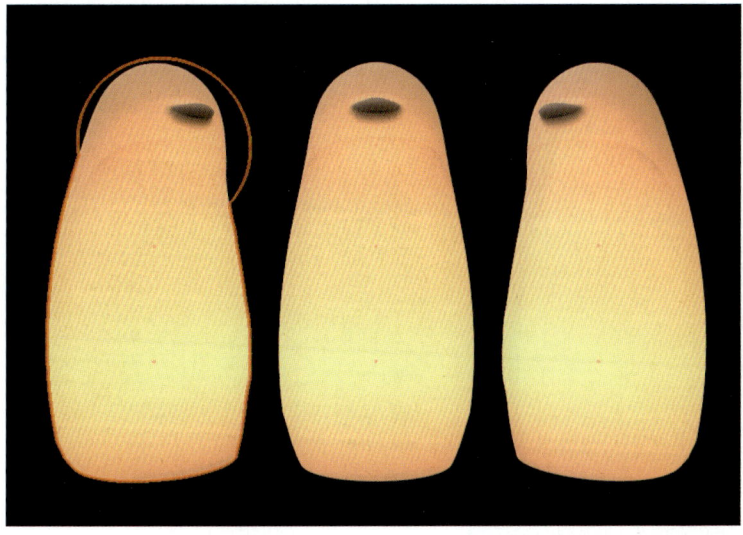
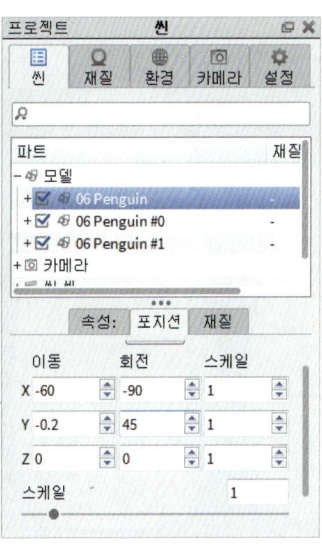

24_패턴 적용하기 5

마찬가지로 06 Penguin#1 파트를 클릭 후 하단 포지션 탭에 Y 회전을 -45로 적용합니다.

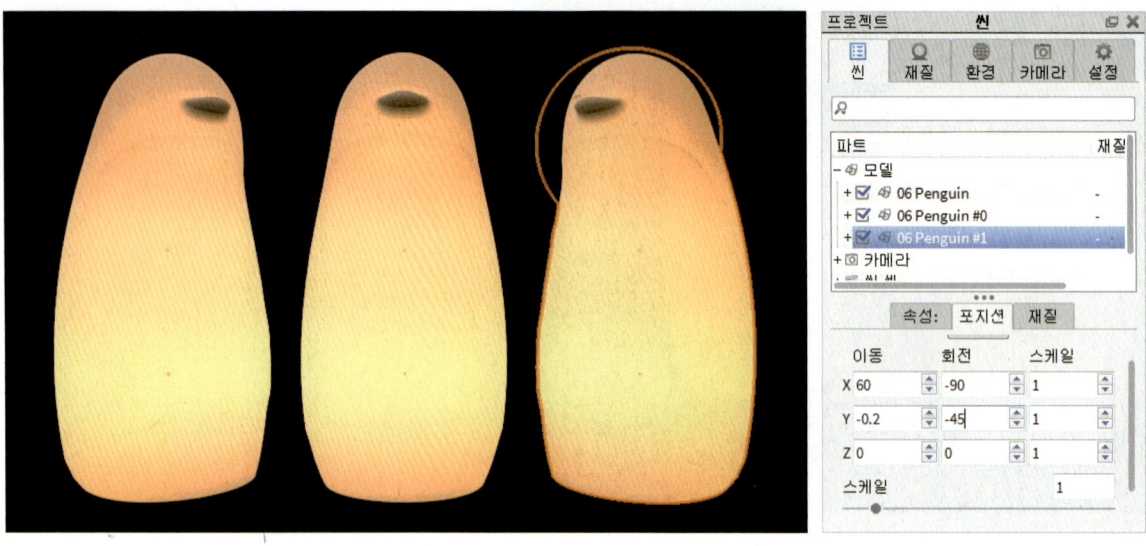

25_색상 편집하기 1

3가지의 펭귄조명의 색상을 편집하겠습니다. 패턴을 활용하면 개별로 렌더링을 돌리지 않고 패턴으로 여러 개체를 만들어 다양한 색상이 적용된 렌더링 출력을 할 수가 있습니다. 프로젝트 탭_씬 탭_06 Penguin_조명 파트를 마우스 오른쪽 버튼 클릭 후 재질 편집을 클릭합니다.

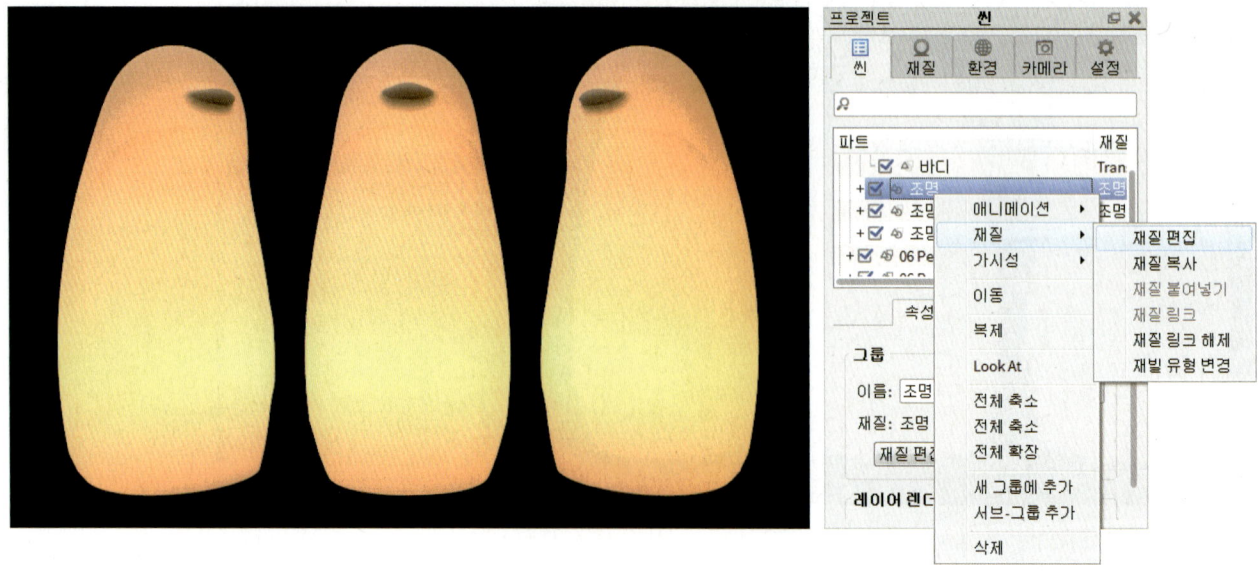

26_색상 편집하기 2

프로젝트 탭_재질 탭_색상을 Kelvin에서 CMYK로 전환하고 C : 40% M : 15% Y : 0% K : 0%로 적용합니다.

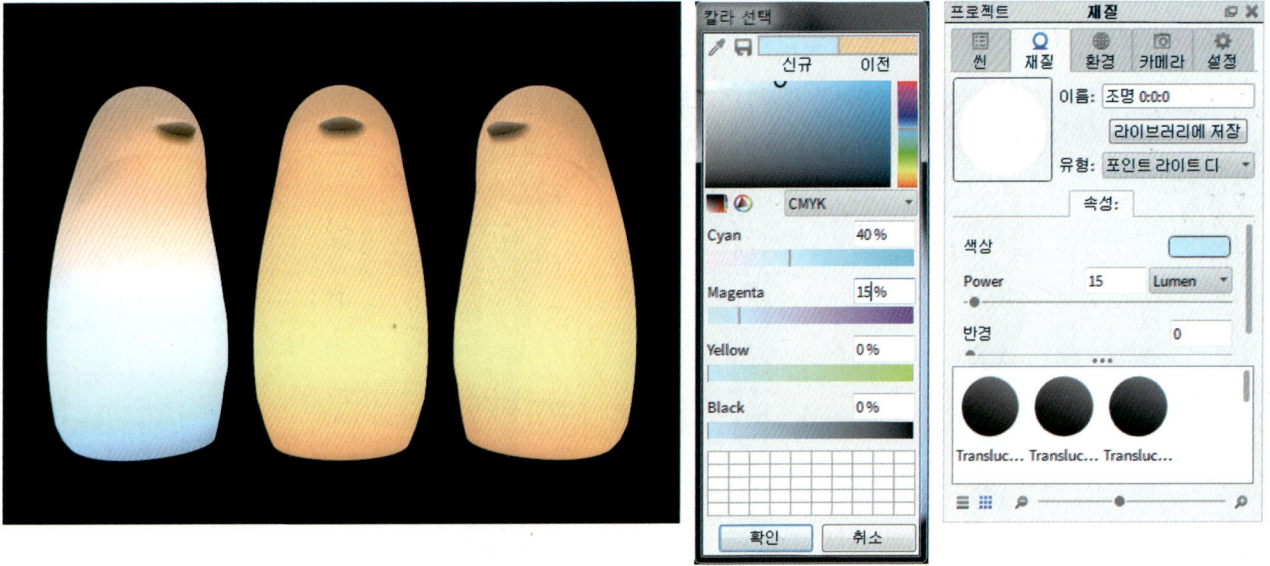

27_색상 편집하기 3

조명#1 파트와 조명#2 파트에도 같은 색상으로 적용합니다.

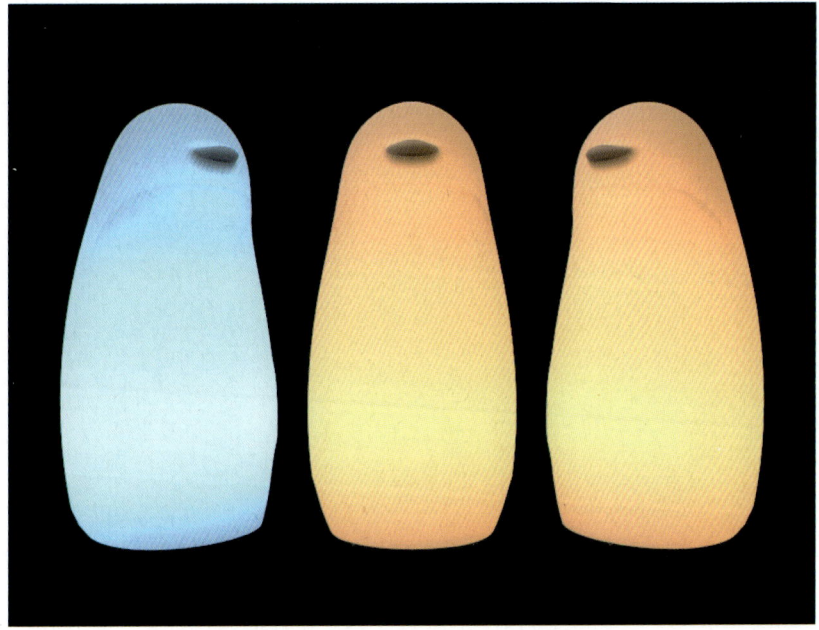

28_색상 편집하기 4

06 Penguin 모델과 같이 06 Penguin#1 모델에도 같은 방식으로 색상을 편집합니다. 프로젝트 탭_재질 탭_색상을 C : 0% M : 30% Y : 30% K : 0%로 적용합니다(필자는 따뜻한 느낌을 내기 위해 파스텔 톤을 사용하였지만 독자 여러분께서는 원하는 색상을 사용하여 표현해 보길 권장합니다).

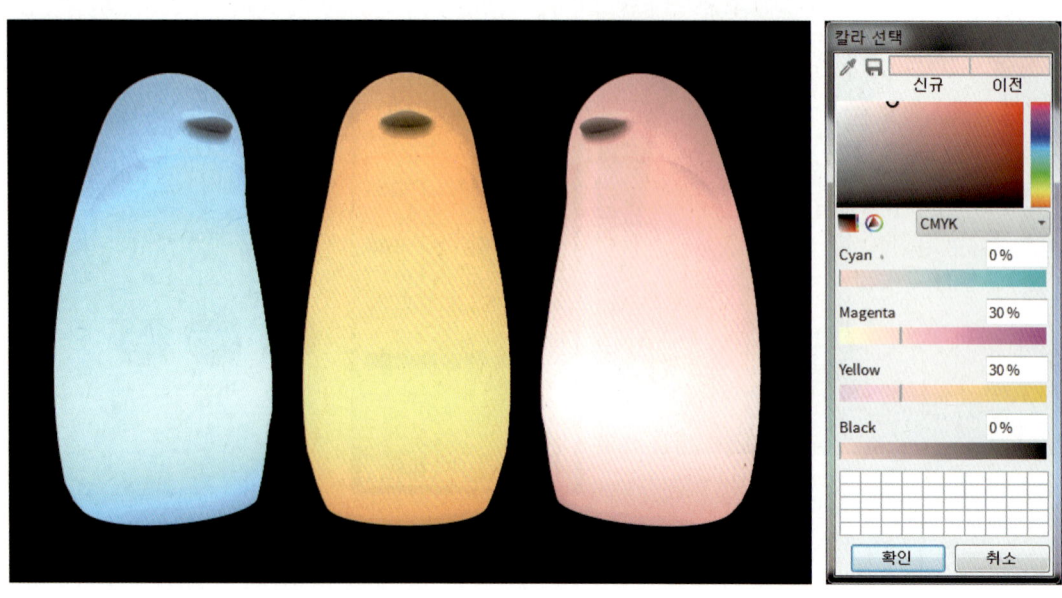

29_포토샵을 이용하여 조명 효과 나타내기 1

KeyShot 내에서도 다양한 퍼포먼스가 있기 때문에 연구하면 할수록 좋은 렌더링 효과를 볼 수 있는걸 알게 될 것입니다. 하지만 KeyShot만으로 모든 것을 표현하는 것보다는 포토샵을 이용하여 그 효과를 가미시킬 수 있습니다. 렌더링 출력물 이미지를 포토샵으로 불러옵니다. 렌더링 출력물 이미지는 투명도를 체크한 TIFF 혹은 PNG 이미 파일을 사용하길 권장합니다.

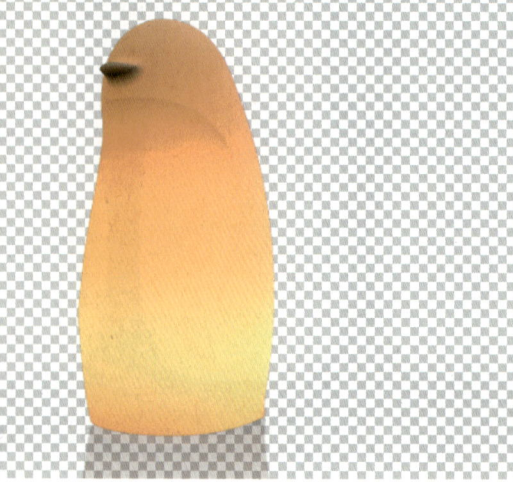

30_포토샵을 이용하여 조명 효과 나타내기 2
레이어를 추가하고 Paint Bucket Tool을 이용하여 배경을 검은색으로 적용합니다.

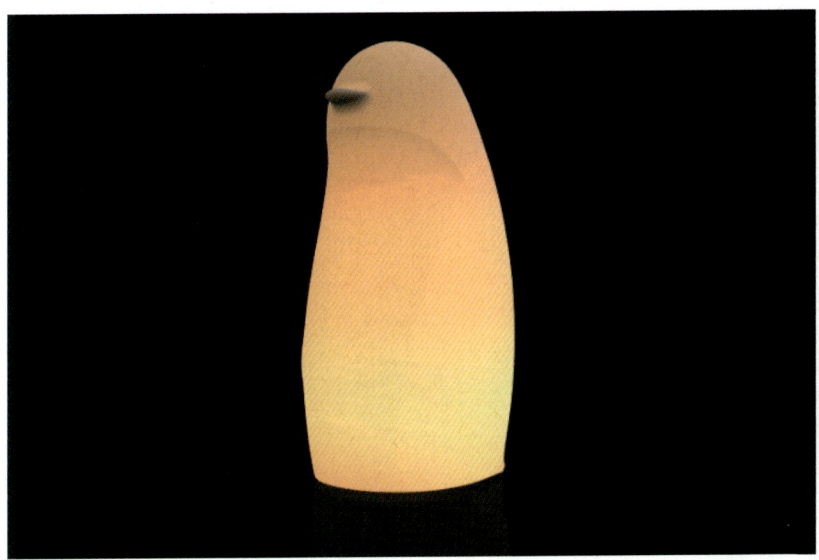
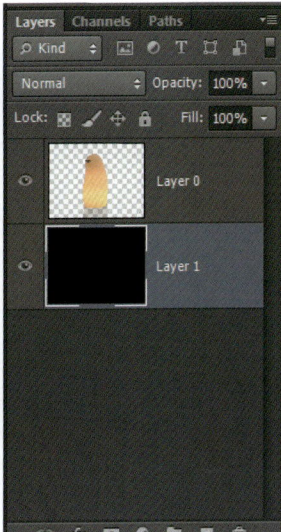

31_포토샵을 이용하여 조명 효과 나타내기 3
Ctrl+T를 이용하여 크기가 위치를 우측으로 맞춘 후 레이어를 상단에 추가를 합니다.

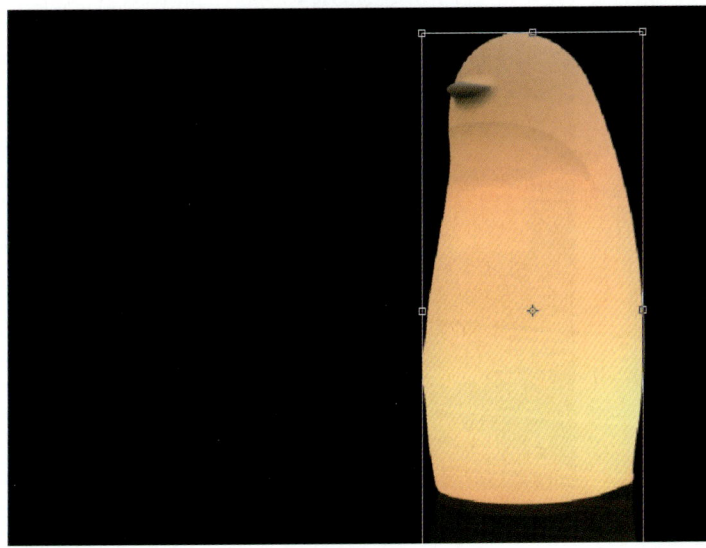

32_포토샵을 이용하여 조명 효과 나타내기 4

Foreground Color 색상을 C : 4% M : 35% Y : 87% K : 0%으로 적용한 후 Brush Tool을 이용하여 펭귄 조명에 빛이 퍼지는 느낌의 크기로 조절하여 새 레이어에 적용합니다.

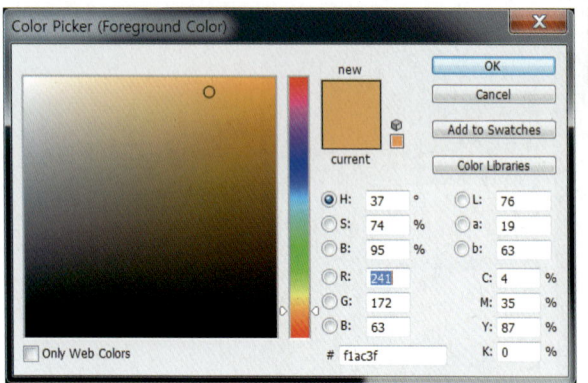

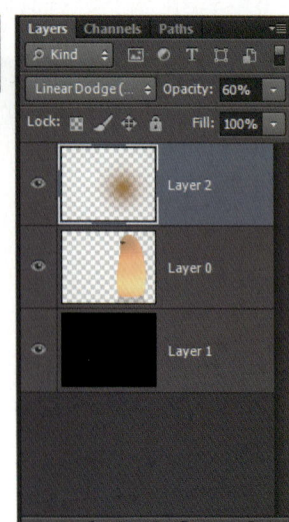

33_포토샵을 이용하여 조명 효과 나타내기 5

Brush Tool을 적용한 레이어의 Type을 Normal에서 Linear Dodge(Add)로 적용하여 실제 빛이 퍼져나가는 느낌을 연출합니다.

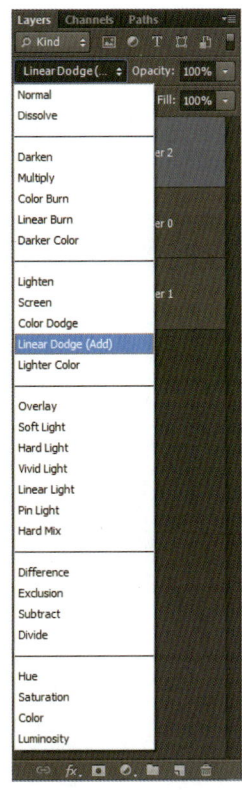

34_포토샵을 이용하여 조명 효과 나타내기 6

현재 레이어의 적용한 빛이 세기 때문에 Opacity를 70%로 적용하고 타이핑을 삽입하여 포토샵을 이용한 조명 효과를 마무리합니다.

35_완성

펭귄 조명 예제를 통해 Point Light 재질과 Translucent 재질에 대해 조금 이해를 했을 거라 생각이 됩니다. Translucent 재질은 안쪽과 바깥쪽 두 가지의 색상을 적용하고 투명도를 적용할 수가 있어 양초 및 비누(09 Package 예제에 나옵니다), 나아가서 피부 느낌까지 낼 수 있으니 꼭 연습해 보기 바랍니다.

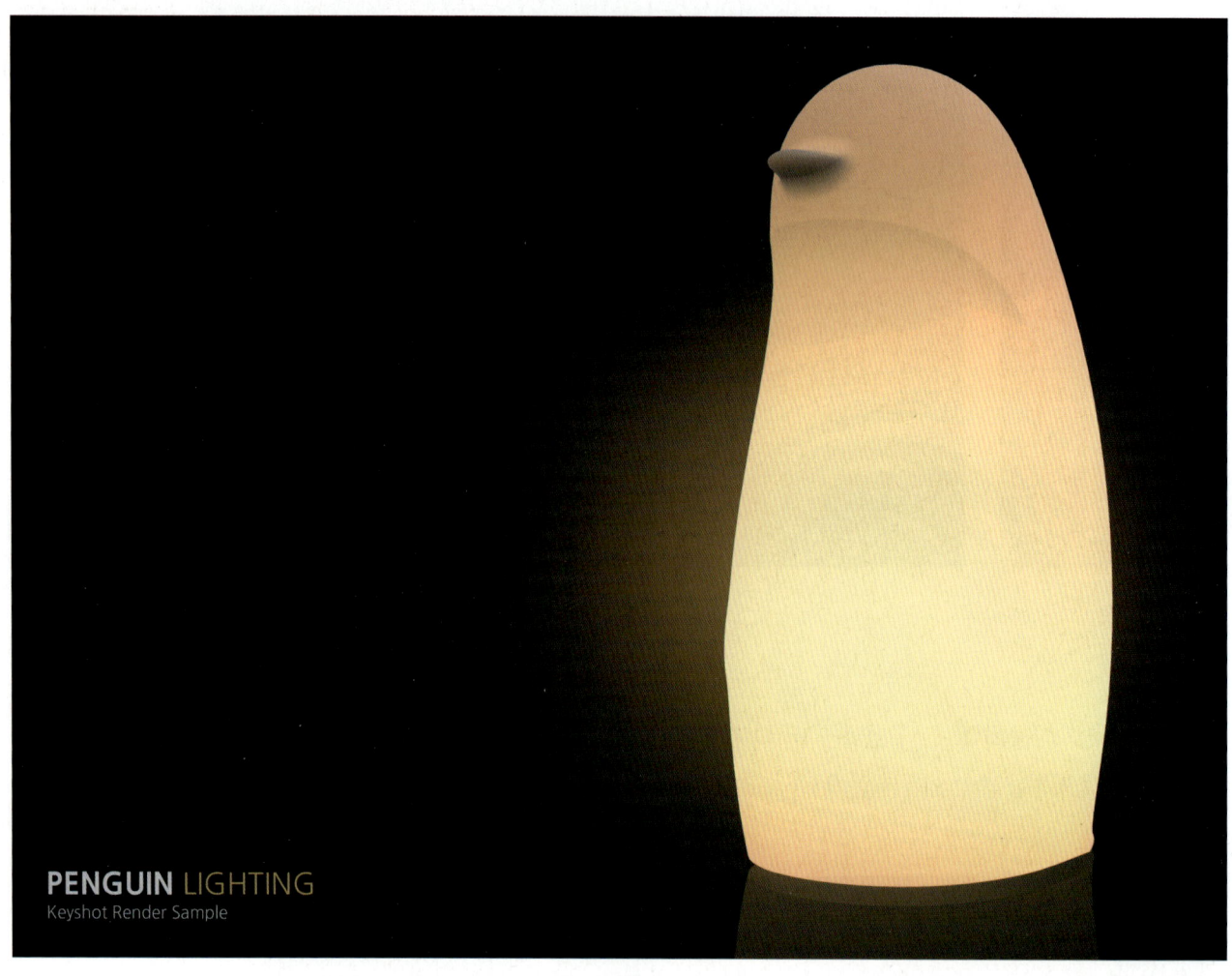

KeyShot Sample_Perfume Bottle Render

PERFUME BOTTLE

INTRO

향수병

향수는 향료를 알코올에 녹여 만든 액체 화장품으로 원액의 농도, 향에 따라 신체나 의상에 부향시켜 청정감을 얻는 화장품 제품군입니다. 향으로 감성을 자극할 뿐 아니라 향수병을 보았을 때 향을 유추할 수 있거나 그 브랜드에 맞는 향수의 형태를 지니고 있기 때문에 향수 렌더 시 그 점을 유의하고 렌더링을 한다면 보다 나은 렌더링 결과물을 얻을 수 있습니다.

[07. Perfume] 예제에서는 투명한 유리 느낌의 재질과 용액의 그라데이션 표현으로 우주, 바다와 같은 느낌을 익히려 합니다. 향수 예제를 이해하면 투명한 재질이 쓰이는 화장품, 음료수, 물 등 액체가 담겨 있는 비슷한 제품군을 렌더링 할 때 응용해 볼 수 있으며, 포토샵을 사용하지 않고도 그라데이션 느낌을 표현할 수 있습니다.

#유리, #액체, #그라데이션, #라벨, #레이바운스

향수병 렌더는 유리와 액체에 대한 이해가 중요합니다. 때문에 렌더를 진행하기 전에 실제 향수병의 이미지들을 보고 표현하고자하는 재질에 대해 이해하는 습관을 갖는 것이 중요합니다.

모델링에서 준비되어야 할 부분

향수병 렌더링에 앞서 내부 용액과 유리 사이의 공차를 미리 확보해 두어야 합니다.

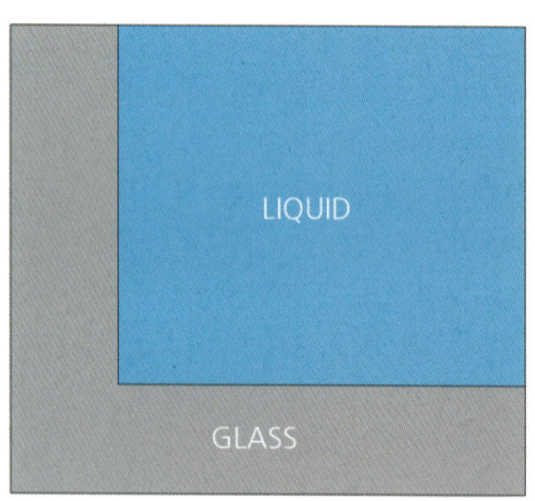 

공차 없이 유리와 액체가 맞닿을 경우 두 재질이 겹쳐짐으로 인하여 깨진 듯한 이미지가 표현됩니다. 투명 재질을 진행할 때 이 같은 현상이 자주 발생하므로 유의하기 바랍니다.

07. 향수병 Perfume Bottle

01_예제 파일 실행

[07. Perfume] 예제 파일을 실행해 보겠습니다.

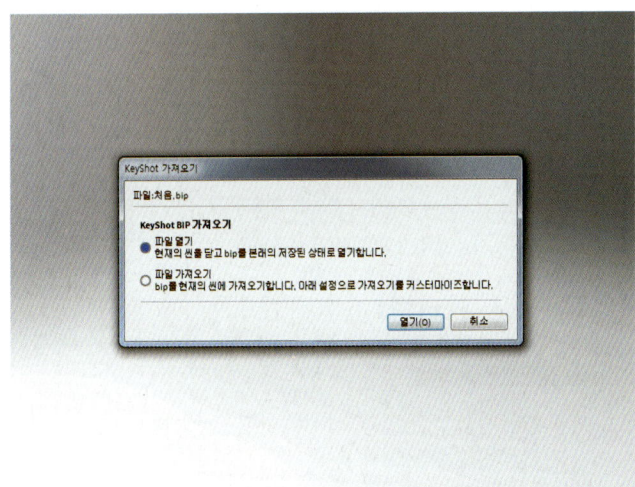

02_환경 삽입

메인 툴바의 '가져오기'로 실시간 창에 제품이 나타나면 메인 툴바의 '라이브러리 탭'으로 들어가 환경맵 중 〈 3 Panel Tilted 2k 〉 Hdr을 선택하여 아래 화면처럼 실시간 창으로 드래그앤드롭하여 환경을 적용합니다.

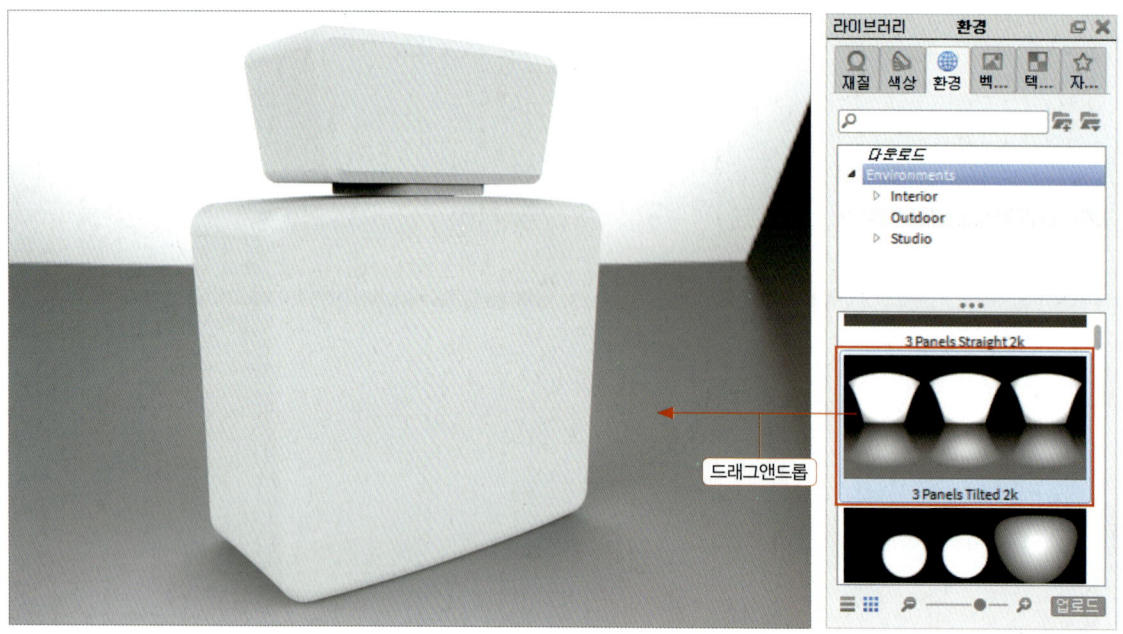

03_백그라운드 색상 설정

백그라운드 색상을 지정해 보겠습니다. 메인 툴 바_프로젝트 탭_환경_백그라운드 옵션에서 색상을 C : 0% M : 0% Y : 0% K : 0%로 지정한 후 확인 버튼을 누릅니다.

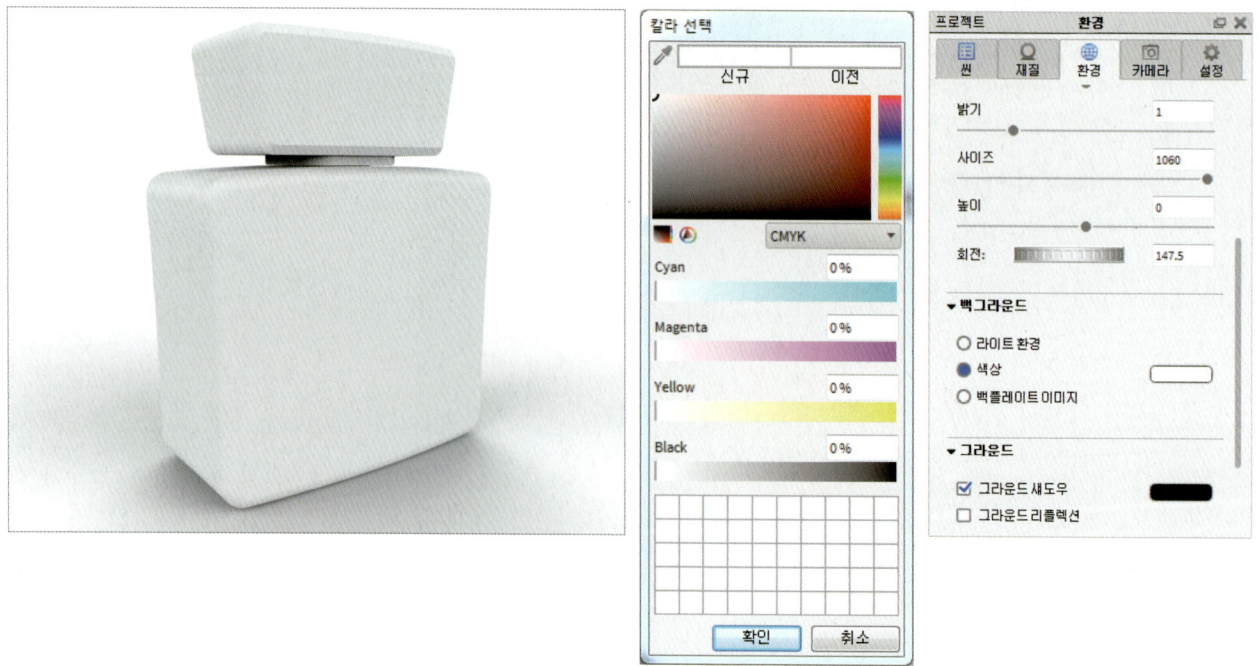

04_재질 삽입하기 1

캡 파트에 라이브러리 탭_재질 탭_Paint 카테고리 중 Paint Matte Black 재질을 드래그앤드롭합니다.

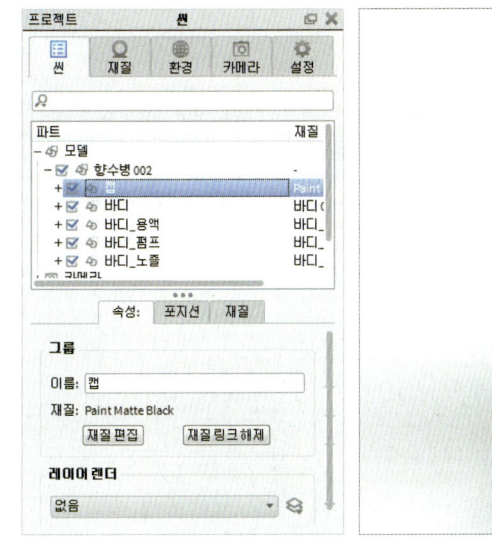

05_재질 삽입하기 2

환경의 특성에 따라 차이가 있지만 강한 블랙 컬러의 경우 제품의 덩어리감이 잘 보이지 않아 형태를 이해하기 어렵게 됩니다. 때문에 블랙의 컬러를 연출한다 하여도 톤을 좀 더 밝게 진행하는 것이 유리합니다. 프로젝트 탭_재질 탭 색상을 C : 0% M : 0% Y : 0% K : 90%로 적용합니다.

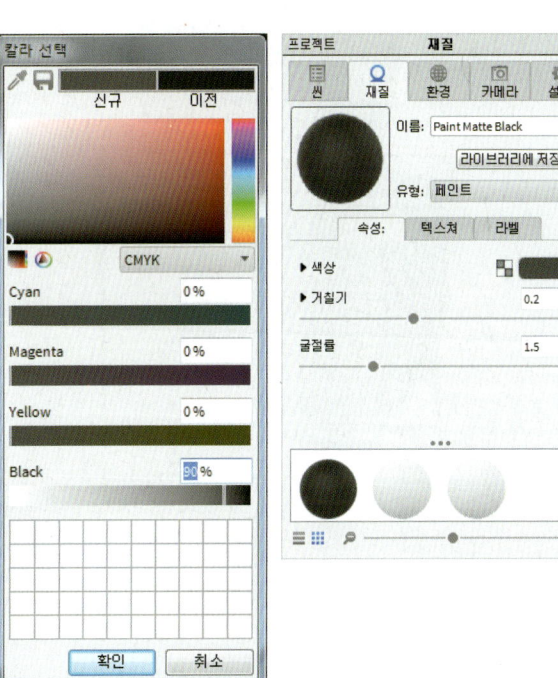

06_재질 삽입하기 3

프로젝트 탭_재질 탭_Glass 카테고리 중 Glass Refractive White 재질을 드래그앤드롭합니다. Glass 재질은 양면 선택 여부에 따라 유리재질의 느낌이 많이 다르니 비교해보길 바랍니다.

07_재질 삽입하기 4

바디_용액 파트에 재질을 삽입하기 위해 바디 파트를 마우스 오른쪽 버튼 클릭하여 선택 숨기기를 클릭합니다.

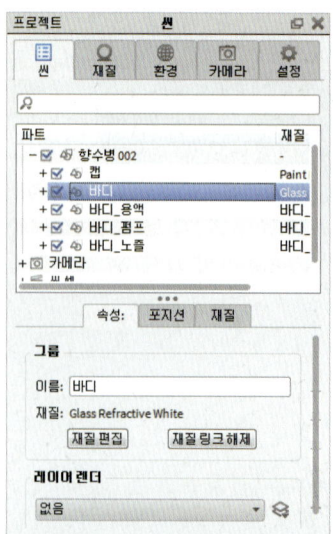

07. 향수병 Perfume Bottle

08_재질 삽입하기 5
이번 예제에서는 향수의 액체에 깊이감과 향수의 신비로움을 의도하여 액체 컬러에 약간의 그라데이션을 사용하려 합니다. 연출하고자하는 이미지에 따라 액체 대신 향수병 유리에 그라데이션을 사용해도 무방합니다.

바디_용액 파트에 프로젝트 탭_재질 탭_Glass 카테고리 중 Glass Basic Grey 색상을 드래그앤드롭합니다.

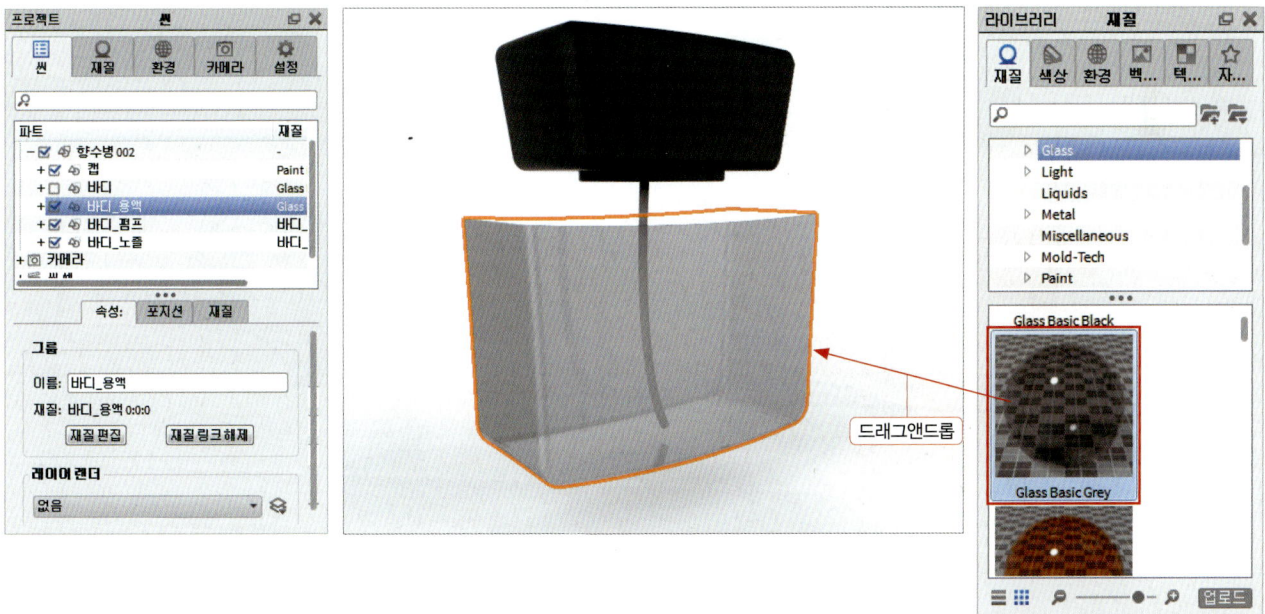

09_재질 삽입하기 6

바디_용액 파트에 그라데이션을 표현하겠습니다. 일반적인 단색 컬러를 이용한다면 'Liquid' 카테고리의 재질을 사용하여도 무방하지만 'Liquid'의 경우 재질에 '색상' 파트가 없어 사용하기 어렵습니다.

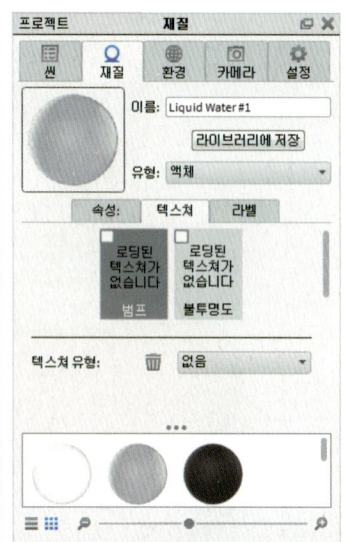

프로젝트 탭_재질 탭_텍스쳐 탭_색상 탭에서 텍스쳐 유형을 칼라 그라디언트로 적용합니다.

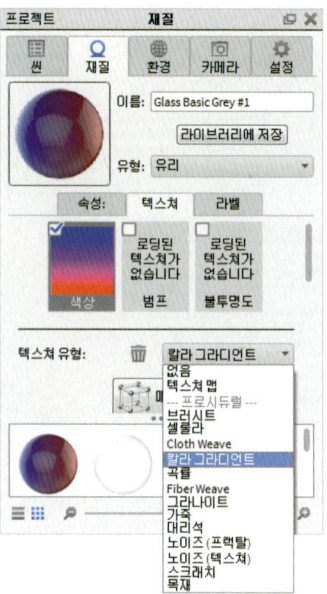

10_재질 삽입하기 7

'칼라 그라디언트'를 선택할 경우 대체로 세로 방향으로 두 가지 컬러가 나뉘기 때문에 그라데이션 방향을 바꿔어야 합니다. 이때 '매핑툴'을 이용하여 방향을 바꿔주도록 하겠습니다. 텍스쳐 탭_맵핑 툴을 클릭하여 방향을 좌우에서 상하 위치로 바꿔줍니다.

NOTE 버전에 따라 상이함(5.1의 경우 그라데이션 설정 인터페이스가 수정되었음).

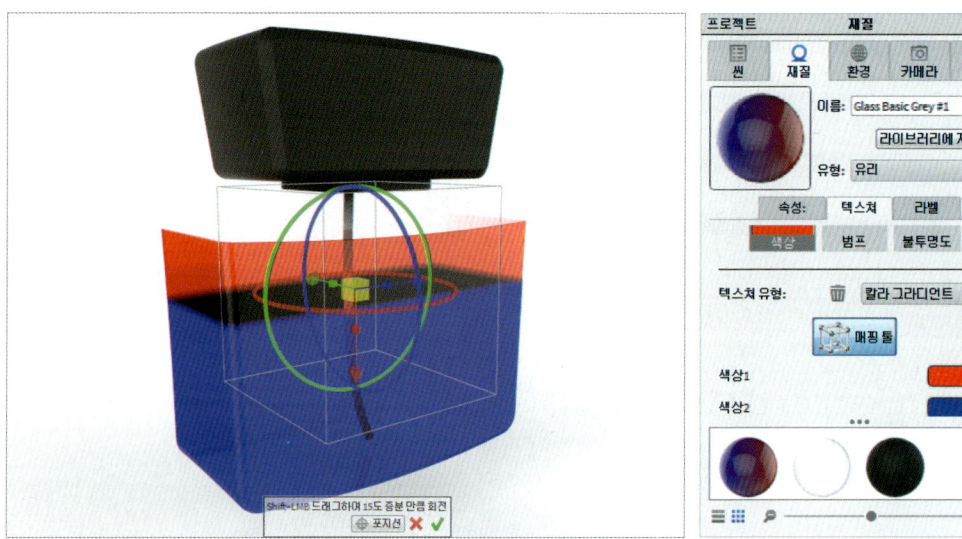

11_재질 삽입하기 8

그라데이션 컬러를 바꿔주고 그에 맞는 컬러의 비중을 '스케일'과 '위치'를 통해 조절합니다. 예제에서는 시원한 느낌으로 연출해 보겠습니다. 색상1을 C : 100% M : 0% Y : 4% K : 20%, 색상2를 C : 100% M : 83% Y : 0% K : 0%로 적용합니다.

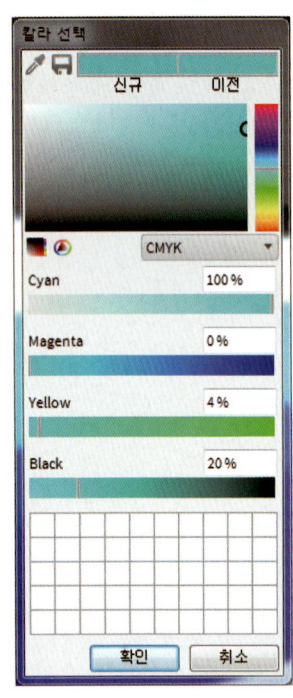
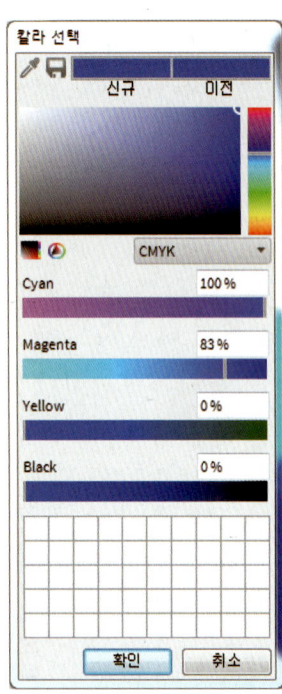
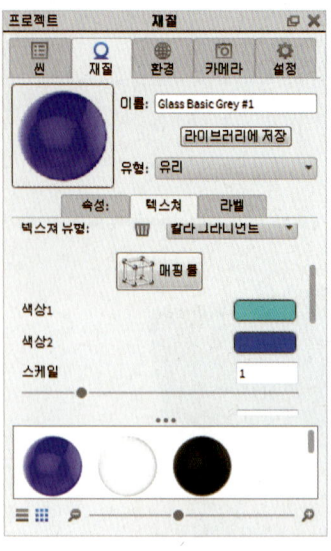

12_재질 삽입하기 9

위치2를 30으로 적용하여 자연스러운 그라데이션 컬러를 표현합니다. 예제에서는 위치2의 값만을 조절하여 그라데이션을 표현하였지만 상황에 맞게 위치1과 2를 적절히 조절하여 적용하면 되겠습니다.

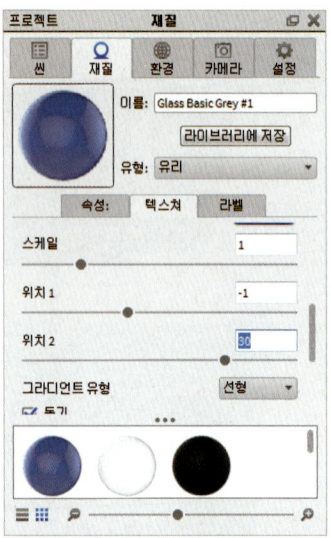

13_재질 삽입하기 10

액체 설정이 끝나면 빈 공간에 마우스 오른쪽 버튼을 클릭한 뒤 '모든 파트 보이기'를 선택하여 숨겨둔 파트를 모두 화면상에 나타나도록 합니다.

14_재질 삽입하기 11

바디_노즐 파트에 라이브러리 탭_재질 탭_Glass 카테고리 중 Glass Basic White 재질을 드래그앤드롭합니다.

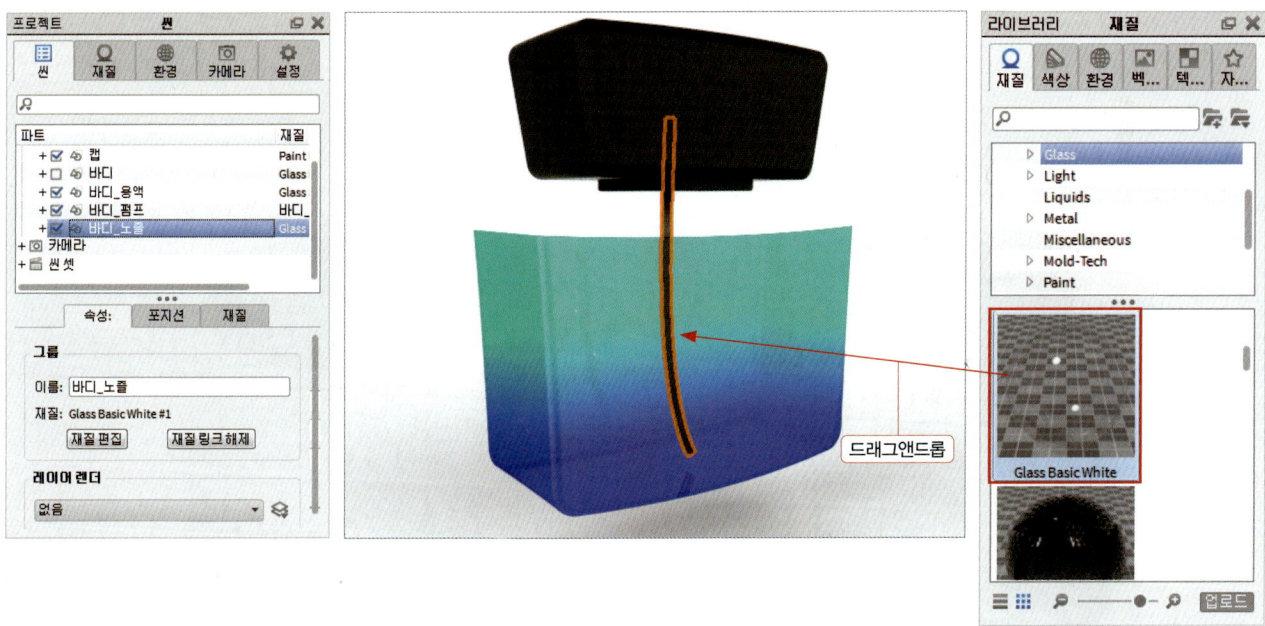

15_설정 편집하기

프로젝트 탭_설정 탭_고급_Ray Bounces를 6에서 10으로 적용합니다.

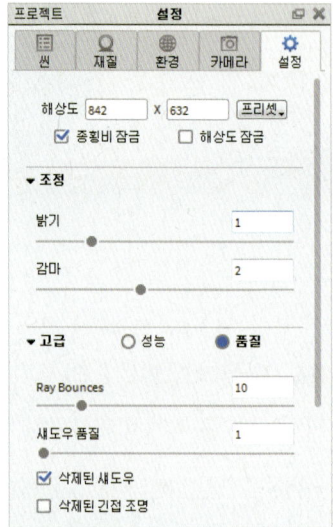

Ray Bounces는 조명이 몇 번 반사될 것인지 수치로서 나타내는 것으로 값이 올라갈수록 빛의 반사 횟수가 많아지기 때문에 투명 재질 렌더링 작업 시 유용하게 사용할 수 있습니다.

Ray Bounces 3　　　　　　　　　　　　Ray Bounces 10

16_백그라운드 색상 설정

이후 향수 액체의 컬러에 맞게 판넬을 연출할 계획이 있다면 미리 백그라운드에 '색상'을 연출하고자하는 배경 컬러를 적용하여 액체의 컬러가 배경에 묻히지 않는지 혹은 액체와 배경이 잘 어우러지는지 확인을 해주는 것 역시 중요합니다.
배경 컬러에 따라 바닥면에 생기는 '섀도우'의 컬러가 달라집니다.

백그라운드 블루

백그라운드 화이트

백그라운드 색상을 지정해 보겠습니다. 메인 툴 바_프로젝트 탭_환경_백그라운드 옵션에서 색상을 C : 43% M : 10% Y : 0% K : 8%로 지정한 후 확인 버튼을 누릅니다.

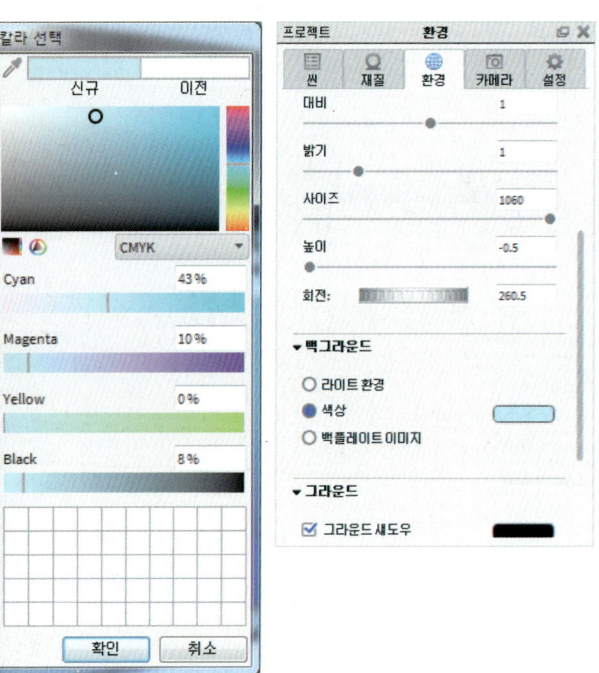

17_라벨 삽입하기 1

예제에서 제공하는 Perfume_.PNG 이미지 파일을 라벨로 적용해 보겠습니다. 프로젝트 탭_재질 탭_라벨 탭으로 들어갑니다. 라벨 탭에서 더하기 마크 혹은 좌측에 '로드 된 라벨 없음'을 더블 클릭하여 Perfume_PNG 이미지 파일을 첨부합니다. 예제에서 제공하는 이미지 외에 라벨을 만들어 적용시켜보세요.

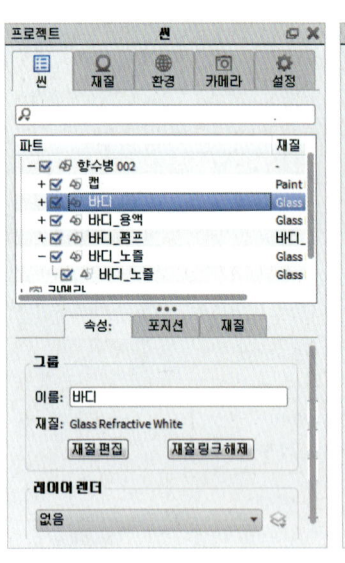

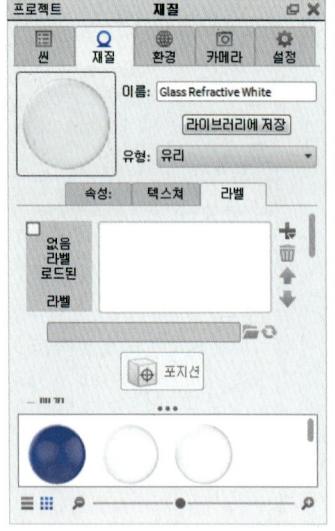

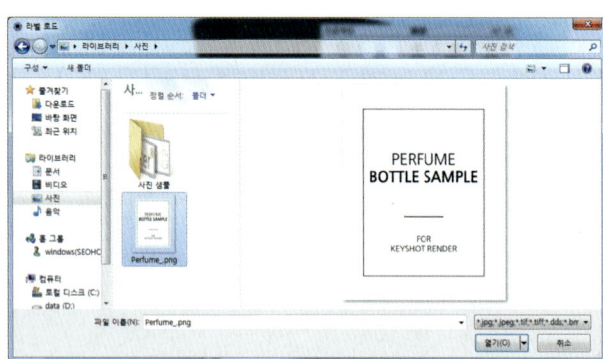

18_라벨 삽입하기 2

라벨의 정확한 위치를 위해서 프로젝트 탭_카메라 탭_렌즈 설정을 퍼스펙티브에서 직교그래픽으로 전환하고 뷰방향을 전면으로 적용합니다.

19_라벨 삽입하기 3

카메라탭_격자를 사등분으로 적용합니다. 그 후 재질 탭_라벨 스케일을 30으로 적용합니다.

20_라벨 삽입하기 4

라벨의 위치를 맞춥니다. 라벨 탭_포지션을 클릭하고 실시간 창에서 라벨의 위치를 클릭하여 맞춥니다. 그리고 양쪽으로 적용 되어있는 라벨을 스페큘라 양면을 체크 해제하여 라벨 삽입을 완료합니다(라벨 위치를 세심하게 설정하는데에는 아쉬움이 있습니다).

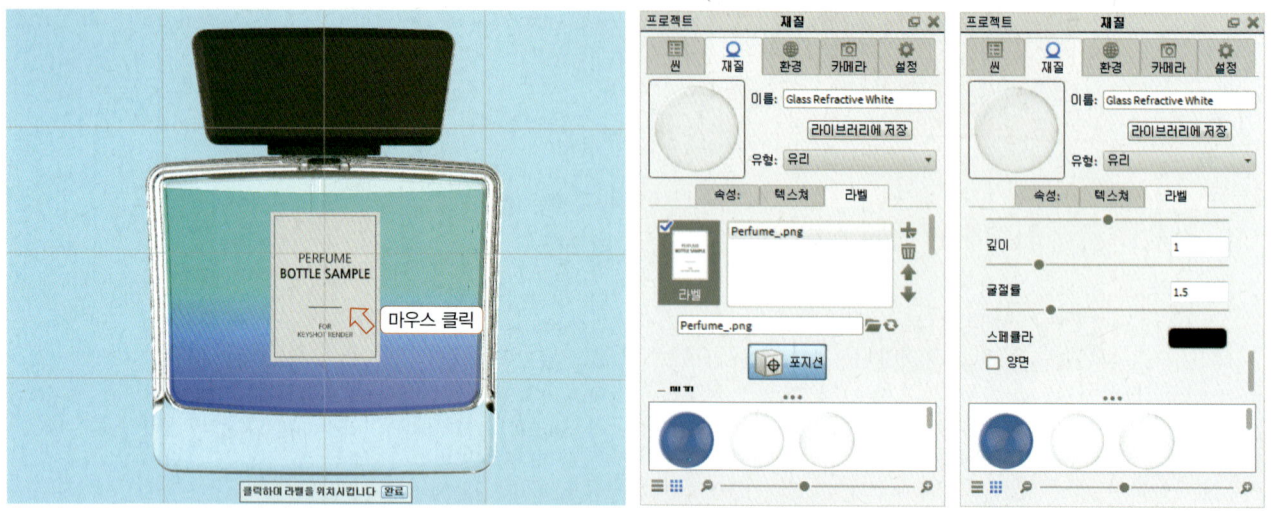

21_렌더 설정 1

재질에 대한 상세 설정이 끝나면 퀄리티있는 렌더 이미지를 얻기 위해 렌더 설정 값을 변경합니다(TIFF 혹은 PNG 그리고 '알파(투명도) 포함'을 체크하면 렌더링 이미지의 배경이 없는 채로 이미지를 사용할 수 있어 배경 이미지를 변경하기에 쉽습니다).

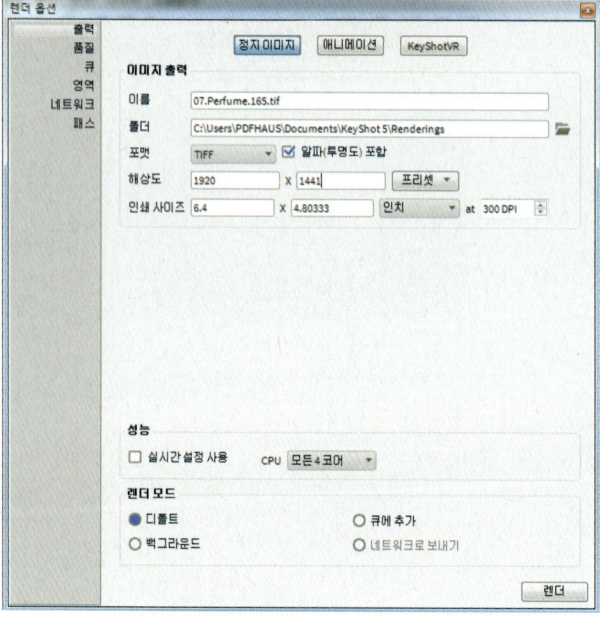

22_렌더 설정 2

패스 탭_'Clown 패스'를 체크합니다. 'Clown 패스'를 체크할 경우 2장의 렌더 이미지가 생성이 됩니다(Clown 패스 사용법은 마지막 후보정 작업 소개 때 다시 설명하겠습니다).

설정이 끝났으면 렌더 버튼을 클릭합니다. KeyShot으로 최대한의 퀄리티를 끌어올린다 하여도 약간의 후보정은 필수입니다.

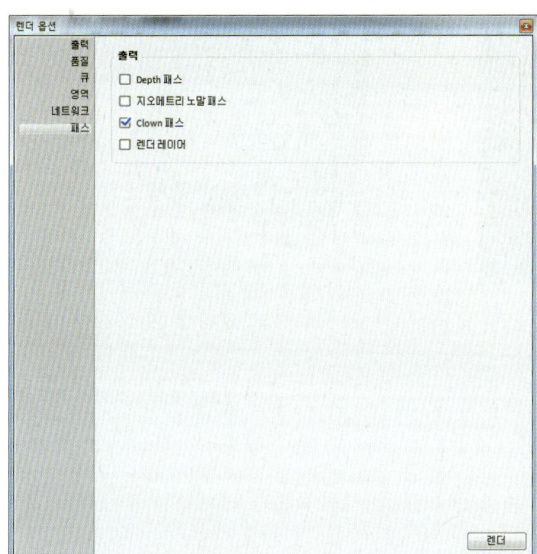
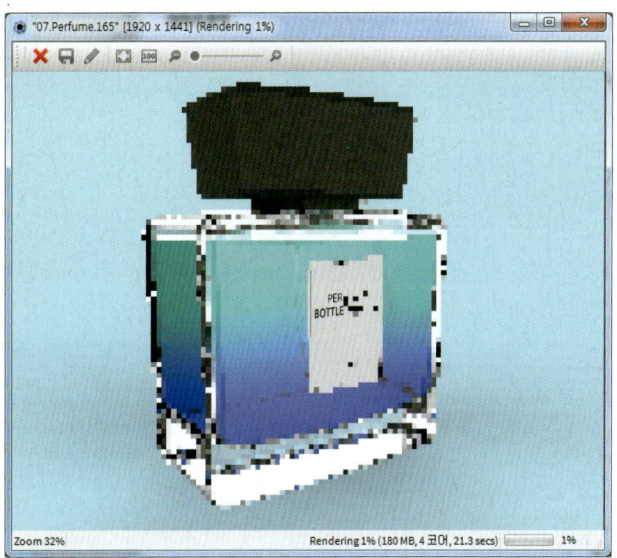

23_포토샵을 이용하여 쉽고 효과적으로 후보정하기 1

렌더 옵션에서 설정이 가능한 Clown 패스 사용법을 소개하겠습니다.

후보정 작업에서 가장 귀찮은 부분이 각 파트를 패스로 따서 색감조정 및 명암 조절 그리고 다양한 후보정을 진행하는 일입니다. 이러한 수고로움을 덜어주는 기능이 KeyShot 내에 있지만 해당 기능을 잘 몰라 사용하지 않는 독자들을 위해 소개하겠습니다.

'Clown 패스'를 체크하고 렌더 작업을 진행하면 폴더에 진행하고자 했던 렌더 이미지와 재질에 따른 단색 이미지 두 개의 파일이 생성됩니다.

24_포토샵을 이용하여 쉽고 효과적으로 후보정하기 2

두 이미지를 포토샵을 실행하여 불러옵니다.

25_포토샵을 이용하여 쉽고 효과적으로 후보정하기 3

불러온 두 이미지는 크기가 같으므로 전체 선택한 뒤 다른 한 이미지에 붙여넣기하여 두 이미지를 완전히 겹쳐지게 합니다.

이렇게 두 이미지가 겹쳐지기만 하면 Clown 패스를 사용할 준비가 끝납니다.

26_포토샵을 이용하여 쉽고 효과적으로 후보정하기 4

가령 향수 용액의 색상을 변경해야 한다면 상단에 위치한 렌더 이미지를 잠시 숨기기 한 뒤 Clown 패스를 통해 얻어진 이미지의 용액에 해당하는 파트를 Magic wand tool을 통해 선택합니다.

27_포토샵을 이용하여 쉽고 효과적으로 후보정하기 5

영역이 선택되었으면 다시 숨겼던 이미지를 나타내고 해당 레이어를 선택합니다(해당 레이어에 배경이 없다면 연출하고자 하는 배경을 설정한 뒤 색상을 변경하거나 후보정을 하는 것이 유리합니다).

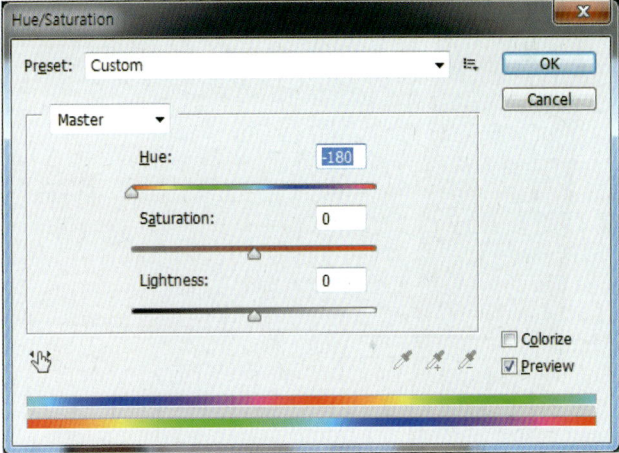

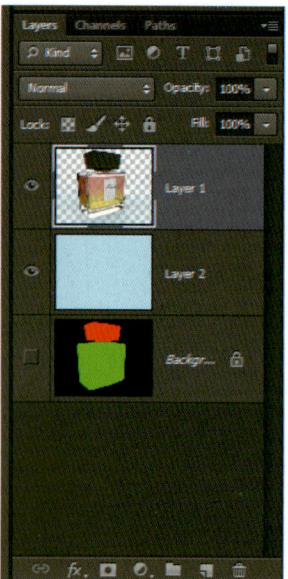

28_포토샵을 이용하여 쉽고 효과적으로 후보정하기 6

이처럼 Clown 패스를 활용하면 Path tool을 사용하거나 Magic wand tool로 세심하게 선택을 할 필요없이 해당 파트의 후보정이 가능합니다(향수용액의 색상을 쉽게 변경 가능합니다).

29_포토샵을 이용하여 반짝이 효과 사용하기 1

먼저 배경을 첨가한 향수 이미지를 준비합니다(예시에서는 하늘색 색상으로만 배경을 넣어보겠습니다).

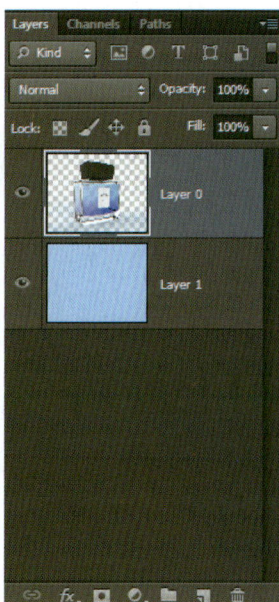

30_포토샵을 이용하여 반짝이 효과 사용하기 2

반짝이로 만들 소스 이미지를 준비하여 해당 파일로 불러옵니다(배경이 어둡고 반짝이는 우주와 같은 이미지가 유리합니다).

31_포토샵을 이용하여 반짝이 효과 사용하기 3

이미지를 선택 한 후 'Linear Dodge (Add)'를 선택하면 해당 우주 이미지의 어두운 부분은 사라지고 밝은 부분은 더욱 빛나는 효과를 가질 수 있습니다.

32_포토샵을 이용하여 반짝이 효과 사용하기 4

해당 이미지를 사용할 적당한 크기와 위치를 Ctrl+T로 선정하여 줍니다(이번 예시에서는 향수 용액이 신비롭게 반짝이는 것처럼 효과를 주려고 합니다).

33_포토샵을 이용하여 반짝이 효과 사용하기 5

불필요한 부분은 Eraser tool을 이용하여 지워줍니다.

 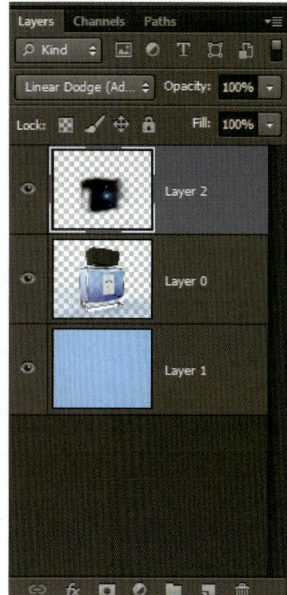

34_포토샵을 이용하여 반짝이 효과 사용하기 6

Ctrl+U를 눌러 Hue/Saturation으로 빛의 밝기나 색상을 수정해주어 더 어우러질 수 있도록 편집해줍니다.

 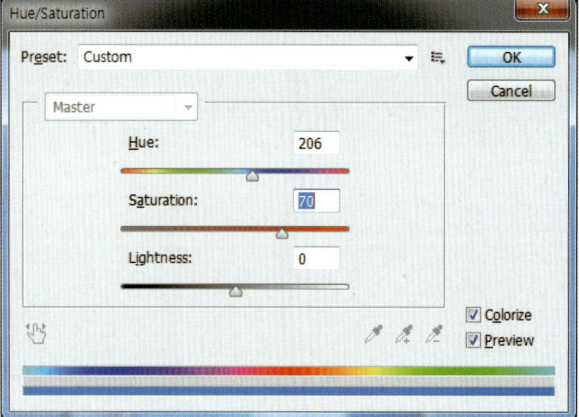

34_포토샵을 이용하여 반짝이 효과 사용하기 7

BEFORE

AFTER

35_완성

07. 향수병 Perfume Bottle

AQUA TYPE
남성 향수의 시원함과 신비로움을 나타내고자 배경으로 물 이미지를 뒤에 깐 후 반짝이 효과를 주어 느낌을 표현하였습니다.

URBAN TYPE
정면으로 렌더샷을 찍어 도시의 이미지를 배경으로 깔아 도시적인 이미지를 연출하였습니다.

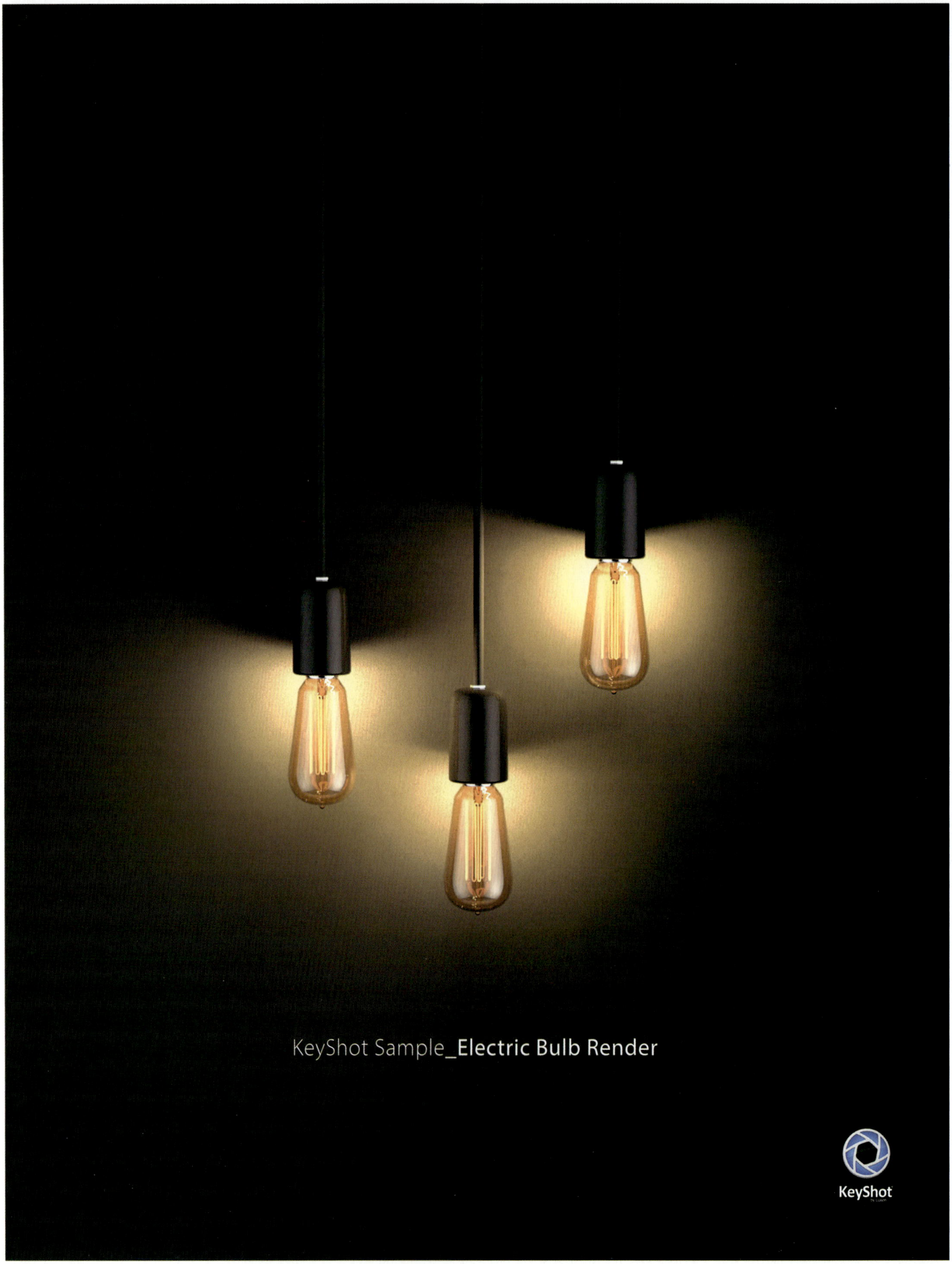

KeyShot Sample_Electric Bulb Render

ELECTRIC BULB

08

INTRO

전구
—

이번 예제에서는 전구 가운데 부분의 필라멘트가 따뜻하고 엔틱한 느낌을 주는 에디슨 전구를 이용하여 사용자들이 가장 어려워하는 조명을 쉽고 효과적으로 연출하는 방법을 제안하겠습니다. 해당 예제를 통하여 KeyShot에서 가장 어렵다고 느끼는 빛, 조명에 대한 이해도를 높일 수 있기를 희망합니다.

#유리, #Area Light, #그라데이션, #백플레이트

01_모델링 준비

예제 렌더링에 앞서 모델링 프로그램에서 준비해야 할 모델링 데이터에 대해 설명하겠습니다.

❶ 조명 뒤 백 플레이트
조명 모델링 후면에 위치하는 벽으로 백 플레이트의 필요에 대해서는 렌더 후반부에 설명하겠습니다.

❷ 빛을 적용할 파트
전구에 빛을 밝혀줄 광원을 적용하기 위해 전구 모델링 안쪽에 빛을 적용할 파트를 임시로 배치합니다.

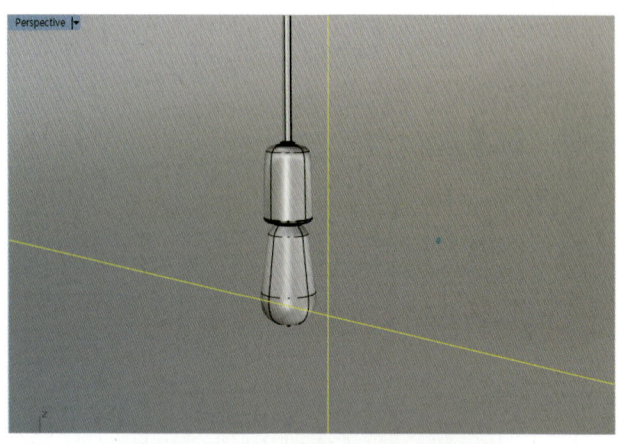

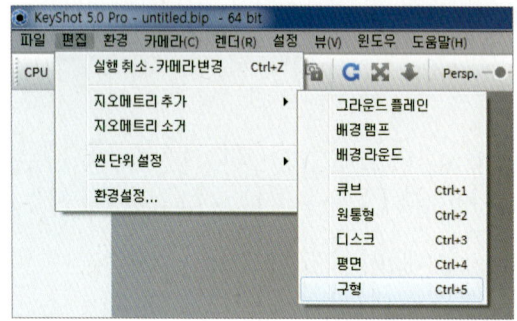

NOTE 미리 준비하지 못했다면?
상단 메뉴바 – 편집 – 지오메트리 추가 – 평면, 구형 설정을 통해 미리 모델링 상에서 준비하지 못한 파트를 추가할 수 있습니다.

02_예제 파일 실행

[08. Electric Bulb] 예제 파일을 실행해보겠습니다.

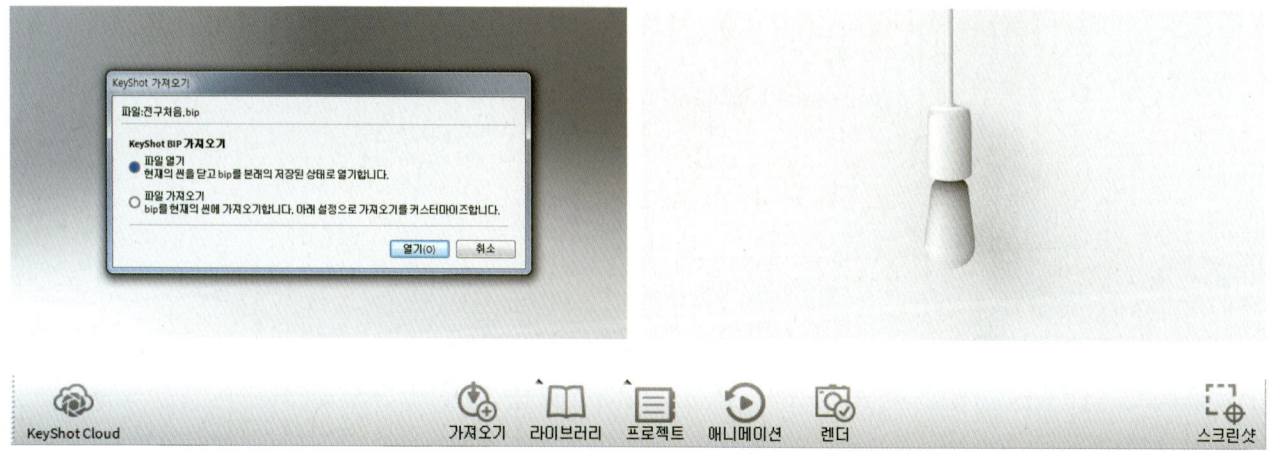

03_카메라 설정

카메라 '뷰 방향'을 전면으로 설정하여 전구의 렌더링을 극대화할 수 있는 뷰로 시작하도록 하겠습니다. 프로젝트 탭_카메라 탭_뷰 방향을 전면으로 적용합니다.

04_재질 삽입하기

현재 백플레이트 파트와 바디 파트가 같은 재질이므로 작업 시 혼동이 올 수 있기에 뷰를 맞추기 전 백플레이트 파트에 재질을 삽입합니다. 라이브러리 탭_재질 탭_Paint 카테고리 중 Paint Gloss Black 재질을 드래그앤드롭합니다.

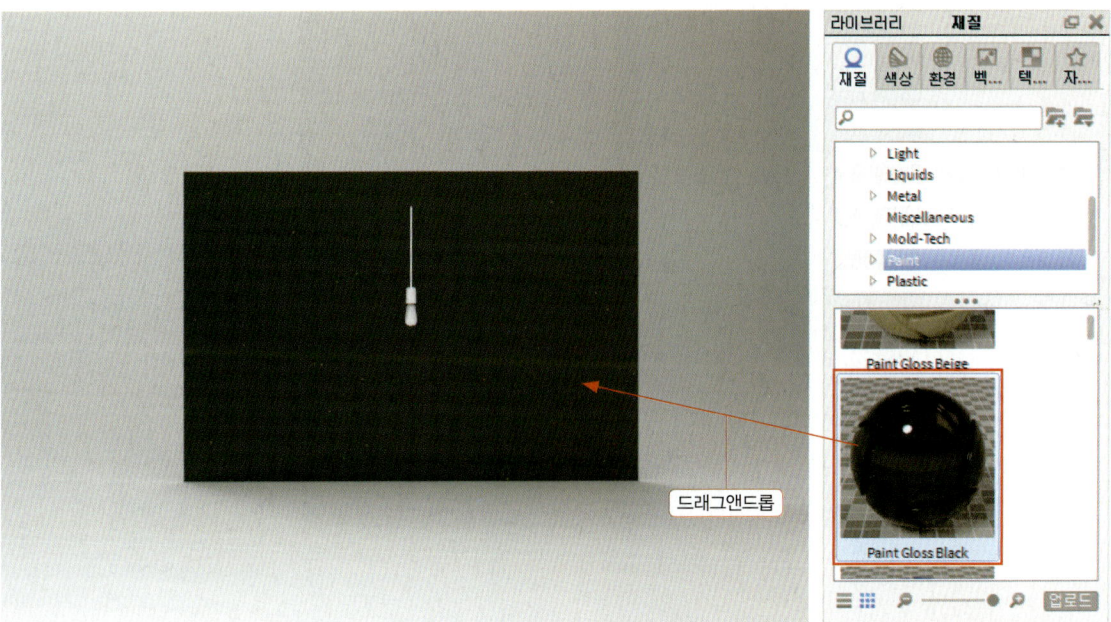

05_Look at

Look at 명령을 통해 다시금 뷰를 맞추도록 하겠습니다. 실시간 창에 전구를 마우스 오른쪽 버튼 클릭 후 Look at를 클릭합니다. 그 후 마우스 휠을 활용하여 전구를 확대합니다.

 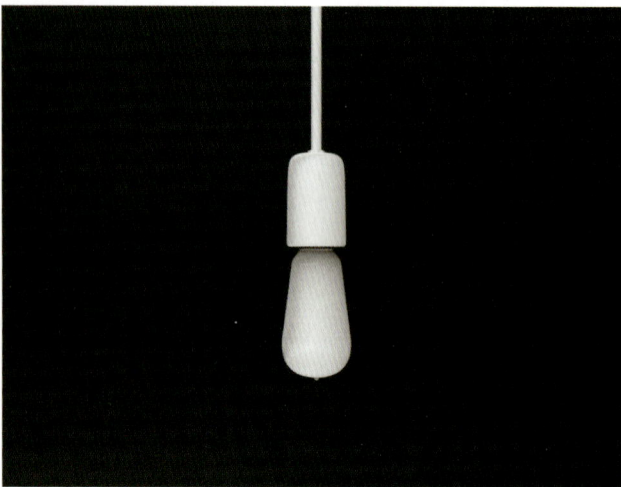

06_재질 삽입하기 1

바디_소켓 파트에 라이브러리 탭_재질 탭_Paint 카테고리 중 Paint Gloss Black 재질을 드래그앤드롭합니다.

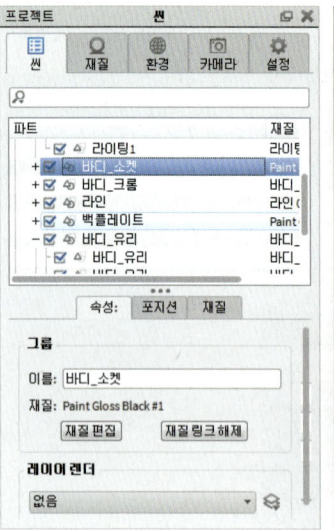 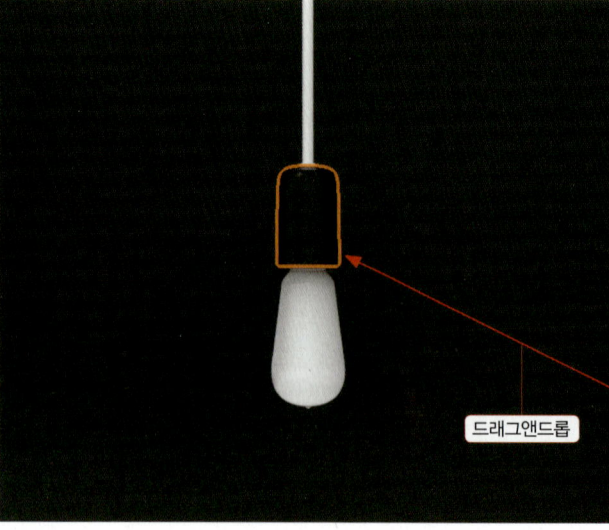 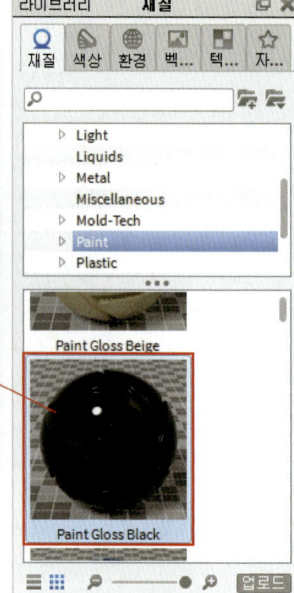

07_재질 삽입하기 2

바디_소켓 파트에 라이브러리 탭_재질 탭_Paint 카테고리 중 Paint Matte Black 재질을 드래그앤드롭합니다. 예제에서는 메인이 되는 라이팅 파트에 포인트를 주기 위해 서브 파트에 어두운 색상으로 처리하였습니다. 연출하고자하는 의도에 맞게 재질 및 색상을 사용하길 바랍니다.

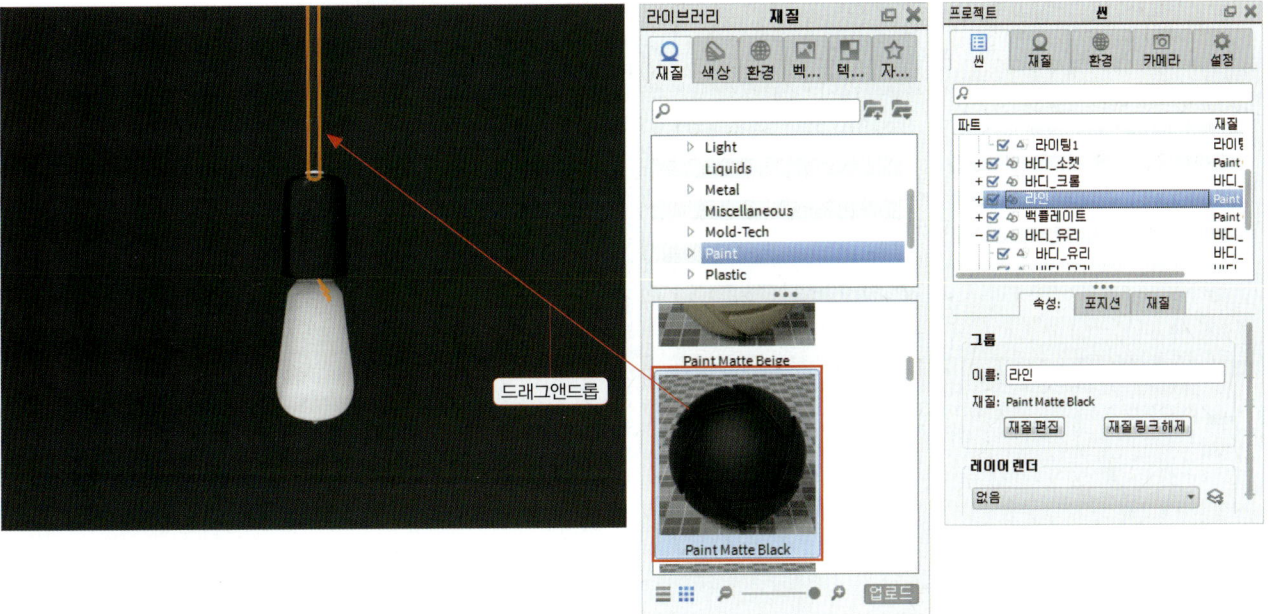

08_재질 삽입하기 3

전구 접지부와 소켓 상단 장식물에 해당하는 바디_크롬 파트에 라이브러리 탭_재질 탭_Metal 카테고리 중 Chrome Polished 재질을 드래그앤드롭합니다.

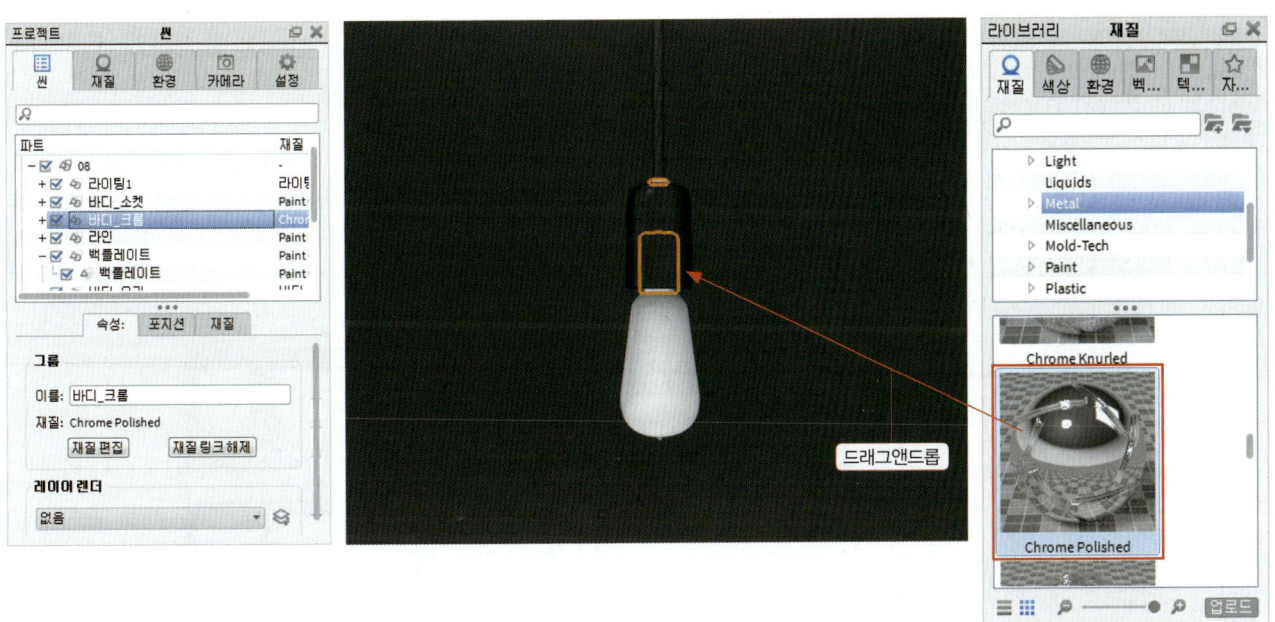

09_재질 삽입하기 4

전구의 따뜻한 느낌을 내기 위해 유리에 약간의 색상이 첨가된 재질을 바디_유리 파트에 삽입하겠습니다. 라이브러리 탭_재질 탭_Glass 카테고리 중 Glass Refractive Orange 재질을 드래그앤드롭합니다.

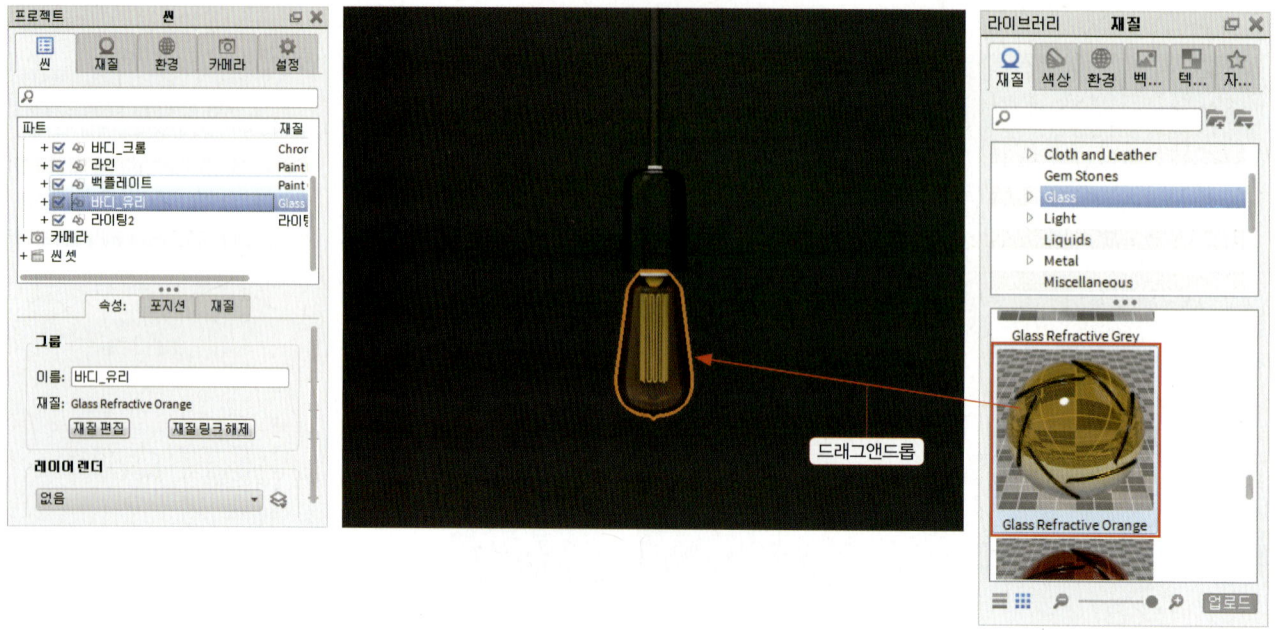

10_환경 삽입하기 1

재질의 컬러와 특성은 환경에 많은 영향을 받기 때문에 적당한 재질을 적용하였다면 상세 설정 단계로 넘어가기 이전에 적당한 환경을 접목시켜보는 것이 중요합니다. 라이브러리 탭_환경 탭 중 3 Panels Straight 2k Hdr을 실시간 창 쪽으로 드래그앤드롭합니다.

11_환경 삽입하기 2

표현하고자 하는 에디슨 전구의 이미지에 맞게 환경을 회전시킵니다. 프로젝트 탭_환경 탭_회전을 307로 적용합니다.

12_재질 편집하기

환경이 전구 뒤 백플레이트에 까지 영향을 주기 때문에 백플레이트의 재질과 설정 값을 변경하겠습니다.

예시 이미지

프로젝트 탭_씬 탭_백플레이트에서 마우스 오른쪽 버튼 클릭 후 '재질 편집'을 선택해서 재질 '유형을 디퓨즈로 설정하여 환경이 배경에 영향을 미치지 않도록 변경합니다.

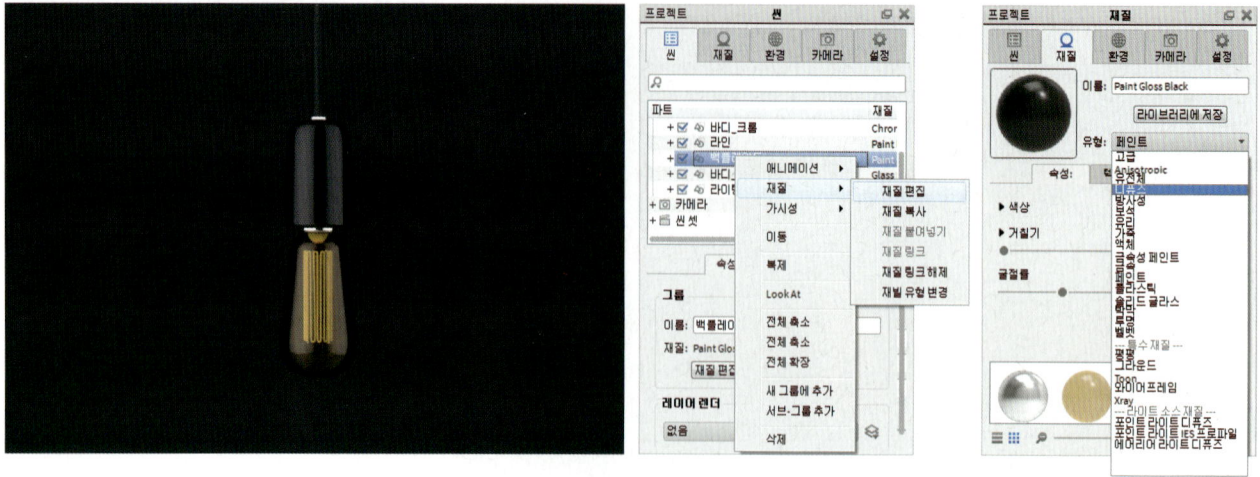

13_재질 삽입하기 1

필라멘트에 해당하는 라이팅1 파트에 재질을 삽입하기 위해 바디_유리 파트를 숨기겠습니다. 실시간 창에서 바디_유리 파트를 마우스 오른쪽 버튼 클릭 후 선택 숨기기 혹은 파트 숨기기를 클릭합니다.

14_재질 삽입하기 2

우리는 이 필라멘트를 최대한 효과적으로 나타내기 위해 '텍스쳐'에서 2가지 설정을 진행하려 합니다.

❶ 빛의 강, 약을 나타내는 '불투명도 효과'
❷ 빛의 세기에 따른 색상 차이를 나타내는 '그라데이션' 효과를 통해 필라멘트를 표현해보도록 하겠습니다.

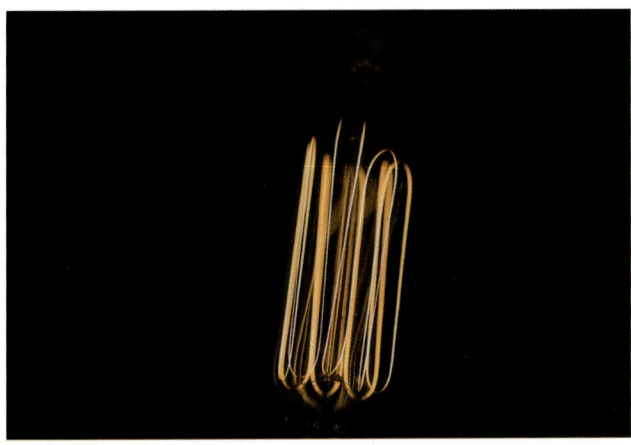 

우선 '불투명도'를 통한 빛의 밝기 설정을 위해 불투명도를 가진 Light 재질을 사용하겠습니다. 라이브러리 탭_재질 탭_Light 카테고리 중 Emissive Linear Soft 재질을 드래그앤드롭합니다.

 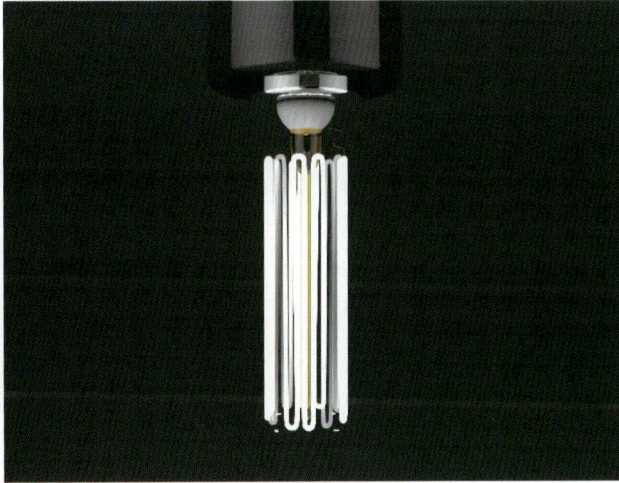

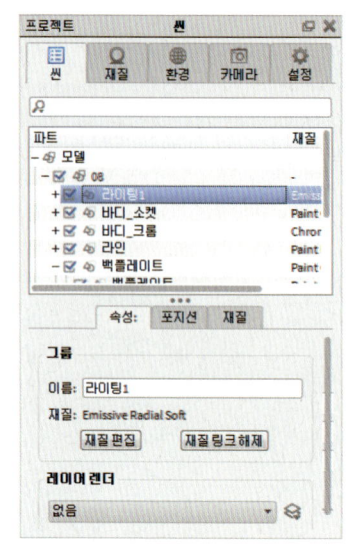

15_재질 삽입하기 3

현재 재질에 불투명도가 첨부되어 있는 상태라 그라데이션 느낌이 나지만 효과를 극대화시키기 위해 칼라 그라디언트 색상을 사용하겠습니다. 프로젝트 탭_재질 탭_텍스쳐 탭_텍스쳐 유형을 칼라 그라디언트로 적용합니다.

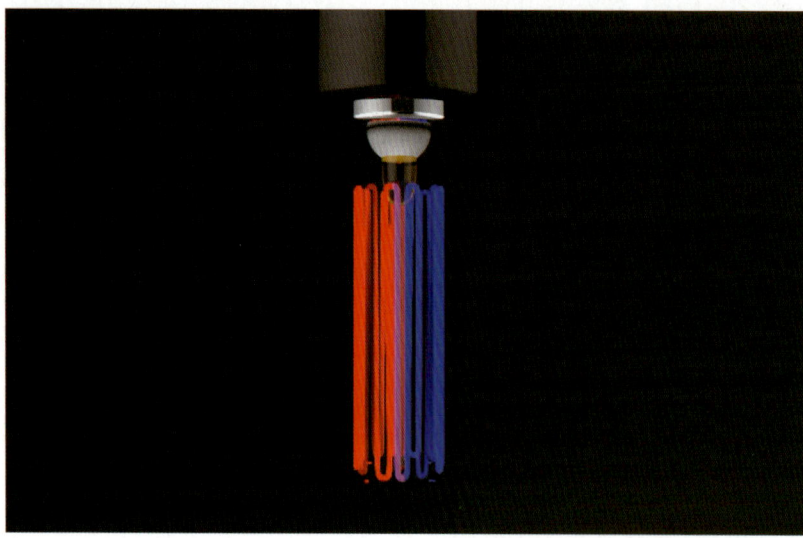
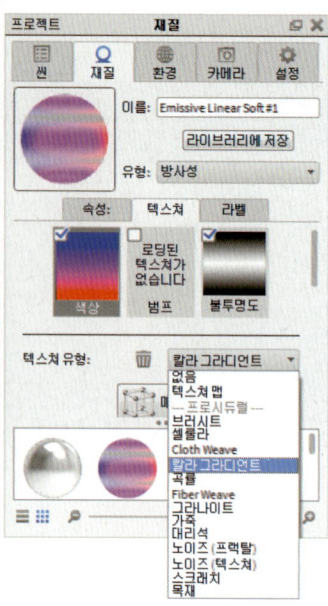

16_재질 삽입하기 4

색상을 필라멘트 색상과 비슷하게 맞추겠습니다. 색상1과 2 색상을 변경합니다. 색상1을 C : 0% M : 50% Y : 85% K : 15%, 색상2를 C : 0% M : 69% Y : 100% K : 87%로 적용합니다. 필라멘트의 색상은 원하는 이미지에 따라 달라질 수 있으나 필자의 경우 아래에 제시하는 컬러를 이용해 보았습니다. 독자 여러분들은 다양한 설정 값을 시도해 봄으로써 색상에 따른 느낌의 차이를 느껴보길 바랍니다.

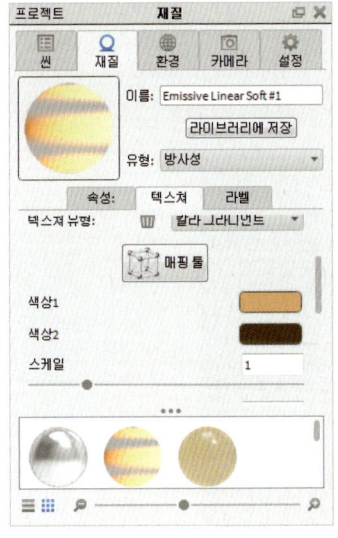 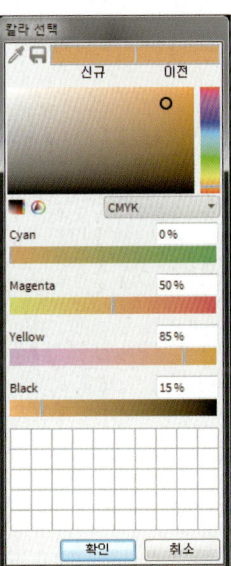 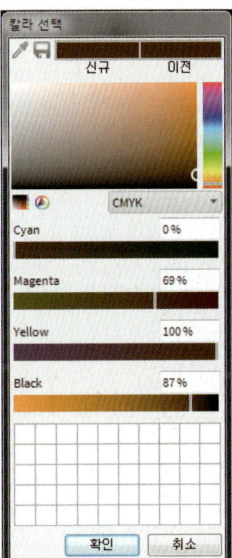

17_재질 삽입하기 5

스케일과 위치를 조절하여 자연스러운 그라데이션 효과를 적용하겠습니다. 스케일을 3으로 적용하고 위치1, 2의 값을 10으로 적용합니다. 그리고 그라디언트 유형을 원통형으로 적용합니다(이 예제의 경우 '선형'과 '원통형'의 차이가 나지 않습니다).

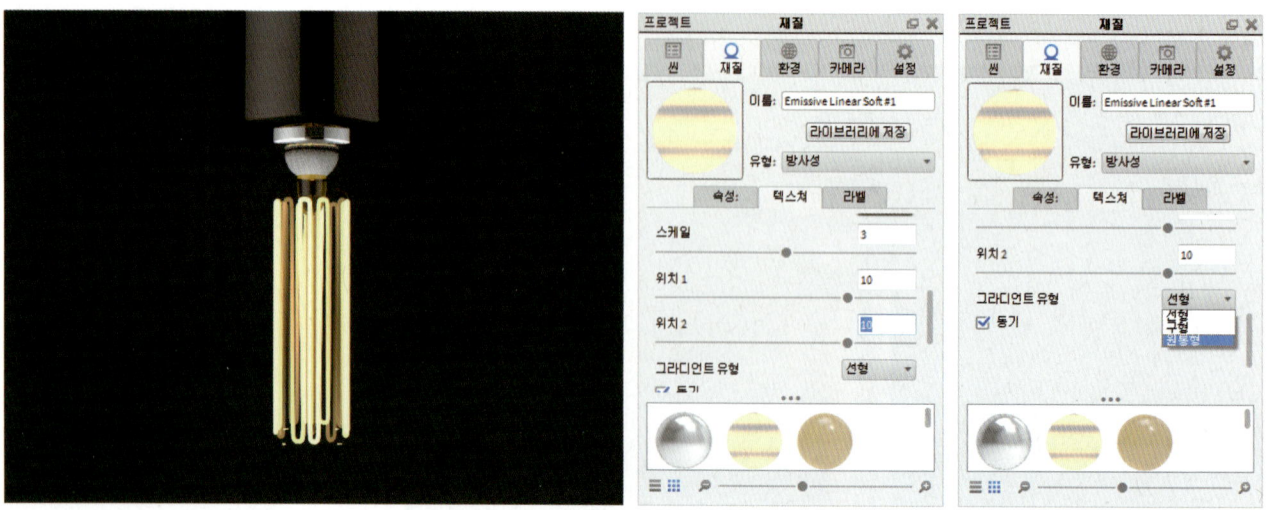

18_재질 삽입하기 6

필자는 전구의 느낌을 아래 두 이미지 중 오른쪽 즉 전구가 뒷 배경과 가까워 배경 주변에 빛이 은은하게 번지는 듯한 느낌을 표현하고자 합니다. 필라멘트에 적용된 빛만으로는 원하는 효과를 나타내기 힘들기 때문에 추가적인 파트에 빛을 적용시켜 느낌을 연출하고자 합니다. 설명이 어렵게 느껴질 수 있으나 나머지 과정을 따라 해보면 이해가 될 것이라 생각합니다.

필자는 사전에 전구 모델링을 진행할 때 이 점을 의도하고 전구 안쪽에 '구' 형태의 파트를 추가 해두었습니다.

라이팅2 파트에 라이브러리 탭_재질 탭_Light 카테고리 중 Area Light 100W Warm 재질을 드래그앤드롭합니다.

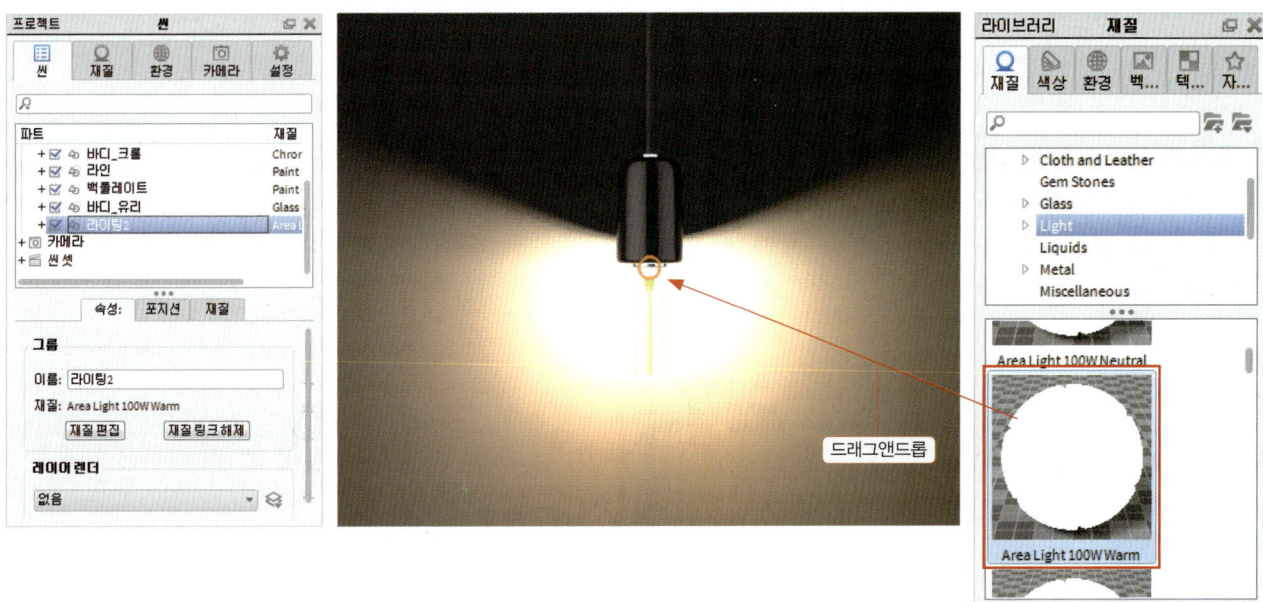

19_재질 삽입하기 7

라이팅2 파트를 편집하겠습니다. 프로젝트 탭_씬 탭_라이트2 파트를 마우스 오른쪽 버튼 클릭 후 재질 편집을 클릭하여 Power를 20으로 적용하고 고급에서 카메라에 가시화, 반사에서 보이기를 체크 해제합니다.

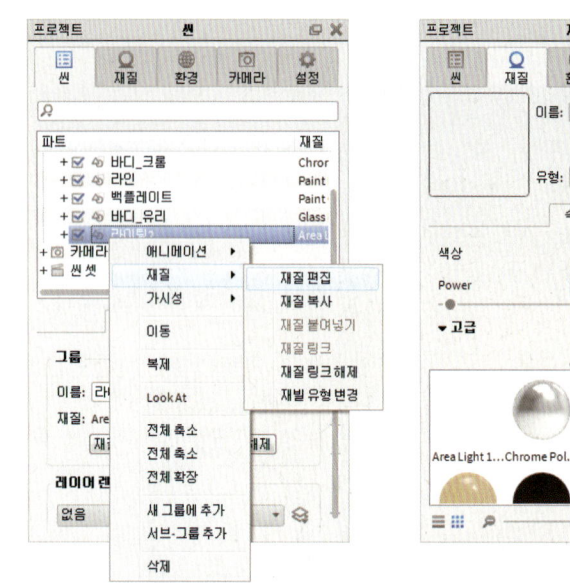
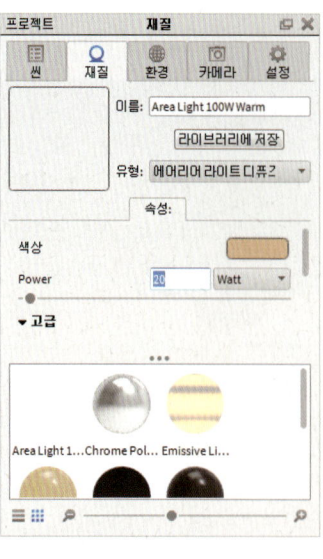
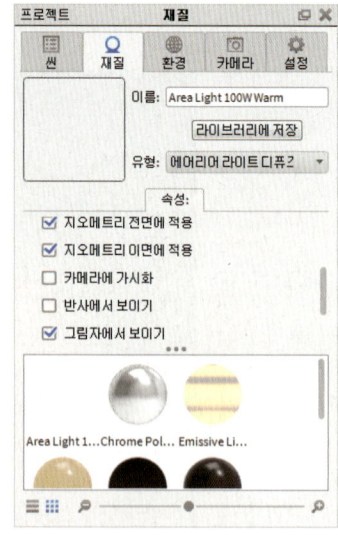

20_재질 편집하기 1

실시간 창에서 마우스 오른쪽 버튼 클릭하여 모든 파트 보이기를 클릭합니다. 이전에 약간의 색상이 첨가된 'Glass Refractive Orange' 재질을 사용하였기 때문에 강한 오렌지빛을 품게 됩니다.
때문에 이 유리의 컬러를 변경하여 원하는 느낌을 연출하겠습니다.

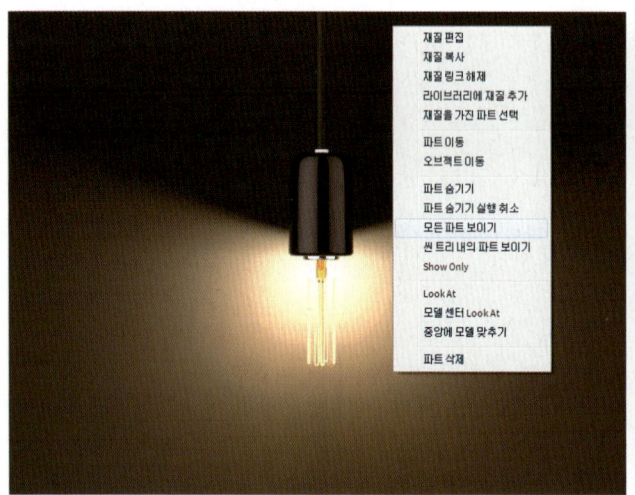

21_재질 편집하기 2

프로젝트 탭_씬 탭_바디_유리 파트를 마우스 오른쪽 버튼 클릭 후 재질 편집을 클릭하여 재질 색상을 C : 0% M : 18% Y : 37% K : 4%로 적용합니다.

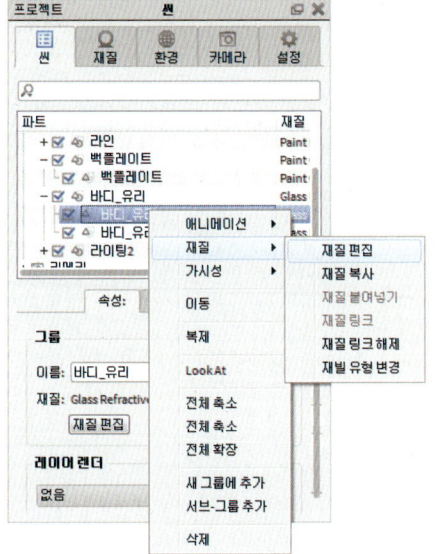
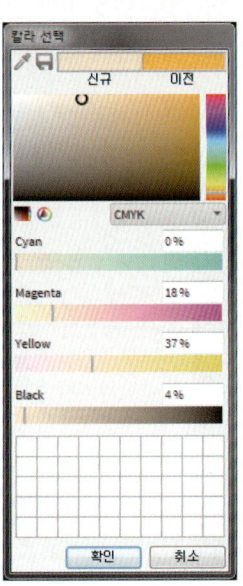
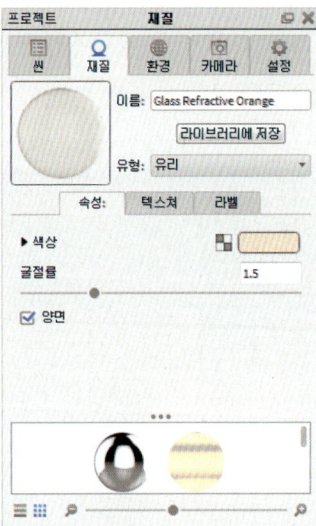

22_재질 편집하기 3

전구 유리 부분의 덩어리감을 위해 굴절률을 1.9로 적용합니다. 굴절률 1.5와 1.9의 차이를 느껴보기 바랍니다. 이렇게 조명의 설정이 마무리됩니다.

NOTE KeyShot에서 조명 렌더링을 진행할 경우에는 사소한 설정 값 또는 환경에 따라 차이가 많이 느껴질 정도로 다소 까다로운 부분이 있으나 KeyShot으로도 충분히 조명의 효과를 연출할 수 있습니다.

굴절률 1.5

굴절률 1.9

23_상황에 따른 재질 편집하기 1

앞서 전구 이외의 빛을 적용한 라이팅2 파트를 이동해주면 백플레이트에 맺히는 빛의 모양이 달라집니다. 프로젝트 탭_씬 탭_라이팅 파트를 마우스 오른쪽 버튼 클릭 후 이동을 눌러 움직여 보기 바랍니다.

아래 이미지는 빛이 전구 주변으로 고르게 퍼지는 느낌을 연출할 수 있습니다.

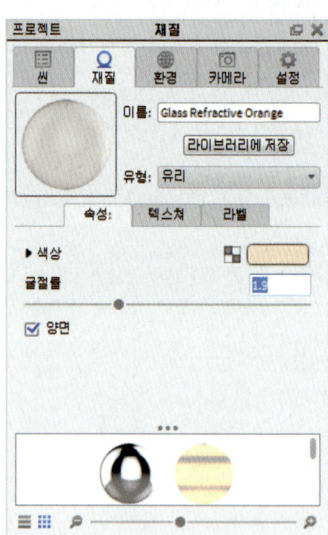

아래 이미지는 빛이 위에서 쏘아지는 느낌을 나타냅니다.

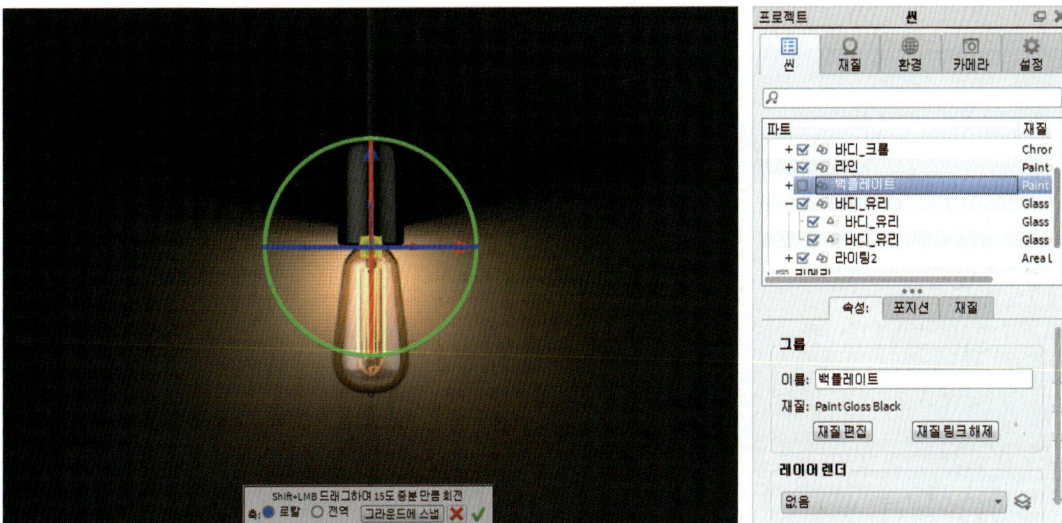

24_상황에 따른 재질 편집하기 2

같은 설정이라도 백플레이트가 있고 없고의 차이에 따라 렌더링의 느낌은 큰 차이가 납니다.
아래 이미지는 백플레이트 파트를 숨긴 상태입니다. 필자가 연출하려는 은은한 빛의 맺힘에 대한 연출과는 거리가 먼 것을 느낄 수 있습니다.

백플레이트 파트를 숨긴 상태로 환경 탭의 백그라운드 색상을 어둡게 하였지만 역시 필자의 연출 의도와는 다른 점을 느낄 수 있습니다.

백플레이트에 전구의 빛이 반사된 형태(필자가 의도한 예제의 완성된 모습)입니다.

25_상황에 따른 재질 편집하기 3

설정이 완료된 모델을 복제한 뒤 판넬을 연출해 보려합니다. 프로젝트 탭_씬 탭_모델 08 Electric Bulb을 마우스 오른쪽 버튼 클릭 후 복제를 클릭합니다. 복제한 모델인 08 Electric Bulb #1이 생기게 됩니다. 현재 겹쳐 있는 상태기 때문에 마우스 오른쪽 버튼 클릭 후 이동을 클릭하여 원하는 위치로 이동 툴을 이용하여 위치시키면 됩니다.

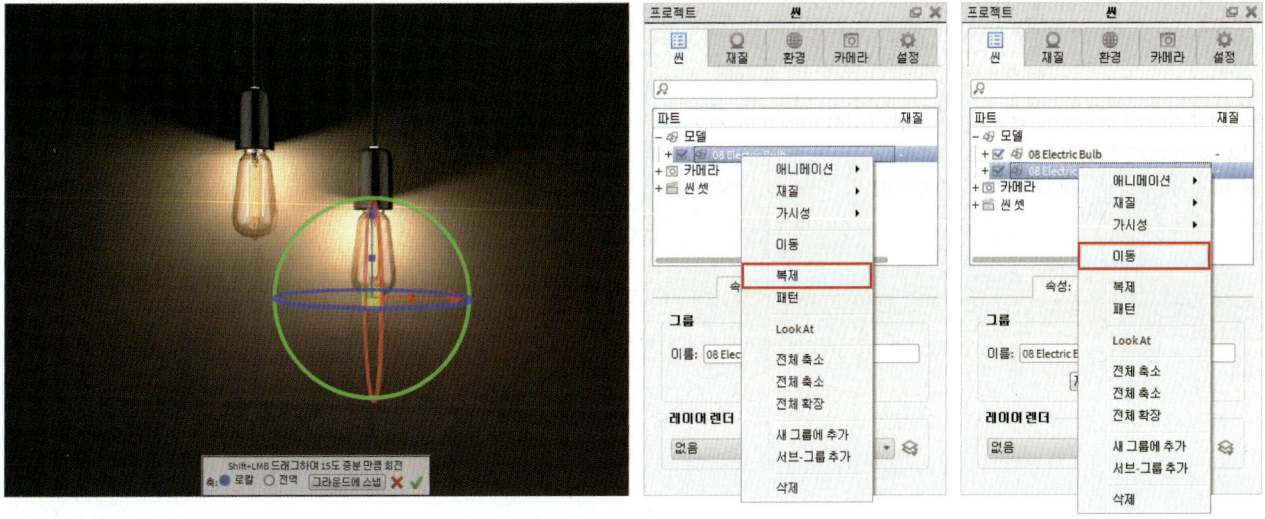

26_상황에 따른 재질 편집하기 4

포토샵을 통해 약간의 밝기와 대비를 손봐주면 훨씬 명확한 전구의 이미지를 얻을 수 있습니다.

27_상황에 따른 재질 편집하기 5
배경없이 전구의 렌더만으로 연출한 이미지

28_상황에 따른 재질 편집하기 6
백플레이트에 배경을 '라벨'로 넣어 렌더 진행하기.
해당 예제의 경우 전구 뒤의 백플레이트에 맺힌 빛의 효과가 렌더의 중요한 포인트 중 하나라고 볼 수 있습니다. 때문에 이 빛을 자연스럽게 연출하기 위해 백플레이트에 연출하고자하는 이미지를 적용시킨 후 렌더 작업을 진행해보도록 하겠습니다.

(필자는 뒷 배경과 쇼파 등 합성할 이미지를 이용하여 판넬 작업을 진행하려합니다.)

29_상황에 따른 재질 편집하기 7

백플레이트 파트에 이미지를 첨부한 후 쇼파 이미지를 합성해 보겠습니다. 백플레이트가 밝기 바뀌었기 때문에 조명 값을 적절히 조절하기 바랍니다.

30_완성

08. 전구 Electric Bulb

Electric Bulb 판넬 예시

321

KeyShot Sample_**Cosmetic Package Render**

COSMETIC PACKAGE

09

INTRO

패키지

[09. Package] 예제의 의도는 패키지 디자이너를 위한 라벨의 활용입니다. 시각 및 패키지 디자이너들이 3D 렌더링보다 비교적 덜 효과적인 2D 렌더링을 진행하거나 목업 이미지에 합성하는 것을 보고 '간단한 모델링만 가능하다면 KeyShot 라벨을 활용하면 더 효과적으로 사용이 가능할텐데'라는 아쉬움을 토대로 예제를 만들게 되었습니다. 이 예제가 더 효과적인 패키지 연출을 원하는 독자들에게 큰 도움이 되길 바랍니다.

#라벨, #유리, #비누, #액체

01_예제 파일 실행

[09. Package] 예제 파일을 실행해 보겠습니다.

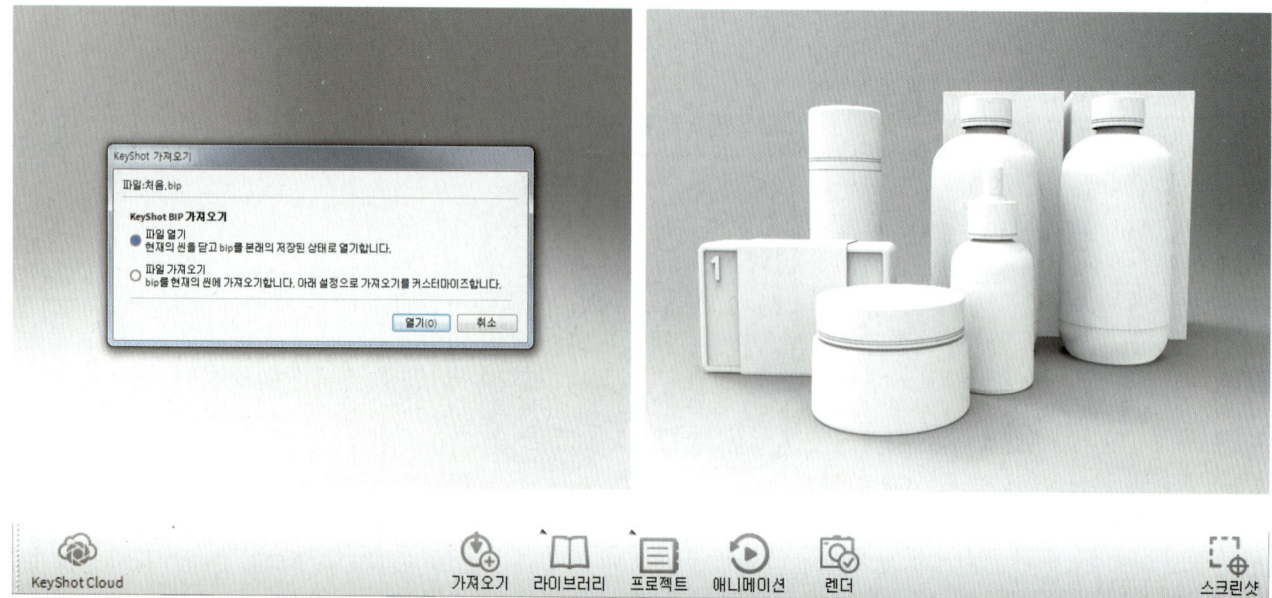

02_환경 삽입

메인 툴바의 '가져오기'로 실시간 창에 제품이 나타나면 메인 툴바의 '라이브러리 탭'으로 들어가 환경맵 중 〈 3 Panel Straight 2k 〉 Hdr을 선택하여 아래 화면처럼 실시간 창으로 드래그앤드롭하여 환경을 적용합니다.

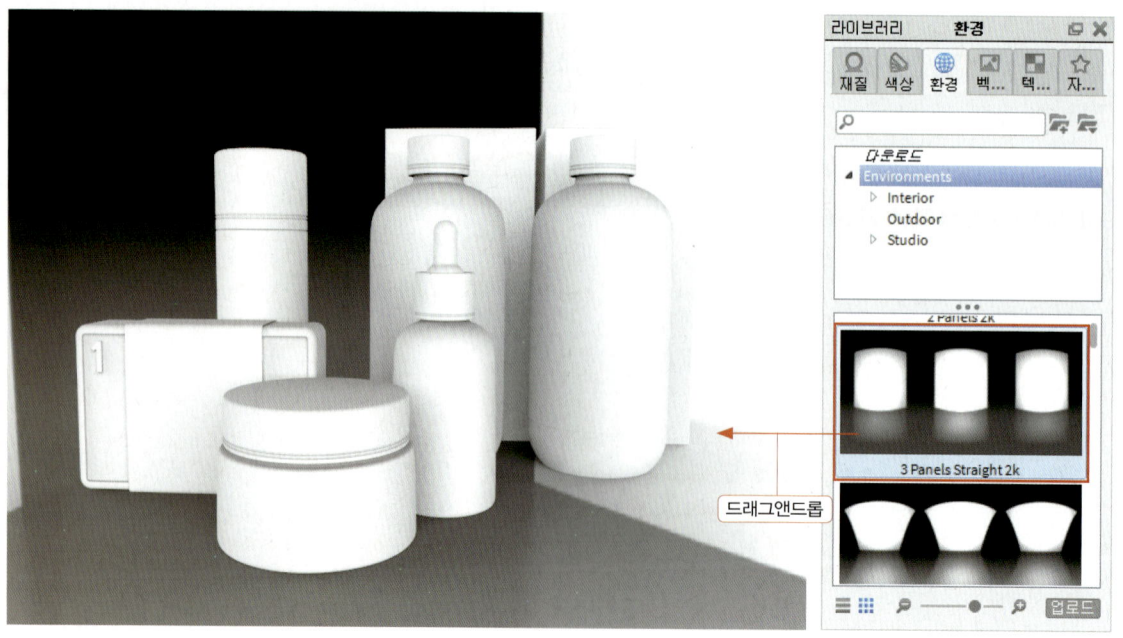

03_백그라운드 색상 설정

백그라운드 색상을 지정해보겠습니다. 메인 툴 바_프로젝트 탭_환경_백그라운드 옵션에서 색상을 C : 0% M : 0% Y : 0% K : 10%로 지정한 후 확인 버튼을 누릅니다.

화이트 컬러 제품이 있기에 좀 더 제품을 부각시키기 위해 배경 색상을 메인 컬러인 화이트보다 조금 어두운 컬러로 변경하였습니다.

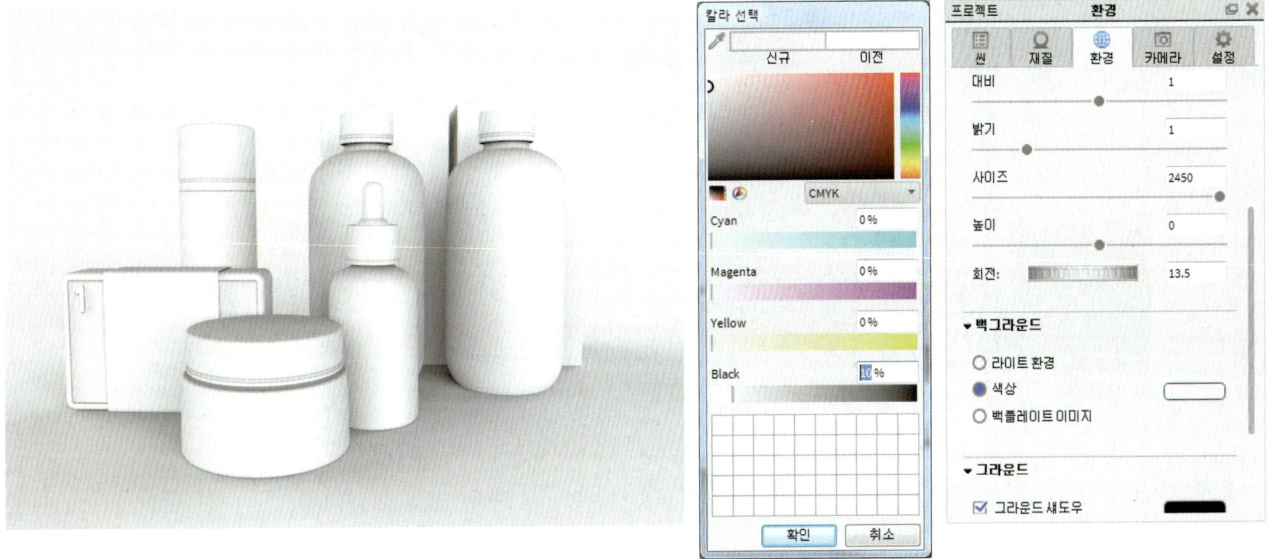

04_재질 삽입하기 1

화이트 라벨이 쓰일 파트에 블랙톤의 재질을 삽입하겠습니다. 스킨 인쇄, 앰플 인쇄, 비누 인쇄, 패키지1 파트에 라이브러리 탭_Paint 카테고리 중 Paint Matte Black 재질을 드래그앤드롭합니다.

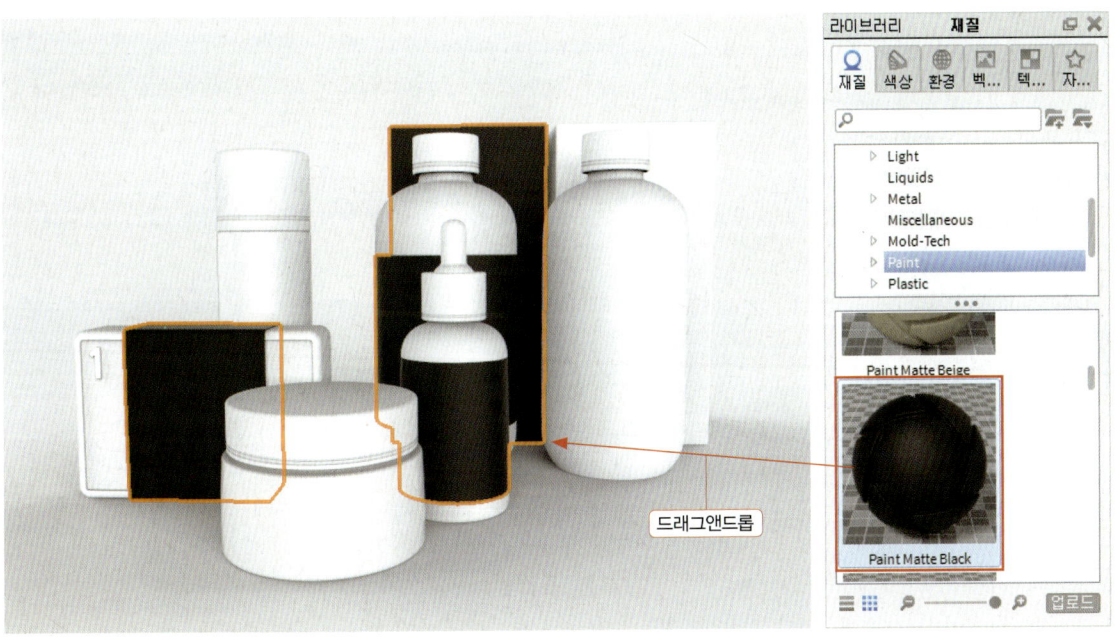

05_재질 삽입하기 2

캡 파트에 메탈릭한 재질 표현을 진행하겠습니다. 로션캡, 앰플캡, 크림캡, 스프레이캡 파트에 라이브러리 탭_Paint 카테고리 중 Paint Metallic Dark Grey 재질을 드래그앤드롭합니다.

06_재질 편집하기 1

기본 재질이 모두 적용되면 세부 재질을 편집하기 위해 불필요한 파트를 숨기겠습니다. 로션, 스킨 파트를 제외한 모든 파트를 프로젝트 탭_씬 탭에서 체크 해제를 하여 숨깁니다.

07_재질 편집하기 2

로션 모델을 재질 편집하겠습니다. 실시간 창에서 바디_로션 파트를 마우스 오른쪽 버튼 클릭 후 재질 편집을 클릭합니다.

08_재질 편집하기 3

프로젝트 탭_재질 탭_유형에서 유전체로 적용합니다.

09_재질 편집하기 4

로션 용액 파트를 편집하겠습니다. 프로젝트 탭_씬 탭_바디_로션용액 파트를 마우스 오른쪽 버튼 클릭 후 재질_재질 편집을 클릭합니다.

10_재질 편집하기 5

프로젝트 탭_재질 탭_유형을 방사성으로 적용합니다. 로션의 크림같은 느낌을 내기 위해서 Liquid 재질이 아닌 환경과 재질에 많이 구애를 받지 않은 방사성 재질을 이용하여 편집을 진행하였습니다.

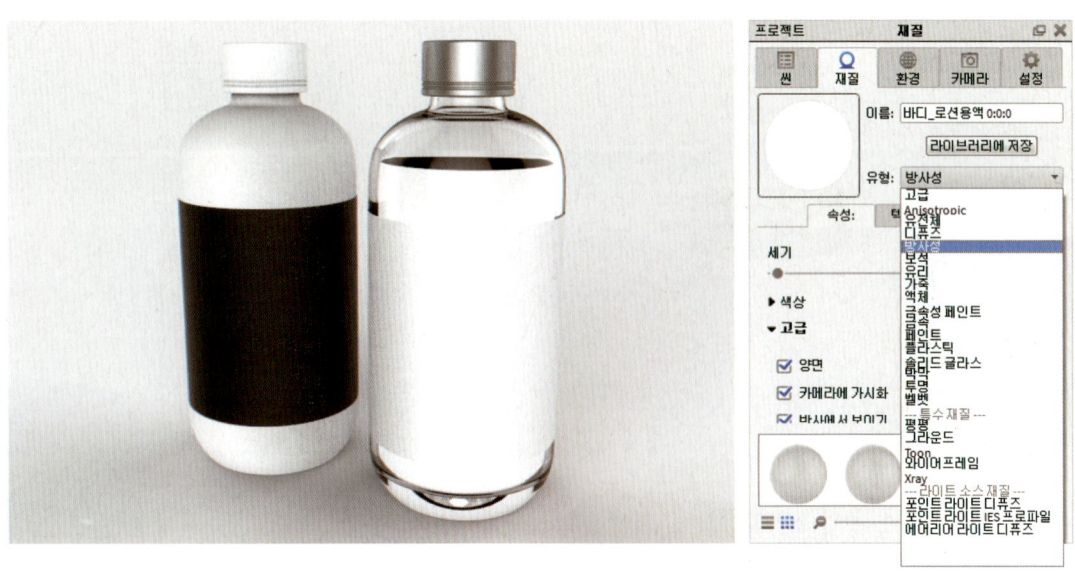

11_재질 편집하기 6

로션 파트가 바디_로션 파트와 어우러지도록 색상 톤을 낮추도록 하겠습니다. 프로젝트 탭_재질 탭_C : 0% M : 0% Y : 0% K : 15%로 적용합니다.

12_재질 편집하기 7

로션 용액 파트2를 편집하겠습니다. 프로젝트 탭_씬 탭_바디_로션 용액2 파트를 마우스 오른쪽 버튼 클릭 후 재질_재질 편집을 클릭합니다. 로션 용액 파트를 두 가지로 나눈 이유는 후에 설명을 더 하겠지만 같은 톤으로 재질이 들어가게 되면 용액의 볼륨감이 사라지기 때문에 둘로 나누어 색상톤에 차이를 두도록 하겠습니다.

13_재질 편집하기 8

프로젝트 탭_재질 탭_유형을 방사성으로 적용합니다.

14_재질 편집하기 9

용액2 파트가 용액1 파트보다 색상 톤을 낮춰 실 로션이 들어 있는 듯한 느낌을 내도록 하겠습니다. 프로젝트 탭_재질 탭_C : 0% M : 0% Y : 0% K : 25%로 적용합니다.

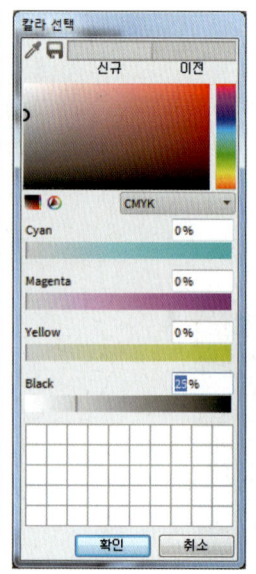
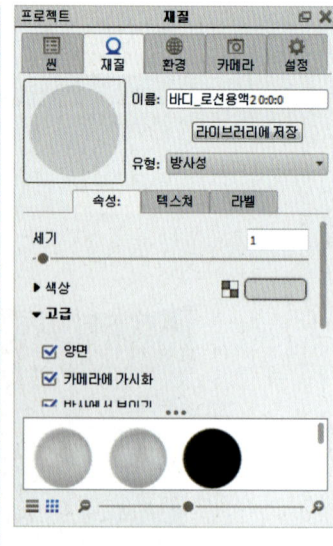

15_재질 삽입하기

로션 모델을 재질 편집 및 삽입하겠습니다. 라이브러리 탭_재질 탭_Metal 카테고리 중 Anodized Black을 드래그앤드롭합니다.

16_재질 편집하기 1

바디_스킨 파트를 편집하겠습니다. 프로젝트 탭_씬 탭_바디_스킨 파트를 마우스 오른쪽 버튼 클릭 후 재질_재질 편집을 클릭합니다.

17_재질 편집하기 2

프로젝트 탭_재질 탭_유형을 유전체으로 적용합니다.

18_재질 편집하기 3

바디_스킨 용액 파트를 편집하겠습니다. 프로젝트 탭_씬 탭_바디_스킨 용액 파트를 마우스 오른쪽 버튼 클릭 후 재질_재질 편집을 클릭합니다.

19_재질 편집하기 4

프로젝트 탭_재질 탭_유형을 유리로 적용합니다.

20_재질 편집하기 5

남성 스킨의 시원한 느낌을 위해서 프로젝트 탭_재질 탭_색상을 C : 7% M : 0% Y : 2% K : 0%으로 적용합니다.

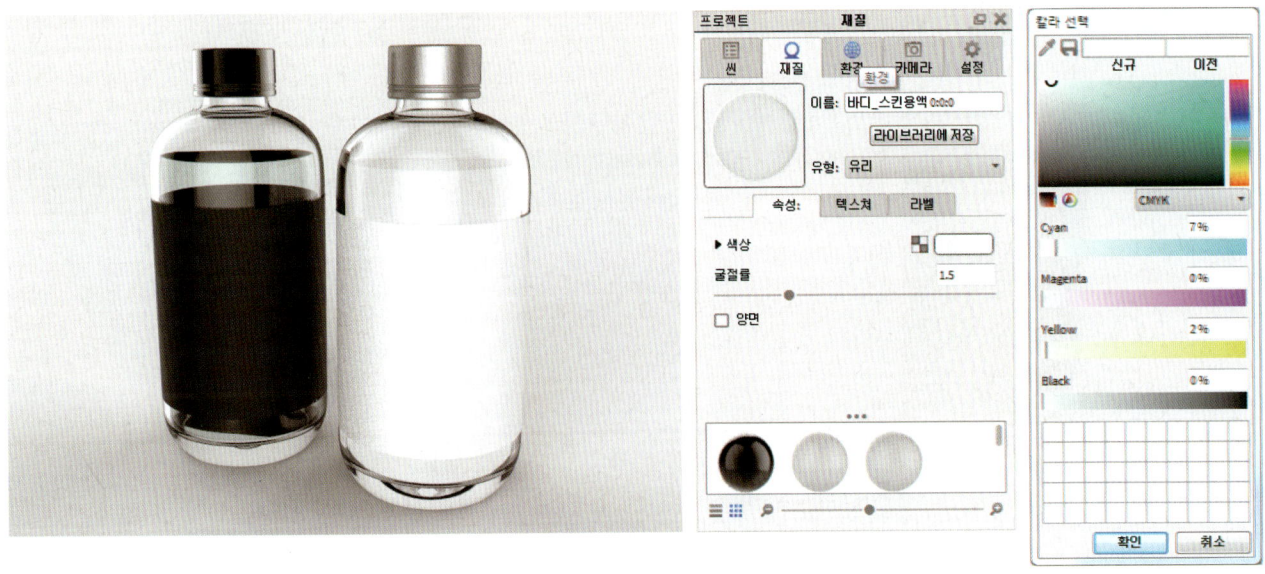

21_재질 편집하기 6

스킨 용액의 자연스러움을 위해 바디_스킨 용액2 파트를 프로젝트 탭_씬 탭_재질_재질 편집으로 클릭합니다.

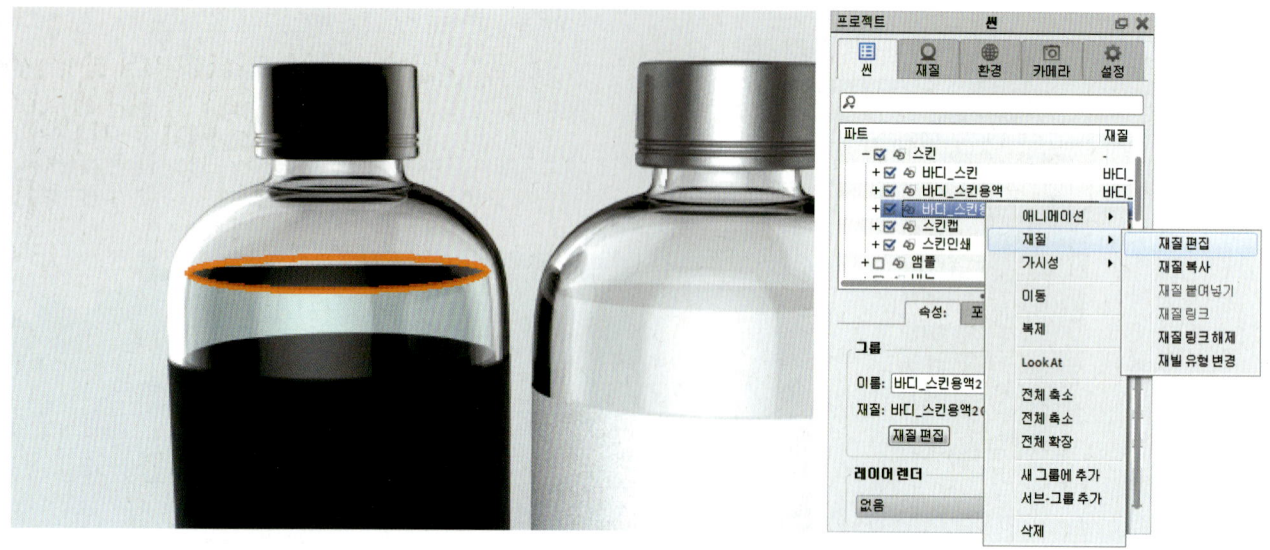

22_재질 편집하기 7

프로젝트 탭_재질 탭_유형을 유리로 적용합니다.

23_재질 편집하기 8

용액 파트보다 색상의 톤을 진하게 하여 현실감을 더욱 돋보이게 합니다. 프로젝트 탭_재질 탭_색상을 C : 20% M : 0% Y : 0% K : 0%으로 적용합니다.

24_재질 편집하기 9

투명한 재질에 용액이 들어있는 느낌을 더욱 부각시킬 수 있게 Ray Bounces를 조정합니다. 프로젝트 탭_설정 탭_고급 탭_Ray Bounces의 값을 9로 적용합니다.

Ray Bounces를 조절한 것만으로도 좀 더 자연스러운 유리 표현이 가능합니다.

25_재질 편집하기 10

용기의 거칠기를 통해 로션과 스킨의 용기를 뿌옇고 흐린 유리병의 느낌으로 연출해 보도록 하겠습니다. 프로젝트_씬 탭_바디_로션 파트를 마우스 오른쪽 버튼 클릭 후 재질 편집을 클릭합니다.

 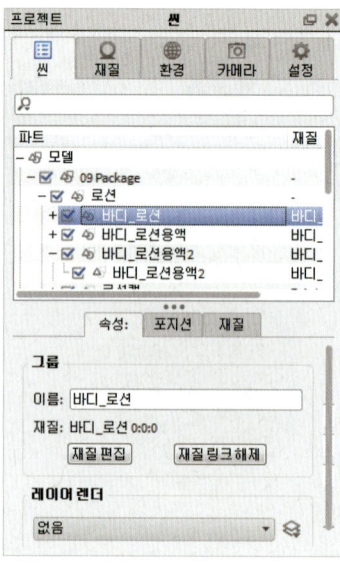

26_재질 편집하기 11

거칠기를 조정하여 부식의 느낌을 주도록 하겠습니다. 프로젝트 탭_재질 탭_거칠기를 0.05로 적용합니다.

27_재질 편집하기 12

바디_스킨 파트에도 같은 거칠기 값인 0.05로 적용하여 느낌을 통일시키도록 합니다.

28_라벨 삽입하기 1

패키지의 디테일을 살릴 수 있는 라벨을 표현하겠습니다. 보다 정확한 위치를 맞추기 위해 뷰를 전면으로 적용하겠습니다. 프로젝트 탭_카메라 탭_렌즈 설정을 퍼스펙티브에서 직교그래픽으로 전환하고 뷰 방향을 전면으로 적용합니다.

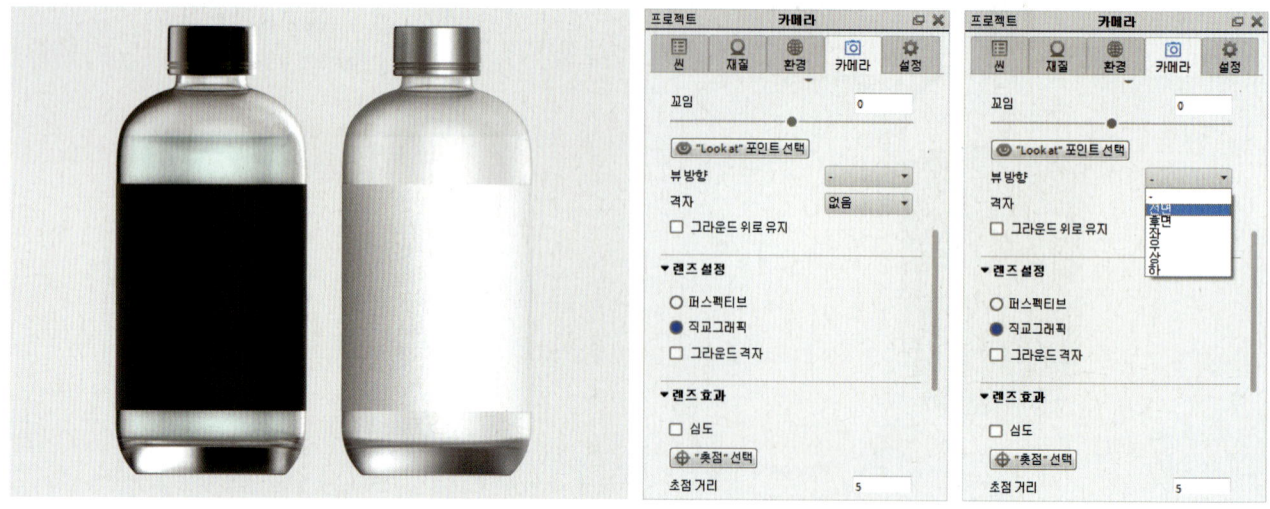

29_라벨 삽입하기 2

격자를 삼등분으로 적용하여 센터를 잡아줍니다. 프로젝트 탭_카메라 탭_격자를 없음에서 삼등분으로 전환합니다.

09. 패키지 Cosmetic Package

30_라벨 삽입하기 3

예제에서 제공하는 이미지 파일을 라벨로 적용해 보겠습니다. 프로젝트 탭_재질 탭_라벨 탭으로 들어갑니다. 라벨 탭에서 더하기 마크 혹은 좌측에 '로드 된 라벨 없음'을 더블 클릭하여 Package_Lotion.PNG 이미지 파일을 첨부합니다.

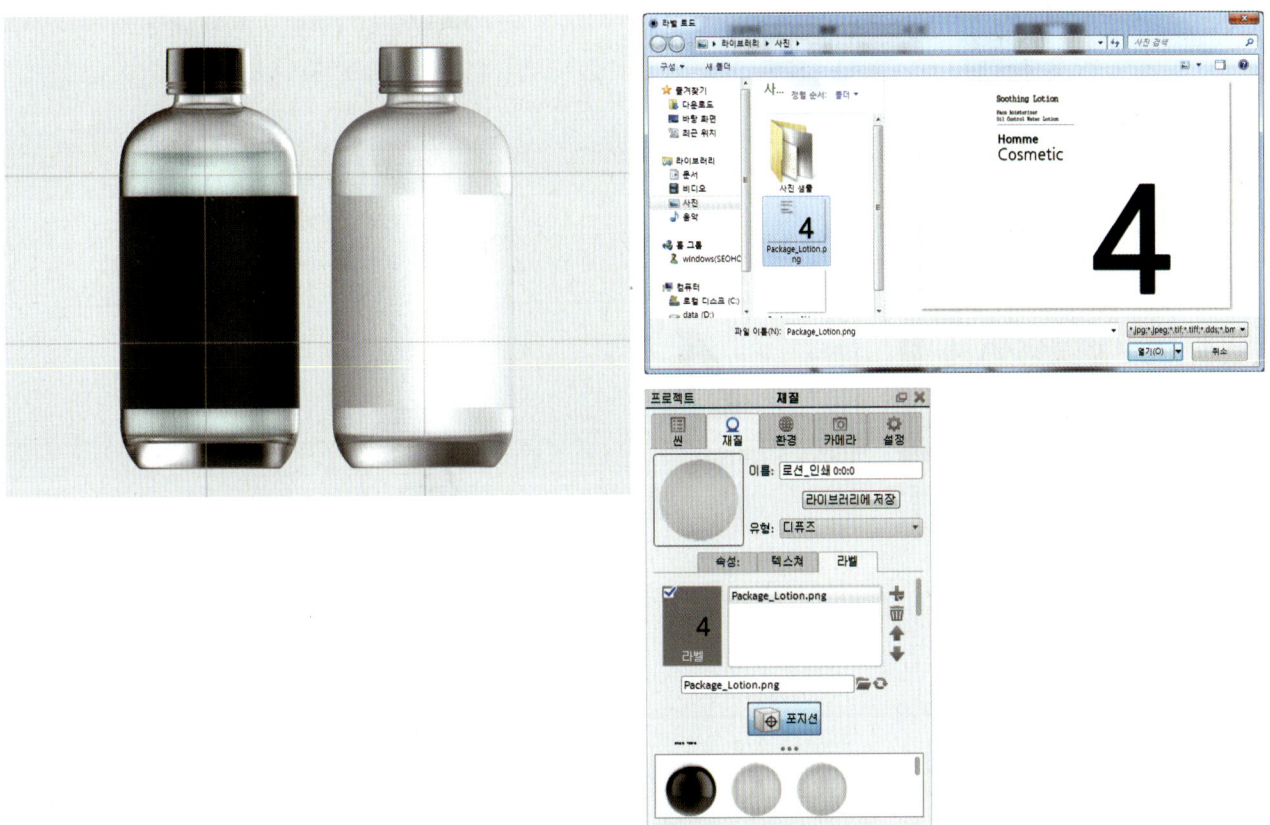

31_라벨 삽입하기 4

라벨의 크기와 위치를 로션에 맞게 편집하겠습니다. 프로젝트 탭_카메라 탭_스케일을 100으로 적용하고 유형을 Planar Y로 적용합니다. 그 후 포지션을 클릭하여 실시간 창에서 그리드 선에 맞춰 원하는 곳에 위치시키도록 합니다.

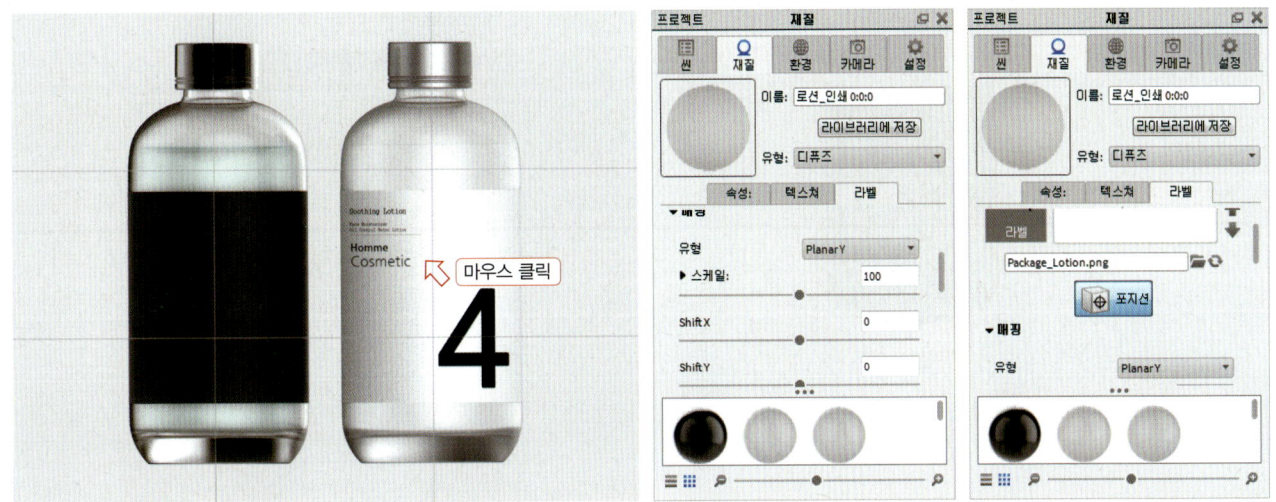

339

32_라벨 삽입하기 5

스킨 인쇄 파트에도 똑같은 방식으로 Package_Skin.PNG 이미지 파일을 첨부하여 아래 이미지와 같이 패키지 통일감이 있도록 같은 곳에 위치시키도록 합니다.

33_재질 편집하기 1

세부 재질을 편집하기 위해 불필요한 파트를 숨기겠습니다. 앰플 파트를 제외한 모든 파트를 프로젝트 탭_씬 탭에서 체크 해제를 하여 숨깁니다.

34_재질 편집하기 2

바디_앰플 파트에 투명용기 재질을 표현하겠습니다. 프로젝트 탭_씬 탭_바디_앰플 파트를 마우스 오른쪽 버튼 클릭 후 재질 편집을 클릭합니다.

35_재질 편집하기 3

스킨병과 마찬가지로 프로젝트 탭_재질 탭_유형을 유전체로 적용합니다.

36_재질 편집하기 4

프로젝트 탭_재질 탭_거칠기를 0.03으로 적용합니다.

37_재질 편집하기 5

바디_앰플 용액 파트를 편집하겠습니다. 프로젝트 탭_재질 탭_재질_재질 편집을 클릭합니다.

38_재질 편집하기 6

프로젝트 탭_재질 탭_유형을 유리로 적용하고 색상을 C : 10% M : 0% Y : 0% K : 0%로 적용하여 로션, 스킨의 패키지와 통일된 느낌을 표현합니다.

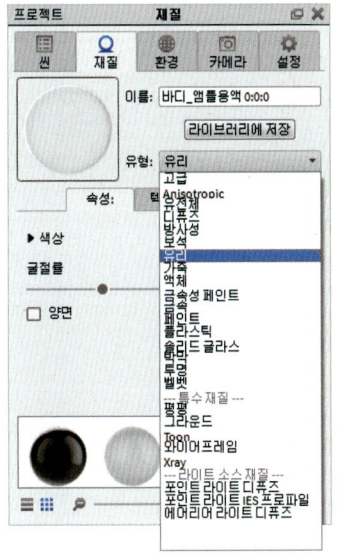
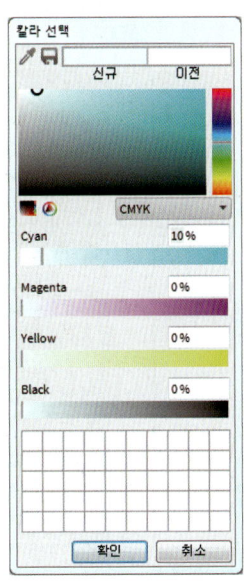
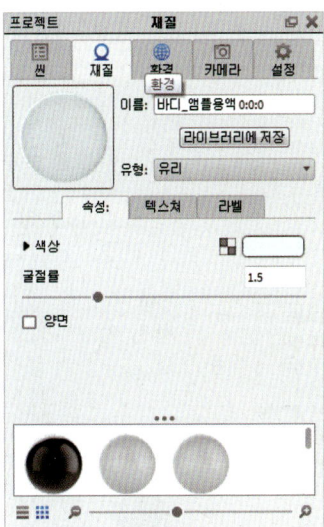

39_재질 편집하기 7

바디_앰플 용액2 파트를 재질 편집하여 재질 탭_유형을 유리로 적용합니다. 그리고 색상을 C : 20% M : 0% Y : 0% K : 0% 으로 적용합니다.

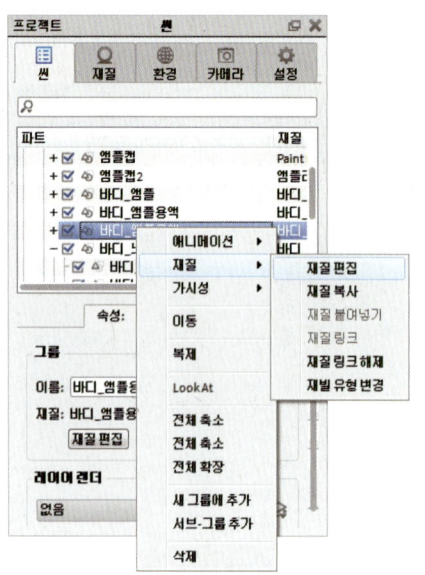

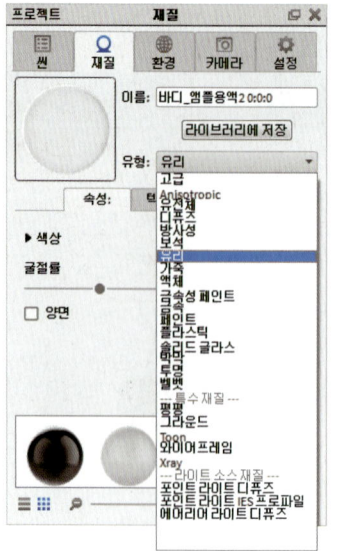

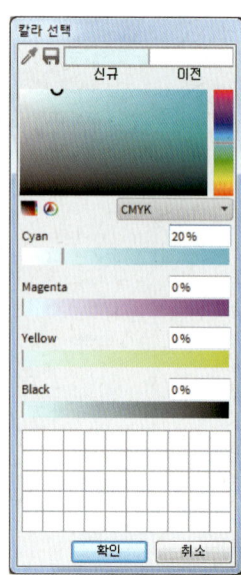

40_라벨 삽입하기

마지막 재질 편집 파트인 노즐 파트입니다. 바디_노즐 파트를 마우스 오른쪽 버튼 클릭 후 재질 편집을 클릭합니다. 그 후 재질 탭_유형을 유리로 적용합니다.

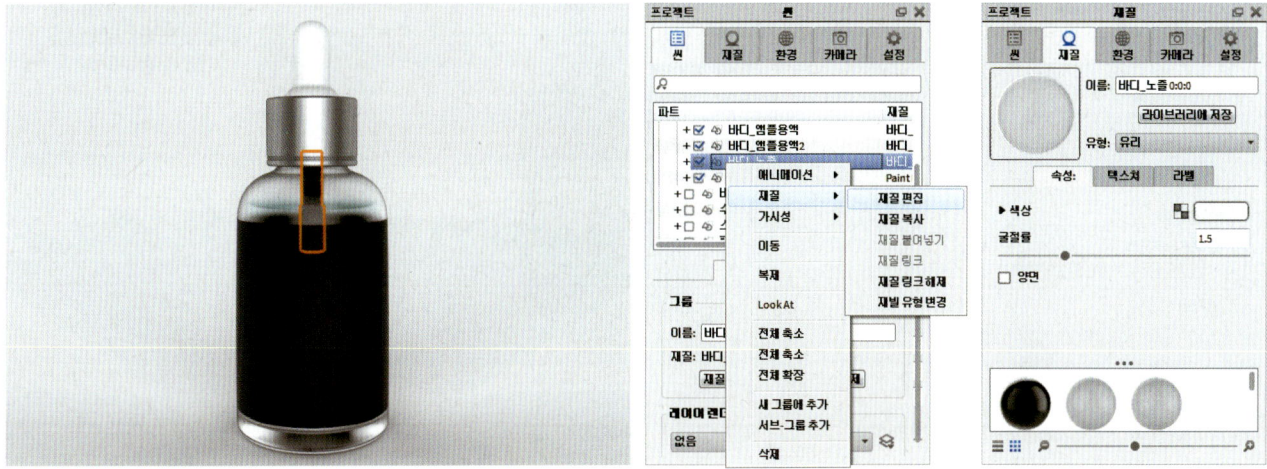

41_재질 편집하기

색상을 C : 0% M : 0% Y : 0% K : 8%로 적용합니다. 그 후 앰플캡2 파트에 라이브러리 탭_재질 탭_Paint 카테고리 중 Paint Matte Black 재질을 드래그앤드롭하여 앰플 재질 편집을 마무리합니다.

42_라벨 삽입하기 1

앰플 모델의 라벨을 삽입하기 위해 카메라 탭_렌즈 설정을 퍼스펙티브를 직교그래픽으로 전환하고 뷰방향을 전면, 격자를 이등분으로 적용합니다.

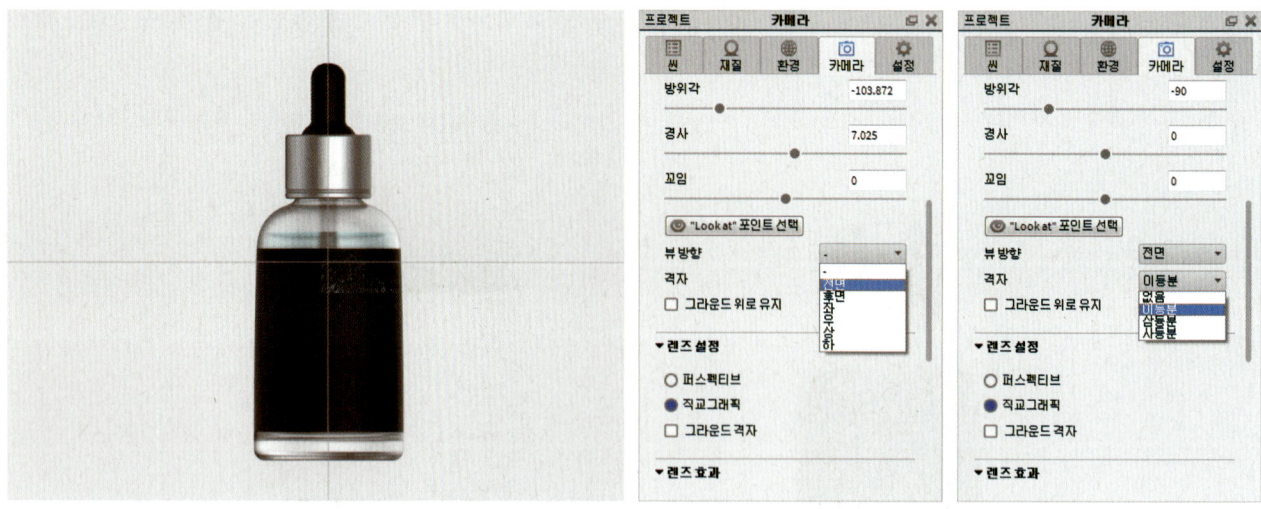

09. 패키지 Cosmetic Package

43_라벨 삽입하기 2

로션, 스킨 모델과 마찬가지로 예제에서 제공하는 Package_Ampoule 이미지를 첨부하고 유형을 Planar Y, 스케일 115로 적용하고 포지션으로 실시간 창에서 조절하여 라벨 위치를 조절합니다.

44_라벨 편집하기

수분크림, 스프레이 파트를 편집하겠습니다. 스프레이캡 파트를 프로젝트 탭_재질 탭_재질_재질 편집을 클릭합니다. 그리고 금속 거칠기를 0.1로 적용 후 크림캡 파트에도 똑같이 적용합니다.

45_라벨 삽입하기 1

스프레이 및 수분크림 모델의 라벨을 삽입하기 위해 카메라 탭_렌즈 설정을 퍼스펙티브를 직교그래픽으로 전환하고 뷰방향을 전면, 격자를 삼등분으로 적용합니다.

46_라벨 삽입하기 2

예제에서 제공하는 이미지인 Package_Spray는 스프레이 파트에, Package_Cream은 수분크림 모델에 이미지를 첨부하고 유형을 Planar Y, 스프레이 스케일은 42, 수분 크림 스케일은 95로 적용하고 포지션으로 실시간 창에서 조절하여 라벨 위치를 조절합니다.

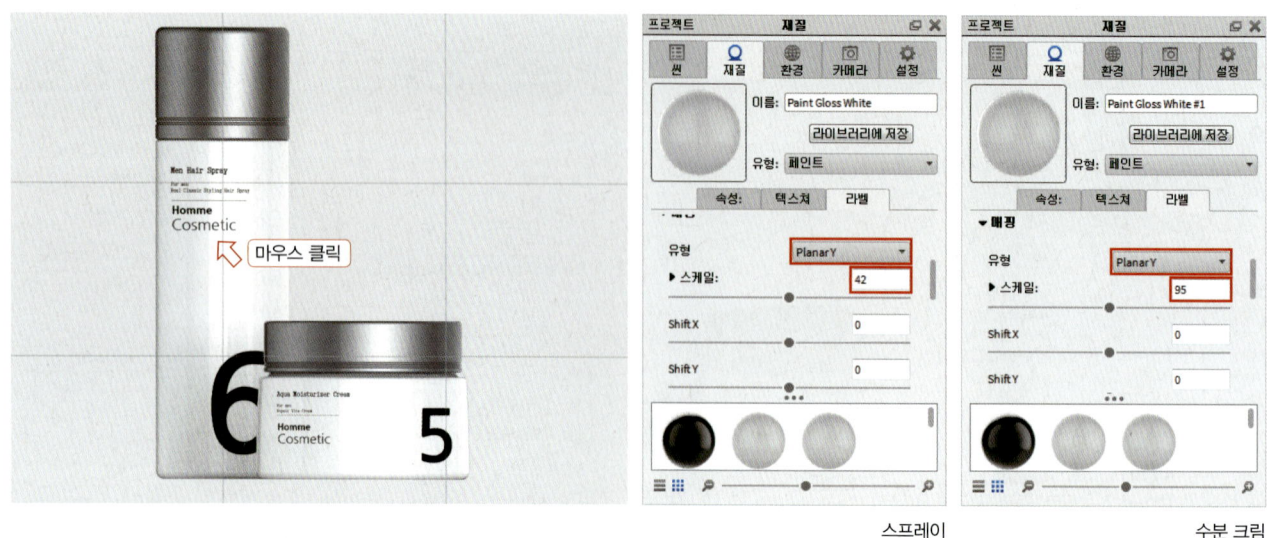

스프레이　　　　수분 크림

47_재질 편집하기 1

비누 모델의 재질을 편집하겠습니다. [06. Penguin Light]에서는 투명 재질로 은은한 라이팅이 비치는 재질을 표현하였다면 이번에는 비누의 느낌을 내보도록 하겠습니다. 먼저 바디_비누 파트를 마우스 오른쪽 버튼 클릭 후 재질 편집을 클릭합니다.

48_재질 편집하기 2

프로젝트 탭_재질 탭_유형을 투명으로 적용합니다.

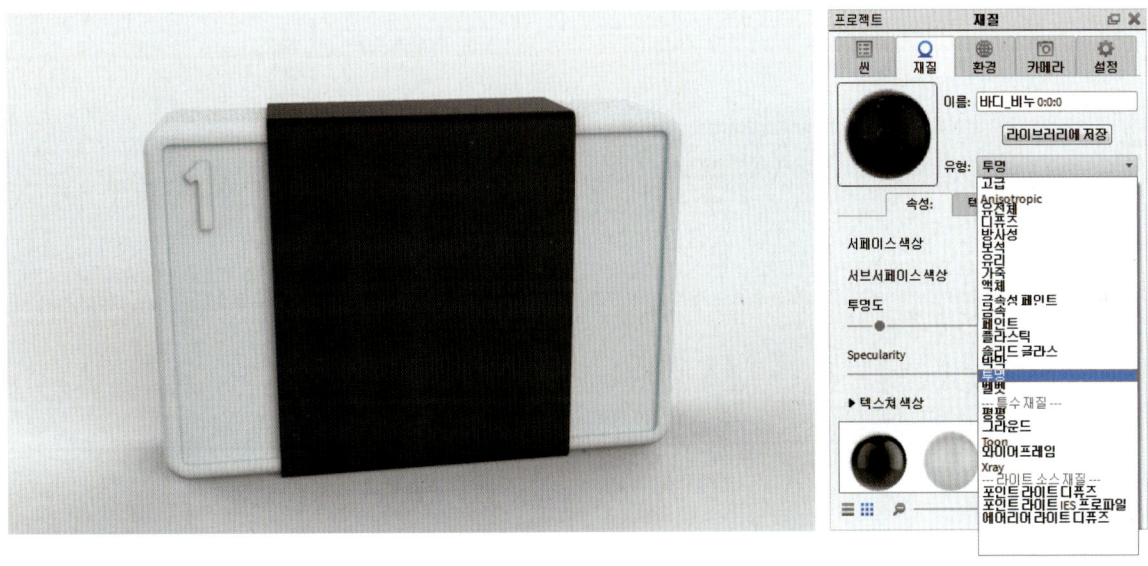

그 후 서페이스 색상과 서브 서페이스 색상을 변경하겠습니다. 양초 및 비누를 자세히 관찰해보면 약간 반투명한 느낌을 갖고 있습니다. 때문에 서페이스 색상을 C : 0% M : 0% Y : 0% K : 52%, 서브 서페이스 색상을 C : 20% M : 0% Y : 100% K : 46%로 적용합니다. 그 후 서브 서페이스 색상이 투과가 될 수 있도록 투명도를 270으로 적용합니다.

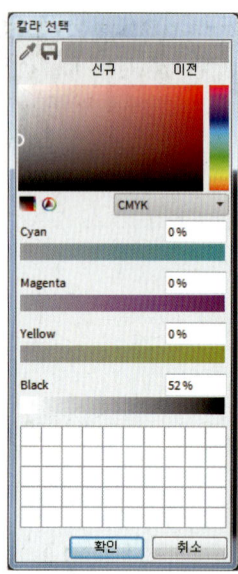 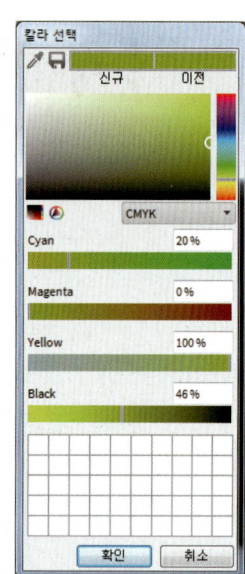 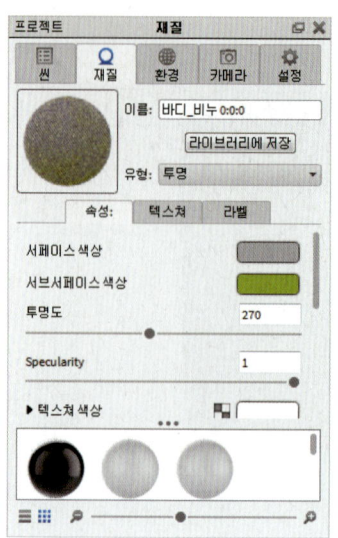

49_재질 편집하기 3

거칠기를 0.3으로 적용하여 바디_비누 파트의 재질 편집을 완료합니다.

 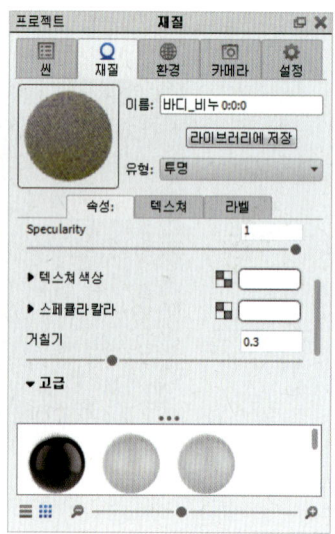

50_라벨 삽입하기

라벨 삽입에 비누 파트, 패키지 파트가 남아 있습니다. 앞서 진행하였던 라벨 삽입과 동일하기 때문에 독자 여러분께서 수치 값만 보고 직접 진행을 해보기 바랍니다.

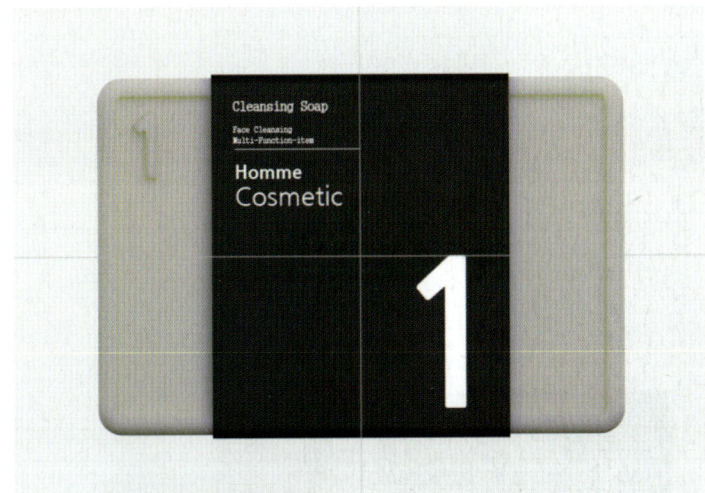

비누 파트 라벨 적용 수치 값

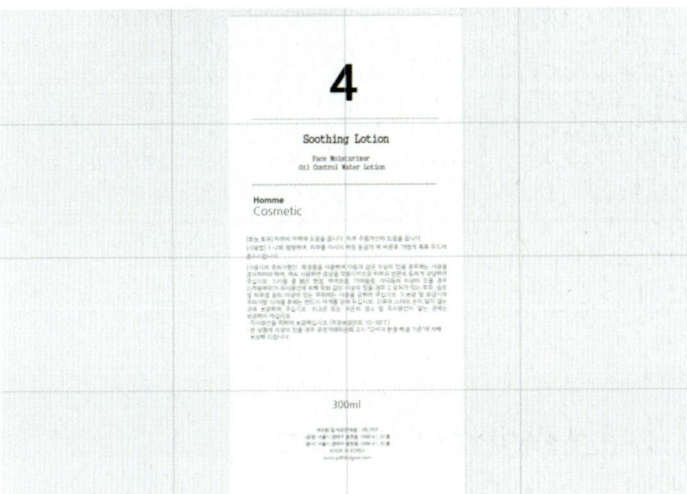
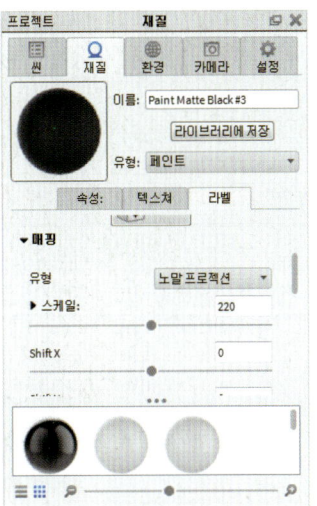

패키지 파트 라벨 수치 값

51_완성

이와같은 설정으로 [09. Package] 예제가 마무리되었습니다.

패키지 디자인을 이제는 3D 모델링 + 렌더링으로 좀 더 현실적으로 표현해 보기 바랍니다.

09. 패키지 Cosmetic Package

Cosmetic Package 판넬 예시 1

Cosmetic Package 판넬 예시 2

Part 5

꿀팁
모아보기

1. 넙스 모드 | 2. 라벨 이용 그라데이션 | 3. Toon | 4. 지오메트리 추가
5. Ray Bounce 수치에 따른 변화 | 6. 패턴 이용 | 7. 패스 렌더 | 8. 큐
9. 섀도우 품질 | 10. 간단 후보정(포토샵으로 겹쳐서) | 11. 블룸

이번 [Part 5 꿀팁 모아보기]에서는 예제를 통해 익힌 여러 KeyShot의 기능 중 평소에 알지 못했던 숨은 기능이나 작업 시간을 줄여 줄 꿀팁을 모아 소개하도록 하겠습니다.

1. 넙스 모드

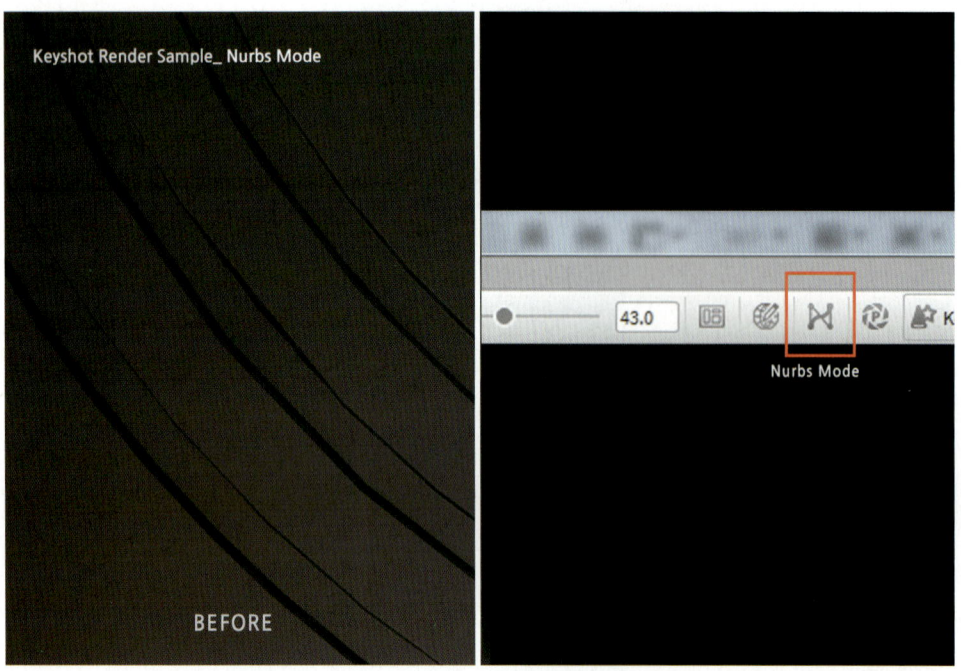

곡선이 자연스럽지 않고 각지게 보이는 현상이 발생할 때 넙스 모드 설정으로 해결 가능합니다.

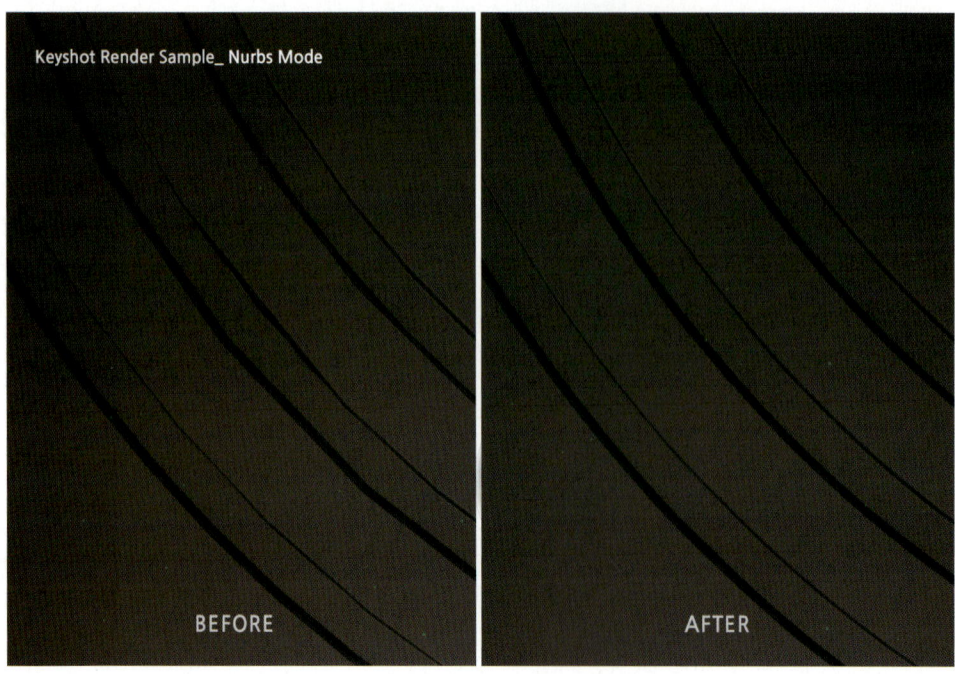

넙스 모드를 이용하여 자연스러운 곡선을 표현할 수 있습니다.
넙스 모드는 모델링에 따라 오류나 렌더시간 소요연장의 문제가 있을 수 있습니다.

2. 라벨 이용 그라데이션

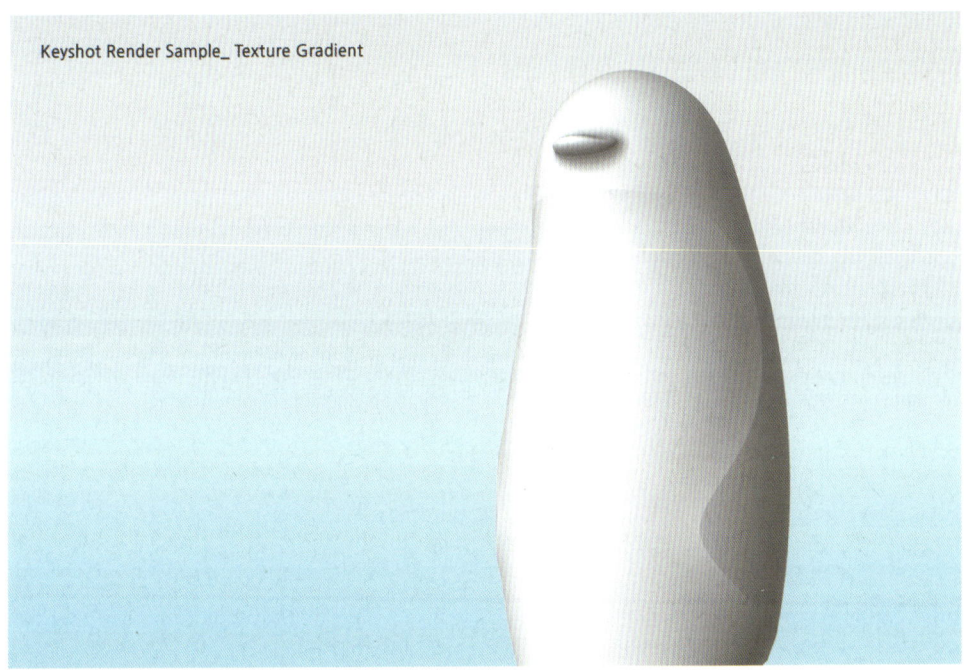

제품에 가장 쉽게 그라데이션 컬러를 적용하는 연출법

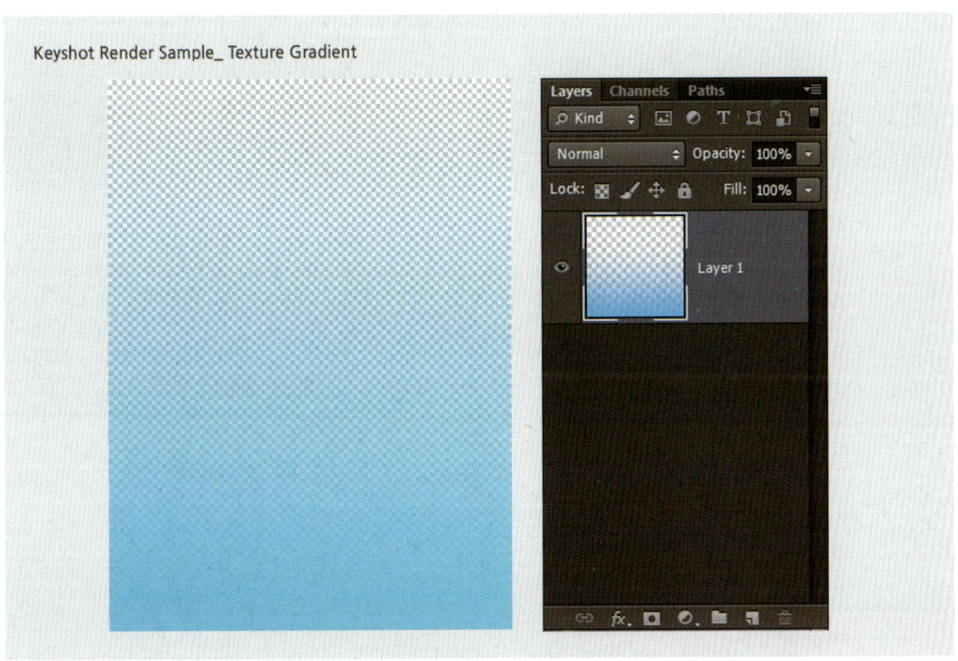

포토샵으로 원하는 느낌의 그라데이션 이미지를 제작합니다(PNG 저장 필수).

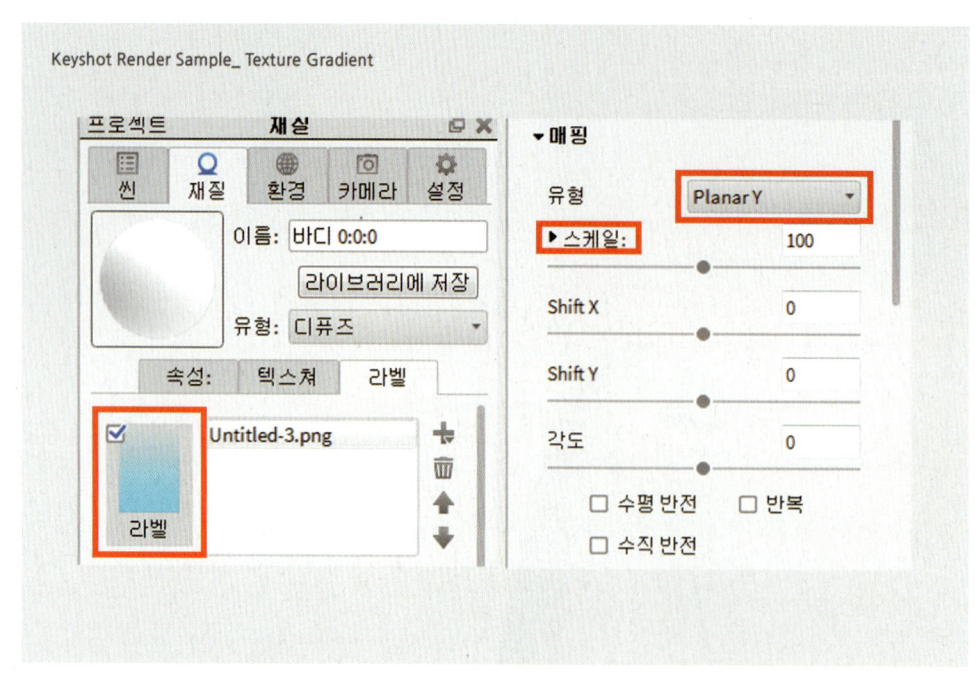

라벨을 이용하여 해당 재질을 적용하고 스케일과 맵핑 유형을 조절하면 자연스러운 그라데이션 효과가 완성됩니다.

3. Toon

만화같은 2D 효과를 원할 때 사용하기 좋은 Toon

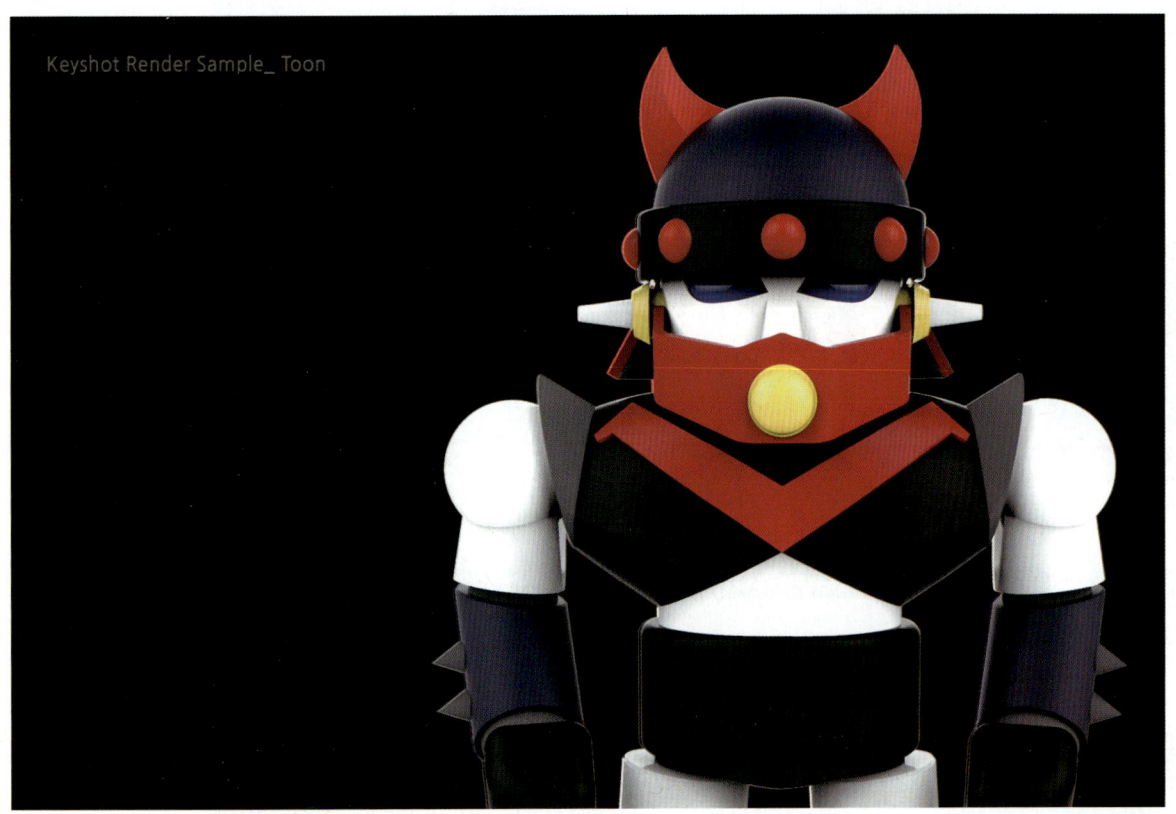

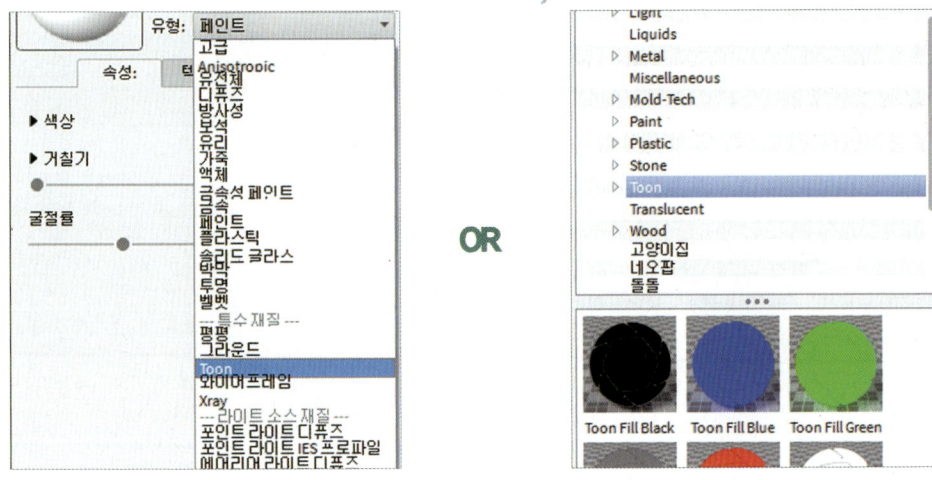

재질 유형을 Toon으로 변경하거나 Toon 재질을 사용하면 됩니다.

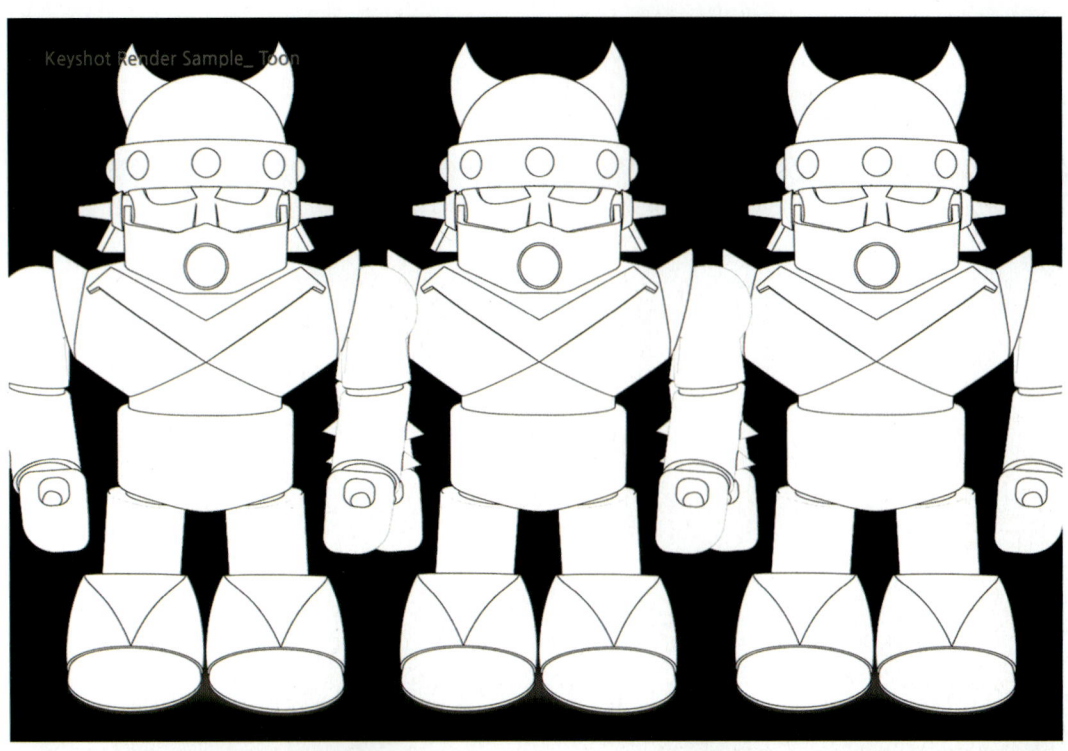

Toon 재질을 이용하면 도면이나 밑그림같은 연출이 가능합니다.

위 이미지의 오른쪽처럼 단색으로 이루어진 만화같은 표현도 가능합니다.

4. 지오메트리 추가

바닥면이나 배경, 구, 등 간단한 도형을 KeyShot에서 추가할 수 있습니다.

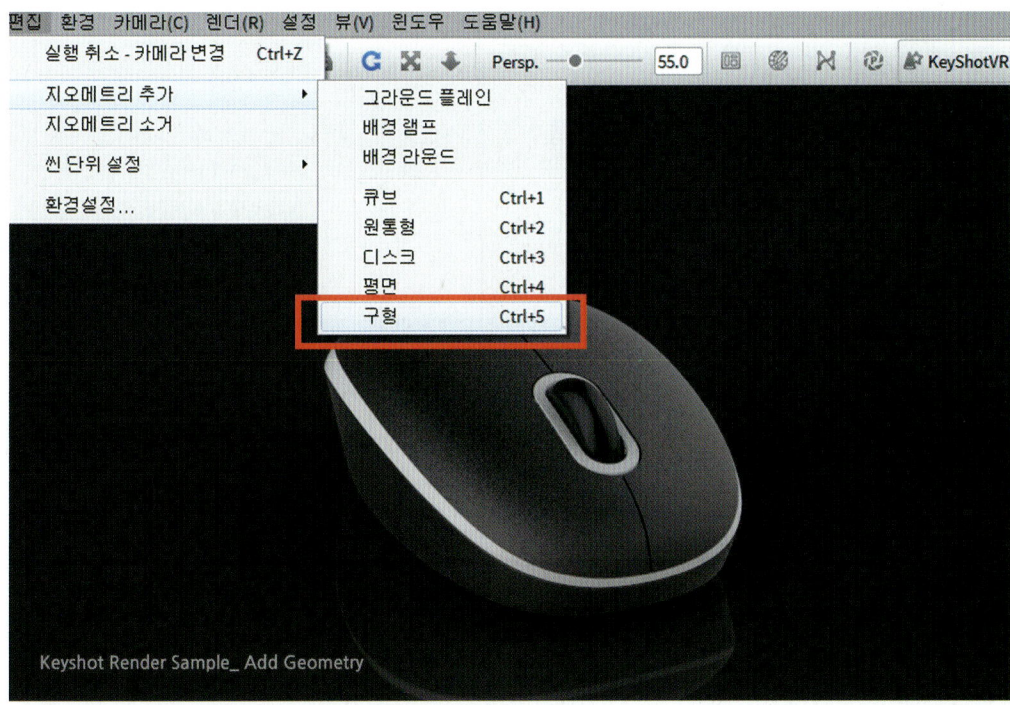

해당 파트가 생성되면 재질을 적용시켜 사용할 수 있습니다.
이번 꿀팁에서는 해당 파트를 이용하여 마우스의 광 센서부를 표현하겠습니다.

해당 파트의 유형을 에어리어 디퓨즈로 변경하고 색상과 빛을 조절하였습니다(바닥도 추가하여 굴절율이 높은 재질을 적용시키면 빛과 형상이 바닥에 반사됩니다).

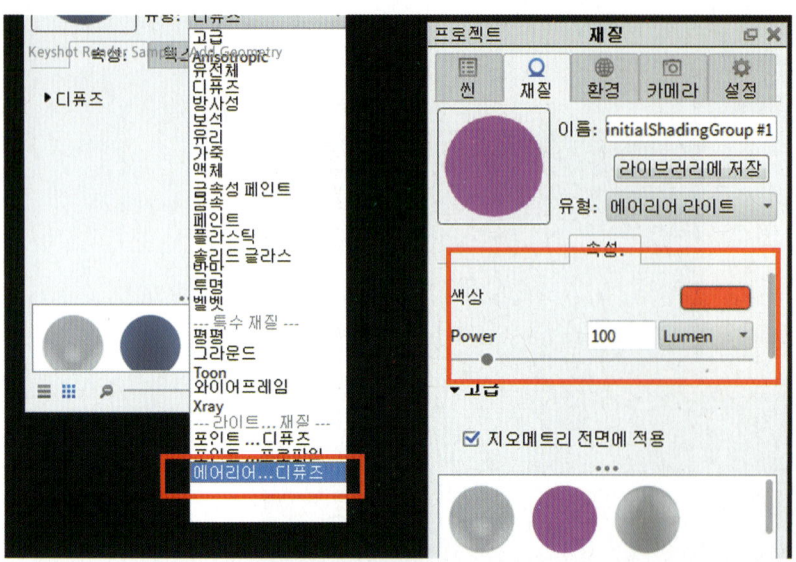

5. Ray Bounce 수치에 따른 변화

Ray Bounces 수치에 따라 유리의 빛 투과가 달라집니다.
수치조절로 연출하고자하는 이미지에 맞춰 조정할 수 있습니다.

Keyshot Render Sample_ Ray Bounce

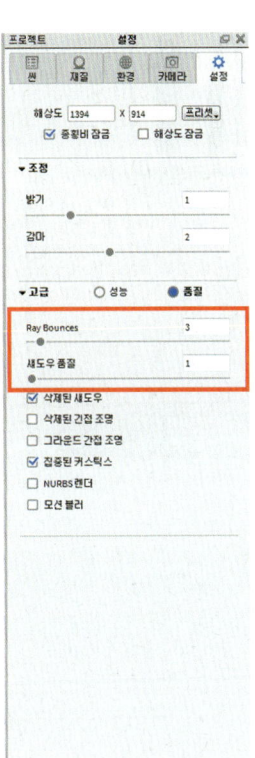

Keyshot Render Sample_ Ray Bounce

Ray bounce =3

Ray bounce =6

Keyshot Render Sample_ Ray Bounce

Ray bounce =8

Ray bounce =12

Keyshot Render Sample_ Ray Bounce

6. 패턴 이용

패턴을 이용하여 키샷에서 제품을 일정한 기준이나 형태로 배열할 수 있습니다.

배열하고자 하는 타입을 선택 후 축 방향에 따른 개수와 간격을 설정합니다.

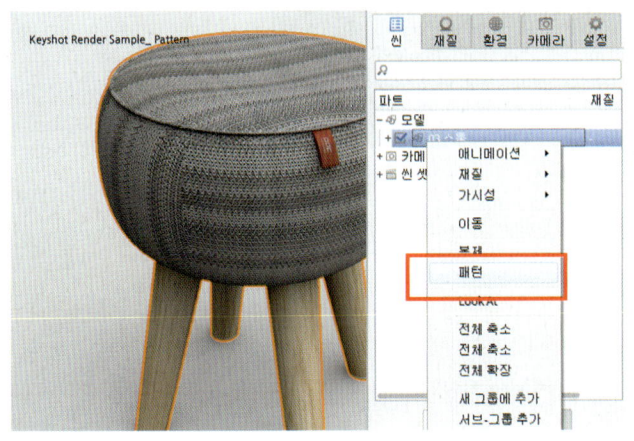

7. 패스 렌더

후보정을 진행해야 하는데 원하는 부분만 선택이 되지 않을 때 사용하기 좋은 꿀팁입니다. 굳이 포토샵에서 Path를 사용할 필요 없습니다.

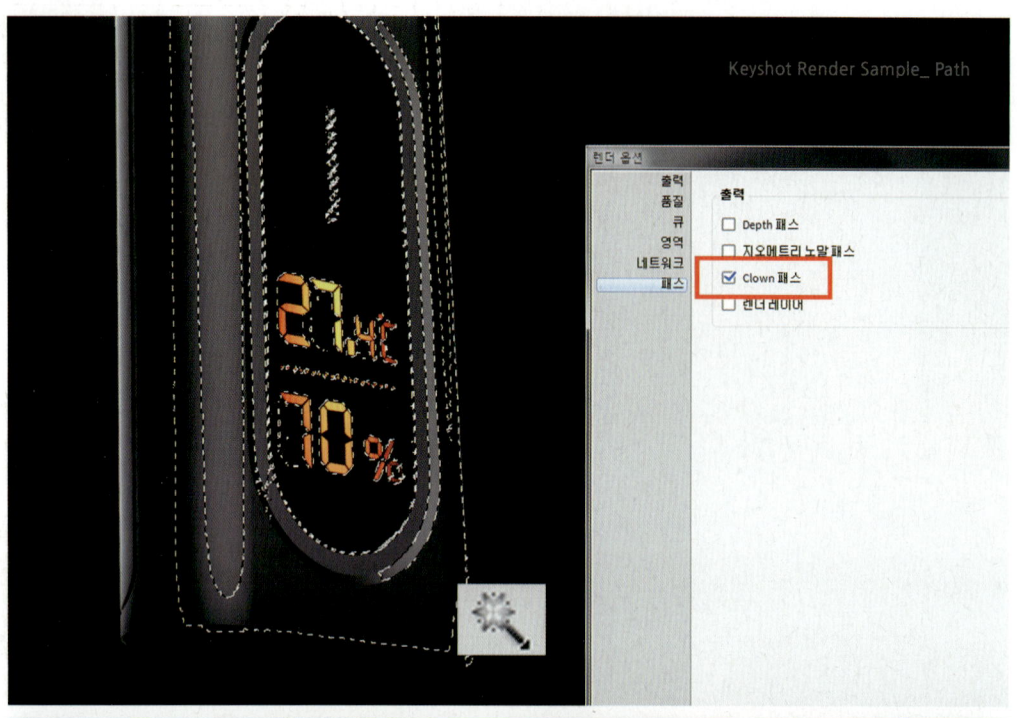

Clown 패스를 이용하면 렌더 이미지와 함께 같은 재질별로 구분이 된 단색 이미지가 생성됩니다.

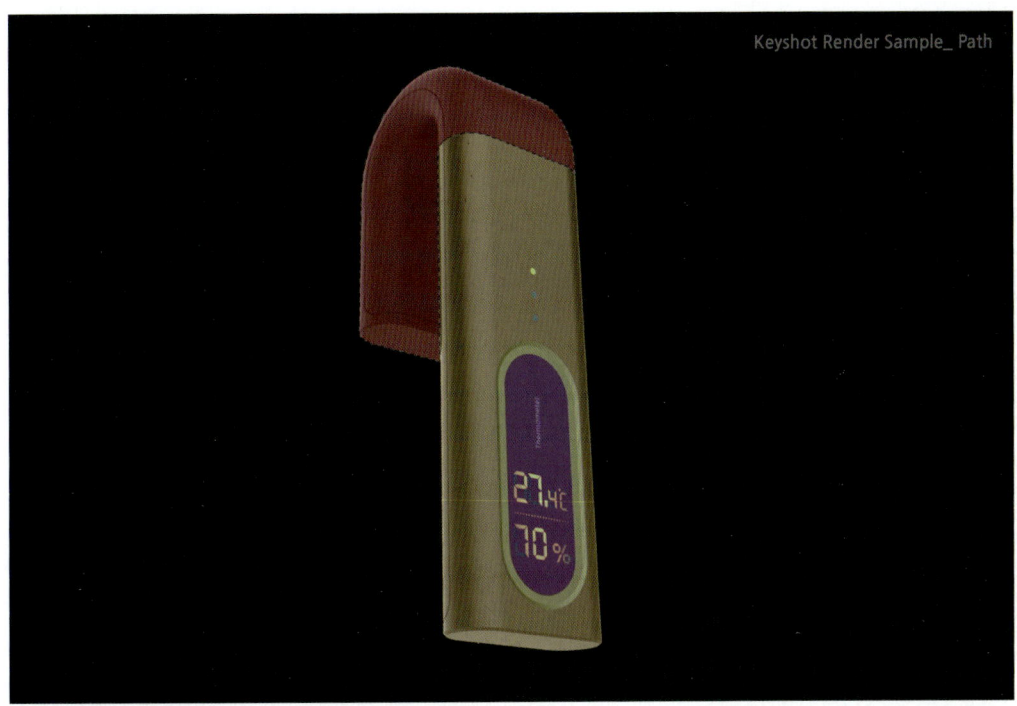

두 이미지를 정확하게 겹친 뒤 마법사 툴을 이용하여 선택하면 원하는 파트만 선택 후 수정이 가능합니다.

해당 이미지는 Clown 패스를 통해 생성된 이미지를 마법사 툴로 필요한 실버 파트만 선택하여 조금 더 선명하게 조절하였습니다.

8. 큐

많은 이미지의 렌더 컷이 필요할 때 사용하기 좋은 꿀팁

여러 각도의 렌더 이미지가 필요할 때 한 컷이 진행되는 동안 기다렸다가 다시 한 컷할 필요 없이 큐 설정으로 한 번에 해결 가능합니다.

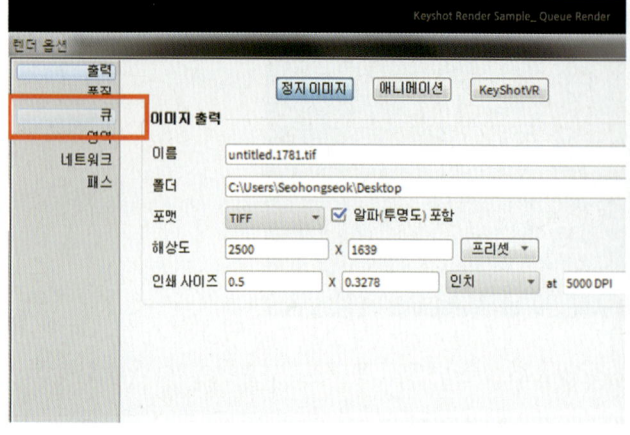 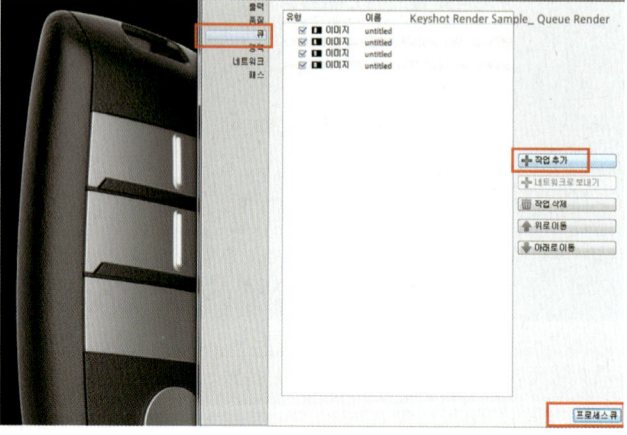

원하는 각도와 위치를 맞춘 뒤 작업 추가, 반복적으로 추가 후 프로세스 큐를 클릭합니다.

따로따로 할 필요 없이 여러 장의 렌더 이미지가 생성됩니다.

9. 섀도우 품질

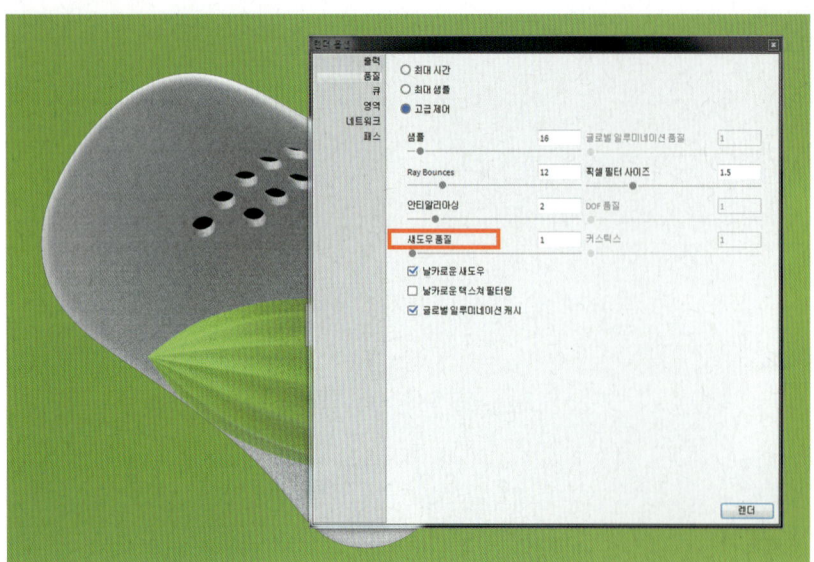

렌더 후 생성된 이미지를 자세히 보니 그림자 부분의 픽셀이 깨져 보일 때 섀도우 품질 값 조정으로 쉽게 해결 가능합니다. 높은 수치는 렌더 소요시간이 많이 늘어납니다.

10. 간단 후보정(포토샵으로 겹쳐서)

환경 세부 설정이 어렵거나 마감 시간이 얼마 남지 않았을 때 아주 쉽고 빠르게 제품의 환경을 손보는 방법!

환경을 다시 설정하기엔 어렵거나 시간이 없고, 기본 제공 환경을 아무리 회전시켜봐도 답이 없을 때 제품을 절반으로 나누었다고 가정하고 왼쪽, 오른쪽을 기준으로 환경의 각도만 다른 이미지 두 장을 준비합니다.

오른쪽 파트의 재질 표현이 잘된 이미지와 왼쪽 파트의 재질 표현이 잘된 이미지 두 장을 정확하게 겹친 뒤 필요 없는 부분을 지우개로 살짝 지워줍니다.

아주 쉽고 빠르게 후보정이 완성됩니다.

11. 블룸

빛이 퍼지는 듯한 효과를 주는 옵션으로 렌더 이미지를 뿌옇게 만들어 안개 효과를 줄 수 있습니다. 효과를 체크한 후 블룸 세기와 반경을 조절합니다.

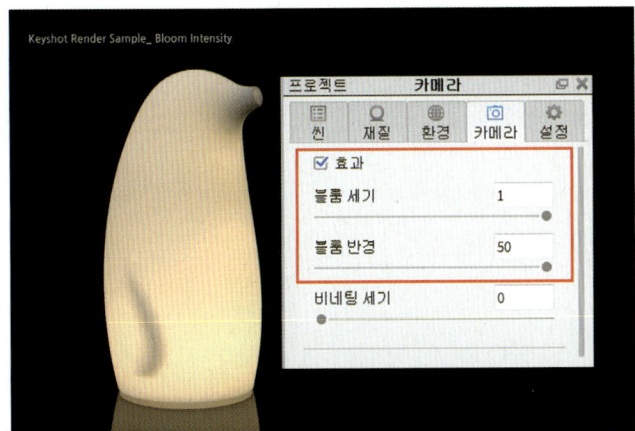
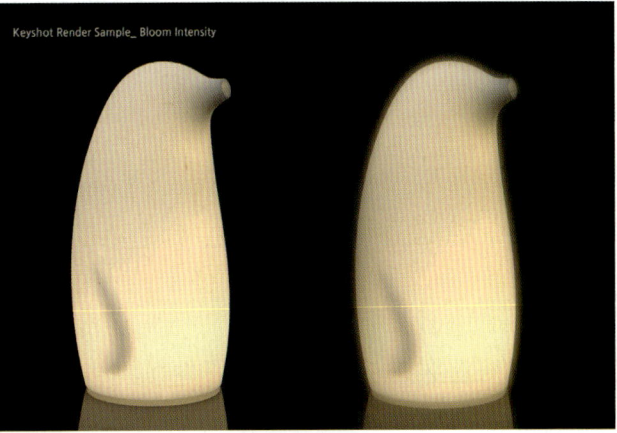

은은하게 빛이 퍼져나가는 효과를 자연스럽게 연출이 가능합니다.

Part 6

판넬
모아보기

예제에서 제안하는 방식 또는 그 이외에 응용을 통해 얻어진 이미지를 활용하여 판넬을 구성하고 연출하는 연습을 해보길 바랍니다. 완성된 판넬은 〈PDF 제품디자이너 모임〉 카페에 업로드하여, 여러 선배들과 친구들의 격려와 피드백을 받으며 한층 더 성장할 수 있는 기회를 가지길 바랍니다.

http://cafe.naver.com/mksso

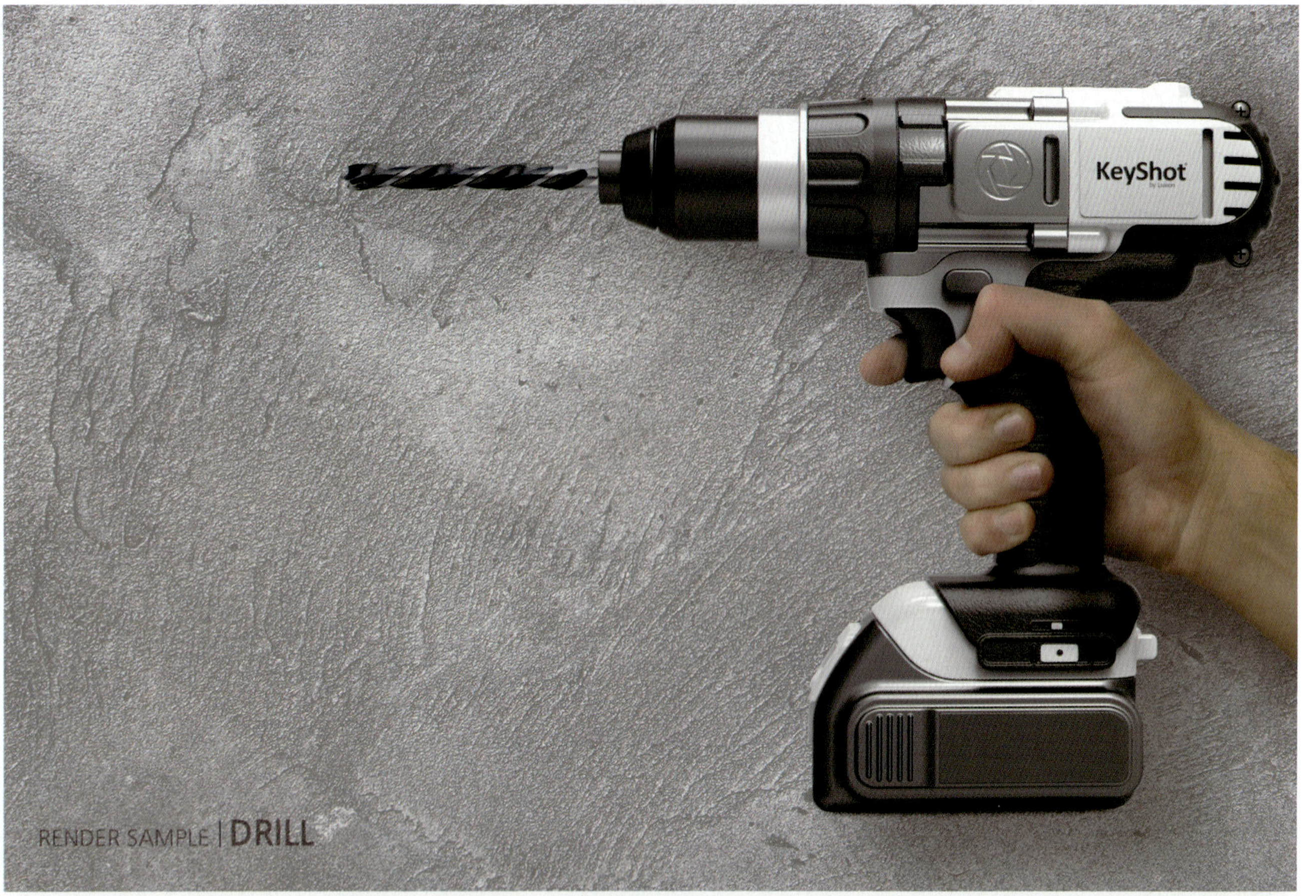
KeyShot
RENDER SAMPLE | DRILL

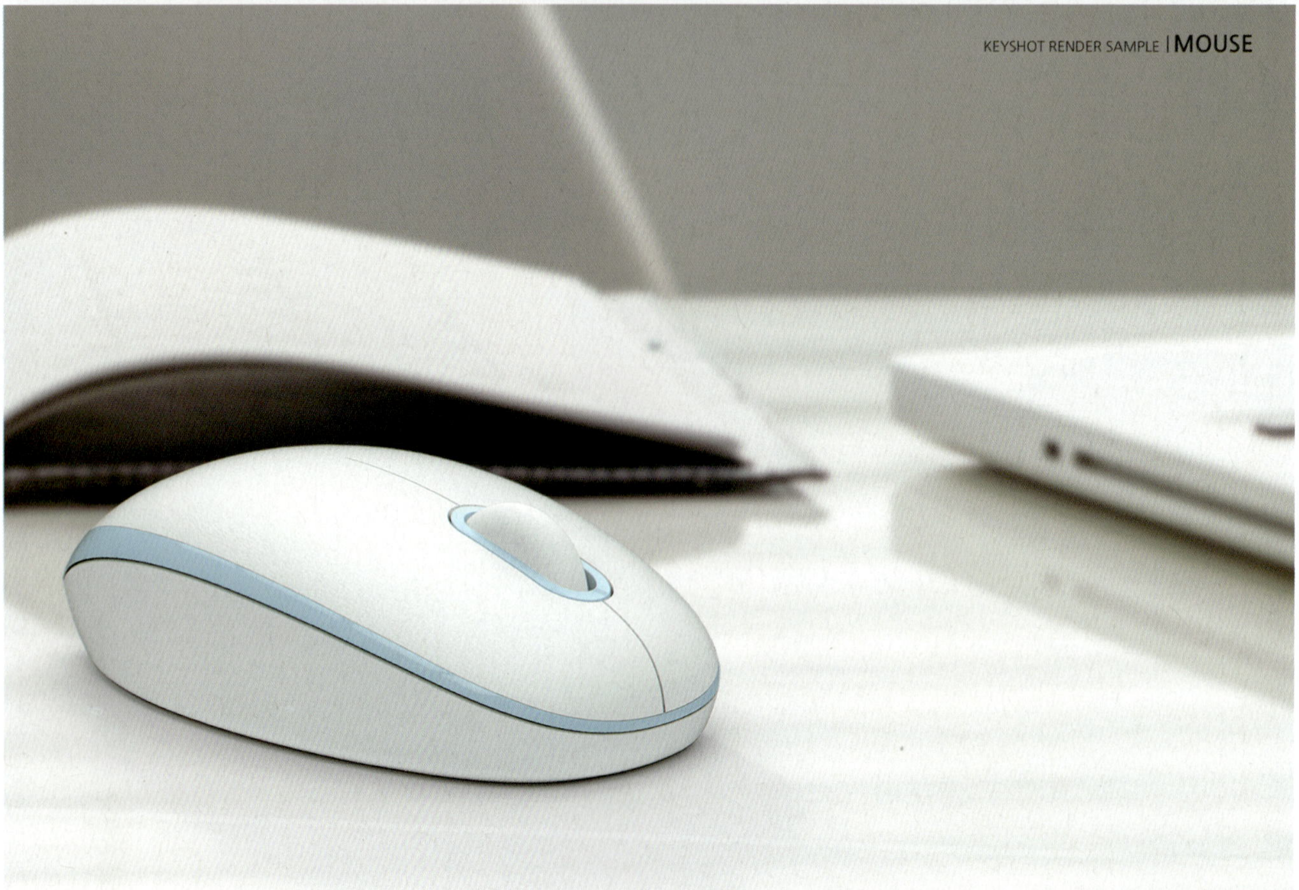
KEYSHOT RENDER SAMPLE | MOUSE

PENGUIN LIGHTING
Keyshot Render Sample

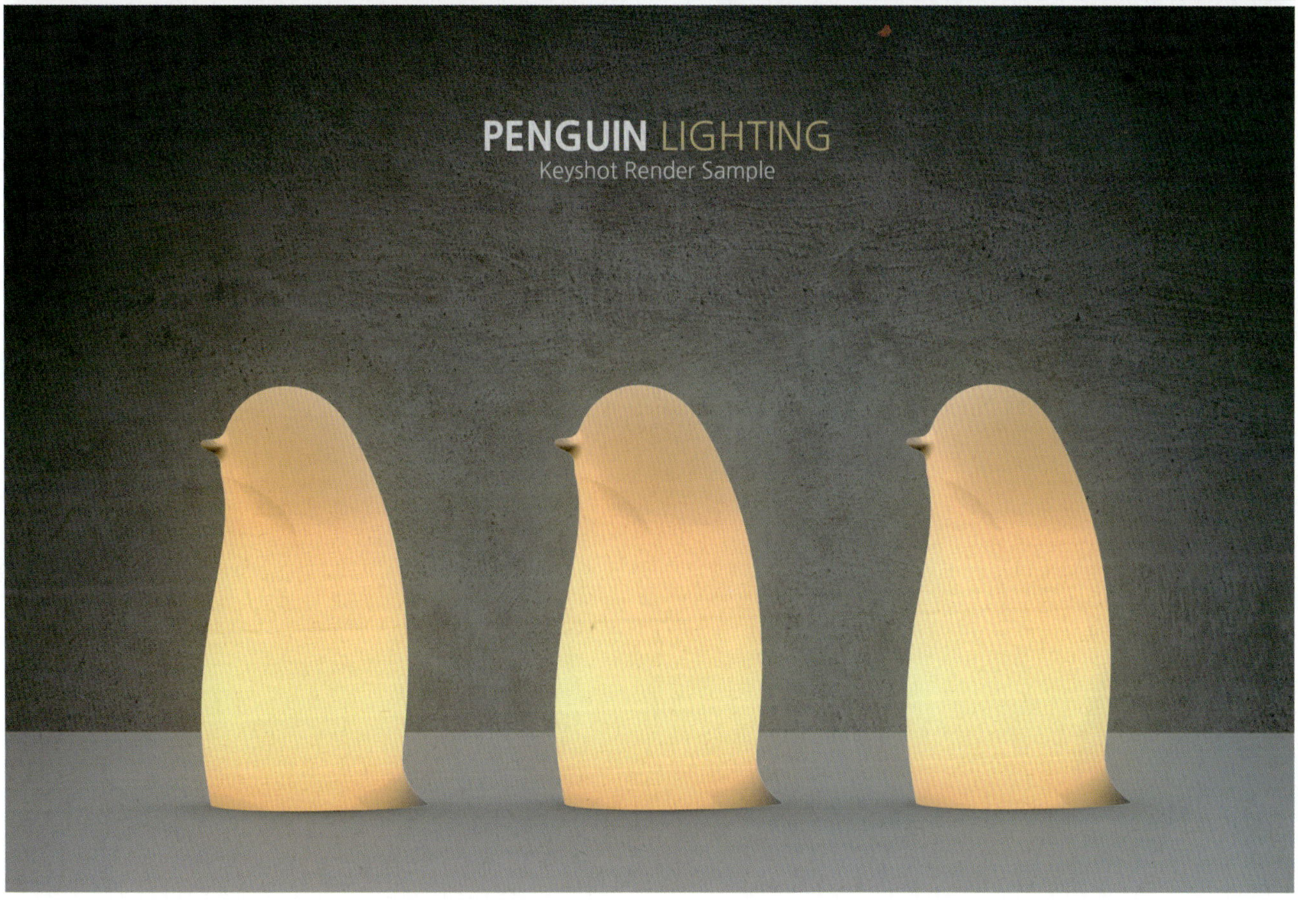

PENGUIN LIGHTING
Keyshot Render Sample

RENDER SAMPLE | **PROJECTOR**
A projector or image projector is an optical device that projects an image (or moving images) onto a surface, commonly a projection screen.

RENDER SAMPLE | **PROJECTOR**
A projector or image projector is an optical device that projects an image (or moving images) onto a surface, commonly a projection screen.

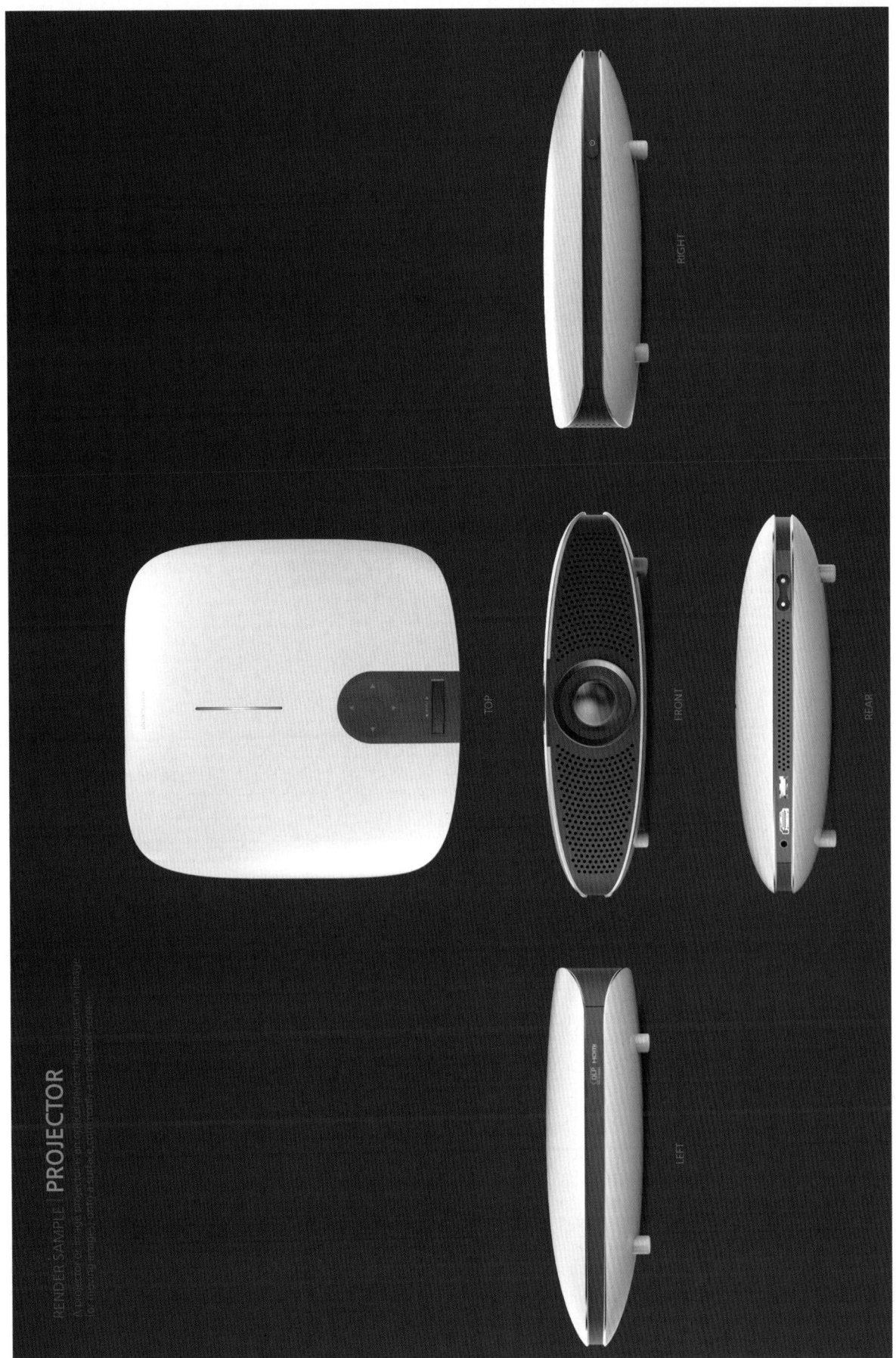

RENDER SAMPLE | Stool

It bears many similarities to a chair. It consists of a single seat, without back or armrests, on a base of either three or four legs. A stool is distinguished from chairs by their lack of arms and a back.

RENDER SAMPLE Stool

It bears many similarities to a chair. It consists of a single seat, without back or armrests, on a base of either three or four legs. A stool is distinguished from chairs by their lack of arms and a back.

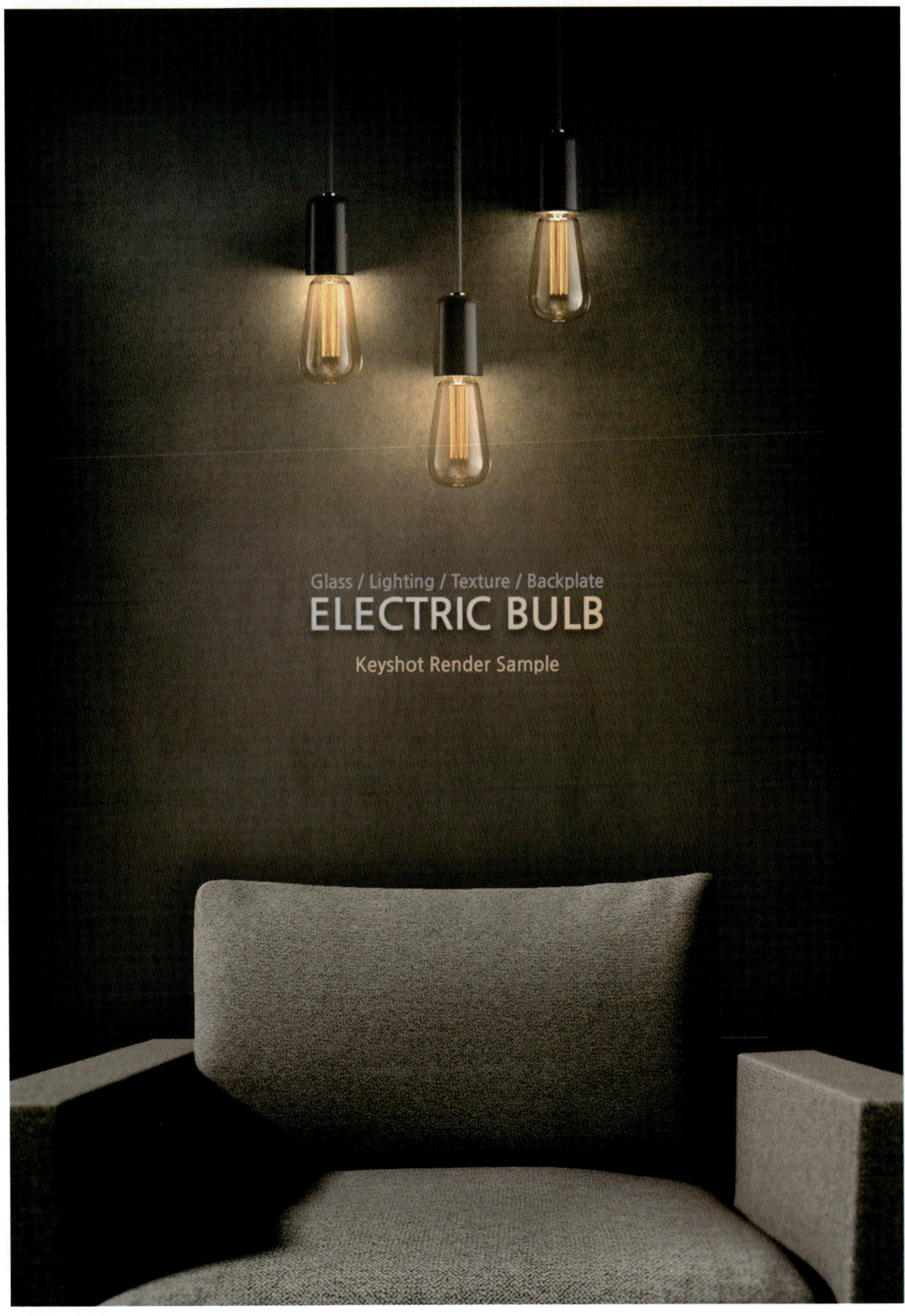

KEYSHOT RENDER SAMPLE | BLUETOOTH SPEAKER

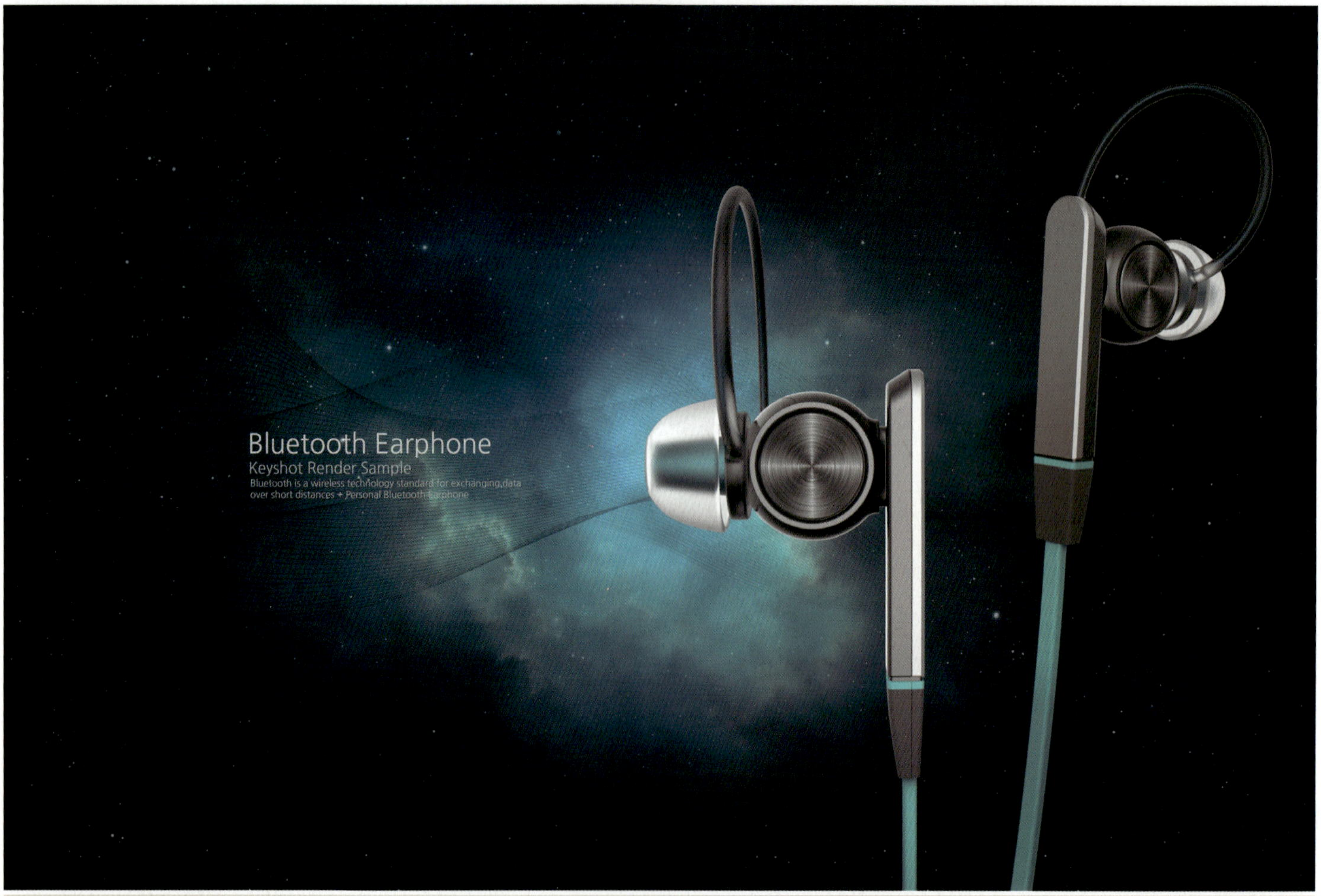

Bluetooth Earphone
Keyshot Render Sample
Bluetooth is a wireless technology standard for exchanging data over short distances + Personal Bluetooth Earphone

Bluetooth Earphone
Keyshot Render Sample

RENDER SAMPLE | ELECTRIC POT
An electric device or machine works by means of electricity, rather than using some other source of power.

RENDER SAMPLE | ELECTRIC POT
Electric pot is a kettle type pot to boil water within 1~2 minutes by applying heat using electricity. There is also a pot pad, which can be a warm pot and simple cuisine.

KeyShot
Rendering

KeyShot
Rendering